Per Anhalter durch das Mitmach-Web

Jörg Kantel
www.schockwellenreiter.de

Per Anhalter durch das Mitmach-Web

Publizieren im Web 2.0: Von Social Networks über Weblogs und Wikis zum eigenen Internet-Fernsehsender

mitp

Bibliografische Information der Deutschen Nationalbibliothek
Die Deutsche Nationalbibliothek verzeichnet diese Publikation in der Deutschen Nationalbibliografie. Detaillierte bibliografische Daten sind im Internet über http://dnb.d-nb.de abrufbar.

ISBN 978-3-8266-1793-5
1. Auflage 2009

Printed in Austria

Verlagsgruppe Hüthig Jehle Rehm GmbH
Heidelberg, München, Landsberg, Frechen, Hamburg
www.it-fachportal.de

Lektorat: Sabine Schulz
Korrektorat: Petra Heubach-Erdmann
Satz: III-satz, Husby, www.drei-satz.de

Inhaltsverzeichnis

Kapitel 1

Einleitung: Das WWW – unendliche Weiten

1.1 Wir müssen ins Web!

Ihre Tochter schwärmt vom Internet, Ihr Chef möchte einen Webauftritt für seine Firma oder Ihr Sportverein will sich im Netz präsentieren. Und Sie wurden dafür ausgeguckt? Oder Sie sind einfach neugierig und wollen wissen, was es mit dem Internet so auf sich hat? Dann sind Sie hier richtig, denn genau für Sie habe ich dieses Buch geschrieben. Es handelt von den unendlichen Weiten des Word Wide Web (abgekürzt: WWW), genauer gesagt von dem Bereich des World Wide Web, der in den letzten Monaten unter dem Begriff Web 2.0 die Schlagzeilen füllte.

Also haben Sie beschlossen, dass Sie den Schritt ins Web wagen. Und jetzt stehen Sie da und alles ist so verwirrend. Sie hören von Weblogs, von der Wikipedia, von Social Networks und von StudiVZ. Sie belauschen Diskussionen, ob man seine Fotos zu Flickr hochladen soll oder besser nicht. Und im Fernsehen macht man Ihnen Angst vor den Gefahren, die angeblich überall im Internet lauern.

Dabei ist das alles eigentlich gar nicht schwer. Wenn man das ganze Reklamegedöns beiseite lässt und ein paar Fallstricke vermeidet, stellt man schnell fest, dass man auf einmal »drin« ist. Und nicht nur das, es macht sogar Spaß. Und die Gefahren sind sicher vorhanden, aber an Hand eines kundigen Begleiters kann man auch diese umschiffen.

Und genau das will dieses Buch sein: Ihr Reiseführer durch das Internet, und zwar das Internet, wie es sich in der Form des Web 2.0 heute präsentiert.

1.1.1 Was ist eigentlich Web 2.0?

Web 2.0 ist die Summe der Bemühungen, das Web kommunikations- und benutzerfreundlicher als bisher zu gestalten. Es gibt eigentlich nichts wirklich Neues, die Bausteine des Web 2.0 sind seit Jahren bekannt. Denn Web 2.0 ist eigentlich nur ein Buzzword, das versucht, zwei unterschiedliche Dinge unter einen Hut zu bringen, der sich dann gut »verkaufen« lässt. Aber die Techniken sind da und sie werden auch genutzt. Allerdings erlauben erst die derzeit möglichen Bandbreiten, diese Techniken flächendeckend zu kombinieren und einzusetzen.

Es gibt also keine echte Definition des Web 2.0. In der Regel wird darunter eine Kombination verschiedener Webservice-Anbieter wie zum Beispiel der Foto-Dienstleister Flickr (`http://www.flickr.com/`) aber auch die Business-Community Xing (`http://www.xing.com/`) mit Techniken wie AJAX und CSS 2.0 verstanden, die

- verschiedene Dienste und Anwendungen zur Community-Bildung bieten, zum Beispiel auf spezialisierten Servern gemeinsamen Interessen nachzugehen oder über gleiche Tags (bis Sie mehr darüber wissen, sind *Tags* in diesem Zusammenhang einfach »Stich- oder Schlagwörter«) sich zu verständigen, wer ähnliche Interessen besitzt und
- Anwendungen im Browser »Desktop«-ähnlicher machen, zum Beispiel Änderungen auf der Seite anzeigen, ohne dass die Seite – wie sonst üblich – im Browser neu geladen werden muss.

AJAX ist übrigens eine Abkürzung für *Asynchronous JavaScript and XML*. Es bezeichnet ein Konzept der Datenübertragung zwischen einem Server und dem Browser, das es ermöglicht, dass die HTML-Seite nicht mit jeder HTTP-Protokoll-Anfrage komplett neu geladen werden muss. Das eigentliche Novum besteht in der Tatsache, dass nur gewisse Teile einer HTML-Seite sukzessiv bei Bedarf nachgeladen werden.

Das eigentlich Neue am Web der zweiten Generation ist aber meiner Meinung nach, dass auch für anspruchsvolle Aufgaben kein eigener Webserver mehr benötigt wird. Im Prinzip kann man alles über Hoster, so genannte ISPs (Internet Service Provider) erledigen. Man legt seine Homepage bei Jimdo oder Google an, man führt sein Weblog bei Google.com oder Twoday.net. Seine Fotos hat man bei *Flickr* abgelegt, seine Videos bei *YouTube*. Man erstellt bei Google oder Yahoo! eigene Karten, mit *Pipes* klickt man sich eine Anwendung zusammen.

Die Nachrichten bekommt man via RSS-Feed (auch was das ist, erfahren Sie später noch) frei Haus geliefert und den täglichen Wetterbericht holt man sich von Google für seine Seite ...

All dies mischt man dann zusammen und erstellt so eine eigene Webseite (im Extremfall ohne überhaupt eigene Inhalte beizusteuern). Man hat dafür ein Wort aus der Disc-Jockey-Kultur gefunden: *Mashup*.

Und fast alles ist kostenlos oder für wenig Geld zu haben.

Sie dürfen sich natürlich nichts vormachen. Wenn Sie eine richtig populäre, viel besuchte Website betreiben wollen, werden Sie erstens merken, dass dies ohne eigene, möglichst originelle Inhalte gar nicht geht und zweitens werden Sie doch in den sauren Apfel beißen müssen und sich irgendwo einen Provider suchen, der Ihre Seiten hostet – und das kostet natürlich, wenn auch nicht wirklich viel. Und es hindert Sie niemand daran, auch jetzt noch Ihre Seiten mit den Diensten, die

Ihnen im kunterbunten Mitmach-Web angeboten werden, aufzupeppen. Im Gegenteil: Es wird geradezu von Ihnen erwartet.

Wenn es aber nur darum geht, die Homepage Ihres Sportvereins der interessierten Öffentlichkeit zu präsentieren, dann geht es auch weiterhin kostenlos.

1.1.2 Was machen wir hier eigentlich?

Auch wenn dieses Buch einerseits vorhat, ein Reiseführer durch die unendlichen Weiten des WWW zu sein, es möchte auf der anderen Seite auch nicht die Bodenständigkeit verlieren. Daher werden durchgehend drei Projekte verfolgt. Zum einen begleiten wir das Wachstum und die Entwicklung der Seite eines Hundesportvereins, dem *Flughund e.V.*, daneben verfolgen wir »seriösere« Ziele und bauen eine kleine Internetpräsenz einer Bürgerinitiative (*Der Lustgarten*) auf, in der engagierte Bürger gemeinsam über ihre Initiative berichten. Und im letzten Teil des Buches entwickeln wir einen kleinen Internet-Fernsehsender (*Rollberg.TV*), der nahezu alle Fähigkeiten des Web 2.0 ausnutzt.

1.2 Was Sie für dieses Buch benötigen

Für dieses Buch habe ich drei Dinge bei Ihnen vorausgesetzt, alles andere wird hoffentlich in diesem Buch erklärt:

Erstens einen Computer mit einem (möglichst schnellen) Internet-Anschluss: Das klingt trivial, ist es aber leider nicht. Jeden Tag ändern die Anbieter (meist Telekommunikationsfirmen wie T-Online oder Arcor oder ...) ihre Konditionen. Ob sie einen schnellen Internet-Anschluss bekommen können, hängt auch davon ab, was für ein Netz an Ihrem Wohnort zur Verfügung steht, Stadtbewohner sind hier in der Regel bevorzugt. Und die Kompetenz der Vertreter der Anbieter in den Läden ist meist grottenschlecht. Sie können von einen Tag auf den anderen völlig unterschiedliche Auskünfte bekommen und was Ihnen dann im Endeffekt geliefert wird, muss nicht unbedingt etwas mit dem zu tun haben, was Sie bestellt hatten. Hier sind Sie entweder selbst erfahren und abgebrüht genug, um dieses Affentheater durchzustehen oder Sie holen sich jemanden, der erfahren und abgebrüht genug ist. Auch ich kommuniziere mit den Telekomanbietern nur im Beisein eines erfahrenen Technikers.

Ein normaler DSL-Anschluss ist aber in der Regel ausreichend, um alle Beispiele in diesem Buch nachvollziehen zu können, für die meisten reicht auch schon ein Modemanschluss und etwas Geduld. Einzig und allein beim Kapitel über Internet-TV ist ein schnellerer Anschluss sicher doch hilfreich, weil sonst unter Umständen Ihre Geduld überstrapaziert wird.

Auch an die Leistungsfähigkeit Ihres Computers werden erst einmal keine größeren Ansprüche gestellt. Für die Reisen ins Internet brauchen Sie bei Weitem nicht so viel Rechenpower, wie sie Ihr Sohn für seine Computerspiele benötigt. Natürlich schadet ein schneller Rechner nicht und falls Sie mit dem Gedanken spielen, ins Geschäft mit dem Internet-Fernsehen (Internet-TV) einzusteigen, dann sollte Ihr Rechner doch schon etwas kräftiger sein.

Zweitens sollten Sie Ihren Computer bedienen können. Ich werde Ihnen nicht erklären, wie Sie Ihre Daten abspeichern oder wie Sie einen Browser aufrufen. Dies setze ich stillschweigend voraus. Ich selber arbeite in der Regel an einem Apple-Computer mit Mac OS X als Betriebssystem, habe mir aber alle Mühe gegeben, dass die Beispiele mindestens so weit plattformübergreifend sind, dass sie auch unter Windows funktionieren.

Drittens eine E-Mail-Adresse. Sie brauchen sie nur bis zum Ende des ersten Kapitels, denn danach haben Sie sich mindestens zwei neue E-Mail-Adressen zugelegt und wissen, wie Sie an weitere kommen. Aber einmal im Web aktiv bekommen Sie mehr E-Mail-Adressen, als Sie je gebrauchen können, wenn Sie sich bei einer Telekommunikationsfirma einen Internet-Anschluss besorgen.

Ansonsten nutzen wir den Vorteil aus, dass so ziemlich alles, was wir hier treiben, im Netz passiert, also außerhalb unseres Computers und unserer vier Wände. Dadurch ist dieses Buch relativ systemunabhängig: Viele der vorgestellten Rezepte könnten im Prinzip auch von jedem Internetcafé aus »gekocht« werden.

Im Internet können Sie kostenlos die Quelltexte herunterladen, damit Sie diese bei Bedarf nicht mühsam abtippen müssen:

```
http://www.cognitiones.de/doku.php/mitmachweb-buch
```

Hier finden Sie ggf. auch Errata zum Buch.

Es war mein Ehrgeiz, Ihnen zu zeigen, was Sie im Web 2.0 anstellen können, ohne eine einzige Zeile zu programmieren. (Obwohl mir das manchmal schwergefallen ist: Es gibt Tage, da programmiere ich mit Begeisterung.) Sie werden sehen, das ist schon wirklich viel – obwohl es teilweise trotzdem ein wenig kompliziert werden kann. Aber ... wenn Sie dann weitermachen wollen, werden Sie irgendwann ohne Programmierkenntnisse nicht mehr weiterkommen. Ich habe Ihnen daher im Anhang ein umfassendes Literaturverzeichnis zusammengestellt, das auch Bücher enthält, die Ihnen zeigen, wie man mit (in der Regel) einfachen Programmen den Web-Auftritt nicht nur noch einmal aufpeppen kann, sondern sogar richtig große Anwendungen – wie zum Beispiel den Auftritt einer Zeitschrift etc. – realisiert. Denn technisch gesehen ist das Internet eigentlich trivial (zumindest für einen Anwendungsprogrammierer), Erfolg hängt hier wirklich nur von der eigenen Kreativität ab.

Jedoch werden Sie nicht weiterkommen, wenn Sie sich der Technik völlig verschließen. HTML (was das ist, erfahren Sie im fünften Kapitel) zum Beispiel ist nicht unbedingt notwendig, um einen Webauftritt zu realisieren, aber wenn Sie zumindest winzig kleine HTML-Kenntnisse haben, wird Ihnen nicht nur vieles leichter fallen und einsichtiger sein, sondern Sie werden auch Etliches auf die Beine stellen können, was Sie sonst nicht gekonnt hätten.

1.3 Eine (sicher notwendige) Entschuldigung

Ich stelle in diesem Buch etliche Dienste und Programme vor, viele andere, mindestens ebenso gute, erwähne ich aber nicht. Das hat nicht unbedingt etwas mit der Qualität der erwähnten oder nicht erwähnten Programme oder Dienstleistungen zu tun. Es sind schlicht und einfach diejenigen, mit denen ich arbeite und mit denen ich mehr oder weniger gute Erfahrungen gemacht habe. Viele andere, vielleicht sogar bessere Produkte, kenne ich gar nicht und andere, schlechtere, habe ich gar nicht erst ausprobiert. Falls Sie also mit anderen Werkzeugen und Diensteanbietern gute Erfahrungen gemacht haben, ärgern Sie sich nicht, dass sie hier nicht erwähnt wurden, sondern nutzen Sie sie einfach weiter. Und wenn Sie besonders cool sind, dann schicken Sie mir eine E-Mail an `joerg@kantel.de` mit ihren Vorschlägen und Erfahrungen. Ich bin immer wild auf neue Anregungen, werde sie daher mit Sicherheit testen und vielleicht gibt es ja eine Neuauflage dieses Buches, in dem dann Ihr Bericht berücksichtigt würde.

Und dieses Buch ist kein Buch für *Dummies*. Es ist ein Buch für Anfänger, aber ich halte Sie als Leser nicht für dumm. Daher führe ich Sie zwar bei den Workshops an der Hand – denn das ist der Bereich, bei dem Sie das vermutlich benötigen. Aber die übrigen Texte verlangen Ihnen schon einiges ab. Ich bin Autor eines Weblogs und Weblogautoren sagt man nach, dass sie ihre Leser für mindestens so schlau halten wie sich selbst, wenn nicht sogar für schlauer. Das Buch soll Ihnen beim Einsteig in die unendlichen Weiten des Webs helfen, aber Sie sollen diese Reise im Cockpit der Enterprise unternehmen und nicht im Kindergarten.

Drittens: Dieses Buch führt zwar implizit den Namen *Web 2.0* im Titel, aber es ist keine Enzyklopädie des Web 2.0. Es will Ihnen nur zeigen, wie Sie die Werkzeuge, die Ihnen das Web 2.0 zur Verfügung stellt, nutzen können, um einfacher und schneller, als es früher möglich war, im Internet zu publizieren. Daher stelle ich Ihnen auch nur die Dienste vor, von denen ich meine, dass sie für diesen Zweck nützlich sind und Ihnen weiterhelfen können. Es gibt noch viel, viel mehr und einige werden vielleicht fragen, warum ich ihren Lieblings-Webservice nicht erwähnt habe, ohne den es doch das Web 2.0 gar nicht erst gäbe. Darauf kann ich nur antworten: Dieses Buch ist völlig subjektiv. Es beschreibt das, was ich für sinnvoll halte, und zeigt Ihnen ein *Mitmach-Web*, wie ich es mir vorstelle.

Viertens: Ich bin (zusammen mit meinem Hund Zebu) begeisterter Hundesportler. Wir betreiben zusammen die Hundesportarten *Agility* und *Obedience*, diese

Sportarten werden daher in diesem Buch häufig erwähnt. Regelmäßige Leser meines Weblogs *Schockwellenreiter* (`http://www.schockwellenreiter.de`) und/oder seines Ablegers *Agility-Blog* (`http://www.agilityblog.de`) wissen das, Sie aber wissen vielleicht nicht einmal, was Agility oder Obedience eigentlich ist. Daher hier der Versuch einer kurzen Erklärung. Beide Sportarten sind neuere Sportarten (Anfang 1990 in Großbritannien enstanden) und haben erst seit ca. Mitte der 90er Jahre ihren Weg nach Deutschland gefunden.

Abb. 1.1: Zebu beim Agility (*Foto: Carola Böldt*)

Beim **Agility** wird ein Parcours aus Hürden, Tunneln, Klettergeräten und anderen Hindernissen aufgebaut. Bei jedem Wettkampf ist die Reihenfolge eine andere. Der Hundeführer darf vor dem Start (zusammen mit allen anderen Wettkampfteilnehmern, aber ohne Hund) eine kurze Parcourbegehung durchführen und sich überlegen, wie er seinen Hund durch den Parcour führt. Beim eigentlichen Wettkampf ist der Hund abgeleint und darf vom Hundeführer auch nicht mehr berührt werden. Er muss ihn nur durch Körpersprache und Zurufe fehlerfrei und möglichst schnell durch den Parcour führen. Das schnellste, fehlerfreie Team aus Hundeführer und Hund gewinnt. Fehler sind zum Beispiel das *Reißen* einer Hürde oder das Überschreiten der Standardzeit; das Auslassen eines Hindernisses, das Überschreiten der Maximalzeit oder eine falsche Reihenfolge werden mit einer Disqualifikation (in Agilitykreisen liebevoll *Diss* genannt) bestraft.

Obedience wiederum ist eine Mischung aus *spielerischer* Unterordnung und Dressur. Im Gegensatz zur *klassischen* Unterordnung wird hier sehr viel Wert auf die gute Zusammenarbeit zwischen Hundeführer und Hund gelegt. Man soll dem

Hund ansehen, dass ihm die Arbeit mit seinem Hundefüher Spaß macht, der Hund soll *freudig* mitarbeiten. Neben den Disziplinen aus der klassischen Unterordnung (Fußlaufen an der Leine und ohne Leine, Apportieren etc.) gibt es noch ein paar zusätzliche Übungen, die absolviert werden müssen, wie zum Beispiel das Vorausschicken in ein durch Hütchen markiertes Quadrat oder die Geruchsidentifizierung.

Beide Sportarten werden in diversen Klassen durchgeführt, die der Leistungsfähigkeit des Teams entsprechen. Im Obedience laufen Zebu und ich in der 1. Klasse (OB1), im Agility haben wir es mittlerweile bis in die Königsklasse, die A3, geschafft. In beiden Sportarten hatten wir uns auch schon für diverse Meisterschaften qualifiziert und daran teilgenommen.

Fünftens: Ein altes arabisches Sprichwort fragt: *Wissen Sie, was ein Kamel ist?* Und gibt auch gleich die Antwort: *Ein Kamel ist ein Pferd, das von einer Kommission entworfen wurde.* Vor einigen Jahren hat nun eine Kommission unsere schöne (Schrift-)Sprache in die Finger bekommen und herausgekommen ist dabei die sogenannte neue deutsche Rechtschreibung (auch »Schlechtschreibung« genannt). Der Verlag bestand darauf, dass ich diese verwende – ich beherrsche sie allerdings nicht wirklich und *Fotografie* anstatt *Photographie* verursacht mir regelrechtes Unwohlsein, schliesslich schreiben wir auch nicht *Filosofie* (das wäre wenigstens konsequent). Aber wie dem auch sei: Mit Hilfe der Korrektorin des Verlages haben wir zwei tatsächlich so etwas zustande gebracht, was nach den Regeln des aktuellen Dudens geschrieben sein soll. Für alle verbleibenden Fehler bin jedoch weiterhin ich alleine verantwortlich.

1.4 Danksagung

Jedes EDV-Buch enthält in der Regel eine Danksagung. Zumindest an die Ehefrau, weil die den mit dem Buch beschäftigten und dadurch noch häufiger als sonst vor dem Computer hockenden, geistig abwesenden Ehemann erdulden muss. Und so geht mein erster Dank natürlich an Gabi, die all dies mit großer Fassung und Geduld ertragen hat.

Mein zweiter Dank geht an meine Hundesportfreundinnen Carola H. und Sybilla H. Ihre Versuche, für ihren jeweiligen Hundesportverein eine Website auf die Beine zu stellen, haben mich überhaupt erst auf die Idee gebracht, dass solch ein Buch nützlich sein könnte, dass man dem »normalen« Anwender draußen eine Hilfe mitgeben sollte, mit der er sich in den unendlichen Weiten des Internets zurechtfinden kann.

Drittens gibt es am Erscheinungstages dieses Buches eine Extrawurst für unseren Hund Zebu. Die langen Spaziergänge mit ihm, die Agility-Turniere und die Obedience-Prüfungen haben dafür gesorgt, dass ich durch andere Tätigkeiten an der frischen Luft immer wieder den Kopf freibekommen habe, um anschließend mit neu gewonnener Kraft weiterarbeiten zu können.

Und last but not least: Durch unerwartete berufliche Widrigkeiten hat sich die Erstellung dieses Buches extrem verzögert. Ein ganz herzlicher Dank geht daher an die Lektorin des Verlages, Sabine Schulz, die dies mit großer Geduld und Fassung ertragen hat und mir immer wieder das Gefühl gab, dass alle trotzdem verständnisvoll auf das Erscheinen warten. Ich hoffe, sie hat damit Recht.

Kapitel 2

Hallo Erde

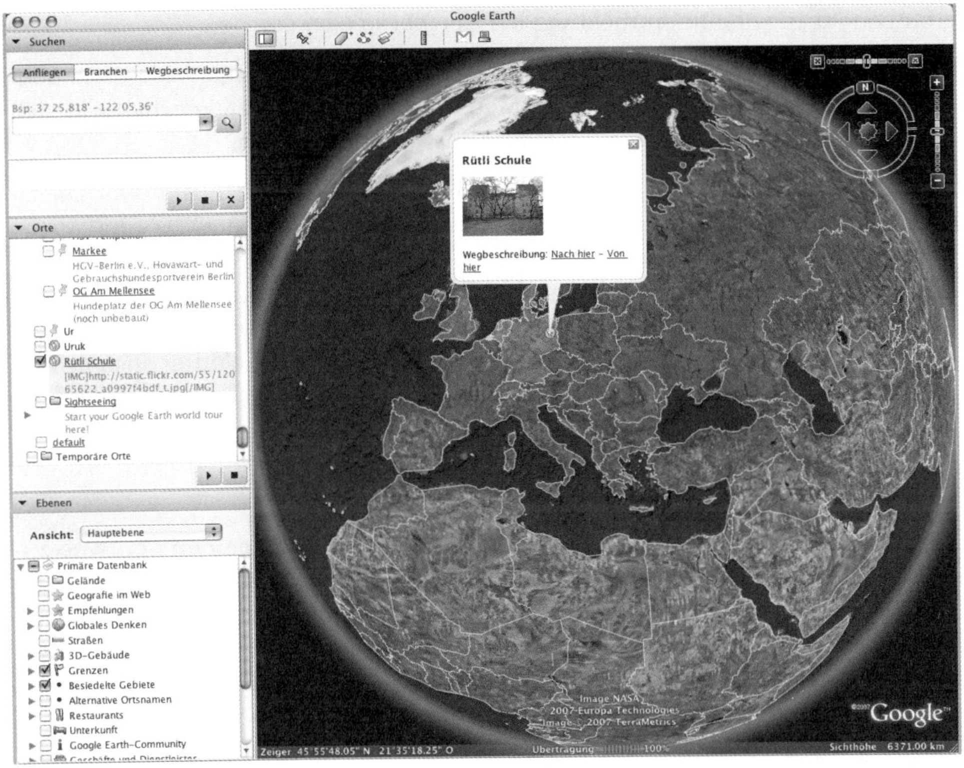

Abb. 2.1: Hallo Erde? – Hallo Neukölln!

Wir beginnen unsere Reise durch das Web 2.0, indem wir uns erst einmal ein Basisstation auf der Erde schaffen. Das ist unsere Ausgangsposition, hier können wir immer wieder zurückkehren und die Weiten des Web betrachten. Denn fast alle, die uns im Web etwas verkaufen wollen, haben so genannte Portale für uns eingerichtet.

Portale sind Webseiten, die wir für unsere Bedürfnisse anpassen können, die uns mit Nachrichten versorgen, deren Themen wir ausgewählt haben und die uns noch viele andere Dienste bieten. So ist in der Regel eine E-Mail-Adresse und eine Software, mit der wir unsere E-Mails lesen und verwalten können, Pflicht. Auch ein Kalender ist oft vorhanden und manchmal sogar die Möglichkeit, Daten dort abzuspeichern.

Ich habe als unsere Basisstationen Google und Yahoo! (nur echt mit dem Ausrufezeichen!) ausgewählt. Google, weil es nicht nur in Europa der größte Anbieter von Portalseiten ist, sondern auch, weil es uns ein hervorragendes E-Mail-Programm mit zurzeit zwei Gigabyte freien Speicherplatz bietet und eine nette Kalendersoftware mitbringt. Aber vor allem, weil es mit Google Video, YouTube und Google Maps drei Dienste bietet, ohne die heute kein Webreisender auskommt. Und dafür benötigen wir eine Anmeldung bei Google, so oder so.

Wenn Sie noch nicht wissen, warum Sie die Videodienste Google Video und YouTube benötigen oder warum Google Maps für Sie wichtig ist, machen Sie sich nichts daraus. Ich werde später noch alles ausführlich erörtern.

Yahoo! hingegen ist in Europa nicht so verbreitet und eigentlich wäre der Dienst daher kaum der Rede wert. Aber Yahoo! besitzt den Fotodienst *Flickr* und alleine dafür lohnt sich die Anmeldung zu Yahoo!s Portalseiten. Und manchmal ist *Yahoo! Maps*, die Kartenanwendung von Yahoo! Google Maps überlegen und auch sonst gibt es noch ein paar Goodies, die die Anmeldung dort notwendig machen. Außerdem schadet es ja nichts: In beiden Fällen ist die Anmeldung absolut kostenlos und mit keinen weiteren Verpflichtungen verbunden.

2.1 Google

Selbst, wenn Sie bis heute kaum etwas vom Internet im Allgemeinen und Web 2.0 im Besonderen gehört haben: Google ist Ihnen sicher ein Begriff. Es ist die in Europa am meisten genutzte Suchmaschine, in Deutschland hat sie sogar nahezu Monopol-Charakter. Über 95 Prozent der Surfer suchen mit Google. Aber Google ist weit mehr als ein Suchmaschinen-Gigant. So nach und nach hat sich Google Anwendungen zusammengekauft oder manchmal sogar selber entwickelt, die es erlauben, nahezu alles, was man im Internet und auch zu Hause am Computer erledigen will, auch mit einer Software von Google zu erledigen.

Da ist erst einmal Google Mail, eine E-Mail-Anwendung, für die man bis vor Kurzem eine Einladung brauchte. Heute bekommt sie jeder und umsonst. Und diese Google-Mail-Adresse ist der Schlüssel zum Google-Imperium. Hat man sich diese besorgt, kann man damit zum Beispiel

- Texte im Browser schreiben oder Berechnungen mit einer Tabellenkalkulation durchführen (*Google Text & Tabellen*)
- in einem Kalender seine Termine verwalten (*Google Kalender*)
- seine Notizen von den Reisen des Webs in einem Notizbuch festhalten

- bloggen (was das ist, erfahren Sie weiter unten) mit *Blogger.com*, der ältesten Bloggersoftware überhaupt, die ebenfalls von Google aufgekauft wurde
- Videos hochladen und der Welt zur Verfügung stellen (*Google Video* und *YouTube*)
- Vortragsfolien online zusammenstellen (*Google Presentations*)
- Fotos in Alben sammeln und online betrachten (*Picasa Web Album*)
- Reisen planen, Karten mit Reiserouten oder Anfahrtsskizzen erstellen und diese in die eigene Webseite einbauen (*Google Maps*)
- und noch vieles mehr ...

Und dazu müssen wir uns nur einfach anmelden: Gehen Sie einfach auf die Seite von Google (`http://www.google.de/`). Doch diesmal suchen Sie nicht, sondern klicken auf das kleine ANMELDEN rechts oben in der Ecke. Dann werden Sie aufgefordert, sich mit Ihrer (Google-)E-Mail-Adresse und Ihrem Passwort anzumelden. Normalerweise haben Sie aber noch keinen Account. Doch genau das hat Google auch schon vorgesehen und fragt Sie rechts unten: *»Sie haben noch kein Google-Konto? Legen Sie jetzt ein Konto an.«*

Für die Anmeldung (Abbildung 2.2) benötigen Sie nur eine E-Mail-Adresse, die Sie auch erreicht. Halten Sie diese also schon einmal parat und klicken einfach weiter.

Und jetzt füllen Sie die Bildschirmmaske aus: Ihre E-Mail-Adresse (die Sie eventuell damit zum letzten Mal benötigen) und Ihr Passwort. Das Passwort muss mindestens acht Zeichen lang sein und sollte eine Kombination aus Buchstaben und Zahlen beinhalten. Doch wie bei allen Passwörtern: Sie sollten es sich auch merken können. Passwörter, die Sie vergessen haben, nützen Ihnen nichts, und Passwörter auf gelbe Merkzettel aufzuschreiben und an den Bildschirm zu kleben, ist keine wirklich gute Idee und eines der größten Sicherheitsrisiken überhaupt.

Wie Sie sicher bemerkt haben, unterstützt Google Sie bei der Wahl des Passworts, indem es anzeigt, ob das Passwort zu kurz ist oder zu einfach. Ich habe eine Kombination aus Buchstaben und Ziffern gewählt und wurde daher von Google mit einem grünen STARK gelobt.

Zur Sicherheit müssen Sie das Passwort ein zweites Mal eingeben. Dann fragt Google noch nach Ihrem Standort (vermutlich Deutschland, Österreich oder die Schweiz) und dann verlangt es von Ihnen, aus einem ziemlich seltsam aussehenden Bild die Buchstaben oder Ziffern zu erkennen und in das Feld darunter einzugeben.

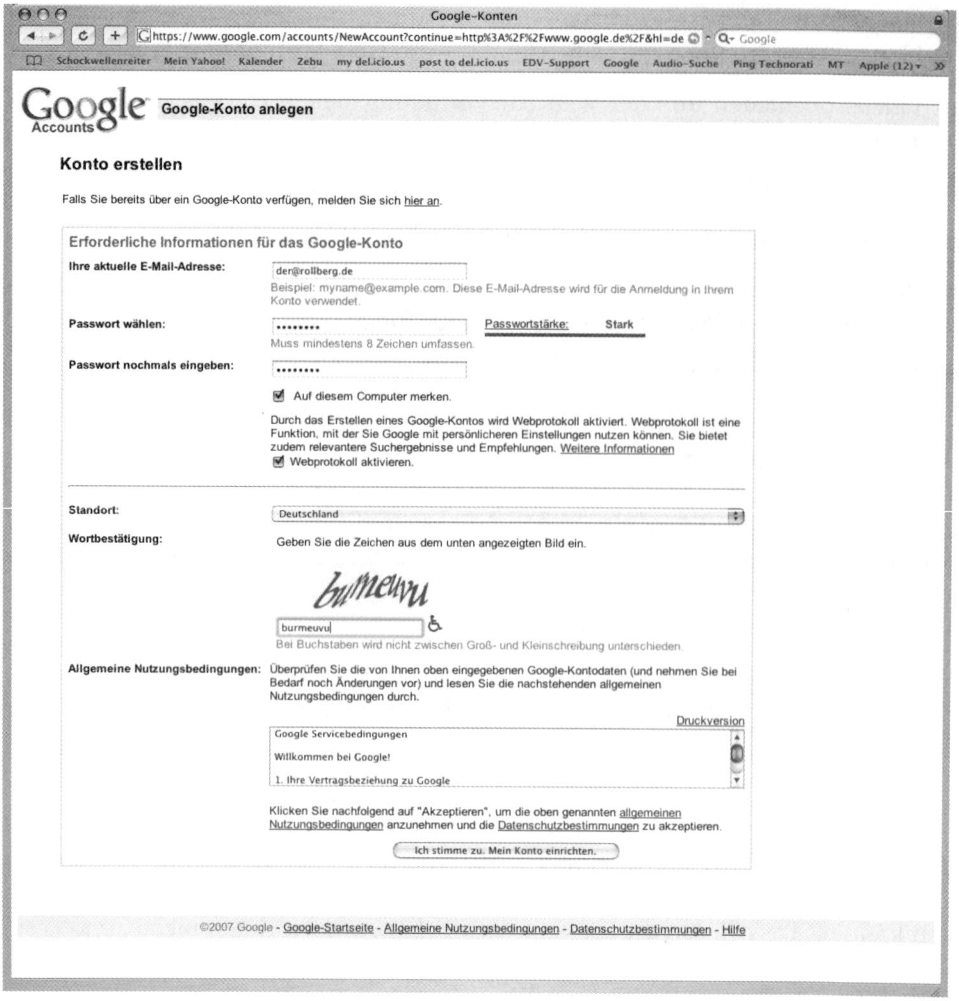

Abb. 2.2: Der Anmeldebildschirm bei Google

Dieser Vorgang, der *Captcha* genannt wird, ist zwar umständlich, aber leider notwendig. Er soll verhindern, dass Roboter sich automatisch Tausende von E-Mail-Adressen besorgen und diese dann als Absender für Werbemüll, im Internetjargon *Spam* genannt, benutzen.

Okay, wenn Sie jetzt alles richtig gemacht haben, klicken Sie auf *»Ich stimme zu. Mein Konto jetzt einrichten«*. Im Zweifelsfalle sollten Sie sich aber die AGBs von Google *wirklich* durchgelesen haben. Sie sind meiner Meinung nach zwar okay, aber es kann immer wieder Fälle geben, in denen man den Bedingungen nicht zustimmen kann. Also: Gründliches Durchlesen erspart späteren Ärger.

Wenn Sie geklickt haben, erfahren Sie auf der nächsten Seite, dass eine E-Mail zu Ihnen unterwegs ist. Diese E-Mail enthält einen Bestätigungslink, auf den Sie meistens nur einfach klicken müssen. Das soll verhindern, dass Spaßvögel oder Spammer Ihre Mail missbrauchen, um sich mit Ihrem Namen anzumelden.

Diese Mail kommt in der Regel ziemlich schnell. Sollten Sie sie nicht bekommen, schauen Sie zuerst in dem Ordner nach, in dem Ihr Mailprogramm normalerweise den Werbemüll ablegt. Vielleicht ist er dort verschwunden.

Gratuliere. Sie sind jetzt Mitglied der großen Google-Familie. Dafür können Sie sich aber leider nichts kaufen. Aber wenn Sie jetzt beim nächsten Mal Google aufrufen, können Sie sich dort anmelden und als Nächstes zum Beispiel einen *Google Mail Account* anlegen, damit Sie auch so eine coole Adresse wie zum Beispiel `ihr.name@googlE-Mail.com` haben. Wenn Sie dies getan haben, beachten Sie bitte, dass ab sofort Ihre Google-Anmeldung nicht mehr mit Ihrer alten E-Mail-Adresse erfolgt, sondern Sie ab jetzt dafür die GooglE-Mail-Adresse benutzen müssen. Zur Vereinfachung reicht es aber, bei der Anmeldung nur den Teil einzugeben, der vor dem *Klammeraffen* (@) steht, also nur *ihr.name*.

Ich habe den Anmeldevorgang hier besonders ausführlich beschrieben, damit Sie ihn einmal komplett nachvollziehen können. Alle anderen Anmeldevorgänge verlaufen ähnlich – sie unterscheiden sich in der Regel nur in der Anzahl der persönlichen Daten, die Sie eingeben müssen. Wie Sie gesehen haben, ist Google da nicht besonders neugierig, schließlich ist die Firmendevise *»Don't be evil«*, was frei übersetzt ungefähr *»Gehöre zu den Guten«* meint. Und ich habe schon den Eindruck, dass Google wirklich zu den Guten gehören will (auch wenn es ihnen manchmal schwerfällt).

Das hindert Google natürlich nicht daran, Ihnen die Möglichkeit zu geben, soviel Sie wollen oder sogar mehr als Ihnen lieb ist, von Ihren persönlichen Daten preiszugeben. Im Sinne des Datenschutzes achten Sie also bitte darauf, dass Sie nie mehr eingeben, als Sie glauben, verantworten zu können.

Okay, wenn Sie sich jetzt bei Google angemeldet haben, klicken Sie doch einfach mal auf MEHR über dem Suchfenster. Sie erhalten dann einen Bildschirm, der Ihnen zeigt, was der Suchmaschinen-Krösus alles für Sie außerdem bereithält.

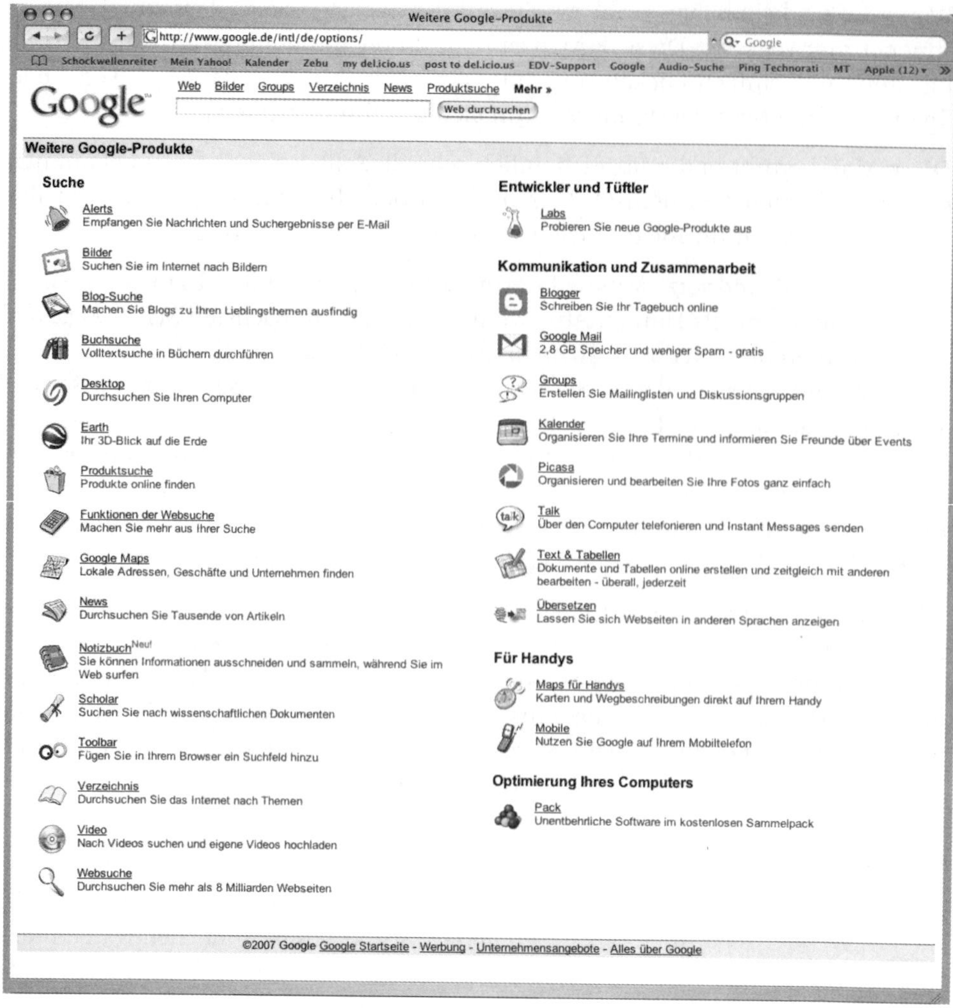

Abb. 2.3: Alles von Google

Das Angebot ist erschlagend, finden Sie nicht auch? Und das ist noch nicht alles. Klicken Sie mal auf den grünen Glaskolben oben rechts. Er symbolisiert Googles Entwicklungs- und Experimentierbereich, die *Google Labs*. Dort finden Sie viele weitere Produkte, die noch in einer letzten Entwicklungsphase sind und die Sie – auf eigenes Risiko – schon einmal vorab testen können. Und es gibt noch viel mehr. Einiges davon werden Sie in den nächsten Kapiteln kennen lernen. Doch auch, wenn Google so viel bietet, Sie werden diese Basisstation jetzt erst einmal verlassen und sich der nächsten zuwenden.

2.2 Yahoo!

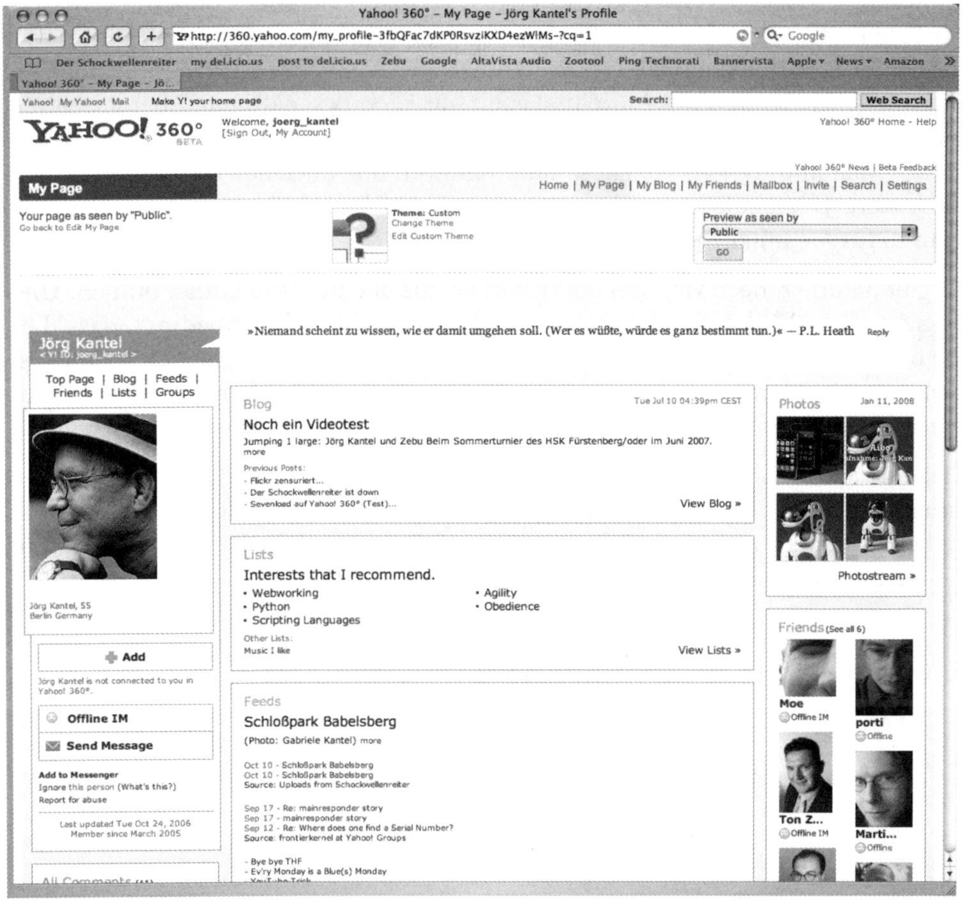

Abb. 2.4: Yahoo! 360°, Yahoo!s eher halbherziger Versuch eines *Social Networks*

Yahoo! ist in den USA der stärkste Konkurrent von Google und bietet nahezu das gleiche Spektrum an Anwendungen, das auch Google bietet. Auch Yahoo! war ursprünglich eine Suchmaschine, die sich zum Anbieter eines Portals gewandelt hat. In Amerika ist Yahoo! sehr populär und war bis zum letzten Jahr sogar noch ein wenig größer als Google. In Europa war das nie der Fall, da gehörte Yahoo! immer eher zu den kleineren Playern. Das liegt meiner Meinung nach zu einem großen Teil daran, dass das Angebot von Yahoo! doch sehr stark auf den amerikanischen Geschmack zugeschnitten ist. Das europäische Angebot wirkt arg zusammengewürfelt, und das leider auch noch lieblos.

Wie dem auch sei, Yahoo! hat eine Anwendung gekauft, die eine Anmeldung notwendig macht, wenn man nur einigermaßen mit dem mithalten will, was im Web zurzeit so populär ist: Das ist *Flickr*, die größte Foto-Community weltweit. Und da kann man sich nur mit einem Yahoo! -Account anmelden. Gehen Sie hier genauso vor wie bei Google und nach kürzester Zeit verfügen Sie über eine zweite E-Mail-Adresse in der Form `ihr_name@yahoo.com` und Sie haben Zugriff auf alles, was Yahoo! an Diensten so anbietet. Im Rahmen dieses Buches werden wir uns aber nur mit *Yahoo! Maps, Yahoo! 360°* und eben mit *Flickr* beschäftigen. Aber probieren Sie die anderen Anwendungen ruhig einmal aus. Einige finden zum Beispiel Yahoo! Mail intuitiver als Googles Mailprogramm und auch der Kalender ist einen Blick wert. Letztendlich entscheidet Ihr Geschmack und die Frage, welches Programm für Sie nützlicher ist.

Es gibt natürlich noch viel, viel mehr Portale, die alle um Ihre Gunst buhlen. Und dass ich diese beiden für Sie ausgesucht habe, besagt nicht unbedingt, dass dies die besten wären – es besagt nur, dass ich die beiden kenne, mit beiden schon ausgiebig gearbeitet habe und sie zumindest so weit empfehlen kann, dass Sie damit die Arbeit, die ich in diesem Buch vorgesehen habe, nahezu fehlerfrei erledigen.

Falls Sie aber schon ein Portal nutzen und damit zufrieden sind: Nutzen Sie es ruhig weiter. Der Wechsel von einem Portal zum nächsten ist mit einem nicht unbeträchtlichen Aufwand verbunden, wenn Sie zum Beispiel Ihre Mails »mitnehmen« wollen, und sollte daher gut überlegt sein.

Kapitel 3

Die erste Raumstation: Homepage-Baukästen

Sie sind meist der erste Schritt des Anfängers ins Web, die so genannten Homepage-Baukästen, die aus vorgefertigten Elementen und ein wenig vom Nutzer einzugebenden Text und hochzuladenden Bildern die eigene Homepage basteln. Doch seien wir ehrlich: So sehen viele davon auch aus, das Ergebnis kann selten überzeugen. Das liegt nicht an Ihnen, den Nutzern, das liegt daran, dass viele dieser Baukästen lieblos zusammengeschustert sind und oft schon seit Jahren kein Update mehr erfahren haben. Aber es sind nicht alle so. Aus der Menge der »guten« Baukästen habe ich zwei herausgesucht, die ansprechende Resultate liefern, und eines davon, nämlich *Jimdo*, halte ich sogar für ziemlich gut gelungen und gerade für Anfänger geeignet. Dabei spricht jeder dieser Baukästen ein anderes Zielpublikum an.

All diesen Baukästen ist eines gemeinsam. Man wählt aus einer Reihe von vorgefertigten Layouts (im Internet-Jargon heißen diese *Templates*) eines aus und füllt es dann mit Texten und Bildern. Die Möglichkeiten sind ein wenig begrenzt, dafür kann man aber auch nicht so viel falsch machen.

Außerdem ist ihnen gemein, dass man – zumindest in den kostenlosen Versionen – keine eigenen Domains nutzen kann, man bekommt in der Regel eine Domain in der Form *dein_name.name_des_hosters.com* vorgeschrieben.

3.1 Workshop: Google Page Creator

Google Page Creator (`http://pages.google.com/`) ist ein Baukasten mit sehr dezenten vorgefertigten Layouts. Dazu passt eigentlich gar nicht, dass man die allseits beliebten Gadgets von Google (von denen etliche doch etwas weiter von der Seriösität entfernt sind – obwohl sie natürlich Spaß machen) dort überall einbauen kann. Hier hat der Stolz Googles auf seine Gagdets vermutlich die Einwände der Designer bei Google überstimmt.

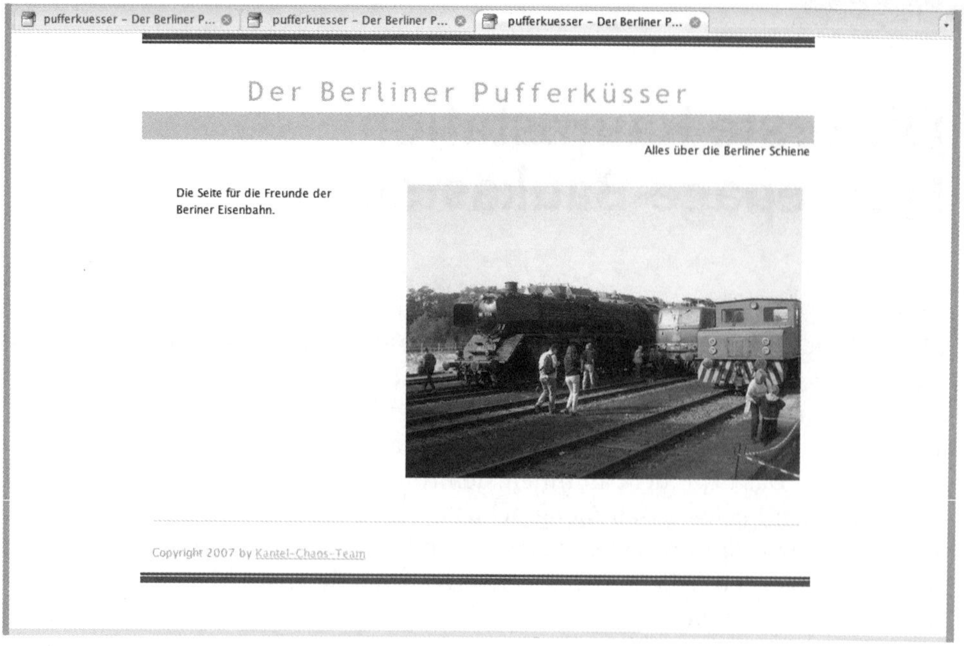

Abb. 3.1: Der »Pufferküsser« online

Das Editieren und Anlegen der Seiten funktiniert nicht in jedem Browser. Apples Safari zum Beispiel wird nur unzureichend unterstützt. Google hat hier sehr stark auf die neuesten Technologien gesetzt und ist einigen Browserherstellern vorausgaloppiert. Im Firefox gelingt jedoch alles und anschauen kann man sich die fertigen Seiten natürlich in nahezu jedem noch so exotischen Browser.

Man beginnt damit, dass man sich ein Layout auswählt und einen Namen sucht. Der erste Eindruck von Vielfalt täuscht, es sind eigentlich nur sehr wenige Grundlayouts, die in verschiedenen Farbschemata zur Verfügung stehen. Für unser Beispiel habe ich *Micro Sport* genommen. Und bei dem Namen dachte ich mir, wir machen mal eine Seite für die Berliner Eisenbahnfreunde und habe daher *pufferkuesser* gewählt. Die URL für unsere erste selbstgebastelte Homepage ist daher `http://pufferkuesser.googlepage.com/`.

Das Layout ist zweispaltig. Man hat eine Seitenleiste (englisch *Sidebar*), zum Beispiel für die Navigation oder eben die Gadgets, und eine breite Hauptspalte für den eigentlichen Inhalt. Außerdem hat jede Seite einen Titel und einen Untertitel und einen optionalen Fußbereich.

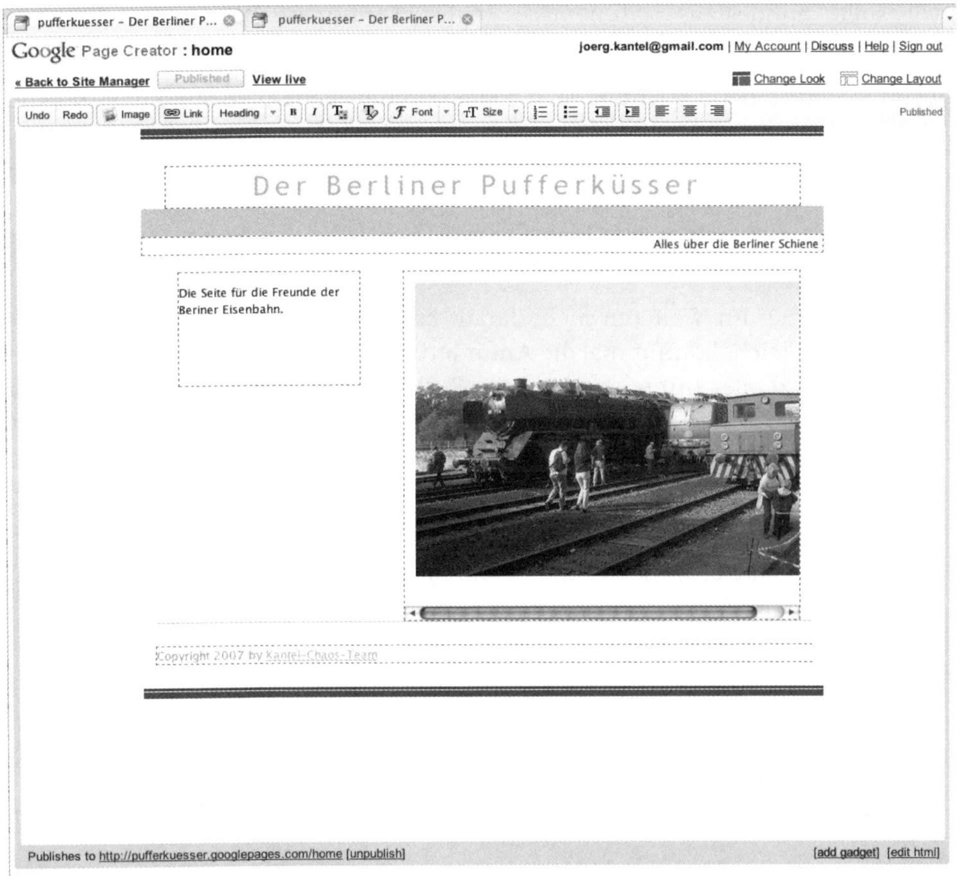

Abb. 3.2: Der *Pufferküsser* im Edit-Mode

Es gibt zwei Seiten, in denen man editieren kann. Im SITE-MANAGER legt man neue Seiten an und im EDITOR füllt man sie mit Inhalten. Dabei wird man einmal mit einer Werkzeugleiste unterstützt, die es einem erlaubt, Texte und Bilder fast so einzugeben, wie man es auch von Word oder ähnlichen Programmen kennt, zum anderen kann man aber auch in einen HTML-Modus wechseln, der die Eingabe und das Editieren von HTML pur erlaubt. (Was HTML eigentlich ist und was man damit anstellen kann, erfahren Sie in dem späteren Kapitel über den Babelfisch.)

Daher kann man innerhalb der vorgefertigten Layouts so ziemlich alles einbinden, was überhaupt mit HTML möglich ist. Und auf der anderen Seite hat man schnell ein paar Seiten erstellt, auch ohne überhaupt eine Ahnung von HTML zu haben.

Googles Page Creator ist eigentlich einfach zu bedienen und überzeugt. Leider ist der Dienst (noch) nicht lokalisiert, es gibt ihn nur in Englisch. Wer ihn also nutzen will, sollte mindestens rudimentäre Englischkenntnisse besitzen, viel ist aber wirklich nicht nötig.

Wenn man dies berücksichtigt, ist Googles Homepage-Baukasten ein vielversprechendes Werkzeug speziell für Personen, Gruppen oder Firmen, die Wert auf ein dezentes Layout legen. Als Homepage meiner Steuerberaterin zum Beispiel könnte ich mir eine mit diesem Werkzeug erstellte Web-Präsenz durchaus vorstellen, aber die Neuköllner Hip-Hop-Gruppe »Voll krass im Rollberg« wird damit nicht wirklich glücklich werden.

Ich werde daher im Weiteren nicht darauf zurückkommen. Behalten Sie es aber im Kopf – vielleicht kommt mal die Anforderung oder Bitte an Sie, für Ihren Chef, Ihren Hausarzt oder Ihren befreundeten Rechtsanwalt eine Homepage zu bauen. Dann kennen Sie zumindest ein Werkzeug, mit dem Sie dies ohne großen Aufwand erledigen können.

Beachten Sie aber bitte eines: Gerade für Berufsgruppen wie Steuerberater, Rechtsanwälte oder Ärzte gibt es spezielle Anforderungen an das *Impressum*. Ihr Auftraggeber sollte dies wissen und beachten Sie dies bitte peinlichst genau. Sonst kann es sehr schnell Abmahnungen hageln.

3.2 Jimdo: Pages to the People

Abb. 3.3: Der *Nacktblogger* bei Jimdo.com

Jimdo (`http://www.jimdo.com/`) ist ein netter Dienst, der es erlaubt, eine eigene Homepage (in der Basisversion sogar kostenlos) anzulegen. Der Homepage-Baukasten ist etwas verspielter als der von Google, aber durchaus geeignet, zum Beispiel die Webpräsenz eines Sportvereins aufzunehmen. Was allein schon dadurch bewiesen ist, dass sich viele Sportvereine dort herumtreiben, wobei die Überpräsenz von Voltigier-Gruppen – glaube ich – eher darauf zurückzuführen ist, dass vermutlich eine der Töchter der Gründer begeisterte »Volti« ist.

Die kostenlose Version wird mit einer kleinen Werbeeinblendung finanzert, die aber durchaus dezent eingebaut ist und kaum stört.

Man kann dort nicht nur aus vorgefertigten Templates auswählen, sondern wer sich in HTML und CSS gut auskennt (siehe das Kapitel über den Babelfisch), kann sich sogar ein komplett eigenes Design erstellen. Wir sind jedoch mit den vorgefertigten Templates erst einmal zufrieden und ich werde im Folgenden zeigen, wie man sich eine kleine Website bei Jimdo.com anlegt.

3.3 Workshop: Website erstellen bei Jimdo.com

Wenn Sie sich eine eigene Homepage bei Jimdo erstellen wollen, müssen Sie – wie immer – zuerst die Anmeldeprozedur hinter sich bringen. Jimdo macht es Ihnen besonders einfach: Unter `http://www.jimdo.com/` finden Sie auf der Startseite schon die beiden Textfelder, die Sie auffordern, einen Account anzulegen. Dazu wählen Sie einen »Usernamen« und geben Ihre E-Mail-Adresse ein. Den Usernamen sollten Sie mit Bedacht wählen, er ist Ihr Aushängeschild und Teil der URL, mit der Sie später Ihre Seiten erreichen können. In meinem Beispiel erstellen wir eine Vereinsseite für einen (fiktiven) Hundesportverein, *Flughund e.V.*, und nennen uns daher auch »flughund«.

Nachdem Sie das Anmeldeformular abgeschickt haben, erfolgt das Weitere wie gewohnt: Jimdo bedankt sich und sagt Ihnen, dass Sie in Kürze ein E-Mail mit der Anmeldebestätigung mit Ihrem Kennwort erhalten werden. Das Kennwort ist meistens schlecht merkbar, daher ist es das Erste, was Sie verändern werden. Wenn Sie sich wieder neu angemeldet haben, erscheint rechts eine Seitenleiste mit Icons, die Ihnen zeigt, was Sie nun alles tun können. Unter JIMDO ACCOUNT können wir auch das Passwort ändern.

Ein Tipp: Wenn ich solch wichtigen Dinge, wie das Ändern des Kennworts, erledigt habe, teste ich es sofort. Also abmelden und wieder anmelden, um sicherzugehen, dass die Kennwortänderung vom System akzeptiert wurde und erst dann weiterarbeiten.

So jetzt schauen wir uns unsere jungfräuliche Jimdo-Seite nach dem Anmelden doch einmal genauer an.

Abb. 3.4: Die Startseite bei Jimdo

Als Erstes sehen Sie den fetten roten Pfeil, der auf zwei wichtige Links hinweist. Der eine erlaubt es uns, uns an- oder abzumelden, der andere ist ein Wechselschalter, der die rechte Spalte mit den Icons zur Bearbeitung unserer Seite ein- und wieder ausklappt.

Wenn Sie sich als nächstes diese rechte Spalte ansehen, sehen Sie, was Sie alles mit Ihrer Jimdo-Seite anstellen können. Als Erstes steht dort LAYOUT und dort können Sie unter verschiedenen Layout-Vorlagen wählen.

Das nächste Icon, BLOG benannt, ignorieren Sie vorläufig. Denn das ist ein Beta-Feature, das zum Zeitpunkt der Erstellung dieses Workshops nur nach separater

Anmeldung freigeschaltet wird (ich weiß nicht einmal, ob Sie dieses Icon sehen, bei mir erscheint es, weil ich angemeldeter Beta-Tester für Jimdos Blogfunktion bin).

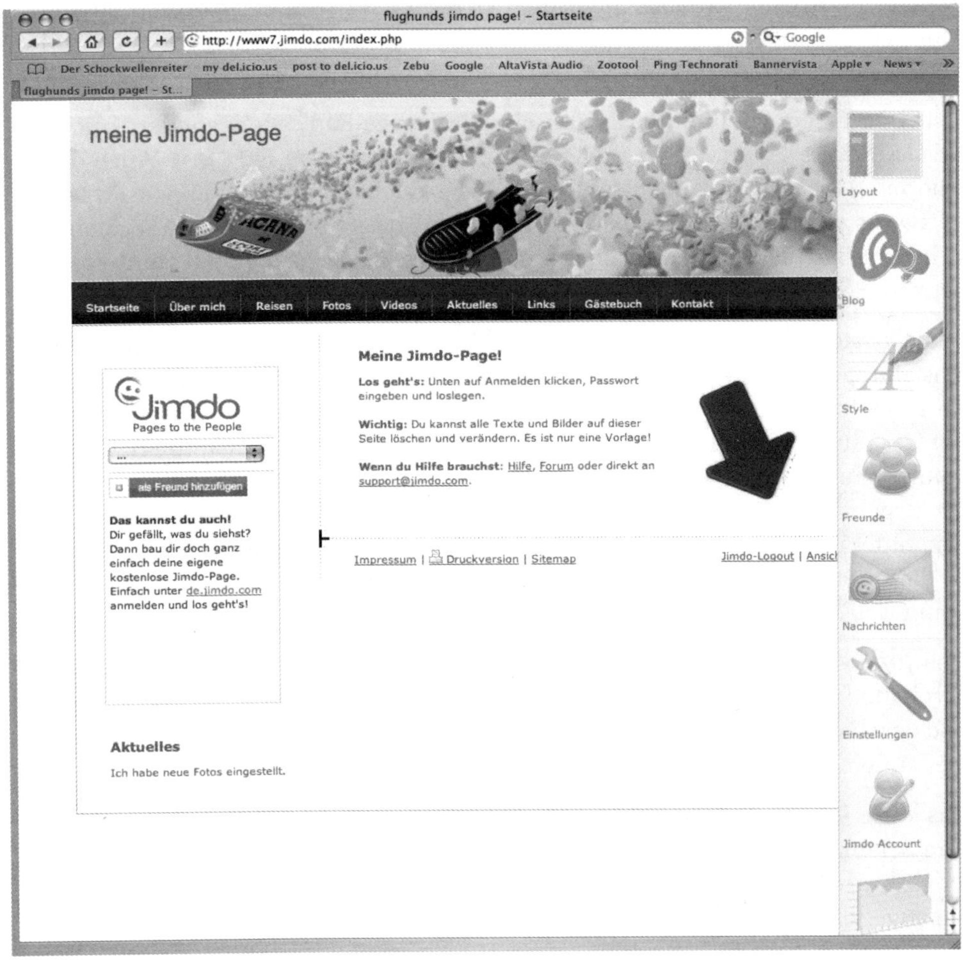

Abb. 3.5: Unsere »jungfräuliche« Jimdo-Seite

Und was Blogs (oder *Weblogs*) sind, erfahren Sie in einem der späteren Kapitel. Denn dort werden wir die Erstellung und Nutzung von Blogs mit anderen Dienstleistern als Jimdo.com realisieren. Was nicht bedeutet, dass die Blog-Funktion von Jimdo schlecht ist. Aber wenn Sie das Kapitel über Weblogs durchgearbeitet haben, sind Sie sicher in der Lage, auch die Blog-Funktion bei Jimdo ohne meine Hilfe zu nutzen, sobald diese Funktion für alle freigeschaltet ist.

Okay, das STYLE-Icon ist wieder interessanter. Hier können Sie festlegen, wie zum Beispiel die verschiedenen Überschriften und Textstile farblich aussehen und in welcher Größe sie erscheinen sollen. Doch nutzen Sie diese Funktion vorsichtig. Alle Layouts kommen mit vorgefertigten Stilen, die optimal an das Layout angepasst sind. Sie können alles ändern, aber Sie sollten wissen, dass das Ergebnis dann nicht immer besser aussieht. Daher: Im Zweifelsfalle lassen Sie es so, wie es ist. Die Augen Ihrer Leser werden es Ihnen danken.

Seit einiger Zeit will Jimdo nicht nur ein Homepage-Baukasten, sondern auch ein *soziales Netzwerk* sein. Daher finden Sie hier auch das Icon FREUNDE. Auch dieses ignorieren Sie momentan (später im Laufe des Buches komme ich noch auf *soziale Netzwerke* zurück), behalten aber im Hinterkopf, dass Sie dies nutzen können, um sich zum Beispiel mit den Machern anderer Hundesportseiten bei Jimdo zu vernetzen.

Das nächste Icon heißt EINSTELLUNG und hier können Sie einige wichtige Seiteneinstellungen vornehmen: Sie können zum Beispiel einige Seiten mit einem Passwort schützen, so dass Sie hier Informationen, die Sie nur den Mitgliedern unseres Hundesportvereins zugänglich machen wollen, ablegen können. Oder Sie können einen Seitentitel eingeben. Dieser erscheint bei den meisten Browsern in der Regel in der oberen Leiste und ist auch wichtig für Suchmaschinen, die den Seitentitel in ihrem Ranking sehr hoch bewerten. Daher habe ich auch als Erstes an dieser Stelle *Flughund e.V.* und als Untertitel *Agility und Obedience* eingegeben. Somit weiß der Suchroboter von Google sofort, was auf diesen Seiten zu finden ist.

Den JIMDO-ACCOUNT haben Sie schon kennengelernt, als Sie Ihr Kennwort geändert hatten. Hier können Sie wichtige Informationen über Ihren Account abrufen und gegebenenfalls ändern. Das Wichtigste für die Firma Jimdo ist sicher, dass Sie hier auf einen kostenpflichtigen Account wechseln können.

Das letzte Icon heißt STATISTIKEN und liefert Ihnen genau das: Zugriffszahlen für Ihre Seiten. Momentan ist es bei Ihrem frisch angelegten Account noch leer, später aber erhalten Sie hier die Information, wieviele Besucher auf welche Ihrer Seiten zugegriffen haben.

3.3.1 Das Layout anpassen

Das vorgeschlagene Standard-Layout mit einem Headerbild, der Menüleiste darunter und der linken Spalte für Menüs und Gimmicks gefällt mir eigentlich (es ist das sechste der Layouts in der Auswahl), daher belassen wir es dabei. Aber natürlich wollen wir ein eigenes Headerbild benutzen und auch sonst noch einige kleine Änderungen vornehmen. Fangen wir also mit dem Headerbild an:

Es ist charakteristisch für die Jimdo-Seiten, dass wir im Bearbeiten-Modus entweder schon, wenn wir mit der Maus über änderbare Seitenbereiche fahren, oder spätestens dann, wenn wir diese anklicken, gezeigt bekommen, was wir alles anstellen können. Und so werden wir, wenn wir das Headerbild anklicken, auch gefragt, ob wir ein eigenes Bild, ein Bild aus der Datenbank oder lieber ein Muster haben wollen. Wir entscheiden uns (natürlich!) für ein eigenes Bild und werden darauf hingewiesen, dass dieses Bild eine Größe von 850 x 190 Pixeln haben sollte.

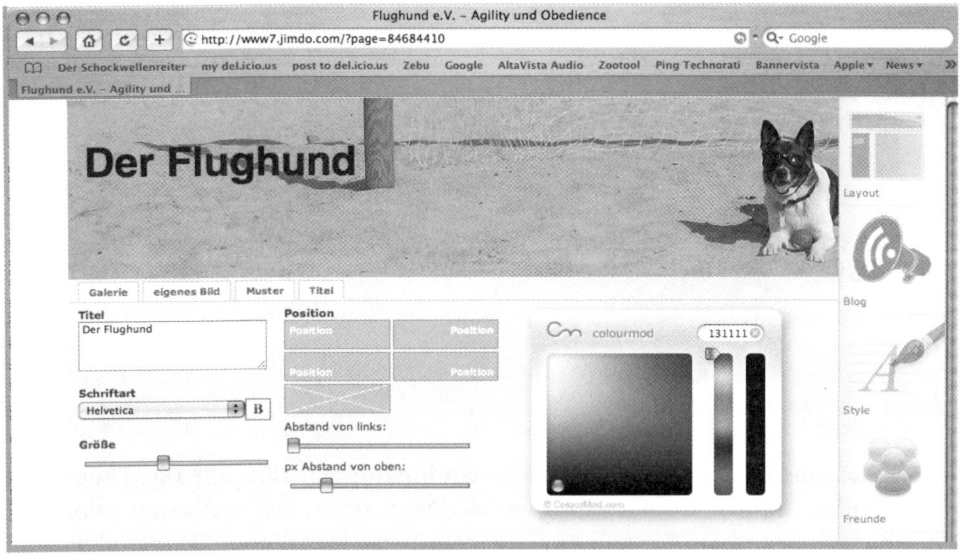

Abb. 3.6: Header-Bereich anpassen

Solch ein Bild haben wir mit der Bildbearbeitung unseres Vertrauens (Gimp oder Photoshop oder ...) schon fertiggestellt (ich habe es `header.jpg` genannt) und laden es einfach hoch.

Als Nächstes ändern wir noch den Titel und die Farbe des Titels. Schwupps, schon haben wir eine eigene, individuelle Seite im Netz. Noch ist sie öd und leer, aber das werden wir im nächsten Abschnitt ändern.

3.3.2 Die Seite mit Inhalten füllen

Alle Stellen der Jimdo-Seiten, bei denen wir Inhalte einpflegen können, funktionieren nach dem gleichen Prinzip. Wenn wir im BEARBEITEN-Modus mit der Maus darüberfahren, erscheint eine Seitenleiste mit Pfeilen, einem Abfalleimer und einem *Plus*-Zeichen, das uns sagt, was wir hier anstellen können.

Mit den Pfeilen können wir das jeweilige Element nach oben oder nach unten verschieben, der Abfalleimer löscht natürlich das Element und das Plus-Zeichen erlaubt es uns, Elemente hinzuzufügen.

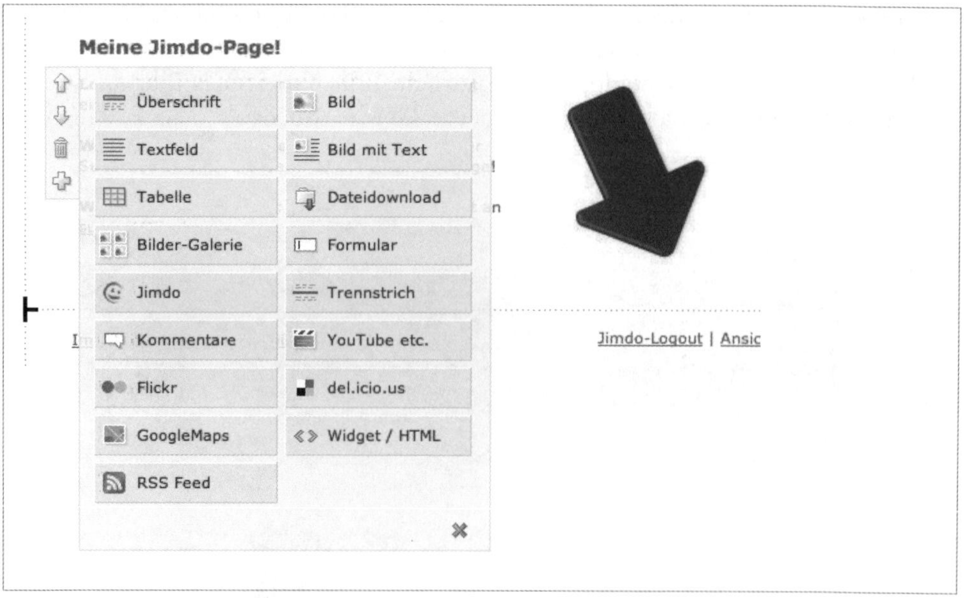

Abb. 3.7: »Elemente« in Jimdo

Doch was sind das nun für *Elemente*, die wir hinzufügen können? Dazu klicken Sie doch einfach einmal auf das Plus-Symbol. Dann sehen Sie, was Jimdo alles Schönes für uns bereithält. Sie können Überschriften hinzufügen, Texte und Tabellen erstellen, Bilder (alleinstehend oder im Text) und Bildergalerien einfügen und vieles mehr. Einiges davon, wie zum Beispiel Bilder von Flickr oder Videos von YouTube dazufügen, werden Sie erst im weiteren Verlauf des Buches anwenden, wir erstellen jetzt erst einmal einen kleinen Text mit einem Bild, das unsere Startseite schmücken soll.

Vorhandene Elemente können wir anklicken und ändern. Unsere Startseite hat ja schon eine Überschrift, also klicken wir sie an und ändern sie in *Was ist der Flughund e.V.?*

Und auch auf den Text können wir klicken. Und schon sehen Sie ein kleines Textfeld, in das Sie Text eingeben können. Und nicht nur das: Über dem Feld ist eine Icon-Leiste, die uns die Formatierung des Textes erleichtern will. Im Regelfall markieren wir den zu formatierenden Text und klicken dann auf das Icon. Von links nach rechts bedeuten diese Icons:

Abb. 3.8: Textformatierungs-Icons bei Jimdo

Fett und *kursiv* (schräggestellt), linksbündiger, zentrierter und rechtsbündiger Text, eine Liste mit Aufzählungspunkten (*Bullets*) und eine nummerierte Liste, den Text ausrücken oder wieder einrücken, den Text farbig markieren, einen Link anlegen oder ihn wieder entfernen, Text aus der Zwischenablage einfügen, Formatierungen löschen, eine Änderung rückgängig machen oder einen Vorgang wiederholen und schließlich, als letztes Icon, den Wechsel in die HTML-Ansicht. Da Sie aber jetzt noch nicht wirklich wissen, was HTML eigentlich ist, werden Sie dieses Icon erst einmal ignorieren, bis Sie HTML kennen gelernt haben.

Dieses Eingabefeld für Texte ist mittlerweile ein Standard im Netz und wird Ihnen daher in ähnlicher Form immer wieder begegnen. Machen Sie sich daher mit der Bedienung vertraut, Sie werden sie immer wieder brauchen.

Wir löschen als Erstes den gesamten Text, der in diesem Feld steht und tippen unseren eigenen Text ein. Wir formatieren ein paar Stellen (ruhig ein paar Stellen mehr als üblich, Sie wollen ja lernen, mit diesem Werkzeug umzugehen) und fügen ein paar Links zu den Wikipedia-Seiten zu *Agility* und *Obedience* hinzu und fertig ist unser erster Text.

Bei den Links ist Ihnen sicher aufgefallen, dass Jimdo zwischen externen Links und interen Links unterscheidet. Bei externen Links geben Sie die URL in ein Textfeld ein, bei internen Links erlaubt Ihnen Jimdo nur, zu schon vorhandenen Seiten zu verlinken. *Tote* Links sollen damit vermieden werden.

Als Nächstes fügen wir nun ein Bild hinzu. Wieder habe ich ein Bild vorbereitet und klicke nun ein weiteres Mal auf das Plus-Symbol und wähle in dem Aufklappmenü BILD aus. Das Bild wird wieder vom eigenen Computer ausgewählt und ins Internet übertragen. Jimdo skaliert das Foto automatisch in eine Größe, die die Software für angemessen hält. Wenn Sie damit nicht einverstanden sind (ich bin fast *nie* damit einverstanden), können Sie die Größe durch Klicken auf das Plus vergrößern oder mit dem Minus-Zeichen so lange verkleinern, bis das Bild die gewünschten Maße erreicht hat.

Sie dürfen dem Bild einen Untertitel mitgeben. Ehrliche Menschen (und wir sind doch alle ehrliche Menschen, oder?) geben hier mindestens den Namen der Fotografin an, aber auch weitere Erläuterungen können durchaus sinnvoll sein.

Wie Sie beim Stöbern durch Ihren Jimdo-Account sicher schon bemerkt haben, ist der verfügbare Speicherplatz des kostenlosen Angebots auf 500 MB beschränkt. Das ist zwar schon recht ordentlich, viele Bilder oder gar Videos können ihn jedoch ziemlich schnell füllen. Daher werden Sie im nächsten Kapitel erfahren, wie Sie Fotos und Videos von Hostern wie zum Beispiel Flickr oder YouTube in Ihrer Jimdo-Seite nutzen können. Das spart Speicherplatz ...

Unter dem Foto soll noch weiterer Text stehen. Sie klicken in gewohnter Manier auf das Plus-Symbol, dann auf Text und geben noch ein wenig Text ein. *Voilà*, fertig ist die Startseite unseres (fiktiven) Hundesportvereins.

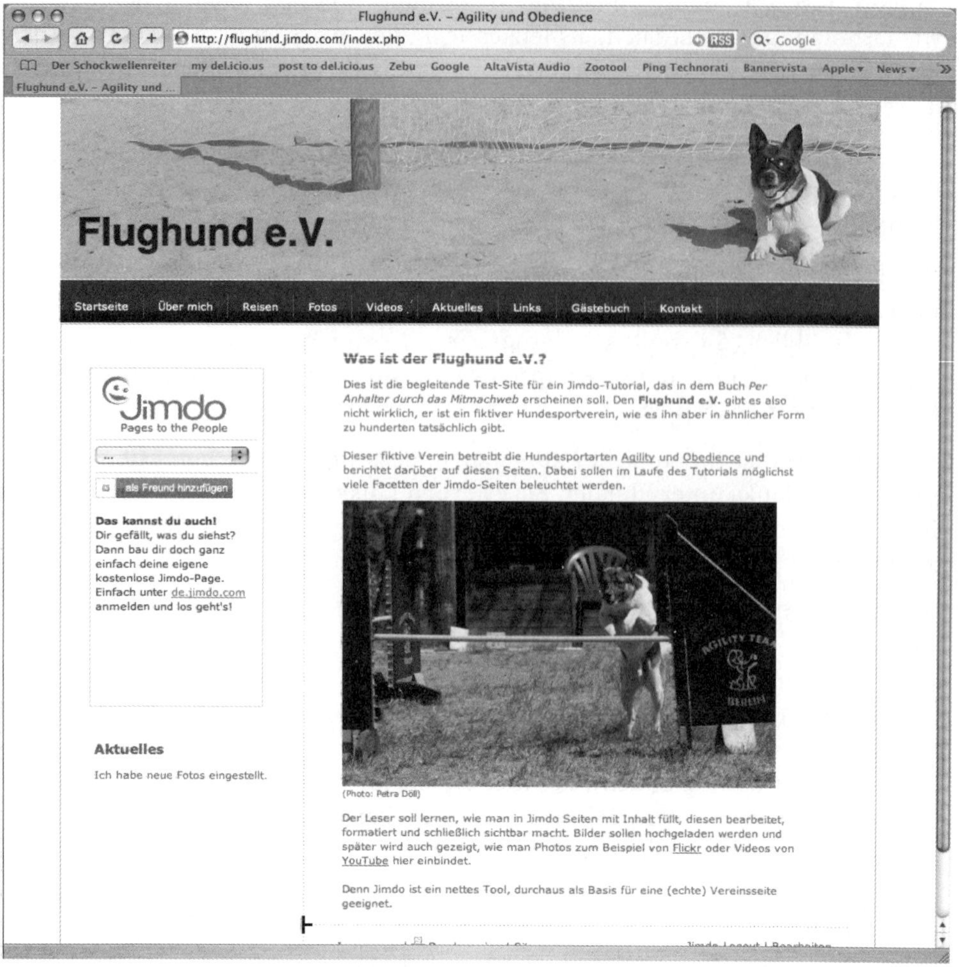

Abb. 3.9: Die »fertige« Jimdo-Startseite

Damit sollten Sie auch das Grundprinzip von Jimdo verstanden haben: Beiträge setzen sich eher aus diversen *Schnipseln* zusammen, als aus einem monolithischen Textblock. Diese einzelnen Schnipsel können Sie separat verschieben, korrigieren oder löschen.

Sie werden sehen, dass noch viel zu tun ist. Per Default hat Ihnen Jimdo schon bei der Anmeldung ein paar Seiten, zum Beispiel *Über mich*, spendiert und in die Navigation eingebunden. Im BEARBEITEN-Modus erscheint beim Klick auf die

Menüleiste ein Punkt NAVIGATION BEARBEITEN. Hier können Sie die Navigation bearbeiten, Seiten löschen oder anlegen, verschieben oder einrücken. Beginnen Sie damit, dass Sie die Seite *Über mich* in *Über uns* umbenennen (denn schließlich soll es ja eine Vereinsseite werden), und füllen Sie sie mit Inhalten Ihrer Wahl. Bei dieser Übung können Sie alles, was Sie bisher hier gelernt haben, einsetzen ... Und vielleicht auch ein bisschen mehr. Denn Jimdo ist nicht schwer zu bedienen und die Arbeit damit macht richtig Spaß.

3.4 Der eigene Webspace

Der eigene Webspace mit einer eigenen, möglichst einprägsamen URL (mir gehört zum Beispiel `www.kantel.de`, die ich aber eigentlich nur für Mail-Adressen nutze, denn `joerg@kantel.de`, das hat schon etwas) ist so etwas wie die Königsdisziplin für den Webworker. Man kann ihn bei diversen ISPs (*ISP = Internet Service Provider*) in verschiedenen Abstufungen bekommen: von der einfachen Web-Visitenkarte über diverse »Premium«- oder »Profi«-Pakete bis hin zum eigenen Server.

Wenn Sie meinen Rat hören wollen: Falls Sie nicht genau wissen, was Sie tun, lassen Sie die Finger von den Web-Visitenkarten. Zwar kosten sie nur ein paar Euro im Monat, aber fast alles, was Sie dort machen können, können Sie meist komfortabler bei den diversen *Social Networks* (siehe das nächste Kapitel) bekommen. Und dort meist sogar kostenlos.

Wenn es tatsächlich ein eigener Webspace sein muss – und im Laufe des Buches werden Sie sehen, dass es tatsächlich gute Gründe für einen eigenen Webspace geben kann –, dann nehmen Sie eines der »Premium«- oder »Profi«-Pakete, die unter diesen oder ähnlichen Fantasiebezeichnungen von den Providern angeboten werden.

Sie sollten mindestens folgende Ausstattung besitzen:

- Einen SFTP-Zugang, um komfortabel Dateien hoch- und wieder runterladen zu können
- PHP und MySQL (mindestens fünf Datenbanken) sollten möglich sein
- Möglichst unbegrenzten Traffic
- Ausreichend Speicherplatz für Ihre Anwendung
- Das Mapping von Domain-Namen auf Verzeichnisse

Diese Features reichen in der Regel aus, um ein eigenes Weblog wie WordPress, ein eigenes Wiki oder ein (kleines!) Content-Management-System (CMS) wie Drupal aufzuziehen. Die »Premium«- oder »Profi«-Pakete der großen Provider haben und können das.

Weitere Features sind natürlich wünschenswert, wie zum Beispiel Sub-Domains anlegen zu können (also nicht nur *www.kantel.de*, sondern auch *gabi.kantel.de* und *joerg.kantel.de*, aber, wenn ich ehrlich sein soll, obwohl mein Provider das kann, habe ich dieses Feature bisher nur einmal genutzt).

Lassen Sie aber die Finger davon, Webseiten per Hand oder HTML-Editor zu erstellen und hochzuladen. Wenn Sie kein Profi sind, ist das Ergebnis meistens fürchterlich. Und zum anderen lassen sich diese Seiten nur schwer warten und ändern. Nach einer kurzen Begeisterungsphase wird das nur ein weiterer Homepage-Friedhof, von denen das Netz schon voll ist.

Ich werde Ihnen keinen Vorschlag machen, welchen Provider Sie wählen sollen, noch gibt es einen Workshop, wie Sie sich solch einen Account zulegen können. Zu unterschiedlich sind die einzelnen ISPs und die Szene verändert sich ständig. Ich rate Ihnen nur: Nehmen Sie einen der großen, von denen Sie annehmen können, dass sie auch in einigen Jahren noch existieren.

Und: Erwarten Sie keinen Support! Massenhoster können nur deshalb so billig sein, weil sie nur Standardpakete liefern und nicht auf individuelle Wünsche Rücksicht nehmen. Falls Sie also etwas Besonderes planen, leisten Sie sich einen guten Berater und einen eigenen Webserver mit Administrator. Nur so können Sie überleben. Das geht aber weit über den Fokus dieses Buches hinaus.

Aber: Wenn es in den weiteren Abschnitten dazu kommt, werde ich Ihnen zeigen, wie man ein Weblog, ein Wiki oder ein CMS bei Strato (`http://www.strato.de`) hochzieht. Nicht, dass ich Strato für herausragend halte: Es ist ein Massenhoster, wie es `1und1` oder `HostEurope` zum Beispiel auch sind, mit ähnlichen Angeboten, die sich wirklich nur geringfügig unterscheiden. Doch ich nutze für meine Internet-Auftritte nun schon seit ca. 1998 zwei Premium-Pakete von Strato und ich kenne mich da einfach am besten aus. Und auch, wenn ich ihn in meinem Weblog öfter spöttisch *Spielzeug-Provider* nenne – der Service funktioniert schon seit einigen Jahren störungsfrei und zuverlässig. Mehr kann (und sollte) man nicht erwarten.

Kapitel 4

Fremde Welten: Social Software, Soziale Netzwerke

Abb. 4.1: Meine Profilseite bei MySpace. Besonders erfreulich finde ich, dass ich zu meinem erweiterten Netzwerk gehöre.

Ein wesentlicher Punkt des Web 2.0 sind sicher die Sozialen Netzwerke. Für viele sind sie das Web überhaupt. Ihnen reicht die Profilseite bei MySpace oder Xing, die Fotos haben sie bei Flickr hochgeladen und die Videos bei YouTube abgelegt. Und auf all diesen Plattformen diskutieren sie eifrig, vergeben Bewertungspunkte, Sternchen oder Herzchen, bilden Freundschaften und Cliquen und fühlen sich offensichtlich ganz wohl in ihren virtuellen *Communities*.

Doch was sind das für Communities und was macht ihre Faszination aus?

4.1 Homepage war gestern, heute zeigt man Profil

Zu Beginn des Webs in der Mitte der 90er Jahre musste jeder, der etwas auf sich hielt, eine eigene Homepage besitzen. Der Satz *»Welcome to my Homepage«* (*»Willkommen auf meiner Homepage«*) war berühmt und berüchtigt und bedeutete meist: Hier tobt sich ein Anfänger aus. Homepages galten schnell als uncool und nutzlos. Der ambitionierte Internet-Nutzer suchte sich schnell andere Wege, um sich im Netz zu präsentieren. Da gab es die Weblogs mit ihren ständigen Aktualisierungen (*»Wer nicht updated, stirbt!«*), die ein viel interessanteres Betätigungsfeld zu bieten schienen, und dann tauchten auch die ersten *Communities* auf, die mit ihren Profilseiten ein neues Feld zum Austoben der künstlerischen Ader boten.

Die ersten Profilseiten waren eigentlich keine, sondern die Portalseiten zum Beispiel von MyNetscape oder MyYahoo! . Sie boten aber schon im geringen Umfang die Möglichkeit, sich seine Startseite ins Internet zu personalisieren. Man konnte sich die Nachrichten, die einen besonders interessierten, dort abrufen oder auch eine Linkliste für den Start in die Weiten des Netzes dort ablegen. Ich werde später noch einmal darauf zurückkommen.

Vor allem hatten diese personalisierten Portalseiten einen Nachteil. Der Nutzer war der Einzige, der sie so sah; sie boten keine Möglichkeit, sich der Welt zu präsentieren.

Das änderte sich mit dem Aufkommen der ersten *Social Networks*. Social Networks sind Community-Seiten, auf denen man sich und seine Interessen präsentieren kann, um Gleichgesinnte in dieser Community zu finden. Bekannte Beispiele sind *MySpace* (`http://www.myspace.com`), das zum Murdoch-Konzern gehört, *Facebook* (`http://www.facebook.de`) oder das deutsche Business-Portal *Xing* (`http://www.xing.com`), auf dem sich überaus erfolgreich Geschäftsleute um ihre Kontaktpflege bemühen.

Wenn Sie sich, wie am Anfang des Buches empfohlen, einen Account bei Google und einen weiteren bei Yahoo! eingerichtet haben, dann sind Sie auch schon Mitglied in zwei sozialen Netzen: Googles Version davon heißt *Orkut* (`http://www.orkut.com`) und ist bisher ein eher stiefmütterlich behandelter Zukauf, der in Europa und Nordamerika nie so richtig Fuß fassen konnte, in Brasilien und Südamerika aber überaus populär ist.

Etwas mehr Glück hatte Yahoo! mit seiner Eigenentwicklung *Yahoo! 360°*, das schon eher die Komponenten eines *Social Networks* mitbrachte. Da gab es die Profilseite, die man – im Rahmen – nach seinen eigenen Wünschen gestalten konnte, und die im Gegensatz zu den Portalseiten öffentlich war. Und man konnte dort auch ein Weblog führen, seine persönlichen Musik-, Kino-, Sport- und andere Interessen aufführen, damit die Suche nach Menschen mit ähnlichen Interessen einfacher wurde. Allerdings leidet Yahoo! 360° an einer gewissen Halbherzigkeit in der Ausführung, alles ist da, aber alles irgendwie nicht ganz richtig: So kann man in seinem Blog zwar Videos einbinden, aber nur die Videos von Yahoo! Video, andere, viel populärere Videohoster wie Google, YouTube oder Sevenload bleiben außen vor. So kommt es, dass auch Yahoo!s Versuche eines sozialen Netzes eher nur ein geringer Erfolg beschieden war. Der Dienst war mit viel Vorschusslorbeeren in der Szene bedacht worden, enttäuschte dann aber doch die meisten Tester, auch mich.

Abb. 4.2: Pimp my Profile

Da waren andere erfolgreicher. Das zum Murdoch-Imperium gehörende MySpace gilt heute als der Prototyp eines Social Networks und ist an Popularität kaum zu übertreffen. Speziell in den USA gehört es gerade in Künstler- und Möchtegern-Künstlerkreisen zum guten Ton, eine Profilseite bei MySpace (verbunden mit einem Channel bei YouTube, doch dazu später) zu besitzen. Dort präsentiert man sich der staunenden Welt, diskutiert, sammelt Freunde und Kontakte, in der Hoffnung, dass diese auch die Abnehmer seiner zukünftigen künstlerischen Produkte seien. Oder einfach nur mit der Hoffnung auf ein kleines Quäntchen Ruhm.

Ein besonderes Merkmal dieser Profilseiten speziell bei MySpace war, dass sie bis zur völligen Buntheit aufgemotzt werden konnten. Farbige Hintergrundbilder, Fotos, Videos und Überschriften in schreienden Farben buhlten um die Aufmerksamkeit der Besucher. MySpace-User (und auch Nutzer anderer, ähnlicher *Social Networks*) »pimpten« ihre Profilseiten, dass die Schwarte kracht – bis hin zur völligen Unleserlichkeit. Erst dann waren sie zufrieden. Abbildung 4.2 zeigt einen Screenshot des deutschsprachigen, nicht mehr existierenden MySpace-Klons *Chapz*. Wie man leicht erkennen kann, war auch ich dort Mitglied und habe gepimpt.

Gegen diese Buntheit setzte sich dann eine akademische Clique ab: Das zweite große erfolgreiche Social Network in den USA ist sicher Facebook, das von seinen Nutzern den Nachweis einer Tätigkeit im akademischen Bereich, sei es als Student, Forscher oder Lehrender, verlangt. Facebook-Profile sind gediegener und zurückhaltender, selbst die Werbung bei Facebook wirkt vornehmer.

Da sich Facebook lange zierte, seine Dienste auch in anderen Sprachen als Englisch zur Verfügung zu stellen, konnte ein deutscher Facebook-Klon erfolgreich agieren: *StudiVZ* ist, nachdem es einige Probleme mit den – vornehm ausgedrückt – unglücklich agierenden Gründern ausgeräumt hatte und sich unter dem Dach der Holtzbrinck-Gruppe konsolidieren konnte, ein im deutschsprachigen Raum sehr erfolgreiches Netzwerk und ich merke es unter meinen Studenten immer wieder: Wer keinen StudiVZ-Account hat, der ist nicht in.

StudiVZ ist aber immer noch ein wenig umstritten und nachdem es Facebook in einer eingedeutschten Fassung gibt, wird es der Dienst auf lange Sicht schwer haben, sich gegenüber dem etablierten, internationalen Platzhirschen zu behaupten.

Und so eine Profilseite bei einem sozialen Netzwerk ist auch durchaus praktisch. Ohne einen Cent Einsatz bekommt man einen Ersatz für seine eigene »Homepage« im Netz, die auch viel schneller und unmittelbarer Aufmerksamkeit findet, weil es doch innerhalb der Community genügend Neugierige gibt, die immer mal wieder nachschauen, wer denn neu hinzugekommen ist. Es gibt diskutierfreudige Mitglieder und es gibt natürlich auch viele, die im Gästebuch Werbung in eigener Sache machen.

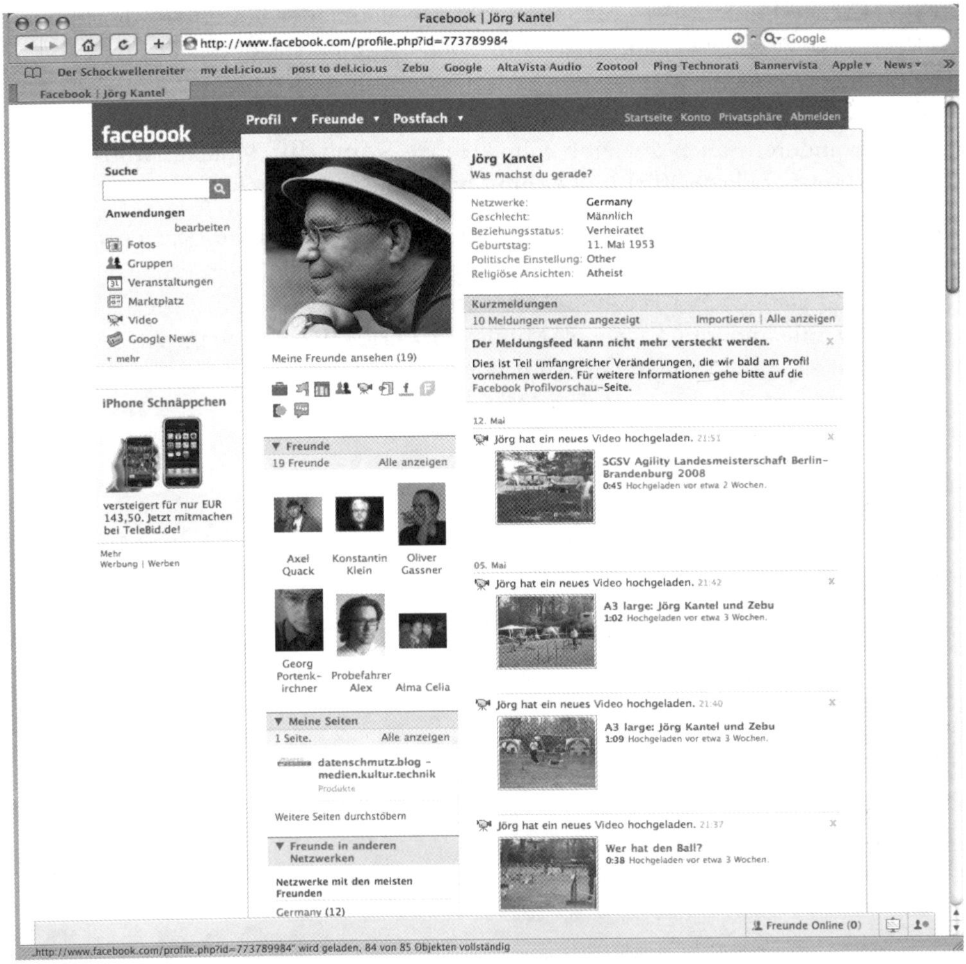

Abb. 4.3: Meine Profilseite bei Facebook. Etwas dezenter als MySpace, aber ansonsten ziemlich ähnlich.

Wie wird man Mitglied? Der Antrag auf Mitgliedschaft ist nicht anders als weiter vorne bei Google, Yahoo! und Jimdo beschrieben. Man füllt ein Webformular mit ein paar persönlichen Daten aus, schickt dieses ab und wartet auf die Bestätigungsmail. Nachdem man auf den dort enthaltenen Link geklickt hat, ist man Mitglied und kann anfangen, seine Profilseite mit noch mehr persönlichen Daten zu füllen. Doch denken Sie bitte daran: Geben Sie nicht mehr von sich preis, als es zur Erreichung Ihres Zieles unbedingt nötig ist. Massen an Werbung ist unter Umständen sonst noch das kleinste Übel, das Sie erreicht. Ich kann mich hier nicht oft genug wiederholen.

Ob Sie Mitglied bei StudiVZ, MySpace oder Facebook oder bei einem der kleineren Netzwerke werden wollen, ist ganz Ihrem persönlichen Geschmack und Ihren persönlichen Vorlieben überlassen. Es hilft allerdings, sich vorher vielleicht ein wenig in diesen Netzen umzusehen. MySpace ist bunt und vielfältig. Man trifft dort unter anderem auch auf eine sehr kreative Szene, für Musiker und andere Künstler ist es geradezu Pflicht, über ein MySpace-Profil zu verfügen.

Facebook dagegen ist ein wenig gesetzter und weniger schreiend. Das empfinden die einen als wohltuend, andere als langweilig. Dafür gibt es mehr Zusatzprogramme und Gadgets bei Facebook, die das Community-Gefühl fördern und die Vernetzung mit anderen Facebook-Mitgliedern erleichtern sollen. Viele meiner Freunde nutzen diese Spielereien extensiv, doch Vorsicht! Das können ganz gewaltige Zeitvernichter sein.

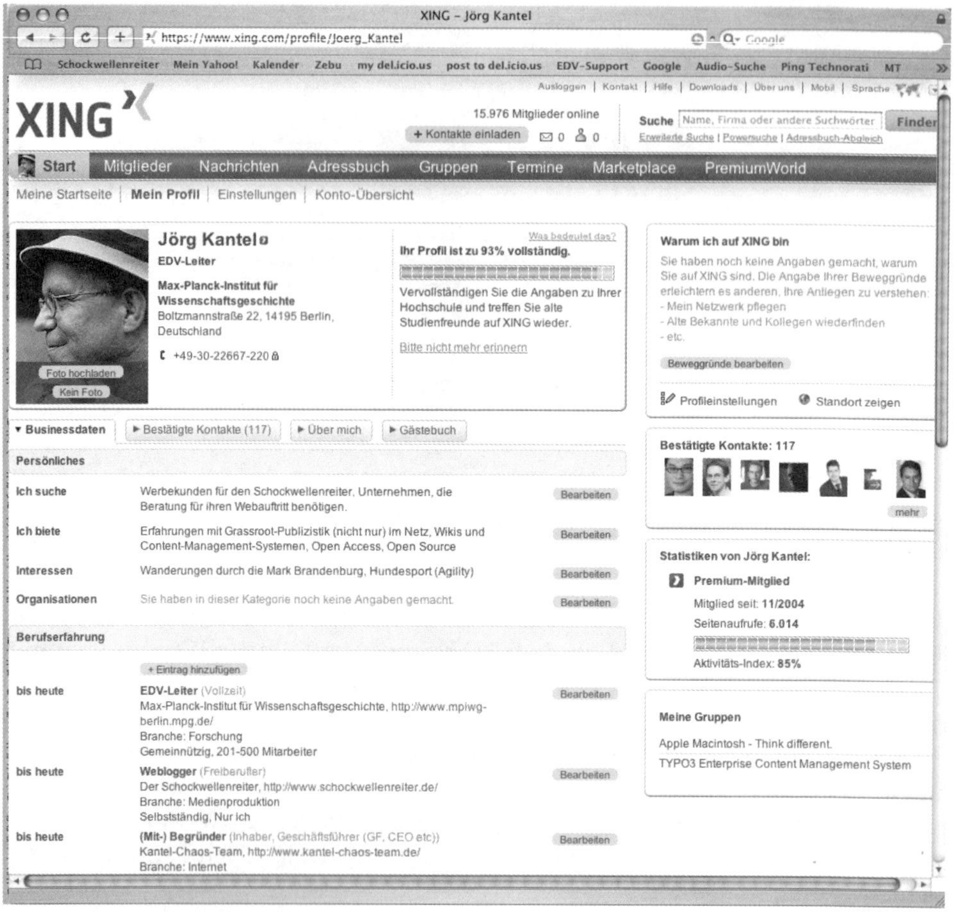

Abb. 4.4: Meine Profilseite bei Xing

Für Geschäftsleute allerdings ist Xing geradezu ein Muss. Dies ist eines der wenigen Beispiele eines international erfolgreichen deutschen Web-2.0-Unternehmens. Hier gibt es keine bunten Profilseiten, alles ist extrem nüchtern und praktisch. Aber die Kontakte, die man dort gewinnen kann, können für ein Geschäft unter Umständen sehr nützlich sein. Allerdings muss man die Seiten und die Kontakte auch pflegen und hegen, genau wie im richtigen Leben. Dafür muss man zur Erreichung dieser Ziele aber auch eine Menge an persönlichen resp. geschäftlichen Daten preisgeben. Allein dies qualifiziert dieses Netzwerk nur für Profis, die wissen, was sie damit anrichten.

Xing ist nur in einer abgespeckten Version kostenlos, wenn man mehr will, muss man für knapp sechs Euro im Monat Premium-Mitglied werden.

Auch bei Xing gibt es Gruppen für alles Mögliche, es ist nicht auf Business-Themen beschränkt. So bin ich dort Mitglied mehrerer Gruppen, die sich mit Themen rund um den Hund und um den Hundesport beschäftigen. Allerdings können zurzeit – im Gegensatz zu MySpace oder Facebook – keine Videos bei Xing hochgeladen werden. Das mag für die einen eine Erholung sein, für andere aber ein Feature, für das sie eine der genannten anderen Communities bevorzugen.

Mit diesem doch schon etwas spezialisierten Netzwerk verlassen wir die eher allgemeinen Communities und wenden uns den Communities zu, die sich ganz speziellen Interessen verschrieben haben. Das sind vor allem die Foto- und Video-Communites, die nicht nur das *Web 2.0* richtig populär machten, sondern die tatsächlich das Internet, so wie es bisher genutzt wurde, völlig umkrempelten.

4.2 Fotos verwalten mit Flickr

Flickr (`http://www.flickr.com`) ist die populärste Foto-Community im Netz. Bei dem zu Yahoo! gehörenden Dienst sind Sie in der kostenlosen Grundversion schon Mitglied, da Sie sich ja am Anfang des Buches bei Yahoo! registriert hatten.

Bei Flickr können Sie Ihre Fotos hochladen, sie anderen präsentieren und mit anderen über Ihre und andere Fotos diskutieren. Aber vor allem können Sie diese Fotos wieder in Ihre eigenen Webseiten einbinden – was kein Problem ist, wenn es tatsächlich Ihre eigenen Fotos sind. Für fremde Fotos gilt natürlich: Beachten Sie das Copyright, auch wenn prinzipiell die Möglichkeit besteht. Nun haben einige der Flickr-Nutzer ihre Bilder unter eine *Creative Commons Licence* gestellt, die mindestens die Nutzung auf privaten, nichtkommerziellen Webseiten bei Namensnennung der Fotografin oder des Fotografen gestatten, andere aber nicht. Hier hilft nur nachfragen. Meine Erfahrung dabei ist, dass man auf eine höfliche Anfrage in der Regel auch die Erlaubnis zum Publizieren bekommt.

Abbildung 4.5 zeigt einen Screenshot von Flickr als Beispiel einer typischen Web-2.0-Umgebung: Rechts neben dem großen Foto sieht man, dass dieses auch noch diversen Sets und Gruppen zugeordnet ist. Darunter sind die *Tags* zu erkennen. Die jeweiligen Sets und Gruppen kann man mit einem Klick auf das Plus- (+) oder Minus-Symbol (–) auf- oder zuklappen. Dies, wie auch das Hinzufügen von weiteren Tags, ist via AJAX realisiert. Unter dem Bild sieht man Kommentare, neben den Gruppen und Tags ein weiteres Community-förderndes Feature von Flickr.

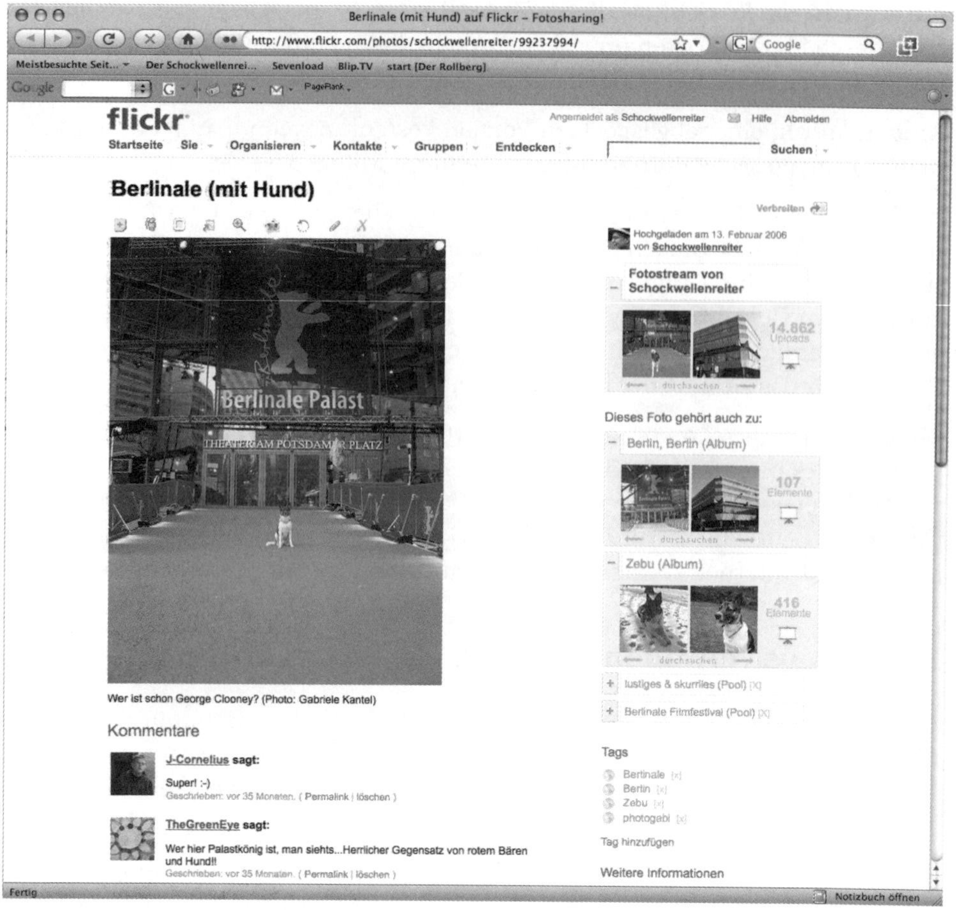

Abb. 4.5: Flickr *(Foto: Gabriele Kantel)*

Wie bindet man nun ein Foto von Flickr in seine Webseite ein? Hier werden Sie erstmals eine Technik kennen lernen, die Sie durch das ganze Buch und das komplette Mitmach-Web als eine grundlegende Technik begleiten wird: Wir bekommen ein Stück Text zur Verfügung gestellt, das uns unter Umständen völlig unverständlich ist, und werden aufgefordert, dies an die gewünschte Stelle unserer Webseiten einzukopieren. Und *voilà*, schon befindet sich dort das Bild (oder das Video oder ...)

Aber jetzt erst einmal langsam und von vorne: Nehmen wir an, wir wollen ein Foto aus Flickr in unser Twoday-Weblog (das wir in einem der nächsten Kapitel anlegen werden) kopieren. Dazu gehen wir auf die entsprechende Fotoseite bei Flickr, zum Beispiel die Seite mit dem Hund auf dem roten Teppich. Über jedem Foto gibt es eine Leiste mit kleinen Symbolen und Texten. Für uns wichtig ist ALLE GRÖSSEN (oder ALL SIZES, falls Sie eine englische Spracheinstellung vorziehen). Wenn wir dort klicken, bekommen wir verschiedene Größen angeboten. Wir wählen die »kleine« und bekommen nun zwei Kästchen angeboten, aus denen wir auswählen können.

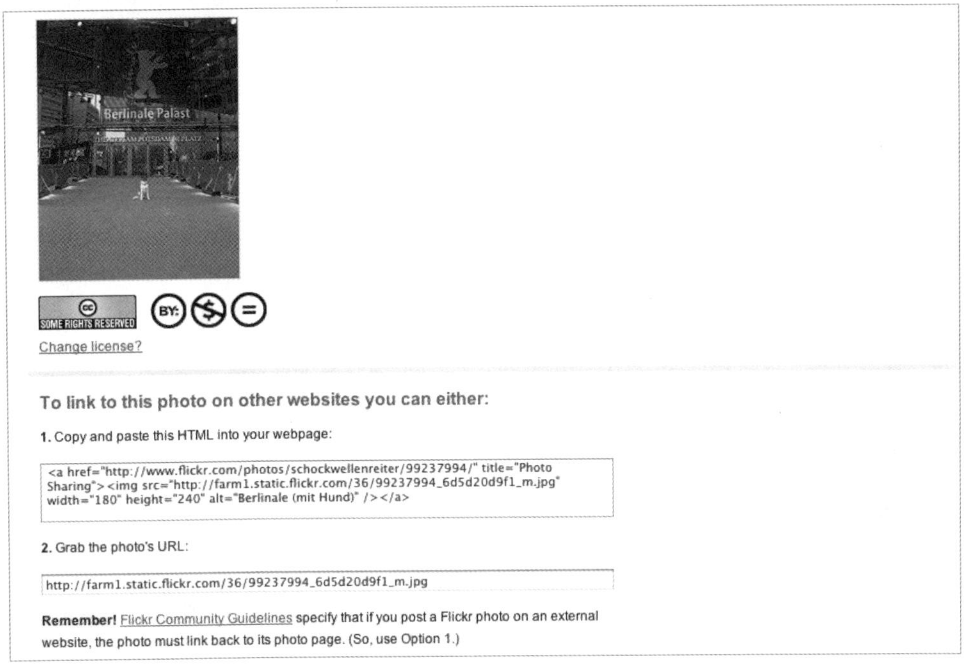

Abb. 4.6: Einbinden eines Fotos von Flickr

Mit der unteren Option können wir noch nichts anfangen, wir wählen also die obere, die auch von Flickr selber empfohlen wird. Als Gegenleistung für den Service, dass wir unsere Fotos kostenlos bei Flickr ablegen und von dort wieder aufrufen dürfen, verlangt Yahoo! (als der Eigentümer von Flickr) von uns nämlich, dass dem Foto auch wieder ein Link zurück zu Flickr unterlegt ist. Das heißt, wenn jemand auf unserer Seite auf das Foto klickt, soll er auf den Seiten von Flickr landen. Denn das, was wir gerade machen, nennt sich *Hotlinking* und ist eigentlich verpönt, weil man damit den Datenverkehr und den Speicherplatz eines fremden Servers belastet. Flickr bietet uns aber diesen Service, aber der Rücklink (engl. Backlink) ist Pflicht. Sonst kann es passieren, dass Flickr das Foto aussperrt, dass es auf den Webseiten nicht mehr zu sehen ist und stattdessen eine Fehlermeldung von Flickr ausgegeben wird: Dieses Bild ist vorübergehend nicht erreichbar.

Also kopieren Sie brav den Inhalt des oberen Kästchens in Ihr Weblog und publizieren dann diesen Eintrag. Und tatsächlich: Das Bild ist jetzt auch dort zu sehen.

Es gibt noch eine zweite, speziell für Weblogs geeignete Methode, Flickr-Bilder dort einzubinden. Ich werde später noch einmal darauf zurückkommen.

Was bietet Flickr sonst noch? Eines der nettesten Features sind die so genannten Flickr-Gruppen. Hier teilen Gleichgesinnte ihre Fotos und erstellen so zum Beispiel Sammlungen über Wassertürme, Papierkörbe, Eisenbahnen und vieles, vieles mehr. Da man die Möglichkeit hat, zu jedem Foto seine Kommentare abzugeben, lassen sich natürlich auch nette Spielchen damit veranstalten. Es gibt zum Beispiel eine Gruppe, die heißt *Guess where Berlin* (auf Deutsch etwa: *Rate, wo in Berlin*). Dort stellt man Fotos ein, die irgendwo in Berlin aufgenommen wurden, und lässt die anderen Mitglieder raten, wo das Foto geschossen wurde und was es darstellt. Die Gruppe ist sehr aktiv, manche Rätsel sind schon nach wenigen Sekunden gelöst, es stehen aber auch seit Monaten schon Bilder von mir und anderen darin, die noch nicht erraten wurden.

Der Erfolg von Flickr hat viele Nachahmer angezogen. Doch bisher hat keine die Popularität des Yahoo! -Service erreicht. Selbst als Yahoo! eine Zensur aufgrund der deutschen Jugendschutzbestimmungen in Deutschland einführte (explizite Nackt- und ErotikFotos bekommen Nutzer mit einem deutschen Account seitdem bei Flickr nicht mehr zu sehen), hat es zwar heftigen Protest, mangels echter Alternative aber keinen wirklichen Einbruch der Nutzerzahlen gegeben. Lediglich *Ipernity*, ein fast 100-prozentiger Flickr-Klon, hat es meiner Einschätzung nach zu einem gewissen Mehr an Mitgliedern geschafft.

Aber den Erfolg von Flickr macht nicht nur das Nutzerkonzept aus. Wie bei fast allen seinen anderen Netzdiensten bietet Yahoo! für Flickr ein exzellentes API (*Application Programming Interface*), das ist eine Schnittstelle, mit deren Hilfe interessierte Programmierer Zusatzdienste für Flickr programmieren können. Das schafft nicht nur die Basis für die beliebten *Mashups*, also das Zusammenmixen von verschiedenen Diensten auf einer Webseite, sondern auch einige nützliche Programme, wie zum Beispiel Alternativen zum Hochladen von Bildern, ohne den Browser benutzen zu müssen. So können zum Beispiel Macintosh-Nutzer ihre Fotos direkt aus iPhoto (dem Apple-eigenen Bilderdienst) heraus nach Flickr hochladen.

Abb. 4.7: Mit einem Plug-in lassen sich Fotos direkt aus iPhoto heraus nach Flickr exportieren

Für den Massenupload gibt es den *Flickr Uploadr*, ein in Java geschriebenes Werkzeug für Windows und Mac OS X, das den Upload auch größerer Mengen von Bildern schnell und komfortabel erledigt. Schön an diesem Tool ist vor allem, dass sich mehrere Fotos gleichzeitig mit Metadaten versehen lassen. Also ein empfehlenswertes Werkzeug, dem auch Sie ruhig einen Blick gönnen sollten. Alle Werkzeuge können auf den Seiten von Flickr heruntergeladen werden.

Das API und die Programmierung desselben gehen natürlich weit über den Fokus dieses Buches hinaus. Sie sollten aber wissen, dass es dies gibt, um beurteilen zu können, was die Popularität eines Dienstes ausmacht. Gerade Yahoo! , Google und Amazon sind bekannt für ihre hervorragenden Programmierschnittstellen, aber auch die meisten anderen Web-2.0-Dienste bieten solche *Interfaces* an und erreichen auch gerade dadurch ein gewisses Mehr an Popularität.

Abb. 4.8: Flickr Uploadr – Fotos komfortabel zu Flickr hochladen

Und auch für uns hat dies eine wichtige Bedeutung: Offengelegte APIs und Schnittstellen verführen mehr und mehr Programmierer, uns nette kleine Werkzeuge, Hilfsmittel und Gadgets zu programmieren und zur Verfügung zu stellen, mit denen wir dann unsere Webseiten aufmotzen können, ohne selber programmieren zu müssen. Und diese nützlichen, kleinen Dinger sind in der Regel frei zu nutzen, selten, dass jemand mehr als Anerkennung dafür verlangt. Daher sollten auch Sie beachten: Je populärer und je offener eine Plattform ist, desto eher gibt sie uns einen Mehrwert durch Zusatzprodukte von Drittanbietern.

4.2.1 Exkurs: Flickr und Videos

Seit etwa einem Jahr bietet Flickr (für Inhaber des kostenpflichtigen Pro-Accounts) auch die Möglichkeit, Videos hochzuladen. Die Länge der Videos darf jedoch 90 Sekunden nicht übersteigen und die maximale Größe der Videos, die Flickr akzeptiert, sind 150 MB. 150 MB bei einer maximalen Länge von 90 Sekunden, damit lassen sich schon Videos in sehr guter Qualität hochladen. Die Beschränkug auf die 90 Sekunden macht in meinen Augen durchaus Sinn. Flickr selber spricht von *bewegten Fotos*, also etwas längeren Bildern, die mit Hilfe von Bewegung etwas mehr Atmosphäre zaubern, sie hatten vermutlich den Wellenschlag von Seebildern oder das Rauschen der Bäume im Sinn.

Abb. 4.9: Flickr kann auch Video

Ich denke aber, dass Multimedialität im Web sowieso die Möglichkeit bedeutet, Bilder, Filme, Animationen etc. *nebeneinander* und gleichwertig zu verwenden, dass Filme und Animationen in vielen Online-Publikationen die gleiche Aufgabe zur **Illustration** der Texte haben, wie es in gedruckten Medien Aufgabe der Bilder ist. Und hier ist eine Länge von 90 Sekunden durchaus ausreichend – wenn sich der Leser einen längeren Film anschauen soll, verliert er vermutlich den Anschluss an den Text. Und für meine kurzen Agility-Filmchen reichen 90 Sekunden auch allemal aus.

Daher ist die Möglichkeit, Videos auch bei Flickr zu parken, für einige Anwendungen durchaus eine Alternative zu den später behandelten Dienstleistern *Sevenload* oder *YouTube*. Die Qualität der Flickr-Videos ist zurzeit sogar etwas besser als die Qualität bei YouTube und entspricht in etwa der Qualität der Videos bei Sevenload.

Und Flickr bietet etwas, was die beiden anderen Videohoster nicht bieten: Zumindest der Eigentümer eines Films (also der Inhaber des Accounts, der das Video hochgeladen hat) kann sich die Originaldatei auch wieder herunterladen. Diese Option wird auf der Seite angezeigt, die auch den Code für das Einbinden in die eigene Webseite anzeigt (mehr dazu später). Da Videos ja bekanntlich »fett« sind und Online-Speicherplatz oft knapp, kann man Flickr also nicht nur zum Archivieren der eigenen Fotos, sondern auch zum Archivieren der eigenen Filmchen »missbrauchen«. Allerdings macht dies nur Spaß, wenn man über eine geeignete schnelle Internetanbindung verfügt, sonst dauert das Hochladen Stunden. (Sie werden später noch sehen, wie man mit TubeMogul ein Video nur einmal hochlädt und dieser Film dann von TubeMogul auf diverse Videohoster verteilt wird. Doch leider zählt Flickr (noch?) nicht zu den von TubeMogul unterstützten Videohostern.)

Das Einbetten von Flickr-Videos in die eigenen Webseiten ist genauso simpel wie das Einbetten von Fotos. Flickr-Videos haben ein Menü-Icon </> über dem Video und wer darauf klickt, kommt auf eine Seite, die den Code zum Einbinden liefert, so dass man dies per *Copy and Paste* einfach erledigen kann. Zusätzlich hat man die Möglichkeit, die Höhe und Breite der Videos festzulegen. Ich empfehle bei »normalen« 4:3-Filmen ähnlich wie bei YouTube die Größe von 320 x 240 Pixeln, aber auch mit den von Flickr empfohlenen 400 x 300 Pixeln erzielt man schon recht ansehnliche Ergebnisse.

4.2.2 Workshop: Bilder von Flickr in einem Jimdo-Account einbinden

Jimdo bietet mehrere interessante Möglichkeiten, Flickr-Fotos in die Seiten einzubinden, aber keine, nur ein einzelnes Foto dort zu zeigen. Wenn wir also nur einzelne Fotos zeigen wollen, müssen wir diese entweder bei Jimdo hochladen und unseren Account damit zumüllen, oder wir wenden einen Trick an.

Dazu gehen wir in diesem Workshop auf die Seite *Fotos*. Wir legen eine Level-1-Überschrift und eine weitere Level-2-Überschrift, die wir *»Obedience-Prüfung im Mai 2008«* nennen, an.

Und jetzt klicken wir erneut auf das magische Plus-Symbol und wählen WIDGET/HTML aus. Dieses Element ist dafür entworfen, Code-Schnipsel aus anderen Programmen auszuwählen, und so sehen wir erst einmal nur eine leere Box, die darauf wartet, von uns gefüllt zu werden.

Dazu öffnen wir ein zweites Browserfenster und suchen uns ein Foto bei Flickr aus, zum Beispiel dieses hier: `http://www.flickr.com/Fotos/schockwellenreiter/2522976493`. Wie schon mehrfach beschrieben, kopieren wir den HTML-Code (Sie wissen schon: Was HTML eigentlich wirklich ist, erfahren Sie im Kapitel über den Babelfisch) und fügen ihn in unser Widget/HTML-Element ein.

Abb. 4.10: Unsere Foto-Seite bei Jimdo mit Flickr-Badge

Wir klicken auf SPEICHERN und das Foto ist da. Schnell noch ein wenig Text hinzugefügt und wir haben ein Foto auf unserer Jimdo-Seite, das nicht unseren Speicherplatz dort belastet.

Aber das ist natürlich nicht der Sinn einer *echten* Flickr-Einbindung. Hier geht es ja gerade darum, Fotos dynamisch zu zeigen, ohne jedesmal in die Seiten eingreifen zu müssen.

Auch hierfür ein Beispiel: Wir wollen auf dieser Seite zusätzlich noch Fotos zeigen, die mit dem Tag *Obedience* versehen wurden. Also legen wir erst einmal eine weitere Level-2-Überschrift (*Obedience-Fotos bei Flickr*) an und darunter ein Flickr-Element.

Hier kann man Fotos von Flickr filtern und maximal 30 davon auf der Seite anzeigen. Leider kann man die Filter nicht kombinieren, also Fotos vom Benutzer *schockwellenreiter* **und** getaggt mit *Obedience* geht nicht, nur entweder ... oder.

Also machen wir aus der Not eine Tugend und zeigen die jüngsten zehn Bilder *aller* Nutzer, die mit *Obedience* getaggt sind.

4.2.3 Noch ein Workshop: Ein Flickr-Widget bei Jimdo

Als nächste Station unserer Flickr-Exkursion wollen wir ein Widget erstellen, das berühmte *Flickr Zeitgeist Widget*, eine Flash-Applikation, und dieses ebenfalls in unsere Jimdo-Seite einbinden.

Das Widget ist auf den Flickr-Seiten gut versteckt. Am einfachsten erreichen Sie es, wenn Sie ganz unten unter HILFE auf SITEMAP klicken. Der letzte Link des ersten Abschnittes heißt ERSTELLEN SIE EIN FLICKR MODUL FÜR IHRE WEBSITE und da klicken Sie nun bitte drauf. (Eilige können auch diesen Link verwenden: `http://www.flickr.com/badge.gne`.)

Nun werden wir Schritt für Schritt durch das Anlegen eines Moduls geführt. Auf der ersten Seite wählen wir das FLASH-MODUL aus und klicken auf WEITER: INHALTE AUSWÄHLEN.

Hier können wir Tags kombinieren, meine Wahl waren meine öffentlichen Fotos und Videos mit den Tags *Agility*. Dann klicken wir wieder auf WEITER.

Auf der nächsten Seite können wir gnadenlos mit den Farben rumspielen. Damit das Ergebnis nicht zu schrecklich ausfällt, wird uns gleichzeitig auch schon eine Vorschau des Badges gezeigt, wie es später auf unserer Webseite aussehen wird.

Mir gefällt das Standard-Layout (die Leute bei Flickr werden sich schon was dabei gedacht haben), also habe ich alles so gelassen, wie es war, und wieder auf WEITER geklickt.

Jetzt endlich erscheint noch einmal die Vorschau und darunter ein Textfeld mit dem Code, den wir kopieren und in unsere Webseite einsetzen müssen.

Das funktioniert natürlich auch bei Jimdo. Also öffnen wir unsere Jimdo-Seite in einem zweiten Browserfenster, falls nicht schon geschehen, und schauen uns im BEARBEITEN-Modus auch einmal die linke Spalte an. Und Überraschung! Auch dort können wir, wie in der Hauptspalte, Inhalte (Elemente) hinzufügen. Also auch eine weitere Überschrift (*Flickr Agility Zeitgeist*) und ein weiteres Widget-Element, in das wir den Code für unser Flickr-Modul aus der Zwischenablage hineinkippen.

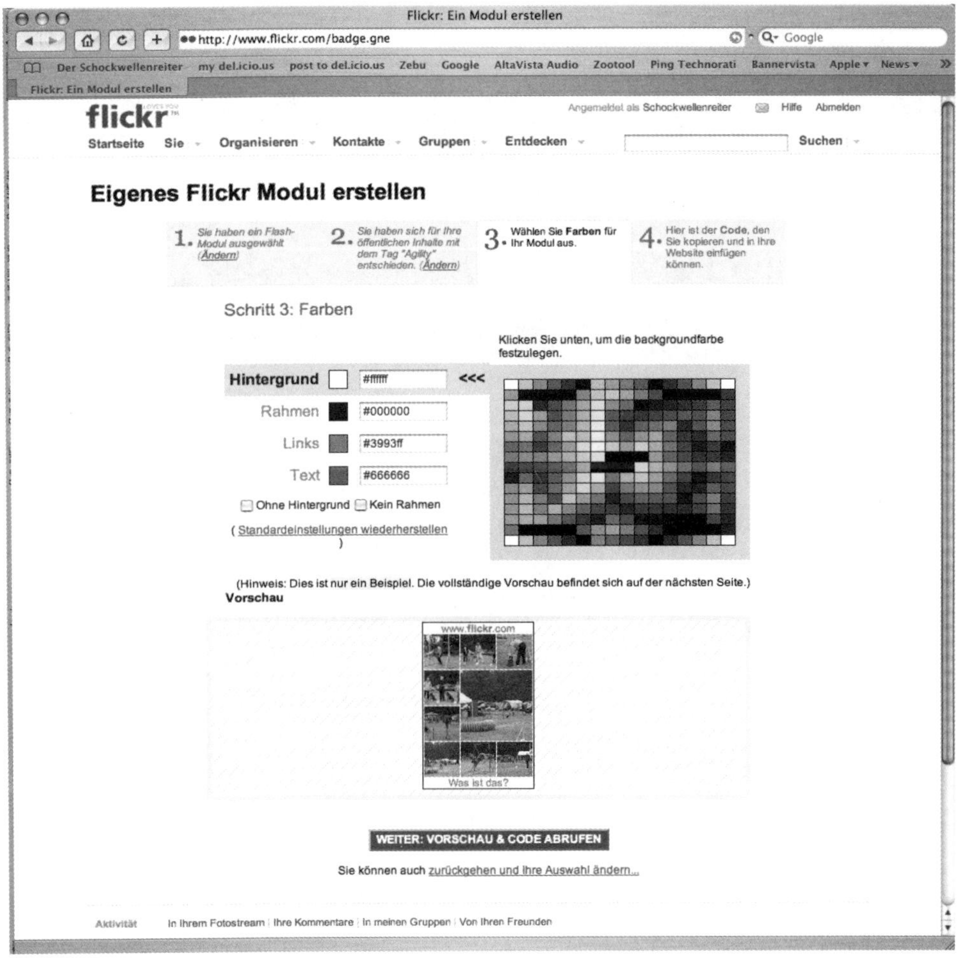

Abb. 4.11: Ein Flickr-Modul für unsere Webseiten

Und unser Widget ist da! Wenn man genau hinschaut, sieht man, dass es nicht wirklich der Vorschau auf Flickr entspricht, hier überlagern sich offensichtlich verschiedene Style-Sheets. Das soll uns jedoch nicht weiter stören.

4.2.4 Ein letzter Flickr-Workshop: Flickr-Videos bei Jimdo

Jimdo kann (noch?) nicht – wie bei YouTube oder MySpace – Videos von Flickr automatisch erkennen und in die Webseite einbauen. Hier müssen wir daher ein wenig selber Hand anlegen. Dazu gehen wir auf die Seite VIDEOS und legen als Erstes eine neue Überschrift an und nennen sie *Agility-Krimi* oder was auch immer auf Ihrem eigenen Film gerade zu sehen ist. (Wenn Sie das Beispiel nachvollziehen wollen, das Video ist auf meinen Flickr-Seiten unter `http://www.flickr.com/Fotos/schockwellenreiter/2534324364/` zu finden.)

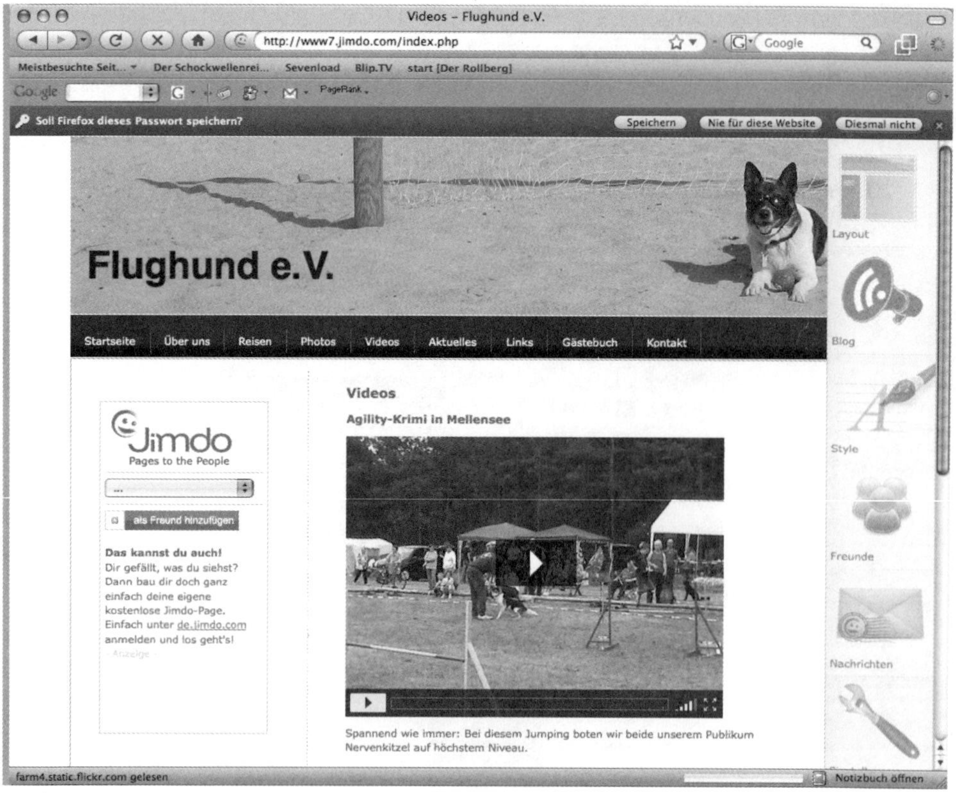

Abb. 4.12: Ein Flickr-Video für unsere Jimdo-Seite

Der einzubettende HTML-Code, den uns Flickr anbietet, ist für Jimdo auch nichts anderes als ein Widget. Wir öffnen also ein zweites Browserfenster, lenken dies zu Flickr und unserem einzubettenden Video, klicken auf das </>-Menü, legen gegebenenfalls die Größe fest (ich folge bei unserem kleinen Workshop dem Flickr-Vorschlag und bleibe bei 400 x 300 Pixeln) und kopieren diesen Code in die Zwischenablage.

Dann gehen wir wieder auf die Jimdo-Seite und legen unterhalb der gerade erstellten Überschrift ein neues Widget an. In dem Feld, das nun erscheint, kopieren wir den HTML-Code von Flickr hinein. Und schwupps ist das Video auf unserer Jimdo-Seite zu sehen.

Wenn wir wollen, können wir nun darunter noch ein Textfeld zur Beschreibung des Videos anlegen. Und das sollten wir eigentlich auch, denn ohne Erläuterung steht so ein kurzes Flickr-Video doch meist recht einsam dort und der Nutzer unserer Seite wird nicht wirklich wissen, was er damit anfangen soll.

4.3 Picasa, Googles Flickr-Alternative

Es soll nicht verschwiegen werden, dass auch Google einen Bilderdienst in der Art von Flickr bietet. Er heißt *Picasa Web Album* und ist in der Nutzung ein wenig eingeschränkter als der populäre Marktführer. Allerdings entfaltet er unter Windows seine volle Kraft zusammen mit einem Desktop-Programm, das ebenfalls Picasa heißt und unter Windows (und nur unter Windows) ein wenig so funktioniert wie iPhoto auf dem Mac. Es durchsucht Ihre Festplatte (suchen kann Google am besten) nach Bildern und erstellt kleine Vorschaubildchen (englisch: Thumbnails) und erfasst sie in Picasa. Sie können dann Ihre Bilder damit komfortabel verwalten und katalogisieren und natürlich auf Googles Webseite hochladen.

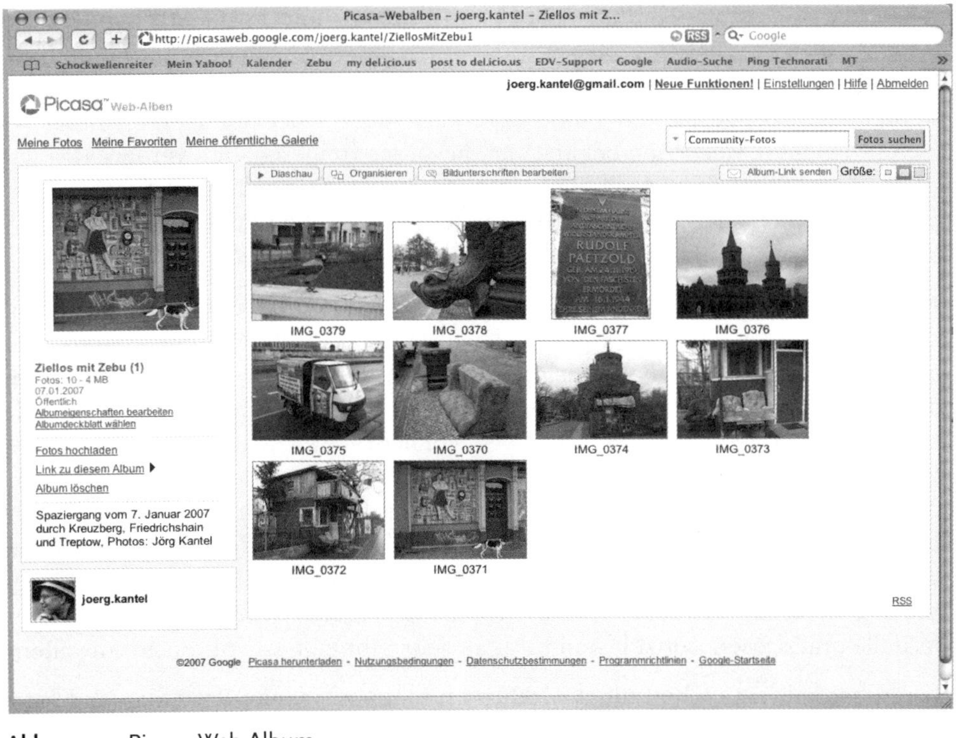

Abb. 4.13: Picasa Web Album

Macintosh-Nutzer müssen trotzdem nicht traurig schauen: Es gibt ein iPhoto-Plug-in, das es zumindest erlaubt, ähnlich dem Flickr-Plug-in die Fotos direkt aus iPhoto heraus auf Googles Webserver hochzuladen. Der Speicherplatz bei Picasa ist aber derzeit in der kostenlosen Version auf ein Gigabyte beschränkt. Wer mehr will, muss zahlen. Daher empfiehlt es sich, die Bilder nicht in voller Größe hochzuladen, sondern sie vorher schon für das Web herunterzurechnen. Wie man so etwas anstellt, darüber erfahren Sie in dem Kapitel *Das Web ist multimedial* mehr.

Die Oberfläche von Picasa wirkt etwas aufgeräumter und übersichtlicher als die von Flickr, allerdings hat man dort eben in der Regel auch nicht die Tausende von Fotos liegen, auf die Power-User bei Flickr ohne Weiteres kommen.

4.4 Google Video und YouTube

Google Video (`http://video.google.de`)) ist einer der ältesten Videodienste im Internet. Aber aufgrund seines Alters ist er nicht so richtig Web-2.0-tauglich. Es fehlen alle Community-Funktionen, die andere Video-Dienste so populär machen. Das hat Google erkannt und für einen der teuersten Deals in der Geschichte des Webs den Videodienst *YouTube* (`http://www.youtube.com`) gekauft. Doch ganz überflüssig ist Google Video bis heute noch nicht: Bei YouTube ist die Länge der Filme, die Sie hochladen dürfen, auf zehn Minuten und 1.024 MB begrenzt, für Google Video gibt es ein externes Programm, das es Ihnen erlaubt, Filme unbegrenzter Länge und Größe hochzuladen. Um Copyright-Verstößen vorzubeugen, werden die hochgeladenen Filme dort nach dem Hochladen erst einmal von einem richtigen Menschen begutachtet, bevor sie freigeschaltet werden. Das geht in der Regel recht flott, doch kann es durchaus zu Stoßzeiten schon einmal ein paar Stunden dauern, bis Sie Ihren Film dem stolzen Web-Publikum präsentieren können.

Bei Google Video finden sich daher durchaus auch komplette Spielfilme, solange sie – in den USA – frei von irgendwelchen Urheberrechten sind. Das sind meist alte Stummfilme, aber auch Musicals, wie zum Beispiel *Annie Get Your Gun*, bei dem die Produktionsfirma vergessen hatte, das Copyright zu verlängern, und der so in Amerika gemeinfrei wurde. Doch Vorsicht, bevor Sie anfangen, alle diese Filme in Ihre Webseiten einzubauen: Deutsches Recht kennt kein Copyright und das deutsche Urheberrecht ist kompliziert und schützt in der Regel noch 70 Jahre nach dem Tod des letzten Urhebers – ob das Copyright in Amerika verlängert wurde oder nicht, ist in Deutschland völlig unerheblich. Anschauen bei Google Video geht sicher, das Einbinden in die eigene Webseite würde ich aber im Zweifelsfalle unterlassen, sonst bekommt man sehr schnell Post von Rechtsanwälten.

Ich selber halte mich hier nicht wirklich an meinen eigenen Ratschlag und veröffentliche wohl gelegentlich alte Stummfilme auf meinen Seiten, aber ... ich habe mir im Laufe meiner Web-Existenz auch ein breites Kreuz zugelegt und gerate nicht bei jedem anwaltlichen Schreiben sofort in eine Sinnkrise. Ihnen jedoch will und darf ich das nicht zumuten.

YouTube war schon vor dem Google-Deal das populärste Videoportal im Netz. Hier hat man all die Funktionen, die ein echtes Web-2.0-Portal heute haben muss. Die hochgeladenen Videos können, ähnlich wie bei Flickr, bewertet und kommentiert werden, jeder User hat eine Profilseite, die er nach seinem Gusto »pimpen« kann.

Abb. 4.14: Meine Profilseite bei YouTube

Dort kann er auch Favoriten sammeln, Videologs anlegen, Übersicht über seine Freunde und Abonnenten gewinnen und natürlich Auskunft über sich und seine Vorlieben geben. YouTube ähnelt hier sehr stark Flickr und aufgrund ihres Alters und ihrer Popularität sind die beiden Dienste auch so etwas wie die Blaupausen für alle anderen Web-2.0-Communities.

YouTube ist aus zwei Gründen populär geworden. Zum einen sind dort viele selbstgedrehte, mehr trashige, aber auch viele lustige und ambitionierte Filme zu finden, in der der eine oder die andere ihr (Nicht-)Können unter Beweis stellt. Viele von diesen Videos wurden kurzzeitig berühmt und zeigten, wie man mit Hilfe von YouTube über Nacht ein Star werden kann. Manchen war der Starruhm aber bald peinlich und so ist es tröstlich, zu wissen, dass dieser Ruhm meist ebenso schnell verblasst, wie er erstrahlt.

Jedoch begannen einige Musikerkarrieren tatsächlich mit einem Video bei YouTube (und meist einer parallel dazu geführten MySpace-Seite): Auf den YouTube-Hype folgte der Plattenvertrag und dann (hoffentlich) eine etwas längerfristige Berühmtheit.

Und das ist das zweite Standbein, das die Popularität von YouTube ausmacht: Es ist zurzeit so etwas wie das größte Video-Archiv der Popgeschichte. Neben aktuellen Hits, die seit einiger Zeit nicht selten von den Musikern oder Plattenfirmen selber eingestellt werden, finden sich viele ältere Aufnahmen aus Fernsehauftritten oder Mitschnitte von Live-Konzerten und manch wichtige Rarität, die sonst entweder in den Archiven der Sendeanstalten vermodert wäre oder aber ganz verloren ginge.

Und das Einbinden in die eigene Webseiten ist rechtlich zwar immer noch nicht unproblematisch, aber in der Regel gefahrlos. YouTube hat mit vielen Majors der Film- und Musikindustrie Abkommen geschlossen und auch die anderen wenden sich zumeist erst an YouTube selber. Der Videohoster nimmt dann im Zweifelsfalle das beanstandete Video vom Netz und der Rechteinhaber ist zufriedengestellt. Mir ist in Deutschland kein Fall bekannt, in dem ein privater Website-Betreiber eine Abmahnung wegen eines YouTube-Videos bekommen hätte. Aber: Ich bin kein Anwalt und gebe hier auch keine Rechtsberatung. Daher bleibt Ihnen trotz allem noch ein kleines Restrisiko. Wenn Sie daher wirklich auf Nummer sicher gehen wollen, verlinken Sie auf das Video und unterlassen Sie das Einbinden in Ihre eigenen Seiten. Oder fragen Sie den oder die Rechteinhaber um Erlaubnis. Bei privaten Videos oder Videos von eher unbekannten Musikern ohne Plattenvertrag erhalten Sie diese Erlaubnis meistens meinen Erfahrungen nach schnell und unkompliziert. Schließlich haben die meisten ihre Videos ja ins Netz gestellt, um bekannt zu werden. Und sie wissen durchaus die Verbreitung durch Weblogs und Webseiten zu schätzen (so etwas nennt man »virales Marketing«).

Ich selber gehe für meine Seiten aber davon aus, was ich oben ausgeführt habe: Während ich bei Videos von anderen Hostern eher vorsichtig bin, binde ich gnadenlos alles ein, was ich bei YouTube finde und für interessant halte. Und das schon seit einigen Jahren. Probleme habe ich bisher mit dieser Praxis noch nicht bekommen – und ich hoffe, dass das so bleibt.

4.4.1 Workshop: Videos bei YouTube hochladen

Wir gehen in diesem Workshop davon aus, dass der Film schon fertig geschnitten in irgendeinem Format (.avi, .mpeg, .flv, .mov, .ogg etc.) vorliegt, dass YouTube »versteht«. Und YouTube ist da recht unproblematisch, es versteht nahezu alles, was eine Kamera oder eine Videoschnittsoftware ausspuckt.

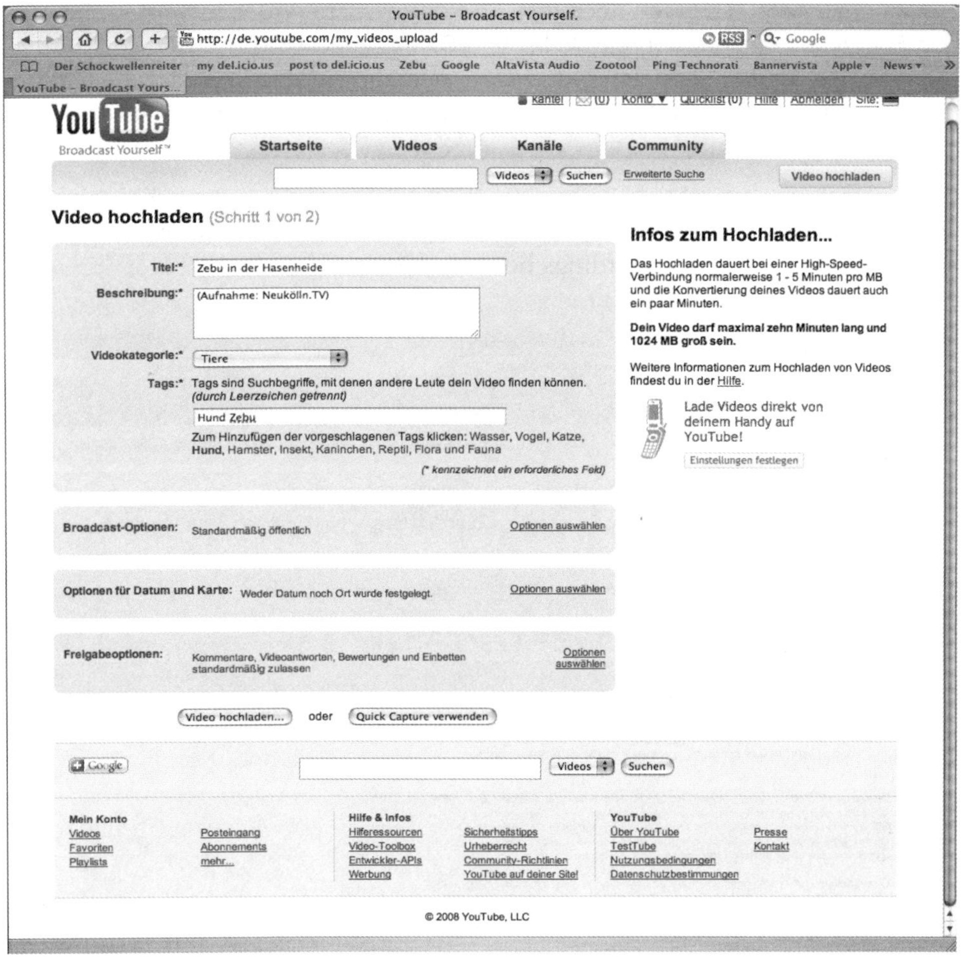

Abb. 4.15: Videos bei YouTube hochladen, Schritt 1

Das Hochladen von Videos ist bei YouTube etwas umständlich und unübersichtlich geraten, andere können das schon besser. Aber es ist trotzdem einfach und schnell erlernt. Es geht in zwei Schritten respektive zwei Webseiten vor sich. Auf der ersten Webseite geben Sie alle notwendigen Metadaten zu Ihrem Video ein, also Titel des Videos, eine Kurzbeschreibung, eine Kategorie und ein paar Tags. Außerdem können Sie zusätzlich noch festlegen, ob das Video öffentlich zugänglich sein soll oder ob es nur ihre *Freunde* (maximal 25) und Sie sehen können.

Sie können das Video auch *geotaggen*, das heißt, es mit Längen- und Breitengrad versehen, so dass es – auch hier ähnlich wie bei Flickr – auf einer Yahoo! – oder Google-Karte angezeigt werden kann.

Und zu guter Letzt legen Sie noch fest, ob Kommentare, Videoantworten, Bewertungen und das Einbetten in die Webseiten Dritter zugelassen werden soll. In der Regel werden Sie bei den letzten drei Optionen alles in der Standardeinstellung belassen, das ist die sinnvollste Einstellung. Es sei denn, Sie haben Seltsames vor und wissen, was Sie tun.

Falls Sie über eine eingebaute Webcam verfügen, können Sie sich auch direkt aufnehmen und diese Aufnahme bei YouTube einstellen. Dieses Feature nennt sich *Quick Capture*. Ich habe es allerdings noch nie benutzt.

Abb. 4.16: Videos bei YouTube hochladen, Schritt 2: Keine echte Rückmeldung, lediglich ein animiertes GIF suggeriert, dass hinter den Kulissen etwas geschieht.

Nun kommt der langwierigste Teil: Auf der zweiten Seite wählen Sie den Film von Ihrer Festplatte aus und klicken dann auf den Knopf VIDEO HOCHLADEN. Und dann bittet YouTube Sie um Geduld. Denn je nach Internetverbindung kann das Hochladen nicht nur einige Minuten, sondern auch einige Stunden dauern. Und die Webseite von YouTube gibt Ihnen nicht wirklich ein Feedback. Lediglich ein animiertes Speichenrad suggeriert Ihnen, dass hier noch etwas passiert. Dies ist aber eine einfache Bildsequenz, die sich auch dann weiterbewegt, wenn der Hochladevorgang aus irgendwelchen Gründen unterbrochen wurde. Das können andere Hoster besser, die zeigen meist einen Fortschrittsbalken, mit dem sie eine echte Rückmeldung über den Upload geben.

Und wie erwähnt: Das Hochladen kann dauern. Die meisten Provider bieten nur eine asymmetrische Leitung zum Internet, das heißt: Der Download geht recht flott vonstatten, für den Upload sind die Datenraten aber bewusst kurz gehalten. Wenn Sie nicht gerade über VDSL verfügen oder Ihre Videos recht kurz und/oder klein sind, tun Sie gut daran, den Upload abends vor dem Schlafengehen anzuleiern und Ihre Leitung dann über Nacht glühen zu lassen. Wohl dem, der eine Flatrate und/oder VDSL hat.

Wenn der Upload-Vorgang dann abgeschlossen ist, bedankt sich YouTube bei Ihnen und bietet Ihnen auch gleich den Code an, mit dem Sie das Video in eine Webseite einbetten können. Doch in der Regel können Sie nicht sofort auf das Video zugreifen, YouTube muss es zuerst noch in das ihm genehme Format, das Flash-Format, konvertieren (mehr zum Flash-Format erfahren Sie im Kapitel 11 *Das Web ist multimedial*). Das dauert auch noch einmal ein paar Minuten und in Stoßzeiten, wenn die Server von YouTube hoch belastet sind, auch schon mal eine Stunde. Doch dann endlich Glückwunsch! Sie haben Ihr erstes Video im Internet veröffentlicht.

4.4.2 Workshop: YouTube-Videos in Jimdo-Seiten einbinden

Videohoster wie YouTube bieten in der Regel ein Stück HTML-Code an, den man per *Copy and Paste* in den Quellcode der eigenen Webseite einfügt, um das Video dort gezeigt zu bekommen. Einige Provider, so zum Beispiel Jimdo, vereinfachen diesen Vorgang jedoch noch weiter und das wollen wir hier einmal ausprobieren.

Unsere in diesem Buch angelegte Jimdo-Seite *Flughund e.V.* hat eine Seite *Videos*. Gehen Sie dorthin und falls Sie es nicht schon vorher getan haben, löschen Sie die beiden Videos, die Jimdo dort als Beispiel für Sie eingestellt hat, indem Sie wie gewohnt auf den Mülleimer klicken. Und wo Sie schon einmal dabei sind, löschen Sie auch die Level-2-Überschriften, nur das rote *Videos* lassen wir für unser Beispiel stehen.

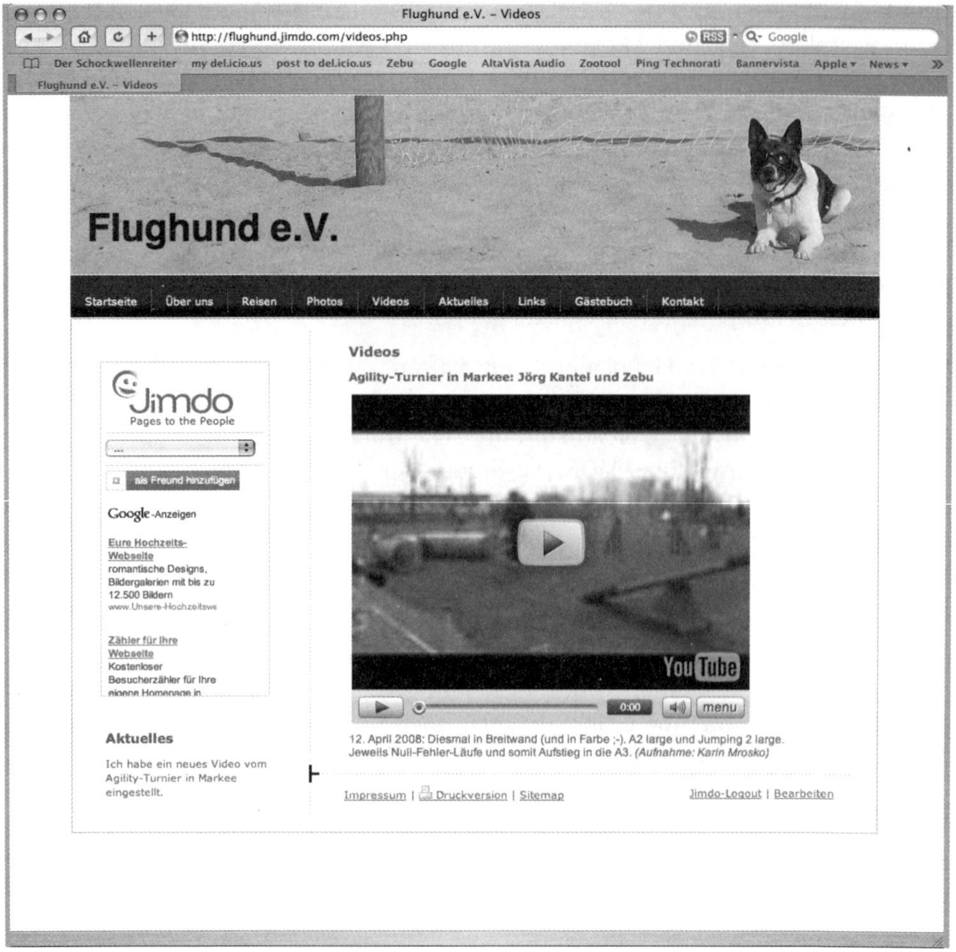

Abb. 4.17: Jimdo-Seite mit eingebundenem YouTube-Video

Auf YouTube haben wir uns auch schon ein Video ausgeguckt, das wir einstellen wollen: Natürlich wieder ein Agility-Video von einem Turnier im brandenburgischen Markee. (Falls Sie den Workshop mitmachen wollen, die URL des Videos ist `http://de.youtube.com/watch?v=5Lg7mTw1pbM`.)

Als erstes fügen wir nun eine Überschrift ein, unser Video soll schließlich einen Titel haben. Wir markieren es als *Überschrift 2*, damit es sich von dem Haupttitel abhebt. Dann klicken wir wieder auf den Plus-Knopf und anschließend auf YOUTUBE ETC.. Jimdo erlaubt nämlich nicht nur das Einbetten von Vidoes von YouTube, sondern auch von MyVideo, einem weiteren Videohoster, der in diesem Buch allerdings nicht behandelt wird. Es bleibt zu hoffen, dass noch weitere Hoster hinzukommen, wie das weiter unten vorgestellte *Sevenload*.

Jetzt geben Sie einfach die URL des Videos ein, also in unserem Fall das oben schon erwähnte `http://de.youtube.com/watch? v=5Lg7mTw1pbM`, und siehe da, Jimdo arbeitet ein wenig im Hintergrund und dann ist unser Video auch schon eingebunden.

Wir lassen das Video natürlich nicht so nackt auf der Seite alleine, sondern fügen unten noch ein paar Zeilen erläuternden Text hinzu.

Und damit Sie sehen, dass auch die Seitenspalte geändert werden kann, klicken Sie auf den Text links in AKTUELLES und ändern ihn in *»Ich habe ein neues Video eingestellt.«*

So einfach ist das Einbinden von YouTube-Videos in Jimdo-Seiten.

4.4.3 YouTube und die Bildqualität

Eines soll nicht verschwiegen werden: Die Videos bei YouTube sind, was die Qualität angeht, nicht mehr unbedingt *State of the Art*. Sie werden sehr stark komprimiert und sind eigentlich nur 320 x 240 Pixel groß und werden zur Darstellung im Web künstlich aufgeblasen, was die Bildqualität natürlich nicht erhöht. Andere können da mehr, wie zum Beispiel das als Nächstes vorgestellte Sevenload.

Allerdings speichert YouTube intern schon seit einiger Zeit die hochgeladenen Filme in einer höheren Qualität ab und auf den Seiten von YouTube gibt es unter dem Film auch einen Link, diesen Film (falls möglich) in *hoher Qualität* anzusehen. Filme, die mit mindestens 640 x 480 Pixeln und mindestens in MPEG-4 (H.264) hochgeladen wurden, sind auch in hoher Qualität auf YouTubes Seiten verfügbar. (Falls Sie mit den Ausdrücken MPEG-4 und H.264 nichts anfangen können, warten Sie ab: Im Kapitel *Das Web ist multimedial* werde ich Ihnen diese Abkürzungen erklären.)

Aber wie bekomme ich diese hohe Qualität auch auf meine eigene Webseite? Einen offiziellen Weg gibt es nicht, nur einen Trick. Wenn Sie an die beiden URLs in dem einzubettenden Code jeweils die magischen Zeichen `&ap=%2526fmt%3D18` anhängen, dann liefert der YouTube-Server auch die hochaufgelöste Version auf Ihre Webseite.

Doch wieder einmal Vorsicht! Erstens ist dies ein inoffizieller Hack, der ausdrücklich von YouTube nicht unterstützt wird, und zum anderen funktioniert er nicht bei Breitwandfilmen. Wenn Sie dies damit versuchen, wird das Video zwar in der höheren Qualität ausgeliefert, doch statt in 16:9 wird er gnadenlos in das Standardformat 4:3 gequetscht. Das macht Ihre Darsteller zwar schlanker, ist aber sicher nicht das, was Sie gewünscht haben.

Und drittens scheinen einige Browser – allen voran der Internet-Explorer – mit der Darstellung der hochaufgelösten Videos gelgentlich Probleme zu haben und sie nicht anzuzeigen. Ich bin daher – nach einer anfänglichen Euphorie – wieder dazu übergegangen, diesen Hack **nicht** anzuwenden und hoffe stattdessen darauf, dass Google ein Einsehen hat und irgendwann einen *offiziellen* Weg anbietet, der es einem ermöglicht, auch YouTube-Videos auf den eigenen Webseiten in hochaufgelöster Form zu nutzen.

4.5 Sevenload

Sie haben nun Flickr als einen Fotohoster (mit *»langen« Fotos*) und YouTube als einen Hoster für unsere Videos kennen gelernt. Das ist beides sehr nett, doch es hat gewisse Einschränkungen. Wäre es nicht schön, wenn es einen Hoster gäbe, bei dem man Fotos **und** Videos hochladen könnte?

Abb. 4.18: Meine Profilseite bei Sevenload

Diesen Hoster gibt es. Sogar mehrere. Einer davon ist das deutsche Startup-Unternehmen *Sevenload* (`http://de.sevenload.com`), das ich Ihnen für einen Test ans Herz legen und hier vorstellen möchte. Hier können Sie nach Herzenslust Fotos und Videos hochladen und zwar ohne die Begrenzung von Flickr. Sevenload ist kostenlos und erlaubt es, Videos bis 200 MB in beliebiger Länge und Fotos in praktisch unbegrenzter Anzahl hochzuladen und dort in *Alben* zu verwalten.

Dass man in den ALBEN bei Sevenload (das entspricht in etwa den SETS bei Flickr) Videos **und** Bilder gleichzeitig abspeichern kann, ist ein nicht zu unterschätzender Vorteil. Ich speichere zum Beispiel in einem dieser Alben alle meine Materialien, die ich für meine Vorlesungen benötige und die ich in meine Vortragsfolien einbetten möchte, Fotos und Videos. So habe ich immer alles zusammen.

Doch ein Caveat: Sevenload ist, wie vieles im Web 2.0, *Beta* und daher nicht immer und überall ausgereift. So funktionieren einige Features nicht in allen Browsern, jedoch ist man mit dem *Firefox* fast immer auf der richtigen Seite, hingegen zickt der *Safari* manchmal ein wenig herum.

Auch Sevenload bietet all die gängigen Community-Features, von Kommentaren und Bewertungen bis hin zu Gruppen und Freunden. Daneben gibt es noch Kanäle für ein eigenes Fernsehprogramm und Playlisten. Für Kanäle muss man sich allerdings bewerben und sie werden freigeschaltet. Hier scheint es aber ein gewisses Qualitäts-Kriterium zu geben. Da ich mir bei Sevenload eine nette, kleine Agility-Community aufgebaut habe, wollte ich einen Agility-Kanal einrichten. Auf meine Bewerbung habe ich aber bis heute noch keine Antwort erhalten. Wahrscheinlich genügt ein Agility-Kanal nicht den hohen Anforderungen, die man bei Sevenload an so einen Kanal stellt.

Wie dem auch sei, auch ohne eigenen Kanal ist Sevenload durchaus brauchbar und eine sinnvolle Ergänzung zu den Platzhirschen Flickr und YouTube. Vor allem, da die Filme seit dem letzten Update in einer bedeutend besseren Qualität als bei YouTube ausgeliefert werden.

Und die Usability der Seiten ist besser als bei YouTube. Hier wird grundsätzlich AJAX eingesetzt und der Benutzer bekommt ein bedeutend besseres Feedback als bei Googles Video-Plattform. Das möchte ich nun einmal vorführen:

4.5.1 Bilder und Videos bei Sevenload hochladen

Der Upload erfolgt bei Sevenload in drei Schritten. Zuerst wählt man die Datei(en) aus, die man von seinem Computer nach Sevenload hochladen möchte. Denn ein weiterer Vorteil von Sevenload gegenüber YouTube ist, dass man mehrere Dateien (Fotos und Videos – ich wiederhole mich) auf einem Rutsch hochladen kann. Um eine weitere Datei auszuwählen, klickt man einfach auf HINZUFÜGEN.

Abb. 4.19: Fotos und Videos bei Sevenload hochladen, Schritt 1

Hat man alle Dateien ausgewählt, klickt man auf UPLOAD. Nun zeigen die ständig aktualisierten Fortschrittsbalken neben den einzelnen Dateien an, wie weit Sevenload mit dem Upload gekommen ist. Hier bekommt der Nutzer also ein echtes Feedback, das ihm zeigt, ob er noch einen Kaffee trinken oder gar zu Mittag essen kann, bis sein Upload fertig ist.

Wie erwähnt, je nach Leitung kann der Upload dauern, doch hier kann man wenigstens mehrere Dateien gleichzeitig hochladen, so dass sich die Nachtarbeit für Ihren Rechner auch lohnt.

Wenn der Knopf NEXT STEP angezeigt wird, ist Sevenload mit dem Hochladen fertig und Sie können nun die Metadaten für Ihre Bilder und Videos eingeben und sie in Alben einsortieren. Der Link FÜR ALLE VERWENDEN ist eine großartige Erleichterung, wenn Sie viele Dateien zu einem Ereignis hochgeladen haben und beschriften wollen.

Abb. 4.20: Fotos und Videos bei Sevenload hochladen, Schritt 2: Mit Metadaten versehen

Zum Schluss klicken Sie auf ALLE SPEICHERN und Sie sind fertig.

Fotos stehen in der Regel bei Sevenload nach wenigen Sekunden zur Verfügung, Videos können je nach Größe durchaus schon mal eine Viertelstunde oder länger in Anspruch nehmen, bis sie fertig bearbeitet sind. Auch Sevenload »versteht« alle gängigen Videoformate von .mov und .avi bis .ogg und .mpeg und wandelt sie in das Flash-Format zum Abspielen im Web um.

4.5.2 Workshop: Sevenload-Videos bei Jimdo

Wie Sie weiter oben gesehen haben, will uns Jimdo weismachen, dass wir nur Videos von YouTube und von MyVideo einbinden können. Nun sind aber die Videos bei Sevenload zumindest zurzeit in einer besseren Qualität als die (offiziell unterstützten) Videos von YouTube. Und ich hätte sicher nicht Sevenload als Alternative oder Ergänzung zu YouTube (und Flickr) vorgeschlagen, wenn es nicht dennoch eine Möglichkeit gäbe, die Videos nach Jimdo hinüberzunehmen. Wir werden dies an der Seite *Über uns* ausprobieren.

Wir löschen die Seite erst einmal und legen eine Level-1-Überschrift (eben *Über uns*) an. Dann klicken wir wieder auf das Plus-Zeichen. Ohne großartig darüber nachzudenken, was HTML eigentlich ist (das erfahren Sie im übernächsten Kapitel), klicken wir einfach auf den Knopf WIDGET/HTML. Dieses Element ist speziell dafür ersonnen, die Copy-and-Paste-Code-Schnipsel, die uns die diversen Web-2.0-Seiten zum Einbinden anbieten, aufzunehmen (wir habe so ja auch schon das Flickr-Widget in die rechte Spalte eingebunden und auch ein Flickr-Video auf unserer Jimdo-Seite eingebettet).

Abb. 4.21: Sevenload: Videos in die eigene Webseite einbinden

In einem zweiten Browserfenster öffnen wir Sevenload und suchen uns das Video auf der Seite `http://de.sevenload.com/videos/H54clJn-Zebu-in-der-Hasenheide` aus. In der linken Spalte gibt es einen Link IN WEBSITE/BLOG EINBINDEN, der uns ein Pop-up-Fenster öffnet, das uns je nach gewählter Option ein

Code-Schnipsel zur Verfügung stellt. Wir wählen als Größe 400 x 333 (4:3) aus, wollen keinen Video-Link und erst recht keinen automatischen Start des Videos und wählen nicht das empfohlene JavaScript-Verfahren, sondern NUR HTML (mir ist JavaScript für solche Fälle immer ein wenig unheimlich, da ich nicht genau nachprüfen kann, was es denn eigentlich macht und ob es nicht mit einigen Skripten der Zielseite in Konflikt gerät).

Sevenload generiert automatisch einen Code, den wir in die Zwischenablage kopieren. Und exakt diesen Code fügen wir dann mit dem Paste-Befehl in unser noch offenes Widget/HTML-Element unserer Jimdo-Seite ein. Wenn wir dieses jetzt speichern und in den Ansicht-Modus wechseln, haben wir das schönste Sevenload-Video auf unserer Seite eingebettet.

Abb. 4.22: Ein Sevenload-Video auf Jimdo.com

Natürlich lassen wir auch dieses Video nicht einsam stehen, sondern fügen noch ein wenig Text hinzu, damit mein Hund nicht so nackt alleine auf der Seite ist.

Das hier beschriebene Verfahren ist sehr vielseitig und mit nahezu allen Widgets und Gadgets, die wir uns auf unseren Reisen durch das Web auflesen werden, anwendbar. Es wird Ihnen daher so oder in ähnlicher Form noch mehrmals begegnen.

4.6 Was es sonst noch gibt

Es gibt natürlich noch unzählige andere *Community* und *Social Network Sites* für alles und jeden Zweck, mehr als Sie sich vielleicht vorstellen können. Da ist zum Beispiel *Qype* (`http://www.qype.com`), die Seite für alle, die sich zum Restaurant- oder Kneipenkritiker berufen fühlen. Oder die *Wo-bin-ich-Community Plazes* (`http://www.plazes.com`), der Alptraum eines jeden Datenschützers. Auf Plazes geben Sie an, wo Sie sich zurzeit befinden und die Idee dahinter ist, dass Sie sich dann mit *Freunden* (im Web 2.0 sind ja eigentlich alle »Freunde«) dort treffen können.

Oder Wissens-Communities, wie *Lycos IQ* (`http://iq.lycos.de/home/`), dort können Sie Fragen stellen und sie sich von anderen Mitgliedern beantworten lassen.

Bei *digg* (`http://digg.com/`) wiederum können Sie Nachrichten bewerten. Je mehr Nutzer eine Nachricht oder einen Weblogeintrag positiv bewertet haben, desto prominenter wird diese Nachricht auf der Webseite angezeigt. Hier hat also der Nutzer die Funktion des *Gatekeepers*, die in Nachrichtenredaktionen der Chefredakteur hat, übernommen.

Ein besonders ausgefallenes Exemplar von *Social Network* ist *Doggy Space* (`http://www.doggyspace.com/`), eine – Sie ahnen es sicher schon – Art *My-Space* für Hunde. Und ich muss gestehen, ich konnte nicht anders: Ich habe Zebu dort auch angemeldet (`http://www.doggyspace.com/profile/11890`, Abbildung 4.23).

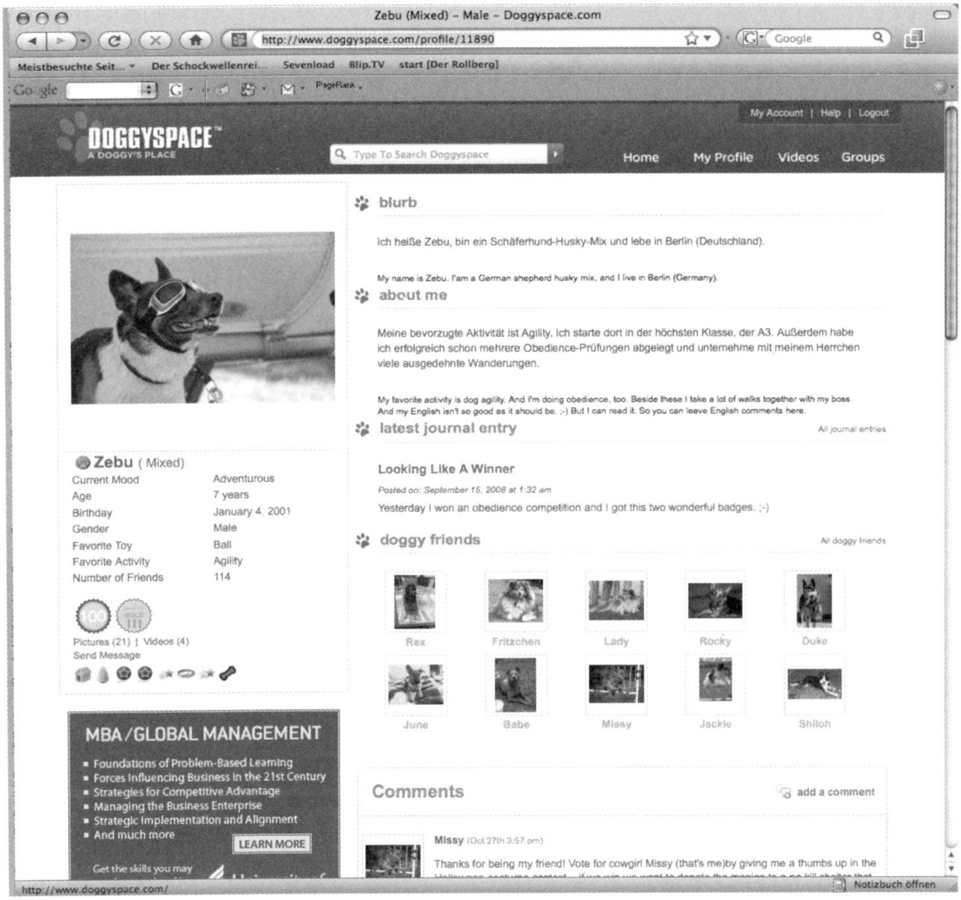

Abb. 4.23: Zebu auf Doggyspace

Kapitel 5

Folksonomy: Taggen, was das Zeug hält

In den letzten Abschnitten ist hin und wieder das Wort *Tag* oder *taggen* vorgekommen. Was bedeutet das eigentlich? Im Großen und Ganzen haben wir das implizit mit *Schlagwort* oder *verschlagworten* übersetzt. Das reichte für unseren Zusammenhang bisher aus, ist aber nicht ganz korrekt. Schlagworte unterliegen meist einer strengen Hierarchie, sie sind *kategorisiert*. Das liegt an der Tradition ihrer Herkunft. *Verschlagwortungen* wurden in der Regel von Bibliothekaren in Bibliotheken durchgeführt und führten im Endeffekt zum Standort des Buches im Bücherregal.

Das bedeutete aber auch, dass so eine Kategorisierung streng hierarchisch und eindeutig sein musste, da das Buch nur *einen* Standort im Regal haben konnte.

Außerdem musste man sich auf eine einheitliche Kategorisierung einigen, da man dem Bibliotheksnutzer *weltweit* die Wiederauffindbarkeit ermöglichen wollte. Ob in Alexandria oder Sankt Petersburg: In jeder Bibliothek sollte der Nutzer seine Bücher an der gleichen Stelle wiederfinden. Das hatte und hat unzweifelhaft seine Vorteile und die Bibliotheken nutzen heute auch tatsächlich weltweit ein System, das diese Anforderungen erfüllt, es heißt nach seinem Erfinder das *Dewey-System*, eine numerische Klassifizierung des Wissens der Welt.

Aber in Zeiten des Webs hat es seine Nachteile: Solch einem System liegt entweder explizit oder implizit eine gewisse Vorstellung von der Welt zugrunde, eine *Ontologie* (von griechisch *ontos*, das heißt *sein*). Und diese ist nicht immer unumstritten: *Saddam Hussein* ist für die Amerikaner sicher als *Terrorist* eingeordnet, im arabischen Raum fällt er aber für die meisten Menschen unter *Politiker*, wenn nicht gar unter *Held*. Ein anderes Beispiel: Eine Tomate fällt sicher für die meisten von uns in die Kategorie *Gemüse*, nur die Biologen behaupten standhaft, eine Tomate wäre eine *Frucht* – und die müssen es schließlich wissen.

Und das ist für die Wiederauffindbarkeit und Verschlagwortung im Netz ein Problem. Das aber einfach zu lösen ist, wenn man die Kategorisierung fallen lässt und den Schlagworten erlaubt, *frei nach Schnauze* irgendwo zu stehen und von jedermann oder jederfrau vergeben zu werden, ohne eine zugrundeliegende explizite Ontologie. Da dies jeder machen kann, hat dieser Art der Verschlagwortung den Namen gegeben: *Folksonomy*, Verschlagwortung durch das Volk. Und um nicht in eine babylonische Begriffsverwirrung zu geraten, nennt man das dann auch nicht mehr *Verschlagwortung*, sondern *taggen*. *Tags* sind also Schlagworte ohne eine darunterliegende *Ontologie*.

Das funktioniert erstaunlich gut. Die *Tagsuche* bei Flickr oder *del.icio.us* (mehr über den Web-2.0-Dienst *delicious* weiter unten) erreicht eine erstaunliche (Semi-)Vollständigkeit. Warum das so ist, ist mir (und vielen anderen) streng wissenschaftlich bis heute auch noch nicht so richtig klar geworden. Vielleicht liegt es daran, dass die Menschen, die ihre Webseiten, ihre Filme oder ihre Fotos im Web taggen, natürlich auch wollen, dass sie wiedergefunden werden, und sich daher daran orientieren, was andere im Web auch machen. Machen Sie das einfach auch so, denken Sie einfach kurz darüber nach, welche Suchbegriffe Sie eingeben würden, um zum Beispiel Ihr Foto wiederzufinden, und verschlagworten ... äh Verzeihung, *taggen* Sie es mit diesen Begriffen.

Abb. 5.1: Social Bookmarking mit *delicious*

Und dann ist ein Absatz höher ein Wort gefallen, das Sie vermutlich auch noch nicht kennen: *delicious* (`http://www.delicious.com`) ist ein *Social Bookmarking Service*. Ein *Social-* was? Wenn Sie bisher im Web unterwegs waren, haben Sie sicher auch Ihre Fundstücke als Bookmarks in Ihrem Browser abgelegt, wenn es viele waren und es dadurch unübersichtlich wurde, fein nach Ordnern (also in Kategorien) sortiert, damit Sie die Seiten, wenn Sie sie benötigen, wiederfinden können. Der Nachteil ist: Sitzen Sie an einem anderen Rechner, zum Beispiel in einem Internetcafé oder in Ihrem Büro, dann sitzen Sie vor einem anderen Browser und Ihre Bookmarks sind nicht da.

Dem wollte *delicious* abhelfen: Die Grundidee ist, dass Sie Ihre Bookmarks nicht mehr zu Hause in einer Datei Ihres Browsers auf dem Desktop abspeicher, sondern weltweit erreichbar auf einem Server. Und die zweite Idee ist, diese Bookmarks mit anderen zu teilen, feststellen zu können, wer diese Seiten ebenfalls aufhebens- und erinnernswert fand, und so vielleicht auch über die Bookmarks dieses Dritten weitere Seiten Ihrer Interessensgebiete zu finden.

Sie können *delicious* (und auch andere Bookmark-Dienste wie beispielsweise *Mr. Wong*) nach der üblichen Registrierung ganz einfach nutzen. Sie teilen in einem Browserfenster unter Ihrem Account diesem Dienst einfach den Titel der Seite und die URL mit. Dann geben Sie möglicherweise noch eine kleine Beschreibung ein und schließlich *taggen* Sie Ihr Fundstück. Es gibt – im Gegensatz zu den Bookmark-Verwaltungen der meisten Browser – *keine* Ordner, sondern nur *Tags* und über diese Tags finden Sie Ihre Seiten wieder.

delicious teilt Ihnen darüber hinaus mit, wie viele Nutzer diese Seiten ebenfalls dort aufgehoben und verschlagwortet haben, so dass Sie sich schon eine gewisse Vorstellung über die Popularität (und damit sicher auch über die Relevanz) dieser Seite machen können.

Und außerdem: Wenn Sie die Seite eingeben, schlägt Ihnen delicious sogar Tags vor, die Tags, mit denen andere Benutzer diese Seite schon versehen haben, und auf dieser Basis sogar auch Tags, die Sie für Seiten vergeben haben, die delicious für »ähnlich« hält.

Das ist ein Unterschied zu den Tag-Systemen, wie sie beispielsweise bei Flickr oder den meisten Weblogsystemen vorkommen: Hier werden die Tags völlig freihändig vergeben. So ist bei delicious sicher eine größere Konsistenz der Tags zu erwarten als bei anderen. Und das erhöht die Nützlichkeit dieses populären Bookmark-Dienstes.

Ein weiterer Dienst, bei dem *getaggt* wird, was das Zeug hält, ist *Technorati* (`http://www.technorati.com/`). Schon wieder so ein sozialer Dienst, werden Sie jetzt stöhnen und haben damit nicht ganz Unrecht. Technorati ist ein so genanntes *Neugiertool*, ein webbasierter Dienst, der Ihnen etwas über die Popularität von Weblogs im Allgemeinen und Ihrem Weblog im Besonderen verrät. Technorati sammelt mit Hilfe eines Roboters oder Spiders Informationen über Weblogs und gibt an, welche Weblogs kürzlich ein Update erfahren haben und welche nicht. Und mittels spezieller Tags werden diese Artikel dann kategorisiert und wiederauffindbar gemacht.

Abb. 5.2: Der Schockwellenreiter bei Technorati

Die meisten Weblog-Systeme erlauben eine Kategorisierung oder Verschlagwortung Ihrer Beiträge und diese Kategorien (oder eben wieder *Tags*) nimmt Technorati auf, um die Beiträge zu bündeln und nach Kriterien zu sortieren. Eigentlich möchte Technorati seine Tags in einem ganz bestimmten Format haben, aber meiner Erfahrung nach kann es mit den Kategorien oder Schlagworten der gängigen Weblog-Dienste ebenfalls umgehen. Daher machen Sie sich keine Gedanken, sondern nutzen einfach die Möglichkeit, die Ihnen Ihre Weblogsoftware bietet. (Ich greife hier etwas vor, weil Weblogs – wie schon mehrfach erwähnt – eigentlich erst in einem späteren Kapitel behandelt werden, aber es passte an dieser Stelle gerade so schön. Bis dahin betrachten Sie Weblogs einfach als webbasierte Tagebücher oder persönliche Nachrichtenseiten, die Sie mit Hilfe eines ähnlich einfachen Systems wie Jimdo.com erstellen.)

Wie Sie sehen, sind Tags ein mächtiges Werkzeug, das Ihnen hilft, Ihre Beiträge zu verwalten und sie auch für andere wiederauffindbar zu machen. Daher kümmern Sie sich nicht um den Streit zwischen *Folksonomy* und *Taxonomie*, sondern *taggen* Sie einfach. Sie haben nur Vorteile davon und andere Nutzer werden es Ihnen ebenfalls danken.

Kapitel 6

Der Babelfisch: Die Sprachen des Webs

Natürlich ist dieses Buch mit dem Anspruch angetreten, dass jeder ohne Programmierkenntnisse mit dem Web 2.0 arbeiten kann. Und in der Regel verfolgen ja auch alle Anbieter das sonst aus einem eher schlüpfrigen Kontext heraus bekannte »Rein-Raus«-Prinzip, um fremde Inhalte in die eigenen Webseiten einzubinden: Rein in die Zwischenablage – raus aus der Zwischenablage. Jedoch treffen die vom Anbieter angebotenen Vorgaben nicht immer die Anforderungen, die Sie selber an Ihre Webseite haben. Mal ist das Bild zu groß, die Landkarte zu klein oder der Ton zu laut. Um dies dann anpassen zu können, kommen Sie um ein minimales Grundverständnis der wichtigsten Sprachen des Webs nicht herum.

Das Gleiche gilt für die Eingabe von eigenen Texten. Auch wenn viele Wikis und Weblogs so genannte *Rich-Text-Editoren* zur Eingabe anbieten, also Editoren, in denen Sie im Prinzip Ihren Text so eingeben, wie Sie es von Word oder Open Office gewohnt sind – es sind nicht alle. Und wenn Sie dann auch noch ein wenig das vorgegebene Layout anpassen oder etwas Werbung in eigener Sache einbauen wollen, sind Kenntnisse der wichtigsten Sprachen des Webs auf jeden Fall sinnvoll, zuweilen sogar notwendig.

Das Kapitel ist jedoch ziemlich starker Tobak. Zumindest beim ersten Lesen machen Sie sich nichts daraus, wenn Sie nicht alles verstehen. Überfliegen Sie es erst einmal und zeigen Sie *Mut zur Lücke*. Sie können später ja jederzeit wieder zurückkommen und nachschlagen und die Lücken auffüllen – auch mit Hilfe anderer, im Literaturverzeichnis aufgeführter Bücher. Wichtig ist mir nur, dass Sie einen ersten Eindruck gewinnen, was HTML und CSS eigentlich sind und was man damit anfangen kann. Sie werden es nämlich spätestens im nächsten Kapitel über Weblogs brauchen.

6.1 HTML und XHTML

Erst einmal die gute Nachricht vorneweg: Das meiste, was Sie brauchen, sind Kenntnisse in (X)HTML und CSS. Und das sind **keine** Programmiersprachen, sondern Auszeichnungssprachen. Das heißt, sie legen nur Auszeichnungen fest, also ob dieser Text **fett** und *kursiv* erscheint, ob das Bild rechts- oder linksbündig im Text eingebunden wird oder ob etwas ein Kapitel, ein Absatz oder eine Überschrift sein soll. Dies wird im WWW mit der (eXtended) Hypertext Markup Language ((X)HTML) und den Cascading Style Sheets (CSS) festgelegt.

Und das ist nicht einmal neu. Schon vor der Erfindung von Word und grafischen Benutzeroberflächen (GUIs) gab es Computer und Textverarbeitung. Und die benötigten auch *Auszeichnungssprachen*, um das Gewünschte aufs Papier zu bringen. Und im Kapitel über Wikis werden Ihnen Auszeichnungssprachen noch einmal über den Weg laufen.

6.1.1 XHTML, HTML und XML: Was ist das eigentlich?

HTML und XHTML sind Kinder von SGML und XML. SGML steht für *Standard Generalized Markup Language* (auf Deutsch etwa *Normierte verallgemeinerte Auszeichnungssprache*) und ist eine Metasprache, mit der Auszeichnungssprachen definiert werden. Diese Definitionen werden in so genannten DTDs (*Document Type Definitions*) formuliert und legen eine Markup-Sprache formal fest.

XML wiederum steht für *eXtended Markup Language* (auf Deutsch etwa *erweiterbare Auszeichungssprache*), wurde speziell für das Web entwickelt und will einfacher als SGML sein. Ob ihr das immer gelungen ist, sei dahingestellt. XML-Anwendungen können nicht nur in DTDs, sondern auch in so genannten *Schemas* formuliert werden. Und es gibt eine allgemeine Form von XML, die ganz ohne formale Definition auskommt. Man spricht in diesen Fällen von *wohlgeformtem* XML, während man in den anderen Fällen von *validierendem* XML spricht. Man kann also im zweiten Fall ein XML-Dokument auch noch auf formale Korrektheit überprüfen.

Um die Verwirrung komplett zu machen: XML ist eine SGML-Anwendung, dass heißt es existiert eine SGML-DTD, die XML formal definiert. Und um es noch verwirrender zu bekommen: HTML ist eine SGML-Anwendung, XHTML ist in XML formuliert. Der Unterschied für den einfachen Anwender ist in der Regel aber nicht groß. HTML erlaubt wie SGML, dass Auszeichnungen, die ebenfalls immer *Tags* genannt werden (noch mehr Verwirrung, diese *Tags* haben mit den *Tags* aus dem letzten Kapitel über Folksonomy nicht das Geringste zu tun), auch ohne formales Ende auskommen, wenn dadurch keine logischen Inkonsistenzen entstehen.

SGML-, XML- und HTML-Tags stehen immer in spitzen Klammern (<>). HTML sieht also zum Beispiel so aus:

```
<ul>
  <li>1. Teil der Liste
  <li>2. Teil der Liste
<p>
```

XHTML hingegen muss **immer** ein Ende-Tag besitzen, um die *Wohlgeformtheit* zu gewährleisten. Der gleiche Code-Schnipsel sieht also in XHTML so aus:

```
<ul>
   <li>1. Teil der Liste</li>
   <li>2. Teil der Liste</li>
</ul>
<p>
Jetzt kommt ein neuer Absatz...
</p>
```

HTML **kann** übrigens diese Ende-Tags auch einsetzen, der untere Code-Abschnitt ist daher sowohl gültiges HTML wie auch gültiges XHTML. Wir werden uns daher im Folgenden nur noch mit XHTML beschäftigen und HTML als veraltet weitestgehend ignorieren. Die aktuelle HTML-Version ist übrigens 4.01, die aktuelle XHTML-Version ist 1.1.

Wie Sie gesehen haben, arbeiten alle diese Auszeichnungssprachen mit Tags, die in spitzen Klammern eingeschlossen sind, wobei dem Ende-Tag auch noch ein Schrägstrich vorangestellt wird.

Nun gibt es aber bei wohlgeformtem XHTML noch ein Problem: Es gibt Tags, bei denen ein Ende-Tag sehr überflüssig ist, zum Beispiel bei dem Markup für einen Zeilenumbruch, der schlicht und einfach `<br>` heißt. (Das *br* steht für *break.*) Korrekterweise müssten wir also schreiben:

```
Irgendein Text<br></br>
```

dass dies sehr umständlich ist und zu schwer lesbarem Code führt, haben selbst die Macher von XHTML erkannt und daher folgende Abkürzung erlaubt:

```
Irgendein Text<br />
```

Es gibt also eine Abkürzung, in der Start- und Ende-Tag in **einem** Tag zusammengefasst werden. Und das ist immer dann erlaubt, wenn zwischen Start- und Ende-Tag kein Text steht.

6.1.2 Struktur eines XHTML-Dokumentes

Damit Sie nicht dumm sterben, schauen wir uns die Struktur eines XHTML-Dokumentes in diesem Abschnitt ein wenig genauer an. In der Regel werden Sie nicht viel damit zu tun haben, da all die schönen Web-2.0-Werkzeuge mit Vorlagen arbeiten, die die Struktur schon für sie erstellt haben. Sie haben es daher, wenn überhaupt, nur mit *Block-* oder *Inline-Auszeichnungen* zu tun. (Gedulden Sie sich bis zu den Abschnitten *Blockelemente* und *Inline-Elemente*, dort erkläre ich, was das ist.) Doch zu wissen, wie es hinter den Kulissen aussieht, schadet ja nie.

XHTML-Dokumente sind eigentlich ziemlich einfach und leicht zu erlernen. Sie sehen fast immer so aus:

```
<!DOCTYPE html PUBLIC "-//W3C//DTD XHTML 1.0 Transitional//EN"
   "http://www.w3.org/TR/xhtml1/DTD/xhtml1-transitional.dtd">
<html xmlns="http://www.w3.org/1999/xhtml" xml:lang="de">
<head>
<title>Hier kommt der Titel hin</title>
</head>
<body>
...
</body>
</html>
```

Als Erstes kommt eine *Doctype-Definition*, die dem Browser in der Theorie mitteilen soll, welche Art von Auszeichnungssprache das folgende Dokument eigentlich enthält. Da diese in der Praxis aber oft weggelassen wird, raten die meisten Browser eher, als dass sie sich auf diese Definition verlassen. Trotzdem, in ein ordentliches XHTML-Dokument gehört sie hinein. Und wie Sie sehen, zeigt diese Definition auf eine URL, die die DTD enthält. Lassen Sie sich durch den vielen Text nicht verwirren, auch ich kann ihn mir nicht merken. Ich habe ihn einmal sicher irgendwo auf meinem Rechner abgelegt und kopiere ihn mir immer dann, wenn ich ihn brauche, in eine neue Seite.

Ein Tipp: Verwenden Sie, wenn Sie nicht genau wissen, was Sie sonst damit vorhaben, immer die *transitional*-Form (so etwas wie die *Übergangs-Form*) der DTD. Diese weist nämlich den Browser an, nachsichtig mit Ihnen und Ihren Schreibfehlern zu sein. Gerade ältere Content-Management- und Template-Systeme oder auch Weblog-Tools enthalten noch alte Code-Fragmente, die HTML und kein XHTML produzieren. Und das könnte im Fall einer *strikten* Überprüfung durch den Browser zu Problemen führen.

Dann beginnt mit `<html ... >` das eigentliche HTML-Dokument, das mit `</html>` auch wieder abschließt. Alles, was wir nun in unser Dokument hineinschreiben, muss zwischen diesen HTML-Start- und Ende-Tags stehen.

Diese Klammer ist nun wiederum in zwei Teile unterteilt. Es gibt einen *head*- und einen *body*-Abschnitt, beide beginnen mit einem Start- und enden mit dem entsprechenden Ende-Tag.

Ein Wort zur Groß- und Kleinschreibung. Während es HTML noch völlig egal war, ob Sie Html, HTML oder html geschrieben haben (es war alles das Gleiche), macht es in XHTML wohl einen Unterschied, ob Sie Xhtml, XHTML oder xhtml in einem Tag schreiben. Und die DTD legt fest, dass alle HTML-Tags **kleingeschrieben** werden müssen. Die früher unter HTML beliebte Großschreibung, um Tags deutlicher vom Fließtext abzuheben, ist also unter XHTML nicht mehr erlaubt.

Und Tags können nur innerhalb von Tags *geschachtelt* werden, eine Schachtelung über Tag-Grenzen ist also nicht erlaubt. Sie dürfen zwar

```
<head>
...
</head>
<body>
...
</body>
```

schreiben, nicht jedoch:

```
<head>
...
<body>
</head>
...
</body>
```

Dieser einfache Fall macht deutlich, dass das auch nicht sinnvoll ist, aber trotzdem sieht man zum Beispiel die beiden Auszeichnungen für *fett* (<b>) und *kursiv* (<i>) oft unzulässig geschachtelt:

```
<b><i>Dies ist ein fetter und kursiver Text</b></i>
```

Zwar kann ich Sie beruhigen, die meisten Browser kommen damit klar, doch schön ist das nicht.

6.1.3 Blockelemente

Nun unterscheidet man in (X)HTML zwei verschiedene Elementformen, Blockelemente und Inline-Elemente. Blockelemente dienen der Gliederung eines Dokumentes, legen also Absätze, Überschriften und Ähnliches fest. Die wichtigsten Blockelemente sind:

- <div>: *Division*, dieses Tag ist neu in XHTML und erlaubt, beliebige Abschnitte eines Dokumentes unter einem einheitlichen Namen zusammenzufassen. Dies ist vor allem im Zusammenhang mit den *Cascading Style Sheets*, die Sie später noch kennen lernen werden, von Bedeutung.

- <p> steht für *Paragraph* und klammert einen Absatz ein.
- <h1> bis <h5> sind die möglichen Überschriften, die von <h1> (ganz fette Überschrift) abwärts bis <h5> (kleinstmögliche Überschrift) hinuntergehen.
- <blockquote> bezeichnet längere Zitate, die in der Regel als eingerückter Absatz dargestellt werden. Da (X)HTML kein Tag für Einrückungen kennt, wird das *blockquote*-Tag auch gerne für allgemeine eingerückte Absätze, die keine Zitate sind, verwendet. Das ist zwar ebenfalls nicht schön, aber als *kreativer Umgang mit HTML* abzuhaken.
- Mit <table> wird eine Tabelle eingeläutet. Dazu später noch mehr.
- <object>: Einbinden eines Fremdobjekts, meist ein Multimedia-Element wie eine Flash-Animation oder ein Video. Das <object>-Tag sollte das proprietäre, von Netscape eingeführte <embed>-Tag ersetzen. Das klappt aber nicht immer. Die meisten Entwickler setzen bis heute eine Kombination aus <object>- und <embed>-Tag ein. Das ist zwar nicht ganz standardkonform, aber sicher.

Es versteht sich von selbst, das *alle* Blockelemente auch ein abschließendes Tag besitzen müssen.

Und bevor Sie ganz verwirrt sind: Für die Eingabe von Text in Weblogs oder Content-Management-Systeme benötigen sie meistens nur den <p>-Tag. Und selbst das nicht häufig, denn die meisten Tools setzen das zweimalige Betätigen der [Enter]-Taste automatisch in einen Absatz um.

Alle (X)HTML-Elemente können so genannte Attribute enthalten. Das sind weitere Werte, die bestimmtes Verhalten für den Text festlegen. Attribute sind immer durch Leerzeichen getrennte Namen-Wert-Paare, wobei der Wert immer in Hochkommata stehen und dem Namen durch ein Gleichheitszeichen zugewiesen werden muss. Das kann dann so aussehen:

```
<p align="right">
Rechtsbündiger Absatz
</p>
```

Und damit haben Sie auch gleichzeitig schon das für Sie wichtigste Attribut von Blockelementen kennen gelernt: `align` steht für Ausrichtung und kann folgende Werte besitzen:

- `right`: rechtsbündig
- `left`: linksbündig, das ist für westliche Sprachen auch der Default-Wert
- `center`: zentriert
- `justified`: Blocksatz (dieses Attribut wird nicht von allen Browsern unterstützt und sollte auch deswegen mit Bedacht gesetzt werden). Zentrierte Texte

sind im Web oft schlecht lesbar, weil ein Browser all die schönen Tricks für Blocksatz, die einem Schriftsetzer für die Printmedien zur Verfügung stehen, nicht beherrscht und der Text dann oft sehr unschön aussieht (meist mit hässlichen Lücken).

Und wenn ich ehrlich sein soll: Eigentlich ist dieses Attribut überholt und sollte zugunsten von Style-Sheets entfallen. Aber ich gestehe: Gerade bei Weblog-Tools und Content-Management-Systemen, wo ich keinen oder nur schwer Zugriff auf die Style-Sheets habe, benutze ich stattdessen auch heute noch das Attribut *align*. Warum auch nicht? Es ist gültiges XHTML und funktioniert daher immer und überall.

6.1.4 Inline-Elemente

Inline-Elemente sind die Elemente, mit denen Sie es in der Hauptsache zu tun haben werden. Sie dienen tatsächlich nur der Textauszeichnung und stehen daher fast immer innerhalb von Blockelementen. Doch während die Blockelemente meist von Ihrem Weblog-Tool oder Ihrem Content-Management-System automatisch gesetzt werden, sind Sie für die Auszeichnung Ihres Textes selber verantwortlich.

Die wichtigsten Inline-Elemente sind:

- `<b>` steht für *bold* und das bedeutet **fett**.
- `<i>` steht für *italic* und das ist *kursiv*. Dabei ist zu beachten, dass die Browser in der Regel über keine *echten* kursiven Schnitte verfügen, sondern die Schrift einfach schräggestellt wird.
- `<strong>` steht für *starke Hervorhebung* und wird vom Browser in der Regel ebenfalls **fett** dargestellt.
- `<em>` steht für *emphasis*, also eine *normale* Hervorhebung. Diese stellt der Browser in der Regel wieder *kursiv* dar.

Natürlich brauchen auch all diese Elemente zwingend ihren abschließenden Gegenpart, denn woher sollte der Browser sonst wissen, wann er mit der Auszeichnung aufhören soll.

Jetzt verstehen wir auch das obige Beispiel, korrigieren es und können es deuten:

```
<b><i>Dies ist ein fetter und kursiver Text.</i></b>
```

wird vom Browser so umgesetzt: ***Dies ist ein fetter und kursiver Text.***

An den obigen Inline-Elementen wird auch ein Dilemma von (X)HTML deutlich. Logische Auszeichnungen und Satzanweisungen sind wild gemischt und werden nicht wirklich unterschieden. So ist natürlich *emphasis* eine logische Auszeichung, während *italic* eine simple Satzanweisung ist. Das hat sich, entgegen manchmal geäußerten Behauptungen, auch in XHTML (gegenüber HTML) nicht geändert. Doch auch wenn es nicht schön ist, solange die Struktur von Webanwendungen nicht auf eine völlig neue Basis gestellt wird, werden wir damit leben müssen.

Natürlich gibt es noch weitere Inline-Elmente, die Ihnen unterkommen und die Sie benötigen. Einige davon sind:

- `<sup>` steht für *superior* (hochgestellt).
- `<sub>` steht für *tiefgestellt*.
- `<cite>` steht für *(Kurz-)Zitat* und wird meistens *kursiv* dargestellt. Dabei ist ist die Verwendung von `<cite>` ein großes Mißverständnis, wenn ich die Definition *richtig* verstanden habe, steht `<cite>` eigentlich eher für die Quellenangabe denn für das Zitat. Das hat vor einigen Jahren eine heftige Diskussion innerhalb der Netzgemeinde ausgelöst, aber im Endeffekt ist alles beim Alten geblieben. Da es alle machen, spricht nichts dagegen, wenn auch Sie `<cite>` für Kurzzitate innerhalb eines Absatzes verwenden.
- `<tt>` steht für *teletype* und stellt eine `nichtproportionale Schreibmaschinenschrift` zur Verfügung.
- `<code>` steht für *Codeschnipsel* oder ganze Programme und wird in der Regel ebenfalls in einer `nichtproportionalen Schreibmaschinenschrift` dargestellt.
- `<span>` macht eigentlich gar nichts, sondern dient nur dazu, Text zu klammern, der mit einem oder mehreren Attributen versehen werden soll (ein Beispiel folgt weiter unten).

Das sind alle Inline-Elemente, die ich in meiner täglichen Praxis regelmäßig benötige. Alles Weitere ist exotisch und muss auch von mir in einem guten HTML-Buch nachgeschlagen werden.

Daneben gibt es noch Elemente, die weder echte Inline-Elemente noch Blockelemente sind. Sie stehen irgendwo dazwischen:

- `<br />`, das Tag für einen Zeilenumbruch haben wir schon kennen gelernt.
- `<hr />` steht als Abkürzung für *horizontal ruler* und zieht eine waagerechte Linie.
- `<nobr>` (*no break*) bezeichnet einen Bereich, der nicht umgebrochen werden soll. Damit kann man zwar einerseits verhindern, dass Textteile, die nebeneinander stehen sollen, auf mehrere Zeilen verteilt werden, auf der anderen Seite kann man dem Benutzer damit aber auch ein riesige vertikale Scroll-Orgie zumuten. Dieses Tag daher bitte nur mit Vorsicht einsetzen.

Natürlich können auch Inline-Elemente Attribute besitzen. Das wichtigste Attribut ist das *style*-Attribut, mit dem alle möglichen Textauszeichnungen vorgenommen werden. Dieses Attribut nimmt auch deswegen eine Sonderstellung ein, weil die Stil-Definition nach den Regeln von CSS (siehe nächster Abschnitt) vorgenommen wird. Es ist eigentlich ein kleines Stylesheet innerhalb eines Tags. Aber es ersetzt das veraltete `<font>`-Tag, das nicht mehr benutzt werden soll. Ein paar Beispiele machen (hoffentlich) deutlich, wie diese Attribute funktionieren:

```
<b style="color:green;">grüner fetter Text</b>
<i style="font-size:200%;">doppelt so großer, kursiver Text</i>
<span style="text-decoration:line-through">
durchgestrichener Text</span>
```

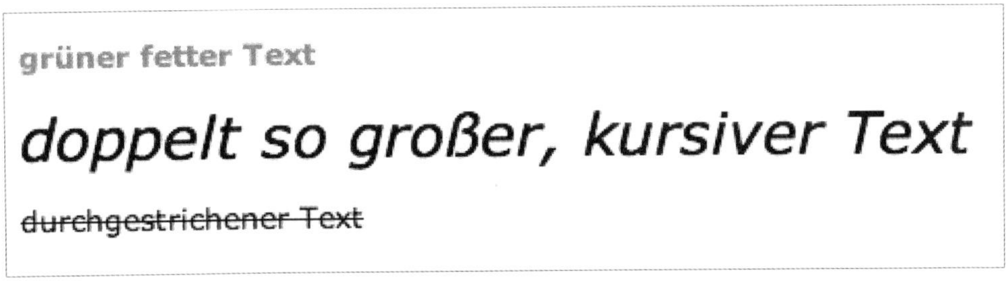

Abb. 6.1: HTML: Textauszeichnungen

Das letzte Beispiel macht deutlich, wofür das `<span>`-Tag gedacht ist. Es ist einfach ein leeres Element, in das man Attribute einsetzen kann, um bestimmte Textteile mit Auszeichnungen zu versehen. Auch dies bekommt noch einmal eine Bedeutung im nächsten Abschnitt über CSS.

Natürlich können Style-Elemente auch kombiniert werden, zum Beispiel so:

```
<b style="color:red;font-size:64px;text-decoration:underline;">
64 Pixel fetter, roter und unterstrichener Text</b>
```

Aber dazu sollte man nur in Ausnahmefällen greifen, irgendwann ist es dann sinnvoller, die Style-Definition in ein separates Stylesheet auszulagern.

Ich habe jetzt bei einigen Beispielen den Text wild umgebrochen, damit er auf die Buchseite passt. Das ist HTML völlig egal, HTML fasst alle *Leerzeichen* – und unter *Leerzeichen* versteht es Leerzeichen, Zeilenumbrüche und Einrückungen – zu **einem** Leerzeichen zusammen. Sie können dieses Feature nutzen, um Ihren HTML-Quellcode durch Einrückungen und Zeilenumbrüche übersichtlicher zu gestalten. Ich werde das am Ende des Kapitels in dem Workshop intensiv nutzen.

6.1.5 Bilder

Bilder werden in HTML mit dem `<img>`-Tag eingebunden. Die einfachste Form ist diese:

```
<img src="http://www.mein-server.de/clara.jpg"
width="450" height="303"
alt="Clara, das Rhinozeros" />
```

Abb. 6.2: HTML: Bild einbinden

Hier haben wir schon eine ganze Menge an Attributen. Mit *width* und *height* geben Sie die Breite und Höhe des Bildes (in Pixeln) an. Dies ist nicht unbedingt notwendig, aber der Browser braucht bedeutend länger bei der Darstellung einer Seite, wenn er erst darauf warten muss, bis das Bild geladen ist, und dann erst das Layout der Seite berechnen kann. Daher ist es unbedingt empfehlenswert, die Breite und Höhe immer mit anzugeben.

Das *alt*-Attribut ist zwingend vorgeschrieben. Es dient vor allem für Menschen mit Sehschwäche, die sich ihren Browserinhalt zum Beispiel vorlesen lassen oder ihn auf einem Braille-Lesegerät abtasten. Mithilfe des *alt*-Tags können sie dann auf den Inhalt des Bildes schließen. Daher sollte dort immer eine aussagekräftige, kurze Bildbeschreibung stehen.

Außerdem sehen Sie an obigem Beispiel, dass das <img>-Tag eines der Tags ist, für die ein Ende-Tag nicht notwendig ist. Sie können hier auch wieder die Kurzform mit dem Schrägstrich vor der abschließenden spitzen Klammer benutzen.

In obiger Form steht das Bild in einem separaten Absatz. Der Text wird oberhalb des Bildes unterbrochen und unterhalb des Bildes fortgesetzt. Wenn Sie wollen, dass der Text das Bild zum Beispiel links umfließt, müssen Sie es rechts einfügen. Dazu dient folgender Code:

```
<img src="http://www.mein-server.de/freiheit.jpg"
width="225" height="276"
alt="'La Liberte ou la Mort' von Jean-Baptiste Regnault"
align="right" hspace="8" vspace="4" />
```

Abb. 6.3: HTML: Bild rechtsbündig einbinden

Einen Teil der Attribute kennen Sie schon. Neu hinzugekommen sind einmal *align*. Dort können Sie *right*, *left* oder *center* eingeben, das Bild wird dann entsprechend positioniert und der Text umfließt das Bild.

Wenn Sie nichts weiter angeben, rückt der Text aber bis dicht an das Bild heran und das sieht selten schön aus. Daher können Sie noch einen horizontalen und einen vertikalen Abstand (wieder in Pixeln) mitgeben. Dazu dienen das *hspace*- und das *vspace*-Attribut.

Mit dem Abstand, den Sie benötigen, um eine ästhetisch befriedigende Lösung zu bekommen, müssen Sie ein wenig experimentieren. Und ärgerlich ist, dass sie ihn nur paarweise festlegen können, den Abstand für den rechten wie den linken Rand können Sie nur mit einem Wert definieren, genauso wie den Abstand für den oberen und unteren Rand.

Daher wird heutzutage im Regelfall der Bildabstand im Stylesheet (CSS) und nicht mehr im Tag festgelegt und meistens gibt es in Ihrem CMS oder Weblog-Tool schon ästhetisch zufriedenstellende Werte, die der Designer des Tools in die Templates hineingeschrieben hat. In diesem Falle (und das sollte heute die Regel sein) lassen Sie die Attribute *hspace* und *vspace* einfach weg.

Außerdem können in den CSS auch für jeden Rand separate Werte festgelegt werden.

Als Bildformate sind im WWW ohne Verrenkungen nur die Formate GIF, JPEG und PNG möglich. Falls Ihr Bild also ein anderes Format haben sollte, müssen Sie es vorher in eines dieser Formate konvertieren. Zu den Bildformaten später mehr im Kapitel über Mulitmedia.

6.1.6 Hyperlinks

Hyperlinks sind essenziell für das World Wide Web, erst durch sie wird aus einem normalen, linearen Text, der in unserem Kulturkreis immer von oben nach unten und von links nach rechts gelesen wird (es sei denn, Sie zählen zu den Krimilesern, die immer erst hinten nachschlagen, wer denn nun der Mörder war), zu einem *Hypertext*, einem Text, von dem Sie zu anderen Textdokumenten springen können, die es Ihnen aber auch erlauben, innerhalb eines Textes zu springen.

Hyperlinks sind keine Erfindung des World Wide Webs, sondern die Idee ist schon älter. Schon 1945 entwarf der amerikanische Computerpionier Vannevar Bush in seinem berühmt gewordenen Aufsatz *As May We Think* eine Hypertextmaschine zur Verlängerung unseres Gedächtnisses, die er *Memex* nannte. Diese Ideen wurden 1960 von Ted Nelson in dem Hypertext-Projekt *Xanadu* weitergeführt, das zugleich auch eine erste reale Implementierung einer Hypertextmaschine war. Und in den 80er Jahren des letzten Jahrhunderts entstanden kurz vor dem Advent des WWW eine ganze Reihe von Hypertext-Projekten, die auch entsprechende Forschungsaktivitäten vorantrieben.

Mit Hyperlinks kann man also:

- Von einem Dokument zu einem anderen Dokument springen (auch über Servergrenzen hinweg), das heißt, man kann im Prinzip jedes Dokument, jede HTML-Seite mit einer oder mehreren anderen HTML-Seite(n) verknüpfen. Das kann man sich ungefähr so vorstellen wie einen Verweis in einem Lexikon, der auf einen Eintrag in einem ganz anderen Buch in einer ganz anderen Bibliothek verweist.
- Innerhalb eines Dokumentes zu einer anderen Stelle im gleichen Dokument springen. Um meine obige Metapher noch einmal zu bemühen, entspricht das einem Verweis in einem Lexikoneintrag auf einen anderen Lexikoneintrag im gleichen Lexikon.

Ein externer Link, ein Eintrag zu einem anderen Dokument auf einem anderen Server sieht daher so aus:

```
<a href="http://www.spiegel.de/">Spiegel Online</a>
```

Dieser Link bringt uns zu *Spiegel Online*. Natürlich können und dürfen auch Hyperlinks Attribute haben, die beiden wichtigsten habe ich in folgendem Beispiel eingebaut:

```
<a href="http://www.spiegel.de/" target="_blank"
title="Hier geht es zu Spiegel Online">Spiegel Online</a>
```

Das Attribut-Wertepaar *target="_blank* öffnet *Spiegel Online* in einem neuen Browserfenster. Dabei ist *_blank* (nur echt mit dem Unterstrich) ein vordefinierter Wert, der ein neues, leeres Browserfenster bezeichnet.

Das *title*-Attribut kann auch bei fast jedem anderen Tag angewandt werden. Es zeigt seinen Text in den beliebten, gelben Tooltips an, wenn man mit der Maus über den Link fährt. Damit kann man den Nutzer schon einmal vorwarnen, was ihn erwartet, wenn er auf den Link klickt.

Der Standardlink öffnet immer eine neue Seite und beginnt immer am Anfang einer Seite. Wenn man aber nun in die Mitte einer Seite springen will, benötigt man einen »*Anker*«, mit dem man dem Hyperlink mitteilt, wo man hinwill.

Das ist übrigens auch der tiefere Sinn, der hinter dem <a>-Tag steht: *a* bedeutet *anchor* und das ist das englische Wort für *Anker.*

Anker kann man auf zwei verschiedene Arten anlegen, einmal mit einem Namen und einmal mit einer Nummer. Die Formen sind praktisch gleichwertig und es ist mehr oder weniger Geschmackssache, welche man verwendet. Will man theoretisch zu jedem Absatz springen können, bietet es sich an, diese durchzunummerieren. Will man dagegen nur wenige, herausragende Punkte mit einem Anker versehen, so bieten sich leicht zu merkende Namen sicher eher an.

```
<a name="top">Seitenanfang</a>
<a id="4711">4711</a>
```

Angesprungen werden diese Ziele dann mit der Seiten-URL, der ein # (Doppelkreuz) nachgestellt und dann der Anker angefügt wird:

```
<a href="http://www.mein-server.de/seite.html#top>
Zum Seitenanfang</a>
```

Natürlich kann man Hyperlinks auch hinter Bilder legen. Zu diesem Zweck wird einfach anstelle des Textes, den das Hyperlink-Tag umschließt, das Bilder-Tag eingefügt:

```
<a href="http://www.mein-server.de/clara.html">
<img src="http://www.mein-server.de/clara.jpg"
width="450" height="303" border="0"
alt="Clara, das Rhinozeros" /></a>
```

Die meisten Browser legen, wenn man nichts anderes angibt, einen Rahmen um das Bild, um dem Nutzer zu zeigen, dass er dieses Bild anklicken kann. Dieses Verhalten war zu Beginn des WWW sicher erwünscht, heute gilt es aber als veraltet. Um dies auszuschalten, kann man das Attribut-Wertepaar *border=0* dem Image-Tag mitgeben, das dann dafür sorgt, dass kein Rand angezeigt wird. Soll doch einer angezeigt werden, kann man statt der Null eine 1 oder eine andere Zahl setzen. Diese Zahl gibt die Breite des Rahmens in Pixeln an.

Natürlich kann man auch dieses Verhalten global in Stylesheets festlegen und benötigt dann auch das *border*-Attribut nicht mehr.

6.1.7 Listen und Tabellen

Kommen wir abschließend zu einigen weniger gebrauchten, aber dennoch notwendigen Elementen in HTML: Listen und Tabellen. Listen für Aufzählungen und Ähnliches kennt man einmal durchnummeriert und einmal unnummeriert. Die ersten heißen in HTML *ordered lists* (geordnete Listen) und werden daher mit `<ol>` bezeichnet, die anderen heißen *ungeordnete Listen* und ihr Tag ist folgerichtig `<ul>`. Fangen wir mit den ungeordneten Listen an:

```
<ul>
  <li>Kapitel 1: Der Anfang</li>
  <li>Kapitel 2: Fortsetzung ...</li>
</ul>
```

Das Ergebnis sollte ungefähr so aussehen wie in Abbildung 6.4 (das genaue Aussehen wird auch hier in der Regel noch einmal durch Stylesheets definiert).

- Kapitel 1: Der Anfang
- Kapitel 2: Fortsetzung...

Abb. 6.4: HTML: Listen

Ungeordnete Listen haben also in der Regel nur kleine Knöpfchen vor jedem Listenpunkt, im Englischen *bullets* genannt; falls eine Nummerierung gewünscht wird, müssen Sie diese von Hand erledigen.

Ganz anders die geordneten Listen. Hier wird schon vom System durchgezählt, Sie brauchen sich nicht mehr darum zu kümmern. Wenn Sie nichts anderes eingeben, erfolgt die Zählung ganz normal mit arabischen Ziffern. Es gibt allerdings auch die Möglichkeit, per zusätzlichen Attributen mit römischen Ziffern, Buchstaben oder auch gemischt durchzuzählen. Das würde jedoch den Rahmen dieser kleinen Einführung sprengen und Sie noch mehr verwirren, als Sie es vermutlich sowieso schon sind. Wissbegierigen sei daher die Lektüre eines guten HTML-Buches empfohlen (im Literaturverzeichnis habe ich einige aufgeführt).

Also, die einfachste geordnete Liste kann in Etwa so aussehen (schlagen Sie mich bitte nicht wegen des idiotischen Textes, mir ist einfach nichts Besseres eingefallen):

```
<ol>
   <li>Das Kapitel am Anfang</li>
   <li>Das Kapitel, das darauf folgt</li>
</ol>
```

Das Ergebnis sieht dann so aus, wie Sie es vermutlich erwartet haben (Abildung 6.5, aber auch hier können die Stylesheets Ihrer Weblog- oder Wiki-Software oder Ihres Content-Management-Systems zu einer etwas anderen Ansicht kommen):

1. Das Kapitel am Anfang
2. Das Kapitel, das darauf folgt

Abb. 6.5: HTML: Geordnete Listen

Aber das ist noch nicht alles. Wir alle kennen die Gliederungen mit unterschiedlicher Nummerierung und Einrückung, und um diese auch in HTML darstellen zu können, dürfen Listen beliebig geschachtelt werden. Und zwar auch geordnete und ungeordnete Listen in wilder Reihenfolge:

```
<ul>
  <li>Kapitel 1: Der Anfang</li>
  <ol>
    <li>Am Anfang war das Wort</li>
    <li>Und das Wort ist Fleisch geworden</li>
  </ol>
  <li>Kapitel 2: Fortsetzung ...</li>
</ul>
```

Ich will versuchen, Ihnen zu zeigen, wie dieses ebenfalls nicht sehr sinnvolle Beispiel dann in Ihrer HTML-Seite aussehen müsste (Abildung 6.6).

Abb. 6.6: HTML: Gemischte Listen

Mit viel Fantasie fällt Ihnen sicher noch mehr Unsinn ein, den man mit Listen anstellen könnte. Ich will es für unsere kleine Einführung aber dabei belassen und mich dem letzten Listentyp zuwenden, den es in HTML gibt, den Definitionslisten.

Definitionslisten kennen Sie sicher von Glossaren, Lexikon-Einträgen oder Ähnlichem. Das Tag heißt `<dl>`, aber das haben Sie sicher auch schon vermutet. Doch das `<li>`, das Sie von den anderen beiden Listenarten kennen, wird bei den Definitionslisten durch das Wertepaar <dt> und <dd> ersetzt. Das sieht dann so aus:

```
<dl>
   <dt><b>Blattlaus</b></dt>
      <dd>Die gefr&auml;&szlig;e Blattlaus sch&auml;digt den Kumquat-Baum,
          indem sie seine Bl&auml;tter frisst.</dd>
   <dt><b>Borkenk&auml;fer</b></dt>
      <dd>Die Larven des Borkenk&auml;fers werden
          unter die Rinde abgelegt und verzehren von dort
          den Kumquat-Baum von innen.</dd>
</dl>
```

Lassen Sie sich von den komischen Zeichenfolgen, die – wie Sie sicher richtig vermuten – die deutschen Zeichen *ä* und *ß* darstellen sollen, nicht verwirren, ich werde sie im nächsten und letzten Abschnitt zu HTML über die *Entities* behandeln. Schauen wir uns lieber an, wie unsere Definitionsliste im Klartext aussehen könnte:

Blattlaus Die gefräßige Blattlaus schädigt den Kumquat-Baum, indem sie seine Blätter frisst.

Borkenkäfer Die Larven des Borkenkäfers werden unter die Rinde abgelegt und verzehren von dort den Kumquat-Baum von innen.

In der »reinen« Form (ohne Verwendung irgendwelcher Stylesheets) stehen der <dt>- und der <dd> jeweils in eigenen Reihen, wobei Letzteres leicht eingerückt wird und Ersteres auch nicht **fett** gedruckt wird. Dies sieht meiner Meinung nach jedoch sehr unschön aus, wenigstens den Fettdruck sollten Sie Ihrer Definitionsliste gönnen. Daher habe ich das <b> an den entsprechenden Stellen im Beispiel schon gleich mit eingesetzt.

Definitionslisten kommen eigentlich schon recht selten vor, viel häufiger werden Sie dagegen *Tabellen* benötigen. Doch selbst eine einfache Tabelle kann schon recht kompliziert aussehen, aber keine Bange, es ist alles nicht so wild. Schauen wir uns daher erst einmal ein Beispiel an:

```
<table border="1" cellpadding="8" cellspacing="0"
width="90%" align="center">
  <tr>
    <th> </th><th>Stuttgart</th><th>Berlin</th>
  </tr>
  <tr>
    <th align="left">Einwohner</th>
    <td align="right">595.000</td>
    <td align="right">3.405.000</td>
  </tr>
  <tr>
    <th align="left">Fl&auml;che</th>
    <td align="right">207 km<sup>2</sup></td>
    <td align="right">891 km<sup>2</sup></td>
  </tr>
</table>
```

Sie werden einige neue Tags entdecken. Natürlich zuerst das `<table>`-Tag, mit dem eine Tabelle geklammert wird. In unserem Beispiel habe ich ihm ein paar Attribute mitgegeben, die ich im Folgenden erläutern werden.

`border`: gibt die Breite der Umrandung in Pixeln an. Mit `border=0` können Sie den Rand ausschalten.

`cellpadding`: gibt den Abstand in Pixeln an, den der *Zelleninhalt* der Tabellen vom Rahmen haben soll. Er ist sozusagen das *Rahmenfutter* der Tabelle.

cellspacing: gibt den Abstand zwischen den einzelnen Tabellenzellen an. Sind dieser Abstand *und* der Rahmen ungleich Null kommt es zu hässlichen breiten Doppelrahmen. Daher sollte cellspacing zusammen mit cellpadding nur sehr vorsichtig eingesetzt werden.

width: gibt die Breite der Tabelle an. Die Breite kann in Pixeln oder Prozent gesetzt werden. Ich möchte, dass unsere Tabelle nicht die gesamte Breite des Textes einnimmt, sondern rechts und links ein wenig eingerückt wird. Daher habe ich die Breite auf 90 Prozent der Textumgebung gesetzt.

align: rechts-, linksbündig oder zentriert. In unserem Beispiel ist center (für *zentriert*) sicher die günstigste Lösung.

Nun weiter: Als Nächstes entdecken Sie ein <tr>. Das steht für *table row* und klammert eine Reihe in unserer Tabelle.

Und in jeder Reihe stehen natürlich die Tabellenzellen. Die können entweder den Wert <th> oder <td> annehmen, wobei das Erste für *table header* (also Tabellen-Überschrift) und das Zweite für *table description* (also den eigentlichen Zelleninhalt) steht.

Das Attribut im Beispiel ist hier wieder einmal align, um den Zelleninhalt rechts-, linksbündig oder zentriert setzen zu können. Ein weiteres, recht oft genutztes Attributpaar ist valign=top: Damit wird der Browser angewiesen, bei mehrzeiligen Zelleninhalten alle Zellen oben beginnend zu füllen. Manchmal, speziell bei mehrzeiligen Zellen-Überschriften ist auch valign=bottom sinnvoll.

Außerdem sehen Sie eine Leerzelle, die mit   gefüllt wurde. Das ist ein HTML-Sonderzeichen (ein *entity*), das für *non breaking space* steht, also ein Leerzeichen, das nicht umgebrochen werden darf. Mehr dazu im nächsten Abschnitt. Hier steht es nur, weil völlig leere Tabellenzellen in einigen Browsern seltsam aussehen. Daher wird es hier einfach mit einem Pseudo-Inhalt (eben diesem Leerzeichen) gefüllt.

Und so ungefähr sieht unsere fertige, kleine Tabelle dann aus (Abbildung 6.7):

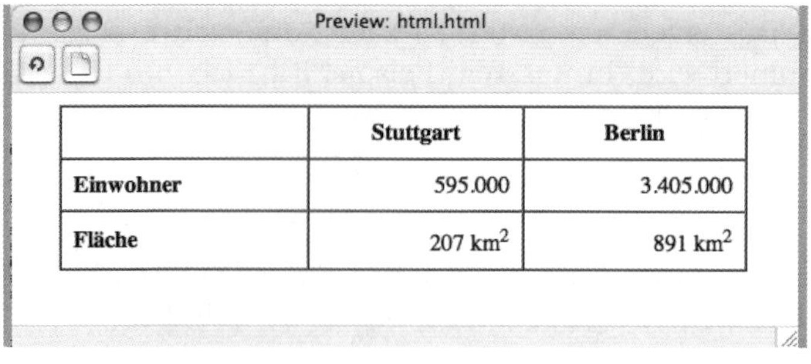

Abb. 6.7: Eine Tabelle in HTML

Tabellen waren eine Zeitlang etwas in Verruf geraten, da sie in Vor-CSS-Zeiten auch dazu benutzt wurden, ein mehrspaltiges Layout zu ermöglichen. HTML (ohne X) kannte nämlich keine Befehle für mehrspaltiges Layout, um dies dennoch zu ermöglichen, griffen die Designer auf die Tabelle zurück. Im einfachsten Fall bestand ein dreispaltiges Layout aus einer einreihigen Tabelle mit drei Zellen, die auch noch mit *unsichtbaren* kleinen, ein Pixel hohen Bilder auf die entsprechende Breite gezwungen wurden. Ich gestehe, da mein Weblog über acht Jahre alt ist und ich nicht mehr viel am Layout geändert habe, besteht es auch noch aus einem tabellenbasierten Layout. Das ist natürlich ein fieser Trick, der die (Maschinen-)Lesbarkeit einer Seite herabsetzt und damit nicht gerade freundlich für Braille-Lesegeräte und Vorlesemaschinen ist (obwohl sie meistens damit klarkommen) und es sollte in Zeiten von CSS daher vermieden werden, Layouts immer noch mit Tabellen zu basteln. Alle modernen Browser können heute mit CSS etwas anfangen, für ein Tabellen-Layout besteht keine Notwendigkeit mehr.

Benutzen Sie also Tabellen nur noch für das, für das sie eigentlich gedacht sind: zur übersichtlichen Darstellung von Fußball- oder Agility-Ergebnissen oder sonstigen Statistiken. Ihre sehbehinderten Leser werden es Ihnen danken.

6.1.8 Entities

(X)HTML ist in Amerika entwickelt worden. Und in ihrer bekannten Ignoranz gegenüber dem nicht-angloamerikanischen Rest der Welt scherten sich die Entwickler keinen Deut um Umlaute oder (nicht-englische) Sonderzeichen. Erst später merkte man: Huch, da ist doch noch etwas ...

Also musste eine Lösung her, um zum Beispiel die deutschen Umlaute in HTML darstellen zu können. Gott sei Dank boten SGML und damit XML schon eine Lösung, die dann auch in (X)HTML übernommen werden konnte: *Entities.*

Entities sind eigentlich in SGML und XML als beliebige, selbstdefinierte Abkürzung gedacht, hier sind sie halt »Abkürzungen« für Umlaute und Sonderzeichen, die meist länger sind als das, was sie abkürzen sollen. Entities werden immer mit dem kaufmännischen Und-Symbol (&) eingeleitet und mit einem Semikolon abgeschlossen. Es gibt zwei Arten der Kodierung:

Ä steht für *A-umlaut* und stellt im Browser dann *Ä* dar. Diese mnemotechnischen, leicht zu merkenden Abkürzungen existieren aber nur für einen beschränkten Zeichensatz.

Ä ergibt im Browser ebenfalls ein *Ä*. Dieses Mal wurde eine numerische (genauer die UTF-8-)Kodierung gewählt. Hiermit können alle Zeichen dargestellt werden, die im UTF-8-Zeichensatz vorhanden sind. Und dies sind viele. Damit sind also auch kyrillische, hebräische oder chinesische Zeichen möglich.

Die Zeichen <, > und & besitzen in XML eine Sonderstellung und müssen daher **immer** kodiert werden.

Die wichtigsten Entities für den deutschen Sprachgebrauch habe ich in folgender Tabelle zusammengefasst, weitere entnehmen Sie bitte einem der im Anhang erwähnten HTML-Bücher oder der Wikipedia:

Zeichen	Entitiy	UTF-8	Zeichen	Entitiy	UTF-8
Ä	Ä	Ä	ä	ä	ä
Ö	Ö	Ö	ö	ö	ö
Ü	Ü	Ü	ü	ü	ü
ß	ß	ß	§	§	§
<	<	<	>	>	>
&	&	&	°	°	°
€	€	€	¢	¢	¢

Sie erkennen aus dieser Tabelle zwei Dinge: Erstens kommt es bei den Entities sehr wohl auf die Groß- oder Kleinschreibung an: *Ä* bedeutet etwas ganz anderes als *ä*. Und zweitens sehen Sie, dass das €-Symbol erst sehr spät in UTF-8 dazugekommen ist, es besitzt eine sehr hohe, vierstellige Nummer. Das ¢-Symbol ist das gleiche wie beim amerikanischen Dollar, daher kommt es mit der niedrigen Nummer > daher.

Und jetzt noch eine gute Nachricht: Sie werden diese Entities sehr, sehr selten brauchen. In der Regel schreiben Sie in Ihrem Browserfenster oder Weblog-Tool die Umlaute und Sonderzeichen so, wie Sie es gewohnt sind. Die Umwandlung in Entities nimmt die Software für Sie unsichtbar (man spricht in solchen Fällen von *transparent*) im Hintergrund vor.

Nur wenn Sie selber Templates bauen wollen oder noch geheimnisvollere Dinge vorhaben, dann müssen Sie sich notgedrungen mit den Entities herumschlagen. Doch das liegt weit hinter dem Fokus dieses Buches.

Aber Sie sollten wissen, dass es sie gibt und wie man notfalls damit umgeht ...

6.2 CSS

Tim Berners-Lee, der »Erfinder« des WWW und des ersten Webbrowsers *Mosaic* hatte es ursprünglich als Kommunikationsplattform für Wissenschaftler entworfen. Daher beschränkte sich HTML mehr oder weniger auf logische Auszeichnungen mit sehr wenigen Formatierungsanweisungen, wie sie für wissenschaftliche

Texte üblich waren. Kennern fällt auf, dass HTML da sehr viel Verwandschaft mit LATEX besitzt, der Auszeichnungs- und Satzsprache, mit der ich auch dieses Buch erstellt habe. Sie ist in den Naturwissenschaften weit verbreitet und hat so auch HTML inspiriert.

Damals hatte niemand daran gedacht, dass man unter Umständen auch komplexe Layouts erstellen, zusätzliche Schriften einbinden oder sonstige Gestaltungselemente verwirklichen wollte. Mit der zunehmenden Popularisierung und der damit einhergehenden Kommerzialisierung des Webs wurde die Forderung danach immer lauter. In der Zwischenzeit hatten zwar einige Designer wirkliche Wunder von Layouts mit tief geschachtelten Tabellen und Ein-Pixel-Bildern verwirklicht, doch erkaufte man sich das mit einer zunehmenden Komplexheit und Unleserlichkeit des Quelltextes. Und das war nicht nur eine Schönheitsfrage. Unleserlicher Quelltext war nicht nur für Menschen unleserlich, sondern auch für die Roboter der Suchmaschinen. Viele Seiten tauchten daher bei Google & Co. gar nicht mehr auf und wurden so auch von den potenziellen Kunden nicht mehr gefunden. Der Ruf nach einer Trennung von Inhalt und Layout wurde immer lauter.

Im W3C, dem Konsortium, das für die Standardisierung des WWW zuständig ist, nahm man sich des Problems an und erschuf CSS, die *Cascading Style Sheets*. Hier sollten ab nun alle Stil- und Layout-Informationen festgelegt werden, unabhängig und getrennt vom eigentlichen Quelltext, der nur noch für die Struktur und den Inhalt des Dokumentes verantwortlich ist.

Stylesheets können auf drei verschiedene Arten in einem XHTML-Dokument benutzt werden: eingebettete Stildefinitionen, eingebettete Stylesheets und externe Stylesheets.

6.2.1 Eingebettete Stildefinitionen

Eingebettete Stildefinitionen haben Sie oben im Abschnitt über HTML schon kennen gelernt. Sie werden als Attribut zu einem HTML-Dokument mitgegeben. Der Wert dieses Attributs besteht aus einem Deklarationsblock ohne die sonst bei CSS-Deklarationen notwendigen geschweiften Klammern. Das folgende Textfragment erzeugt einen roten Absatz mit gelbem Hintergrund:

```
<p style="color:red; background:yellow;">
Vorsicht! Dieser Text verursacht Augenkrebs</p>
```

Obwohl eingebettete Stildefinitionen eher als Notlösung gelten, die besser nicht benutzt werden sollten, werden sie für Sie das CSS sein, was Sie als nicht programmierender Anwender am ehesten benutzen. Wenn Sie mal ein Wort rot hervorheben, einen Absatz in einer anderen Schrift setzen wollen, kommen Sie in der Regel um eingebettete Stildefinitionen nicht herum. Ihr Weblog-Tool, Ihr Wiki oder Ihr Content-Management-System verbirgt seine Stylesheets normalerweise vor Ihnen und das ist auch gut so. Warum sollten Sie sich mit den komplexen Templates herumschlagen? Sie können das Gewünschte mit diesen *Inline Styles* ja ohne Weiteres in der HTML-Ansicht Ihrer Software realisieren.

6.2.2 Eingebettete Stylesheets

In den Templates oder in handgestrickten Webseiten werden die CSS-Deklarationen in einem eingebetteten Stylesheet definiert. Schauen wir uns ein einfaches Beispiel einmal an:

```
<html>
<head>
<title>Das hat Stil!</title>
<style type="text/css">
h1 {color: red;}
p {font-size:12px; color:gray}
</style>
</head>
<body>
...
</body>
</html>
```

Hier legen wir fest, dass unsere HTML-Seite alle Überschriften ersten Grades (`<h1>`) rot darstellen soll und der Text in den Absätzen wird grau geschrieben. Hier sehen wir auch, dass CSS-Deklarationen in der Regel aus einem Wertepaar (*Attribut: Wert;*) besteht. Zwischen Attribut und Wert gehört ein Doppelpunkt und jedes Paar wird mit einem Semikolon abgeschlossen. Alle zu einem Tag (oder einer Klasse oder einer ID) gehörenden Attribut-Wertepaare müssen in geschweiften Klammern stehen.

Zur Layouterstellung ist es wichtig zu wissen, dass es nicht nur Attribut-Wertepaare für die Darstellung von Elementen, sondern auch für die Positionierung von Elementen gibt. Dies ist kein Buch, dass Ihnen CSS und die Erstellung von Templates beibringen will, aber Sie sollten wissen, dass das geht. Ich werde ein Beispiel für die Positionierung im abschließenden Workshop zeigen.

6.2.3 Externe Stylesheets

Nun ist es sicher nicht sinnvoll, die immer gleichen Stildefinitionen in jede einzelne HTML-Seite, die wir erstellen, hineinzukopieren. Zum einem bläht das den Code unnötig auf und zum anderen erschwert es die Lesbarkeit der Seite. Stylesheets können ziemlich groß und komplex werden. Daher ist es eigentlich heute

Standard, die CSS-Deklaration in eine eigene Datei zu schreiben und diese erst beim Laden der HTML-Datei in die Seite einzubinden. Dafür gibt es mehrere verschiedene Möglichkeiten, die gängigste ist die Einbettung mit dem *link*-Element im Header Ihrer HTML-Datei:

```
<html>
<head>
<title>Das hat noch mehr Stil!</title>
<link rel="stylesheet" type="text/css" href="default.css">
</head>
<body>
...
</body>
```

Die Datei *default.css* sähe dann wie in obigem Beispiel aus:

```
h1 {color: red;}
p {font-size:12px; color:gray}
```

Mit der abgekürzten URL muss die Datei natürlich in demselben Verzeichnis liegen wie das HTML-Dokument, das muss aber nicht sein. Wir dürfen jede beliebige URL dort eintragen und können notfalls das Stylesheet auch von einem anderen Server laden als dem, auf dem unsere HTML-Datei liegt.

Außerdem kann man mehrere und sogar alternative Stylesheets (zum Beispiel für die Druckausgabe) einbinden. Mehrere Stylesheets dienen einmal der Übersichtlichkeit und zum anderen der besseren Wartbarkeit, wenn man zum Beispiel für die Navigation ein eigenes Stylesheet benutzt und dem eigentlichen Inhalt ein davon unabhängiges Stylesheet gönnt.

6.3 Workshop: Wir basteln uns eine HTML-Seite (per Hand)

Doch genug der grauen Theorie. Sie haben sich jetzt durch viele Seiten ohne einen einzigen Workshop durchgearbeitet. Nun wollen wir das Gelesene einmal praktisch anwenden. Jeder sollte einmal eine *Heimatseite* wie in früheren Tagen ganz ohne Hilfe eines Werkzeuges von Hand gebastelt haben. Werfen Sie also den Texteditor Ihrer Wahl an und schreiben Sie Folgendes hinein:

```
<html>
<head>
<title>Claras Seite</title>
</head>
<body>
```

```
<div class="content">
<h1>Clara, das Rhinozeros</h1>
<p>
<a href="http://www.cognitiones.de/doku.php/clara_das_rhinozeros">
<b>Clara</b></a> (1738 - 1758) war ein weibliches indisches Nashorn,
das Mitte des 18. Jahrhunderts durch eine siebzehnj&auml;hrige
Ausstellungstour durch Europa ber&uuml;hmt wurde.</p>
<p>
<img src="21ykdre.jpeg" width="450" height="303" border="0"
alt="Clara,das Rhinozeros" /></p>
<p class="capture">
Ein Portr&auml;t Claras nach der Natur von Jean-Baptiste Oudry
(1686-1756).</p>
</div>
<div class="rechts">
<h2>Links</h2>
<ul>
<li>Cognitiones: <a
href="http://www.cognitiones.de/doku.php/clara_das_rhinozeros">
Clara</a></li>
<li>Baeck: <a href="http://de.wikisource.org/wiki/
Eigentliche_und_accurate_Vorstellung_Des_neu_angekommenen_
Asiatischen_Wunder-Thiers_Rhinoceros">Rhinoceros</a></li>
</ul>
</div>
</body>
</html>
```

Um den Code nicht unnötig aufzublähen habe, ich auf das *Namespace*-Attribut im HTML-Tag ebenso verzichtet wie auf die Document-Type-Deklaration. Sie sollten aber wissen, dass dies eigentlich schlechter Stil ist. Wenn Sie je professionell selber Webseiten erstellen, gehören diese Elemente natürlich auf jede Seite.

Außerdem musste ich einige der langen Links umbrechen, damit der Text auf die Seite passt. Das sollten Sie natürlich auch unterlassen.

Ansonsten habe ich etliches von dem verwendet, das Sie in dem vorangegangenen Abschnitten über HTML gelernt haben. Wir haben zwei (verschieden große) Überschriften, wir haben Auszeichnungen, Links, ein Bild und eine Liste. Nur eines haben wir nicht: Stil!

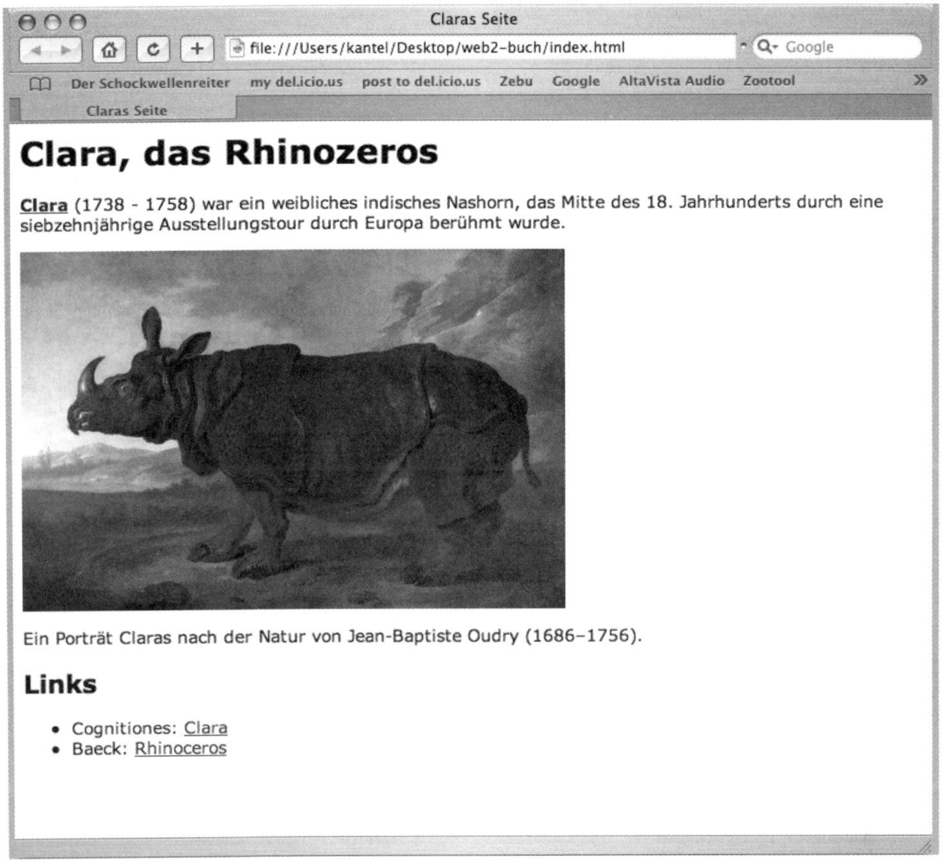

Abb. 6.8: Claras Seite ohne CSS

Unsere Seite sieht doch noch arg nach Web 1.0, nach den Frühzeiten des World Wide Web, aus. Wir werden nun ein kleines Stylesheet schreiben, das uns ein zweispaltiges Layout liefert: Rechts kommt eine Seitenleiste mit den Links, und den übrigen Teil der Seite macht der Text und das Bild zu Clara aus. Außerdem werden wir noch ein paar Stildefinitionen hinzufügen, um den Text etwas ansprechender zu gestalten.

Wir werfen also wieder den Texteditor unseres Vertrauens an und tippen Folgendes hinein (oder laden Sie sich den Quelltext aus dem Internet, die entsprechende Webseite finden Sie in der Einleitung):

```
body {
 margin: 5;
 padding: 0;
 font-family: Palatino, "Palatino Linotype", serif;
 color: black;
```

```
}
h1 {
font: bold italic 2em "Trebuchet MS", Verdana, sans-serif;
margin: 0;
margin-bottom: 1.2em;
padding: 0;
background: #999;
}
h2 {
font: bold italic 1.5em "Trebuchet MS", Verdana, sans-serif;
margin: 0;
margin-left: 1em;
padding: 0;
}
p {
margin: 5;
padding: 0;
}
li {
font-style: italic;
}
.capture {
font-style: italic;
}
.content {
padding-top: 1em;
float:left;
width: 500 px;
border-right: 1px solid black;
}
.rechts {
padding-top: 1em;
margin: 0 2em 0 500px;
}
```

Diese Datei speichern wir unter *default.css* in dem gleichen Verzeichnis ab, in dem auch unser HTML-Dokument liegt. Das nehmen wir uns nun noch einmal vor und fügen folgende Zeile in den *head* des Dokumentes direkt unter dem *title*-Tag ein:

```
<head>
<title>Claras Seite</title>
<link rel="stylesheet" type="text/css" href="default.css">
</head>
```

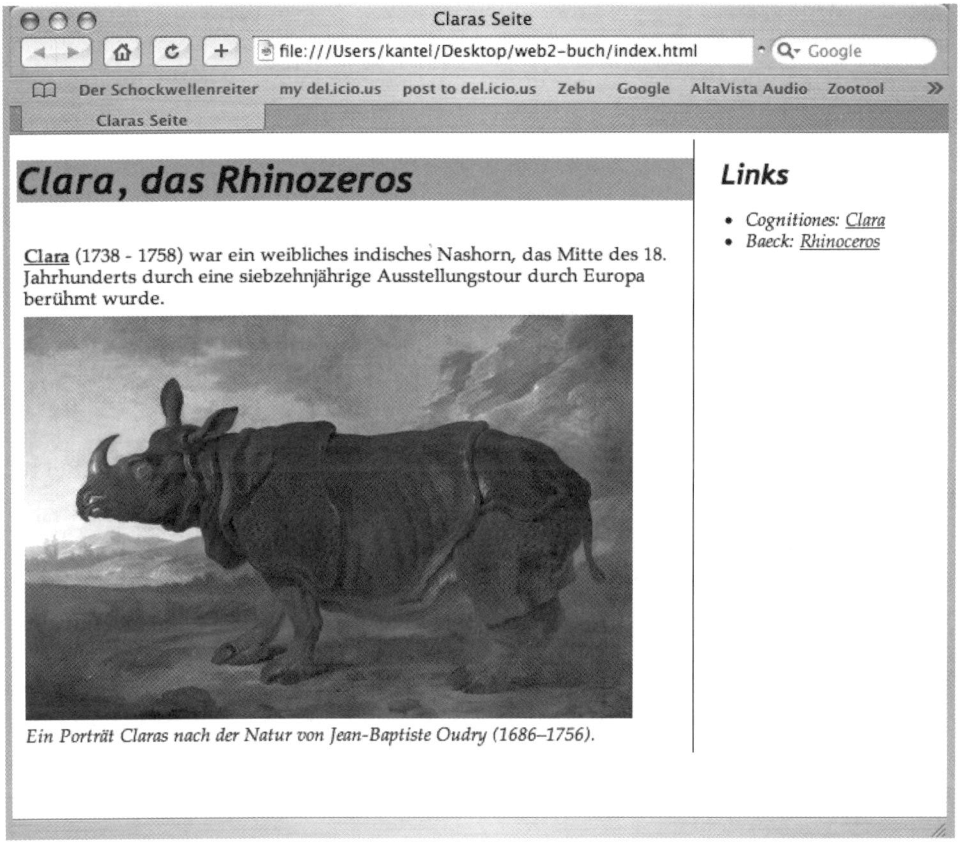

Abb. 6.9: Claras Seite mit CSS

Das Ergebnis kann sich doch durchaus schon sehen lassen, oder? Und das, ohne dass wir etwas an dem Quelltext des eigentlichen HTML-Dokumentes geändert haben. (Okay, wir haben den Befehl zum Laden der CSS-Datei eingefügt, aber die hätte auch schon vorher darin sein können, nicht gefundene CSS-Dateien werden nämlich schlichtweg ignoriert.) Das ist die ganze Power der Stylesheets. Wenn Sie etwas am Layout der Seiten ändern wollen, ändern Sie nichts mehr im eigentlichen Dokument, sondern nur noch im Stylesheet.

Was haben wir eigentlich gemacht? Vorausschauend, wie wir nun mal sind, haben wir zwei *divs* angelegt und jedem eine Klasse zugewiesen. Dem eigentlichen Inhalt die Klasse *content* und den Links vorausschauenderweise die Klasse *rechts*, da die Links in der *rechten* Spalte erscheinen sollen.

Über eine Punktnotation *.class* lassen sich die Klassen in Stylesheets ansprechen und genau dort haben wir dann auch die Positionen festgelegt. Das *em* ist übrigens eine relative Maßeinheit, die genau die Breite des *m* in der aktuell gewählten

Schrift bedeutet. In der Regel sind solche relativen Maßeinheiten den absoluten Maßeinheiten wie Pixel oder Zentimeter vorzuziehen, da sie je nach gewählter Schrift ein ästhetischeres Resultat liefern. Sie passen sich bei einer Schriftänderung nämlich automatisch der neu gewählten Schrift an.

Ansonsten haben wir eigentlich nur ein paar weitere Schriften und ihre Größen festgelegt und der Hauptüberschrift einen grauen Hintergrund spendiert. Das war alles.

Spielen Sie ruhig einmal mit Hilfe eines guten CSS-Buches mit Stylesheets herum. Sie werden sehen, dass sehr viele Möglichkeiten darin stecken und dass Sie – bis auf den Inhalt – fast alles an der Seite mit Hilfe von CSS ändern können.

Dann lassen wir es aber genug sein. Wie schon mehrmals geschrieben: Die Beherrschung von HTML und CSS ist nicht unbedingt erforderlich, wenn Sie als Publisher im Web auftreten wollen. Gerade die in diesem Buch vorgestellten Werkzeuge und Webseiten wollen Ihnen diese Arbeit ja abnehmen und liefern vorgefertigte Templates und Layouts für nahezu alle Fälle.

Aber ich bin der Meinung, Sie sollten schon wissen, um was es sich dabei handelt. Wenigstens so viel, damit Sie mitreden können und Ihnen niemand ein X für ein U vormachen kann, indem wieder einmal jemand behauptet, HTML wäre eine Programmiersprache. Echte Programmiersprachen behandeln wir in den nächsten beiden, kurzen Abschnitten. Ich stelle sie Ihnen nur vor, programmieren sollen Sie damit nicht. (Wenn Sie es doch wollen ... Gut! Es gibt viele gute Handbücher darüber. Kaufen Sie sich eines und toben Sie sich damit aus.)

6.4 JavaScript

JavaScript wurde schon früh von *Netscape* in die Browserwelt eingeführt. Es ist die einzige Programmiersprache im WWW, die direkt und ohne zusätzliches Plug-in im Browser abläuft, das heißt, der Interpreter für diese Sprache ist im Browser eingebaut. Das unterscheidet JavaScript beispielsweise von *Java*. Zwar läuft auch hier das Programm auf dem Client, also auf *Ihrem* Rechner zu Hause, aber es läuft nicht im Browser, sondern in der Java-Maschine Ihres Rechners, die Sie zusätzlich installiert haben müssen.

Außer dem Namen hat JavaScript mit Java nichts gemein. Und auch wenn viel vor Sicherheitsrisiken gewarnt wird: Web 2.0 und damit auch viele Teile des in diesem Buch behandelten Mitmach-Webs laufen nicht ohne JavaScript.

Dabei war JavaScript vom Entwickler eigentlich auf »Sicher« ausgelegt. Die Sprache kann *nur* im Browser agieren und hat keinen Zugriff auf das darunterliegende Betriebssystem. Insbesondere kann sie nicht auf Dateien zugreifen oder Systemzustände manipulieren. Mit einer wichtigen Ausnahme: Microsoft hat mit *ActiveX* seinem Browser Internet Explorer einen Bärendienst erwiesen. Dieses ist nämlich eine Brücke zwischen dem Browser und dem Betriebssystem, das all das ermöglicht, was JavaScript eigentlich nicht können soll.

Daher mein Rat: Treten Sie den Internet Explorer in die Tonne und surfen Sie mit Mozillas Firefox (oder jedem anderen seriösen Browser). Damit sind Sie weitestgehend auf der sicheren Seite und können die schöne neue und bunte Web-2.0-Welt genießen. Nur: Nichts ist wirklich sicher auf dieser Welt! Daher klicken Sie auf nichts, was Sie nicht verstehen – insbesondere laden Sie bitte keine obskuren Dateien herunter, installieren Sie keine Software zweifelhafter Herkunft und seien Sie auch sonst wachsam wie ein Fuchs (nicht umsonst ist der *Feuerfuchs* das Logo des beliebten Browsers). Denn das Böse lauert überall und jedem unvorsichtigen Surfer droht die Übernahme seines PC durch andere.

Aber genug schwarzgemalt. Ein wenig Sicherheitsbewusstsein und vernünftiges Handeln vorausgesetzt ist die Nutzung von JavaScript im Browser unproblematisch. Informieren Sie sich aber zum Beispiel in meinem Weblog. Falls es eklatante Sicherheitslücken geben sollte, werde ich dort davor warnen.

6.5 Das babylonische Web

JavaScript ist aber nicht die einzige Programmiersprache im Web, die im Zusammenhang mit Web 2.0 immer wieder erwähnt und genutzt wird. Es gibt noch eine Reihe anderer, deren Namen Sie zumindest mal gehört haben sollten.

Java hatte ich schon erwähnt. Jedoch hat die Nutzung von Java auf der Client-Seite – also in Ihrem Browser – erheblich nachgelassen. Warum? Vermutlich weil man das, was man glaubte, nur mit Java machen zu können, im Laufe der Jahre durch die verbesserte Bandbreite und die Schnelligkeit der Computer mit nahezu allen anderen Sprachen ebenfalls möglich ist.

Nicht wegzudenken ist Java aber auf der Serverseite. Gerade im *Enterprise*-Bereich, also im Rahmen der großen Unternehmens-Anwendungen spielt Java eine wichtige Rolle.

PHP ist die nächste Sprache und es ist wohl nach JavaScript die am meisten im WWW angewandte Programmiersprache. Wesentlich zu ihrem Erfolg trug bei, dass man den Quellcode direkt in HTML-Seiten einbinden kann und dass dieser dann auf dem Server interpretiert und ausgeführt wird. PHP hat seine Syntax von *Perl* geerbt, einer Skriptsprache, von der man mal sagte, sie sei das Gaffaband (für Nichtmusiker: das Klebeband) des Internet (*the duct tape of the internet*). Vor allem hat PHP auch die krude Syntax von Perl geerbt, die jedem Informatiker den Angstschweiß auf die Stirne treibt.

Und auch die wilde Mischung von PHP und HTML, die auf einigen Webseiten bis heute anzutreffen ist, trägt nicht gerade zum guten Ruf dieser Sprache bei.

Dabei kann man in PHP durchaus anspruchsvoll und sicher programmieren. Man kann Programmcode und HTML sauber trennen und man muss nicht undurchsichtige Sprachkonstrukte anwenden. Die Macher von PHP haben viel gearbeitet, um ihre Sprache mit jedem Update moderner und sicherer zu machen.

Ohne PHP geht heute kaum noch etwas: Die meisten Weblog-Tools und Open-Source-Content-Management-Systeme und viele Wiki-Engines sind in PHP programmiert. Zum Erfolg hat sicher beigetragen, dass die Designer der Sprache von Anfang an Wert darauf gelegt haben, den Datenbankzugriff speziell zu MySQL, der im Netz wohl am häufigsten genutzten Datenbank, möglichst einfach zu halten.

Doch es gibt durchaus Alternativen: *Python* ist eine von mir geliebte Skriptsprache, die sauber im Design ist, einfach zu erlernen und die von Hause aus eigentlich alles mitbringt, was man im Web und drumherum braucht. Ich halte sie insbesondere wegen ihres sauberen Designs für die Skriptsprache, mit der Anfänger das Programmieren erlernen sollten. Falls Sie also Programmieren lernen wollen, warum fangen Sie nicht mit Python an?

Daneben kann man in Python durchaus seriöse und auch große Projekte programmieren. Das Web ist voll davon, ein herausragendes Beispiel ist die *Google App Engine*, Googles Version des *Cloud Computing*, die voll und ganz auf Python setzt.

Ein (relativer) Newcomer ist *Ruby*, eine japanische Entwicklung, die dort sehr schnell populär wurde, aber lange Zeit im Rest der Welt eine Schattenexistenz führte. Mit dem Aufkommen des Frameworks *Ruby on Rails*, mit dem man einfach und schnell web- und AJAX-basierte Anwendungen schreiben kann, setzte ein gigantischer Run auf diese Sprache ein. Ruby-Programme sind vermutlich der derzeit am schnellsten wachsende Zweig des Internets.

Den Klassiker *Perl* hatte ich schon mehrmals erwähnt. Perl wurde ursprünglich entwickelt, um schnell und einfach Reports aus den großen Log-Dateien der Computer zu extrahieren oder sonstige Aufgaben der System-Administration zu automatisieren und zu vereinfachen. Perl frönt einer Philosophie des *schnellen Hacks* und hat daher durchaus seinen Charme. Ich nutze es heute noch, um schnell mal etwas auszuprobieren, neue Anwendungen zu testen oder einen kleinen Hack für Zwischendurch zu schreiben. Es gibt für Perl nichts, was es nicht gibt, und zusammen mit der leistungsfähigen *Regular Expressions Engine*, mit der man schnell bestimmte, auch schwierige Aufgaben des Findens in Texten und andere Textoperationen durchführen kann, ist Perl für viele auch heute noch das Werkzeug der Wahl. Speziell in Büchern zum Internet werden die Beispiele auch heute noch vielfach in Perl vorgeführt. Umschreiben in die eigene Programmiersprache seines Vertrauens muss man es dann selber.

Die *Regular Expressions Engine* von Perl hat PHP übrigens auch geerbt. Daher trifft vieles, was ich über Perl erwähnt habe, auch auf PHP zu.

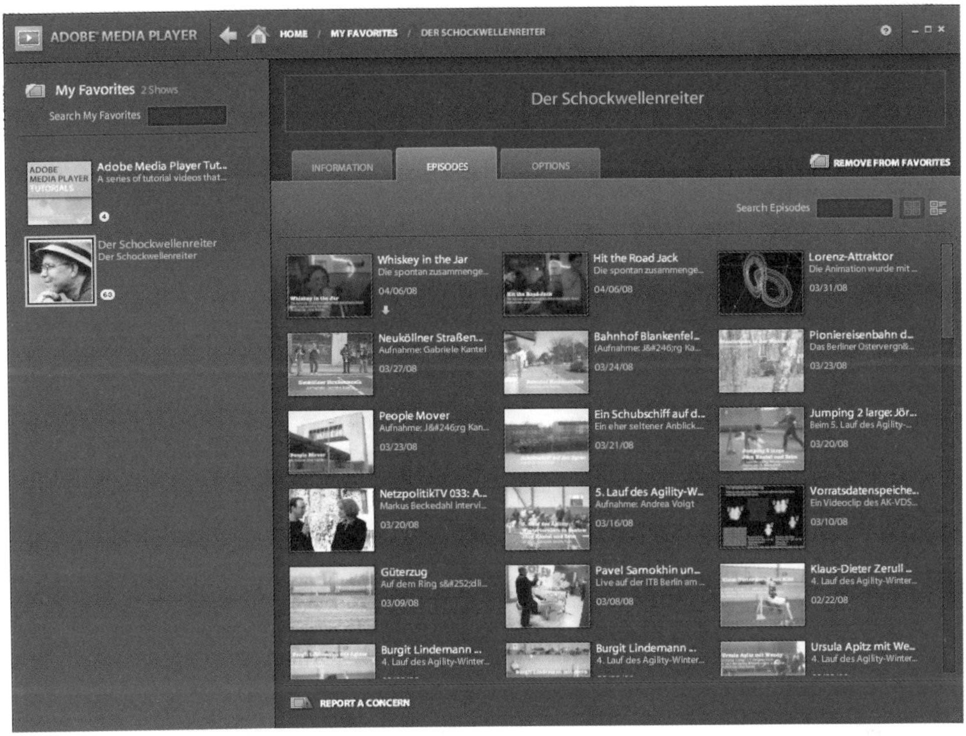

Abb. 6.10: Der Adobe Media Player bringt mit Flex und AIR YouTube auf den Desktop.

Dann gibt es ja auch noch *Flash* mit seiner Programmiersprache *ActionScript*, einem JavaScript-Dialekt. Flash nimmt eine Sonderstellung ein, da es ähnlich wie Java seine Programme nicht direkt interpretiert (ausführt), sondern sie erst in einen Zwischencode (*Bytecode*) übersetzt, der kompakter und schneller ist als der ursprüngliche Code. Das reduziert die Übertragungszeiten und -mengen im Netz. Allerdings setzt es – wiederum ähnlich wie Java – eine virtuelle Maschine voraus, die den Bytecode dann ausführt. Das ist das Flash-Plug-in, das Bestandteil nahezu aller Browser ist und von allen Plug-ins die weiteste Verbreitung hat, so dass man davon ausgehen kann, dass Flash-Dateien (die in der Regel die Endung *.swf* besitzen) auf fast allen Rechnern laufen.

Eine besondere Bedeutung bekommt ActionScript durch die neuen Adobe-Produkte *Flex* und *AIR*. Während die erste *Rich Internet Applications* (RIA), also Programme, die sich mehr wie »normale« Programme, als wie Browser-Applikationen verhalten, in den Browser bringt, will die andere Internet-Applikationen auf den Desktop bringen. Das alles ist nicht unbedingt neu, ähnliche Bemühungen gibt es auch bei anderen, aber bei der Verbreitung, die Adobes Produkte – insbesondere Flash – im Web haben, sollte man das durchaus im Auge behalten. Yahoo! zum Beispiel setzt bei seinen Web-Anwendungen mehr und mehr auf Flex und ActionScript.

Damit will ich meine kleine *Tour de Force* durch die Welt der im Netz genutzten Programmiersprachen beenden. Es gibt noch viel mehr, von Oldtimern wie Tcl oder Smalltalk (eine hochinteressante Programmiersprache) bis hin zu Neuentwicklungen wie Groovy. Aber die von mir genannten sind sicher die zurzeit am häufigsten genutzten und Sie sollen ja auch nur einen groben Überblick bekommen, damit Sie beim nächsten Mal, wenn von Java, PHP & Co. die Rede ist, wissen, worum es sich handelt.

Kapitel 7

Schwere Raumkreuzer: Weblogs

Aber jetzt endlich: Weblogs. In diesem Buch sind sie schon häufig erwähnt worden und ich habe Sie immer wieder auf dieses Kapitel vertröstet und Ihnen gesagt, bis dahin sollen Sie sich Weblogs einfach als eine Art Tagebuch oder Nachrichtenseite vorstellen. Jetzt schauen wir uns genauer an, was Weblogs eigentlich sind.

Abb. 7.1: Der Schockwellenreiter – mein Weblog

Denn Weblogs haben in den letzten drei, vier Jahren eine enorme Popularität erreicht. Zwar hinkt Deutschland gegenüber den USA, was die Zahl der aktiven Nutzer betrifft, noch weit hinterher, doch spätestens seit der »Jamba-Affäre«, in der ein damals noch relativ unbekannter Blogger namens Johnny Häusler in einem Bericht in seinem Blog die fragwürdige Praxis von Jamba ironisch glossierte, den Käufern statt eines Klingeltons gleich ein ganzes Klingelton-Abo anzudrehen, und damit einen Medienwirbel erst in der Blogosphäre und dann in den klassischen Medien ausgelöst hatte, sind Blogs auch in das Blickfeld von *Old Media* gerückt.

7.1 Was sind eigentlich Weblogs?

Weblogs sind erst einmal Webseiten, die regelmäßig aktualisiert werden. Dabei sind sie in der Regel in umgekehrt chronologischer Reihenfolge sortiert, das heißt, das Neueste steht immer oben, ältere Beiträge rutschen nach unten und landen nach einer Schonfrist im ebenfalls zugänglichen Archiv. In der Regel werden Weblogs mit einer speziellen Weblogsoftware erstellt, die es ermöglicht, die Seiten zu pflegen, ohne große Kenntnisse von der darunterliegenden Technik und den Beschreibungs- und Programmiersprachen des Webs (HTML, XHTML, CSS, JavaScript etc.) zu haben.

Ursprünglich entstanden Weblogs als kommentierte Linksammlung, die die täglichen Streifzüge durch das Internet dokumentierten. Daher die hohe Bedeutung, die in Weblogs den **Links** beigemessen wird. Daneben bemächtigte sich aber schnell auch eine Gruppe der Weblogsoftware, die schon länger, aber eher unbeachtet, ein Leben im Web führte: die der Tagebuchschreiber. Denn auch sie profitierten von der neuen Weblogsoftware. Hatten sie bisher ihre Homepages mit den Tagebüchern liebevoll und aufwendig selber gestaltet, verlangte jede Änderung mühevolles Herumfummeln und Beherrschen des darunterliegenden HTML, erlaubten diese neuen Mini-CMS (*CMS: Content-Management-System*) nun ein schnelles und unmittelbares Publizieren, genau das Richtige für spontane Tagebuchschreiber.

Heute sind Weblogs, respektive die darunterliegende Weblogsoftware, eher eine Hülle denn ein Genre: Sie erlauben eine Vielzahl von Publikationsformen, vom klassischen Weblog über das Tagebuch bis hin zum Online-Journal oder einer Firmen-Website, die weblogartig über Produktneuerungen berichtet. Aber auch Labortagebücher und Berichte von Forschungsgruppen sind damit leicht und schnell zu realisieren.

Abbildung 7.1 zeigt einen Screenshot des *Schockwellenreiters*, (m)eines »klassischen« Weblogs (`http://www.schockwellenreiter.de`). Es sind kurze Beiträge, die um einzelne oder auch mehrere Links kreisen, ergänzt durch Bilder, Filme, MP3-Links. Es besitzt das klassische, dreispaltige Layout. Unter den einzelnen Beiträgen stehen bei Bedarf Tags, darunter sieht man Permalink, Kommentare, *Trackbacks* (wird weiter unten erklärt) und – falls notwendig – auch Links zu entsprechenden Kategorien (Schlagworten). Die linke Spalte enthält in der Hauptsache Werbung und Gimmicks, in der rechten Spalte finden sich Links zu den Archiven, Kategorienseiten und anderen Webseiten. Hier findet man typischerweise auch die *Blogroll*, Links zu den Weblogs, die der Weblogbetreiber selber liest und/oder empfiehlt.

7.2 Weblogs und Webloghosting

Für die spätere Diskussion ist es wichtig, die unterschiedlichen Methoden, wie Weblogs publiziert werden können, einmal kurz vorzustellen.

Da sind zuerst einmal die **gehosteten Blogs** (Weblog-Dienste). Das ist die einfachste und schnellste Form, mit einem eigenen Weblog an die Öffentlichkeit zu gehen. Man meldet sich (für ein geringes Entgelt oder gar kostenlos) bei einem Webloghoster an, wählt ein Template aus, gibt seinem Blog einen Namen und kann sofort loslegen. Bekannte Webloghoster sind zum Beispiel Blogger (`http://www.blogger.com`) (gehört heute zu Google), Yahoo! 360° (`http://360.yahoo.de`) oder Twoday.net (`http://www.twoday.net`).

Die zweite und meines Wissens häufigste Form ist das **Blog auf gemietetem Webspace** (Weblogsoftware). Hier installiert man eine Weblogsoftware bei einem Internet-Service-Provider (ISP) der Wahl. Da die Software in der Regel PHP und MySQL verlangt, muss der ISP dieses unterstützen. Die bekanntesten Weblog-Tools für diese Methode sind zum Beispiel *WordPress* (Open Source) oder *MovableType* (kommerziell). Aber es gibt sehr viele andere und die Grenzen zur ersten Version sind auch fließend. (So wird zum Beispiel MovableType von der Firma TypePad dazu benutzt, Weblogs zu hosten.) Im Idealfall hat man bei dieser Form die volle Kontrolle über sein Blog.

Die ressourcenschonendste Methode ist es, sein Weblog auf einem Desktop, also auf seinem *persönlichen Computer* zu führen und dann **statische Seiten** per FTP oder `rsnyc` oder ähnlichen Mechanismen auf einen Webserver hochzuladen. Da dieser Server nur noch statisches HTML liefern muss, werden an ihn keine großen Anforderungen gestellt, selbst eine preiswerte (und von manchen Providern sogar kostenlos angebotene) *Web-Visitenkarte* reicht dafür aus.

Die Nachteil der letzten Methode ist natürlich, dass etliche der liebgewonnenen Spielereien, die mit dynamischen Seiten möglich sind, erst einmal nicht funktionieren. Aber wofür gibt es eigentlich die vielen *Webservices*, die man auch in statische Seiten einbinden kann? So ist meinem Weblog kaum anzumerken, dass es aus statischen Seiten besteht. Kommentare, Trackbacks etc. werden via Webservices realisiert.

7.3 Workshop: Twoday.net

Als erstes Beispiel wollen wir ein gehostetes Blog anlegen. Wir stellen uns vor, wir sind Mitglied einer Bürgerinitiative *Lustgarten*, die dafür kämpft, dass die öffentliche Grünanlage vor Ihrer Haustür frei zugänglich bleibt und auch gepflegt wird. Kurzum: Sie möchten als Bürger ein Mitspracherecht über diese Grünanlage haben.

Zur Kommunikation der Mitglieder untereinander wie auch für die Öffentlichkeitsarbeit haben Sie sich entschieden, ein Weblog zu nutzen. Hier spricht alles für ein gehostetes Weblog oder ein Weblog auf gemietetem Webspace, da Sie unter anderem mit mehreren Autoren rechnen, die alle – unter Umständen gleichzeitig – Zugriff auf das Redaktionssystem Ihres Weblogs haben müssen, um Ihre Artikel zu schreiben und zu veröffentlichen. Doch ein gemieteter Server ist einmal für die chronisch knappe Kasse Ihrer Bürgerinitiative zu teuer und zum anderen finden Sie niemanden, der Ihnen die Kiste wartet und außerdem ist das sowieso ein wenig wie mit Kanonen auf Spatzen zu schießen. Also entscheiden Sie sich für einen freien Weblog-Service zum Beispiel bei Twoday (`http://www.twoday.net/`). Warum bei Twoday? Nun, einmal habe ich schon diverse Weblogs bei Twoday installiert und zum anderen, weil Sie in diesem Buch die Anleitung dazu gefunden haben. Natürlich könnten Sie auch jeden anderen Bloghoster nehmen, zum Beispiel Blogger.com (gehört zu Google, daher haben Sie da schon einen Account), aber ich finde diese österreichische Bude nun einmal richtig sympathisch.

Okay, um also ein Weblog bei Twoday zu betreiben, müssen Sie sich erst einmal dort anmelden – das Anmeldeprocedere läuft wie gehabt (Formular ausfüllen, möglichst wenig persönliche Daten eingeben, auf die Bestätigungsmail warten, dann auf den dort angegebenen Link klicken und alles ist gut).

Wenn Sie nun bei Twoday angemeldet sind, können Sie Ihren Account bearbeiten (ACCOUNT ÜBERSICHT). Auf der Seite finden Sie rechts unten einen Menüpunkt WEBLOG ANLEGEN und da klicken Sie nun drauf. Sie werden als Erstes gefragt, ob Sie einen freien oder einen der beiden kostenpflichtigen Accounts anlegen wollen. Da Sie jederzeit aufsteigen können und – ich erwähnte es schon – Ihre Bürgerinitiative chronisch klamm ist, wählen Sie den freien Account.

Natürlich sind die 3 MB Webspace für einen freien Account nicht gerade viel und schnell erschöpft, besonders, wenn Sie auch noch viele Bilder auf diesen Account hochladen. Daher werden ich Ihnen nachher auch noch zeigen, wie Sie Bilder und Videos von anderen (freien) Foto- und/oder Videohostern einbinden können, um Ihren Account zu entlasten. Ähnliches hatten wir bei dem Account auf Jimdo.com ja schon einmal durchexerziert.

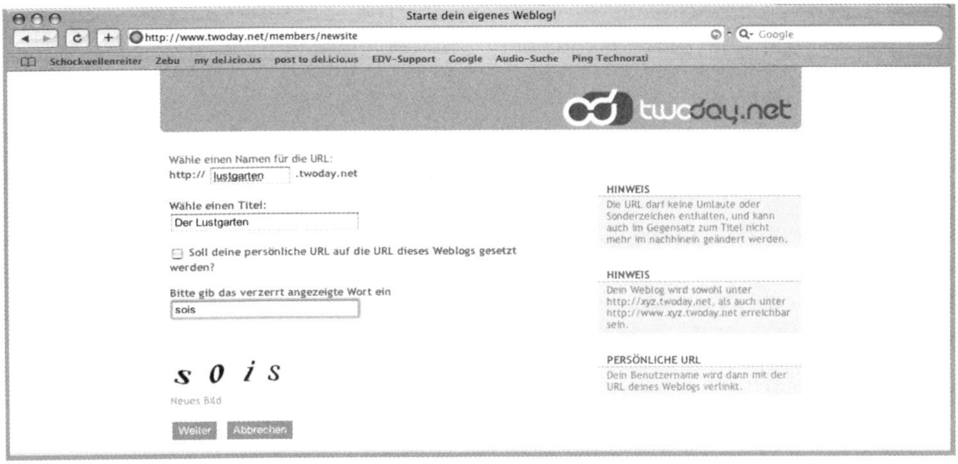

Abb. 7.2: Twoday: Ein Weblog anlegen

Dann wählen wir einen Namen für unser Weblog. Der legt die URL fest, unter dem Sie später Ihr Weblog erreichen können, und zwar in der Form `http://ihr-name.twoday.net`. Lustgarten war leider schon belegt, daher habe ich für diesen Workshop den Namen *unsergarten* gewählt, das Weblog ist also unter `http://unsergarten.twoday.net` erreichbar.

Die Frage nach der persönlichen URL ignorieren wir, aber hier könnten Sie, falls Sie einen der kostenpflichtigen Accounts benutzen, eine eigene URL eingeben.

Wenn Sie nun auch noch das Captcha (Sie erinnern sich, der Schutz vor Spammern) korrekt eingegeben haben und auf WEITER klicken, kommen Sie auf die nächste Seite, die Ihnen sieben Templates vorschlägt, die Sie als Grundlage für Ihr Weblog auswählen können. Wir entscheiden uns für *Grey Boxes*. Das ist ein in meinen Augen sehr schlichtes Layout, das sich auch gut als Basis für Erweiterungen und Anpassungen nutzen lässt.

Und schon haben wir ein frisch angelegtes Weblog und theoretisch könnten wir mit dem Bloggen loslegen. Aber Sie wollen sicher das alles ein wenig individueller haben, also werden wir als Erstes das Headerbild, das große Bild oben auf der Seite, austauschen.

Als derjenige, der das Weblog angelegt hat, sind Sie auch Administrator dieses Weblogs. Daher haben Sie, solange Sie noch angemeldet sind, rechts auch das Admin-Menü. Dort klicken Sie auf LAYOUT VERWALTEN und in der neuen Seite auf LAYOUTBILDER VERWALTEN. Sie sehen, dass es zurzeit nur ein Layoutbild gibt, nämlich *header* und dass Sie dies bearbeiten können. Und Sie lesen, dass es in unserem Fall ein Bild im Format JPEG und in der Größe von 670 x 150 Pixel sein muss. Sie sind sicher nicht überrascht, wenn ich Ihnen sage, dass ich ein entsprechendes Bild schon vorbereitet habe und dass ich dieses nun hochlade. Wenn Sie jetzt auf WEBLOG ANSEHEN klicken, sieht Ihr Weblog schon bedeutend individueller aus.

Als Nächstes ändern wir noch das Farbschema, außerdem bin ich ein Freund der rechten Menüspalte. Das wollen wir also auch noch ändern. Zu diesem Zweck klicken wir im Admin-Bereich auf den Reiter LAYOUT und dann auf EINSTELLUNGEN. Hier wählen wir dann unter AUSRICHTUNG »Zweispaltig, rechts, zentriert« und als FARBSCHEMA wählen wir GREEN, denn immerhin sind wir eine grüne Bürgerinitiative und wollen daher auch ein grünes Weblog.

Die Schriften lassen wir erst einmal so, wie sie der Designer unserer Vorlage ausgewählt hat. Schriften sind ein heikles Thema, ich verstehe nicht viel davon und ein unbedachtes Herumspielen damit kann die Lesbarkeit erheblich einschränken.

Natürlich können Sie bei den Schriften und Farben alles ändern, Sie sind nicht an die vorgegebenen Schemata gebunden, aber diese sind für die ersten Versuche eine gute und harmonisch abgestimmte Grundlage. Daher sichern wir unsere Auswahl erst einmal und schauen uns unser Weblog wieder an.

Der olivgrüne Hintergrund gefällt mir allerdings nicht, ich möchte ein leichtes Grau, etwas dunkler als das, das die Blöcke voneinander trennt, als Hintergrundfarbe haben. Also zurück und unter EINSTELLUNGEN die Ziffern 999999 als Farbcode für den Hintergrund eingeben. Schon sieht unser Weblog ganz anders, dezenter aus.

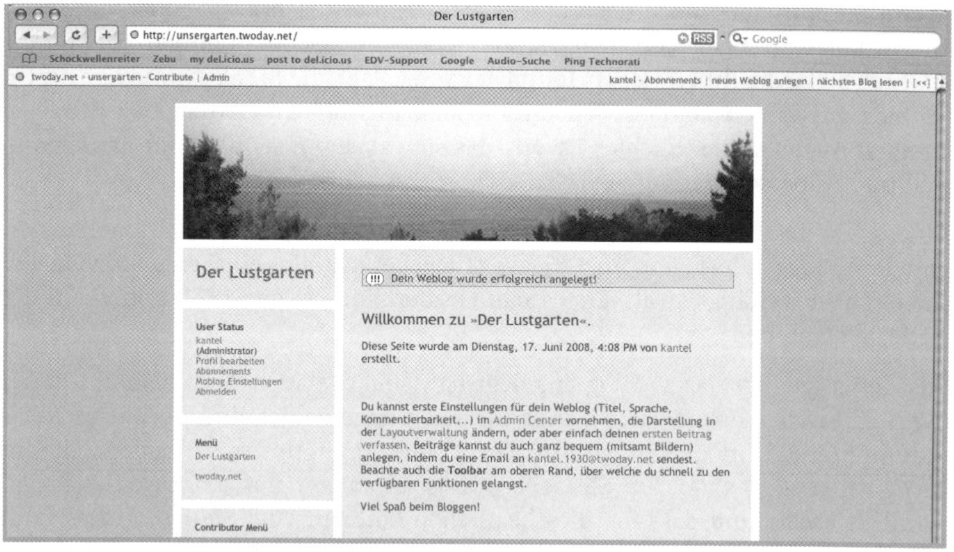

Abb. 7.3: Twoday: Ein frisch angelegtes Weblog

Jetzt wollen wir aber endlich unseren ersten Eintrag in unser Weblog posten. Die entsprechenden Menüpunkte finden wir im Contributor-Menü, das auch tatsächlich einen Punkt NEUEN BEITRAG ANLEGEN besitzt.

Wenn Sie darauf klicken, fällt Ihnen sicher auf, dass Sie sich nun immer noch im gleichen Layout befinden, während Sie für alle Administrationsaufgaben ein anderes Layout gezeigt bekommen, das Sie nicht ändern können. Das ist so gewollt. Im Administrationsbereich können Sie im Zweifelsfalle Ihr ganzes Weblog »zerschießen«, das andere Layout sagt Ihnen: Vorsicht! Hier sind Sie Administrator. Hier sollten nur ausgewählte Benutzer Rechte haben, die auch wissen, was sie tun.

Die normalen Redaktionsaufgaben wiederum, die ein Benutzer mit *Contributor*-Rechten erledigen kann, sind einfacherer Natur und es kann bestenfalls ein schlechter Eintrag, der Unsinn und/oder viele Rechtschreibfehler enthält, herauskommen. Im Zweifelsfalle löschen Sie solch einen Eintrag wieder und alles ist gut.

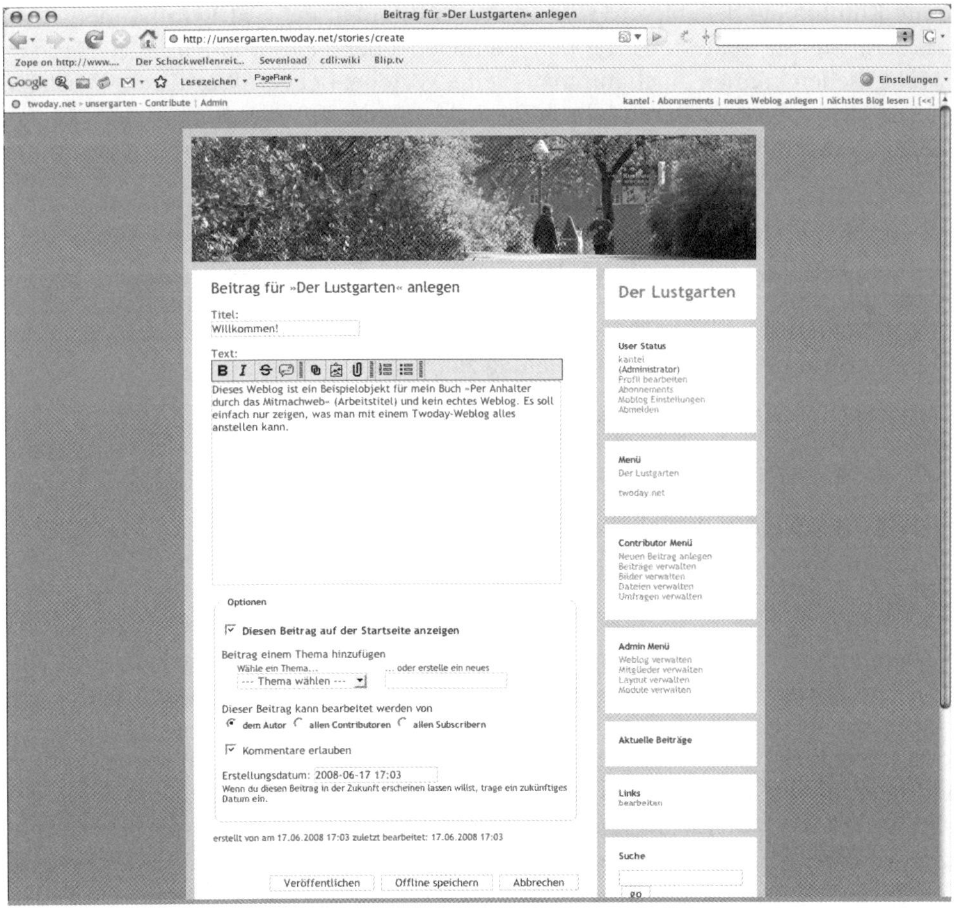

Abb. 7.4: Twoday: Beitrag anlegen

Die Seite BEITRAG ANLEGEN sieht je nach Browser ein klein wenig anders aus. Ich empfehle Ihnen daher, für Ihre ersten Versuche mit dem *Firefox* zu arbeiten, dann sind die Ähnlichkeiten mit den hier gezeigten Screenshots am größten.

Twoday-Weblogs benutzen ein wenig HTML (und ein paar interne Makros), die Sie im Eingabefeld eintippen müssen, zur Textauszeichnung. (Jetzt ist Ihnen sicher klar, warum ich den langen Beitrag über HTML *vor* dem Kapitel über Weblogs eingefügt habe.)

Zumindest im Firefox hilft Ihnen eine Menüleiste über dem Textfeld – wie Sie sie ähnlich auch schon bei den Jimdo-Seiten kennen gelernt haben – über die ersten Klippen hinweg. Allerdings ist das Eingabefeld kein WYSIWYG-Feld, wenn Sie ein Wort markieren und dann zum Beispiel auf »I« (für *Italics*, das ist kursiv) klicken, sehen Sie, dass das Wort in die Tags `<i>` und `</i>` geklammert wurde – mehr nicht.

Das ist natürlich erst einmal gewöhnungsbedürftig, hat aber den Vorteil, dass wir ohne Klimmzüge beliebigen HTML-Code in die Beiträge einfügen können. Und das hat, wie Sie spätestens bei den Beiträgen über *Fotos und Videos in Twoday-Weblogs* sehen können, auch durchaus seine Vorteile. Bei den WordPress-Weblogs, die Sie in einigen späteren Abschnitten kennenlernen werden, ist das anders gelöst. Den größeren Komfort bei der Texteingabe erkaufen wir uns mit einer geringeren Flexibilität.

Ein Weblog-Eintrag besteht in der Regel aus einem Titel und dem eigentlichen Beitrag. Also tippen wir in beide Felder etwas ein, achten darauf, dass die Checkmarke für BEITRAG AUF DER STARTSEITE ANZEIGEN gesetzt ist, klicken auf VERÖFFENTLICHEN und *voilà* nicht nur unser Beitrag ist gesetzt, sondern auch der Dummy-Text, der anfangs unser Weblog zierte, ist verschwunden.

Nun ist es Ihr Weblog, Sie haben es sich angeeignet.

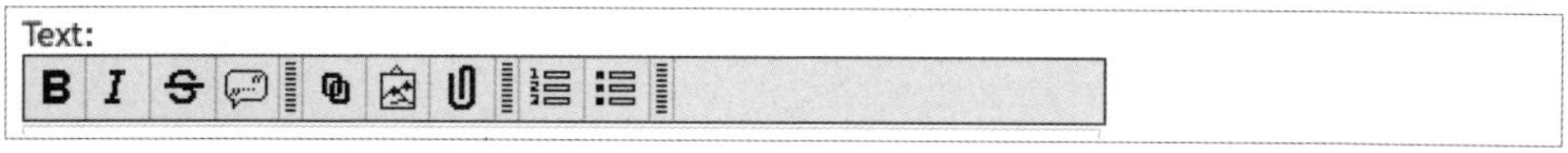

Abb. 7.5: Twoday: Text-Menü

Gehen wir die Menüleiste über dem Texteingabefeld sicherheitshalber noch einmal durch. Hier können Sie – von links nach rechts – einen Text fett markieren, ihn kursiv setzen, ihn durchstreichen oder ihn als Zitat markieren. Die nächsten drei Icons lassen Sie einen Hyperlink setzen, ein Bild oder einen Downloadlink einfügen. Bilder, die Sie mit diesem Icon einfügen, müssen auch von Ihnen auf den Server von Twoday hochgeladen werden. Wenn Sie dies tun, ist Ihr Kontingent von drei MB ziemlich schnell erschöpft. Daher werden wir dieses Feature im Regelfalle nicht nutzen, schon im nächsten Abschnitt zeige ich Ihnen, wie man Bilder und Videos von anderen Hostern in ein Twoday-Weblog einbindet.

Und die letzten beiden Icons lassen Sie komfortabel Listen und Aufzählungen erstellen, aber da Sie das Kapitel über HTML ja fleißig durchgearbeitet haben, wissen Sie auch so, wie es geht.

Als Nächstes sind Sie sicher über das THEMA gestolpert. *Themen* sind bei Twoday das, was in anderen Weblog-Tools *Kategorien* heißt, also Schlagworte, nach denen Sie Ihre Beiträge sortieren und ablegen können. Da noch keine Schlagworte existieren, können wir unseren ersten Beitrag zum Beispiel unter der Kategorie *Interna*, die wir im Feld daneben neu anlegen, verschlagworten.

Falls Sie die BEITRAG ANLEGEN-Seite schon verlassen hatten, jeder Beitrag, den Sie editieren können, hat – wenn Sie angemeldet sind – unten einen Link BEARBEITEN. Damit kommen Sie immer wieder auf die ANLEGEN- resp. BEARBEITEN-Seite zurück.

Wenn Sie mehrere Themen angelegt haben, werden Sie feststellen, dass diese auch im Menü erscheinen. Wenn Sie darauf klicken, werden Sie eine Seite finden, die alle Beiträge zu diesem Thema gesammelt hat. Solche Kategorien-Seiten sind bei Weblogs üblich und für viele Nutzer eine große Hilfe, wenn sie Beiträge zu bestimmten Themen wiederfinden wollen.

Außerdem legen Sie fest, wer diesen Beitrag bearbeiten darf. In der Regel ist die Default-Einstellung NUR DER AUTOR sinnvoll, manchmal kann es aber sein, dass man andere Einstellungen wünscht.

Dann können Sie festlegen, ob Sie Kommentare erlauben wollen oder nicht. Bei normalen Blogbeiträgen ist das Abschalten von Kommentaren sicher nicht notwendig, aber es kann durchaus Beiträge geben, wie zum Beispiel ein Impressum, die gar nicht erst auf der Startseite erscheinen sollen, sondern nur über das Menü erreichbar sind und ohne Kommentarfunktion auskommen sollen.

Witzig finde ich die Funktion, dass Sie AUF VORRAT SCHREIBEN können, also einen Beitrag verfassen, der erst in Zukunft erscheinen soll. Hierzu geben Sie einfach das *zukünftige* Veröffentlichungsdatum in das dazu vorgesehene Feld ein und wie von Geisterhand wird dann am eingestellten Datum der Beitrag automatisch in Ihrem Weblog erscheinen.

Daneben können Sie einen Beitrag zur weiteren Bearbeitung auch erst einmal OFFLINE SPEICHERN. Online stellen können Sie ihn dann immer noch.

7.3.1 Bilder in ein Twoday-Weblog einbinden

Wie binden wir nun ein Foto von Flickr oder Sevenload oder jedem anderen, möglichst kostenlosen Fotohoster in unser Twoday-Weblog ein? Per *Copy und Paste* des HTML-Codes zum Einbinden, den uns diese Hoster präsentieren, denn wie Sie gesehen haben, ist alles HTML, was wir bei Twoday eingeben: Also gehen wir zum Beispiel auf unsere Flickr-Seite, suchen ein Bild aus, klicken auf ALLE GRÖßEN, wählen dann zum Beispiel die mittlere Größe (in der Regel 500 x 375 Pixel) und kopieren den HTML-Code, den uns Flickr anbietet, in unseren Weblog-Beitrag.

Nun sind 500 x 375 Pixel wirklich etwas groß, aber wir können ja HTML und daher ändern wir einfach die *width-* und *height-*Werte im HTML-Code auf eine Größe, die uns passt. Beliebt bei Standard-Fotos im Seitenverhältnis 4:3 sind die Größen 320 x 240 Pixel oder auch 400 x 300 Pixel. Der Browser skaliert die Bilder dann schon richtig, wie Sie sicher schon bemerkt haben.

Gratuliere! Damit haben Sie nicht nur ein Bild eingebunden, sondern auch ein erstes, wenn auch einfaches Mashup erstellt. *Mashups* sind Webanwendungen, die aus Services von diversen Servern zusammengestellt werden – ähnlich wie ein Discjockey Mashups aus verschiedenen Musiktiteln erstellt.

(Experten werden darüber streiten, ob dies wirklich schon ein Mashup ist, oder ob es erst dann eines wird, wenn sich die Bilder zum Beispiel je nach Tageszeit ändern. Aber uns ist das egal, wir sind stolz auf das Geleistete.)

Es geht aber noch bedeutend pfiffiger: Sicher ist Ihnen auch schon der Button BLOGGEN! aufgefallen, den es über jedem Bild bei Flickr gibt. Es gibt diverse APIs (*Application Programming Interfaces,* das sind Programmierschnittstellen), die dazu geschaffen wurden, Weblogs auch mit externer Software, zum Beispiel spezialisierten Editoren oder sogar automatisch per Skript zu füllen. Eines davon ist das *Meta Weblog API,* das nicht nur von Twoday, sondern auch von Flickr unterstützt wird. Mit Hilfe dieses API können wir nun Fotos direkt aus Flickr in unser Weblog posten.

Dazu müssen wir Flickr aber erst einmal mitteilen, dass es unser Weblog gibt. Diese Einstellungen sind leider sehr versteckt, ich suche sie auch jedes Mal. Am schnellsten finden Sie sie unten auf jeder Seite unter IHR ACCOUNT und dann unter ERWEITERN VON FLICKR. Auf dieser Seite gibt es unten einen Absatz mit IHRE BLOGS. Hier klicken Sie dann auf BEARBEITEN und dann auf (WEITEREN) BLOG HINZUFÜGEN. Die Frage, was für ein Blog wir haben, beantworten wir damit, dass wir ein *MetaWeblog-API-fähiges Blog* besitzen.

Bevor Sie weiterfragen: *MetaWeblog API* ist ein Protokoll, das von vielen Weblogs »gesprochen« wird, um zum Beispiel Weblog-Beiträge aus anderen Clients heraus als dem Browser anzulegen. Alle beide in diesem Buch behandelten Weblog-Tools – Twoday.net wie WordPress aber auch noch viele andere mehr – beherrschen das MetaWeblog-API.

Dann kommen weitere Fragen, die erste verwirrt Sie vielleicht ein wenig. Aber der API-Endpunkt bei Twoday ist `http://twoday.net:8081`, Ihr Passwort und Ihren Benutzernamen wissen Sie hoffentlich noch. Flickr schaut dann selber nach, ob es mit diesen Informationen etwas anfangen kann, und präsentiert Ihnen im Erfolgsfalle eine Klappliste mit den Weblogs, die Sie bei Twoday haben, und Sie können das Gewünschte auswählen. Der Screenshot (Abbildung 7.6) zeigt Ihnen noch einmal alle Einstellungen auf einer Seite.

Abb. 7.6: Flickr: Blog-Einstellungen

Als Nächstes wählen Sie eine Vorlage aus. Meiner Ansicht nach passt 240PX, EIGENE ZEILE zu einem Twoday-Weblog mit unserem Layout am besten, daher habe ich sie ausgewählt. Sie können natürlich beliebig mit den Vorlagen experimentieren, die Auswahl ist jederzeit änderbar. Ob Sie – falls Sie über einen Flickr-Pro-Account verfügen – diese Vorlage auch gleich für Flickr-Videos übernehmen wollen, bleibt Ihnen überlassen. Auch hier können Sie natürlich nachträglich noch alles wieder ändern.

Abb. 7.7: Flickr: Foto bloggen

Das war es an notwendigen Einstellungen. Jetzt gehen Sie wieder zurück zu Ihrem Flickr-Fotostream und suchen sich ein schönes Foto aus, zu dem Sie auch eine Geschichte erzählen wollen, und klicken auf BLOGGEN!. Falls Sie in Ihrem Account mehrere Weblogs eingegeben haben, dürfen Sie jetzt eines aussuchen, ansonsten werden Sie aufgefordert, dieses Foto zu bloggen.

Der Titel Ihres zu bloggenden Eintrags wird vom Titel des Fotos übernommen, aber natürlich können Sie dies auch ändern. Und im Textfeld geben Sie den zu bloggenden Text ein (ein wenig HTML ist auch erlaubt). Und dann klicken Sie auf EINTRAG POSTEN. Und schwupps steht dieser Eintrag in Ihrem Twoday-Weblog. Cool, nicht wahr?

So komfortabel kenne ich das nur von Flickr. Falls Sie zum Beispiel Ihre Bilder bei *Sevenload* abgelegt haben, müssen Sie die oben gezeigte *Copy und Paste*-Version verwenden, um den von Sevenload vorgeschlagenen HTML-Code direkt in Ihrem Weblog-Post hineinzukopieren. Sevenload unterstützt das MetaWeblog-API (noch) nicht.

Aber Sevenload hat natürlich andere Vorteile: So können Sie auch bei dem kostenlosen Account unbegrenzt viele Bilder und Videos hochladen und die Länge der Videos ist nicht auf 90 Sekunden begrenzt.

7.3.2 Videos in ein Twoday-Weblog einbinden

Aber auf der anderen Seite hat es natürlich seinen Reiz, auch Videos direkt von Flickr aus in das Weblog zu posten. Es geht genauso wie bei Fotos, Videos sind für Flickr ja nichts anderes als *lange Fotos*: Falls Sie also über einen Pro-Account verfügen, suchen Sie sich ein Video aus und bloggen dies. Die Vorgehensweise ist mit der von Fotos identisch.

Denken Sie nur vorher daran, ein passendes Layout auszuwählen. Bei Videos können Sie es auch noch anpassen. Und auch wenn Sie über keine HTML-/CSS-Kenntnisse verfügen, eine Änderung können Sie vornehmen: Wenn Sie also ein Layout ausgewählt haben, das das Video in einer eigenen Zeile zeigen soll, dann klicken Sie ruhig auf ANPASSEN und wählen Sie für die Weite des Videos zum Beispiel 320 Pixel aus (die Höhe setzt Flickr dann automatisch richtig).

Nach der Vorschau speichern Sie dann diese Einstellung und ab jetzt sind alle Videos, die Sie von Flickr aus in Ihr Blog posten, 320 Pixel breit.

Egal ob bei Fotos oder Videos: Natürlich können Sie den Eintrag, wenn er einmal in Ihrem Twoday-Weblog ist, auch dort weiterbearbeiten. Seien Sie nur vorsichtig mit dem Foto- oder Video-Code. Die Geschäftsbedingungen bei Flickr (und auch vielen anderen Foto- und/oder Videohostern) schreiben ausdrücklich vor, dass ein Rücklink zu dem Foto auf Flickr erfolgen muss. Löschen Sie diesen daher auf keinen Fall, Flickr reagiert da sehr schnell ungehalten und sperrt das Foto oder Video.

Und *YouTube*? Auch von YouTube aus kann man Videos direkt in sein Twoday-Weblog posten. Um die notwendigen Einstellungen vorzunehmen, klicken wir auf KONTO, dann auf EINSTELLUNGEN FÜR BLOG-POSTINGS und dann auf BLOG/SITE HINZUFÜGEN. Jetzt müssen wir allerdings einen kleinen Trick anwenden: Twoday oder das MetaWeblog-API ist bei YouTube nicht vorgesehen, allerdings können wir WORDPRESS SELBST GEHOSTET auswählen. Ich weiß nun – wie oben schon erwähnt –, dass WordPress auch das MetaWeblog-API unterstützt und daher tun wir so, als ob unser Twoday-Weblog ein selbst gehostetes WordPress-Blog wäre. Da YouTube nur das MetaWeblog-API abfragt, merkt es den Unterschied nicht. Die Einstellungen sind die gleichen wie bei Flickr, der *API-Schlüssel* ist die zwar korrekte (im Sinne der API-Definition), aber verwirrende Bezeichnung für den Namen unseres Blogs, also *Der Lustgarten*.

Abb. 7.8: YouTube: Blog-Einstellungen

Nach dem Abschicken denkt YouTube erst einmal eine Weile nach – technisch gesehen prüft es im Hintergrund, ob unsere Angaben korrekt sind – und wenn sie korrekt sind, ist unser Twoday-Weblog, wenn auch mit einem WordPress-Icon, wenn wir angemeldet sind, unter jedem Video zu finden.

Allerdings muss man leider den Beitrag noch ein wenig nachbearbeiten. Der Titel wird nicht in dem Titelfeld unseres Twoday-Beitrages angezeigt. Das sieht hässlich aus und daher bevorzuge ich bei YouTube-Videos doch die traditionelle Methode mit *Copy and Paste*. Da kann ich auch schnell noch die Weite des Videos auf unsere schon gewohnten 320 Pixel setzen – die Höhe ist derzeit 266 Pixel (240 plus 26 Pixel für die Steuerleiste), aber das ändert sich bei YouTube hin und wieder, wenn ein neuer Player eingeführt wird.

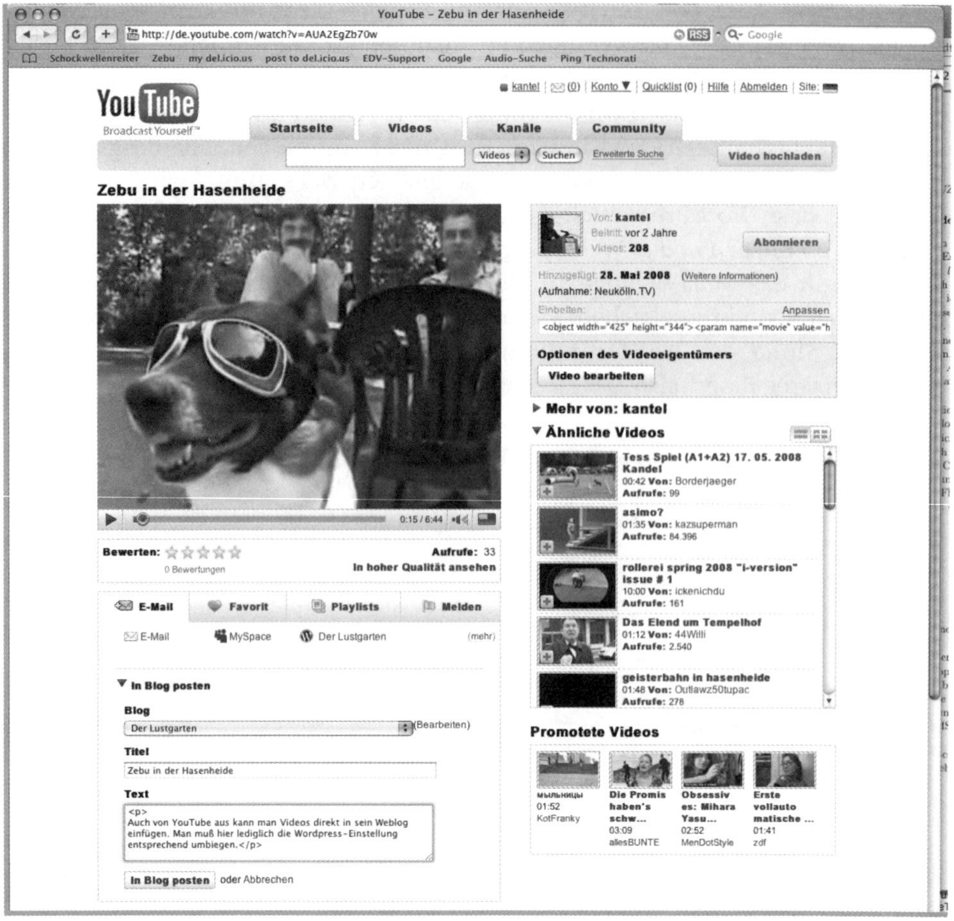

Abb. 7.9: YouTube: Blog-Einstellungen

Wenn Sie die Höhe und Weite des Videos im YouTube-Code ändern, denken Sie bitte daran, dass sie an *zwei Stellen* auftauchen. Einmal im *object*-Code und einmal im *embed*-Tag. Sie sind leicht aufzufinden, aber dennoch wird es oft vergessen und dass führt dann zu unvorhergesehenen Ergebnissen.

Sevenload wieder lässt Ihnen sowieso keine Wahl: Videos gehen – ebenso wie Fotos – nur per *Copy and Paste*. Dafür sind die Konfigurationsmöglichkeiten schon sehr groß und wir können auch andere Größen als die Presets eingeben. Dabei sollten wir nur wissen, dass die Steuerleiste bei Sevenload 33 Pixel hoch ist, für ein 320 x 240 Pixel großes Standard-Video müssen wir also in die EXAKT-Felder 320 x 273 Pixel eingeben.

7.3.3 Mitglieder verwalten

Nicht immer will man ein Weblog völlig alleine mit Inhalten füttern. Gerade, wenn man ein Vereinsblog oder die Nachrichtenseite einer Bürgerinitiative damit machen will, möchte man in der Regel mehrere Menschen als Redaktionsmitglieder gewinnen und ihnen die Möglichkeit einräumen, eigene Beiträge selber in das Weblog einzustellen. Bei einem Twoday-Blog geht auch dieses extrem einfach: Einfach oben in dem Menü unter ADMIN auf MITGLIEDER klicken – Sie müssen natürlich als Admin angemeldet sein.

Es erscheint eine Seite, die Ihnen rechts oben erlaubt, neue Mitglieder hinzuzufügen. Klicken Sie einfach mal dort. Der nächste Screen wird Sie verwirren, denn Sie sollen ein Mitglied suchen. Der Hintergrund ist der, dass jeder, den Sie als Mitglied hinzufügen wollen, schon einen (kostenlosen) Twoday-Account haben muss. Sie erinnern sich: Den brauchten Sie auch schon, um in einem Twoday-Weblog kommentieren zu dürfen, und Sie können durchaus Mitglied bei Twoday sein, ohne dort ein eigenes Weblog führen zu müssen.

Sie haben also hoffentlich Ihre zukünftigen Mitstreiter aufgefordert, sich bei Twoday anzumelden, und gehen nun auf die Suche nach ihnen. Ich weiß zufällig, dass mein Hund auch Mitglied bei Twoday ist, und gebe in das Suchfeld also seinen Namen ein. Ich bekomme eine Anzahl von Usern zurück, deren Namen mit *Zebu* anfängt, aber es gibt nur einen *Zebu*!

Wenn Sie ein wenig mit der Suche herumspielen, werden Sie feststellen, dass bei Mitgliedern mit einem eigenen Weblog dieses mit angezeigt wird. Wenn Sie ein wenig durch die Mitgliedersuche steppen, werden Sie feststellen, dass das weniger sind, als Sie vermutlich angenommen haben. Twoday-Mitglieder ohne ein eigenes Weblog sind also gar nicht mal so selten.

Sie klicken also den oder die gefundenen Redaktionsmitglieder an und dann auf MITGLIED HINZUFÜGEN. Auf der nächsten Seite werden Sie aufgefordert, eine ROLLE für dieses neue Redaktionsmitglied festzulegen. Standardmäßig haben Sie die Wahl zwischen drei Rollen:

- Der *Administrator* darf so gut wie alles. Wie zum Beispiel Mitglieder verwalten, das Layout ändern, Einstellungen ändern und Module verwalten. Nur der Besitzer selbst darf noch mehr. Überlegen Sie es sich daher gut, wen Sie zum Administrator machen.
- Der *Contentmanager* darf eigene und fremde Beiträge verwalten, editieren und sogar löschen. Das Gleiche gilt auch für Bilder und Dateien. Er hat also die Rechte, die in den *großen* Medien ein Chefredakteur besitzt.
- Ein *Contributor* darf Beiträge schreiben, und die eigenen Beiträge, Bilder und Dateien verwalten. Er hat die Rolle eines *normalen* Redakteurs – ohne »Chef«.

Wenn Sie jetzt klicken, kommen Sie wieder zurück auf die Mitgliederseite. Dort sind übrigens die Rollenrechte noch einmal schön übersichtlich in einer Tabelle dargestellt, die Ihnen auch zeigt, was Sie als Eigentümer dürfen (nämlich alles, sogar das Weblog wieder löschen) und was ein normales Mitglied ohne weitere Rollen darf: außer Kommentare ablassen gar nichts.

Ob Sie Ihre Mitstreiter direkt zu *Chefredakteuren* erklären oder ob sie eine Bewährungszeit als *Redakteur* durchlaufen müssen, hängt von dem Vertrauen ab, das Sie in diese setzen. Doch seien Sie vorsichtig mit der Rollenzuteilung als *Administrator.* Ich habe schon Stunden damit verbracht, zerschossene Weblogs wieder zu reparieren, weil ein Aministrator zwar gut gemeint, aber ungewollt einen falschen Knopf angeklickt hat. Administratoren sollten sich mit der Twoday-Software auskennen und ihre eigenen Fähigkeiten dahingehend einschätzen können, was sie ändern dürfen und wo sie mangels Kenntnisse besser die Finger von lassen.

7.3.4 Workshop: Widgets in die Sidebar einbinden

Bei unserer Jimdo-Seite hatten wir so ein schönes Flickr-Widget in die linke Seitenspalte eingebunden. Die Frage, die Sie sich sicher stellen, ist: Geht das bei Twoday auch? Natürlich geht das bei Twoday auch. Wir gehen also wieder auf die Seite `http://www.flickr.com/badge.gne` und wählen diesmal ein HTML MODUL aus (wir wollen uns ja nicht langweilen und immer dasselbe machen).

Sie können auf der folgenden Seite auswählen, ob die Fotos aus Ihren Inhalten kommen sollen, ob die Fotos aus einer Gruppe sind oder ob Sie alle neuen Flickr-Fotos in Ihrem Badge sehen wollen. Wenn Sie Ihre Inhalte auswählen, haben Sie zusätzlich die Möglichkeit, zu differenzieren, ob alle Ihre öffentlichen Fotos und Videos, Ihre Fotos und Videos mit bestimmten Tags (Schlagworten) oder ob Ihre Fotos und Videos aus einem bestimmten Album gezeigt werden sollen. Ich habe für dieses Beispiel unser Album *Wohnsitz Neukölln* ausgewählt, da dieses doch recht regelmäßig neue Elemente eingestellt bekommt, das Badge daher ein wenig interessanter wird.

Dann gehen Sie zur Seite, die das Layout festlegt: Ich empfehle Ihnen, auf das Buddy-Icon und den Benutzernamen zu verzichten. Bei der vertikalen Anordnung, die wir benötigen, damit unser Badge in die Seitenspalte passt, zerschießt dies meiner Meinung nach ziemlich das Layout. Also NEIN anklicken. Darunter können wir die Anzahl der Fotos, die wir anzeigen wollen, auswählen, zum Beispiel fünf. Danach entscheide ich mich für eine zufällige Auswahl, das ist interessanter, als immer nur die neuesten Bilder und Videos anzuzeigen. Als Größe wählen wir THUMBNAILS und hoffen, dass diese noch in unsere Seitenspalte passen. *Last but not least* teilen wir Flickr mit, dass wir eine vertikale Anordnung wünschen, und klicken dann auf WEITER.

Jetzt könnten Sie mit den Farben herumspielen. Mir gefällt aber eigentlich die Standardeinstellung, die Flickr uns vorschlägt, also belassen wir es dabei und klicken einfach noch einmal auf WEITER.

Jetzt erhalten wir endlich die Seite mit dem einzubindenden Code. Nur ... wo müssen wir ihn eigentlich einbinden? Dazu öffnen wir in einem zweiten Fenster (!) wieder die Admin-Seiten unseres Twoday-Weblogs und klicken unter MODULE auf SIDEBAR-MODULE. Es gibt eine ganze Menge davon, die, die uns interessieren, heißen FREE TEXT (N), wobei *n* eine Zahl zwischen eins und fünf ist. Das heißt, neben den vielen vorgefertigten Modulen (schauen Sie sich ruhig mal einige davon an, sie sind ganz nett und vielleicht können Sie sie für Ihr *echtes* Weblog gebrauchen) gibt es maximal fünf Module, die wir beliebig mit HTML-Code füttern können. Also klicken wir auf FREE TEXT (1) und ändern die Überschrift erst einmal in *Wohnsitz Neukölln*.

Abb. 7.10: Twoday: Sidebar-Module anordnen

In das Textfeld darunter kopieren wir dann sorgfältig den Code von unserer Flickr-Seite. Danach nicht vergessen, auf SICHERN zu klicken, sonst ist wieder alles weg. Danach gehen wir zurück und wählen nun SIDEBAR MODULE ANORDNEN aus.

Hier finden wir zwei Spalten: Die linke Spalte zeigt uns alle verfügbaren Sidebar-Module, die rechte Spalte die, die wir eingesetzt hatten. Da wir ein zweispaltiges Layout gewählt hatten, werden im *Lustgarten* die beiden Sidebar-Module untereinander dargestellt. Und wie von Zauberhand existiert links das Modul *Wohnsitz Neukölln* tatsächlich schon. Wir klicken es an und fügen es der SIDEBAR 1 hinzu. Automatisch kommt es ans Ende, aber mit den Pfeiltasten können wir die Position ändern. Das rote Kreuz löscht die markierten Module wieder, also vorsichtig damit.

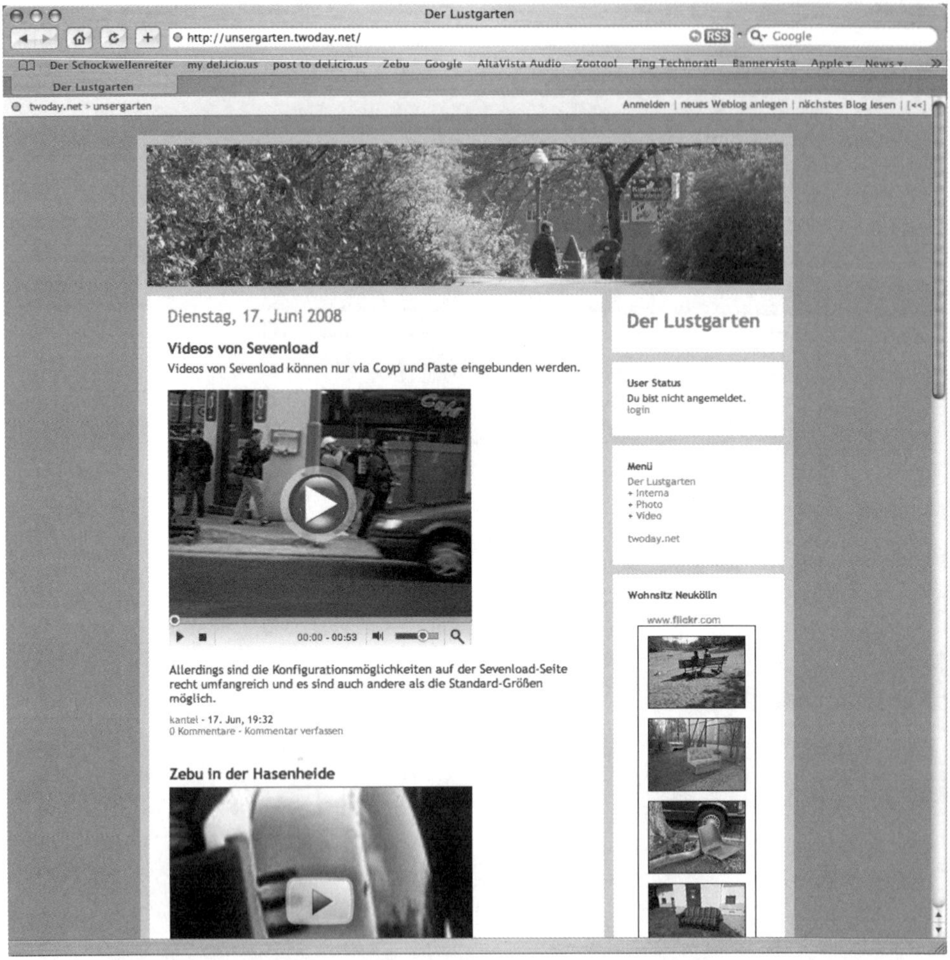

Abb. 7.11: Unser fertiges Twoday-Weblog mit Flickr Badge

Auch hier nicht vergessen zu sichern! Wenn wir uns dann unser Weblog wieder anschauen, sehen wir das Flickr Badge in unserer Seitenspalte. Und nach jedem Refresh gibt es andere Fotos.

Das war doch einfach und hat Spaß gemacht, oder? Sehen Sie, so einfach ist *Web 2.0*.

7.4 WordPress

WordPress (`http://WordPress.org`, die offizielle deutschsprachige Website finden Sie unter `http://de.WordPress.org`) ist sicher die populärste Weblog-Software weltweit. Im Gegensatz zu allen anderen bisher beschriebenen Paketen ist die Installation (Sie merken schon: ein neues Wort) nun grundsätzlich anders. Bisher haben wir uns nur um gehostete Anwendungen gekümmert, bei denen ein Dienstleister nicht nur den Server für Sie bereitstellt, sondern auch die Software schon fertig installiert hat und Sie sich nur anmelden müssen, um diese Software zu nutzen.

Bei WordPress brauchen Sie nun allerdings *eigenen Webspace*, den Sie mieten können und auf dem Sie die Software selber installieren müssen. Die Angebote, um eigenen Webspace zu mieten, sind vielfältig, in Deutschland dürften die beiden größten Anbieter *1&1* und *Strato* sein, aber es gibt viele andere kleine und große Anbieter, die durchaus auch ihre Vorzüge und Berechtigung haben.

Ich habe mich entschlossen, alle Beispiele, die eigenen Webspace benötigen, beispielhaft auf einem Strato-Premium-Account zu installieren. Nicht, weil Strato (`http://www.strato.de/`) unbedingt besser ist als all die anderen, sondern weil ich selber schon seit den 90er Jahren des letzten Jahrhunderts (sic!) bei Strato mehrere dieser Accounts besitze resp. betreue. Ich kenne mich damit einfach am besten aus.

Und schlecht ist Strato nicht. Anfangs gab es einige Probleme und ich meckere immer noch gelegentlich über den von mir spöttisch-liebevoll so genannten *Spielzeugprovider*, aber seit etlichen Jahren funktioniert der Dienst zuverlässig und es gab keine Ausfälle (außer gelegentlichen Verzögerungen bei der Mailauslieferung) mehr.

Und wie schon am Anfang des Buches erwähnt: Erwarten Sie keinen Support. Massenhoster sind nur deshalb so günstig, weil sie unter anderem an diesem Ende sparen. Wenn Sie so einen Account haben, sind Sie ab diesem Moment auf sich alleine gestellt. Im Falle von Strato helfen die vielen Tutorials auf deren Webseiten im Zweifelsfalle noch ein wenig weiter. Lesen Sie diese ruhig einmal gründlich durch. Denn nur was dort versprochen wird, geht auch wirklich.

Ich zeige Ihnen hier auch nicht, wie Sie an den Account eines Hosters kommen. Angebote und Preise ändern sich noch schneller als das Design der Webseiten, hier müssen Sie sich einfach durchklicken, einen Vertrag abschließen und die Rechnung bezahlen. Danach verfügen Sie über ein Passwort und über eine oder (in der Regel) mehrere Domainnamen.

Nun aber zurück zu WordPress: Die Software ist *Open Source*, das heißt, der Quellcode ist offengelegt und sie ist frei und kann kostenlos von den oben angegebenen Webseiten heruntergeladen werden.

Was die Voraussetzungen angeht, WordPress benötigt eine aktuelle PHP5-Installation (PHP4 geht unter Umständen auch noch, ist aber nicht zu empfehlen) und eine MySQL-Datenbank. Diese beiden Programme müssen bei Ihrem Hoster installiert sein. Alle großen Hoster erfüllen aber in ihren *Premium-* oder *Profi-*Paketen diese Voraussetzungen.

7.5 Workshop: WordPress auf Strato installieren

Vorbemerkung: Strato bietet bei den meisten Paketen schon ein WordPress-Blog *out-of-the-box* an, so dass wir eigentlich gar nichts installieren müssten. Aber da der Weg der Installation bei fast allen Hostern ähnlich verläuft, installieren wir hier doch händisch, um auch denjenigen, die bei anderen Hostern sind, zu zeigen, wie im Prinzip solch eine Software zu installieren ist. Und auch für Strato-Kunden ist die Mühe nicht verloren. Fast jede Software-Installation (wie Sie später auch noch im Kapitel über Wikis sehen werden) verläuft ähnlich und falls Sie doch eine andere Weblogsoftware, ein *Content-Management-System* (CMS) oder ein Wiki installieren wollen, wissen Sie, wie Sie im Prinzip vorgehen müssen.

Für diejenigen, die die Mühen der eigenen Installation nicht auf sich nehmen wollen, hier eine Kurzanleitung, wie Sie Ihr Strato-Weblog aktivieren.

Sie finden es, nachdem Sie sich bei Strato eingeloggt haben, unter HOMEPAGEGESTALTUNG|WEBLOG|WEBLOG ANLEGEN. Hier geben Sie die Einstellungen ein, die Strato zum Erstellen des Weblogs benötigt. (Wir wählen die leistungsfähigere Variante STRATO WEBLOG und nicht STRATO WEBLOG BASIC aus, da wir ein vollwertiges WordPress-Weblog installieren wollen.)

Sie werden nach einer URL für Ihr Weblog gefragt und können eine von Ihren dort vorhandenen URLs auswählen. Dann müssen Sie auch noch ein Verzeichnis angeben, es spricht aber nichts dagegen, falls Sie mit der URL nichts anderes vorhaben, das Wurzelverzeichnis »/« zu wählen, um eine kurze und einprägsame URL zu bekommen.

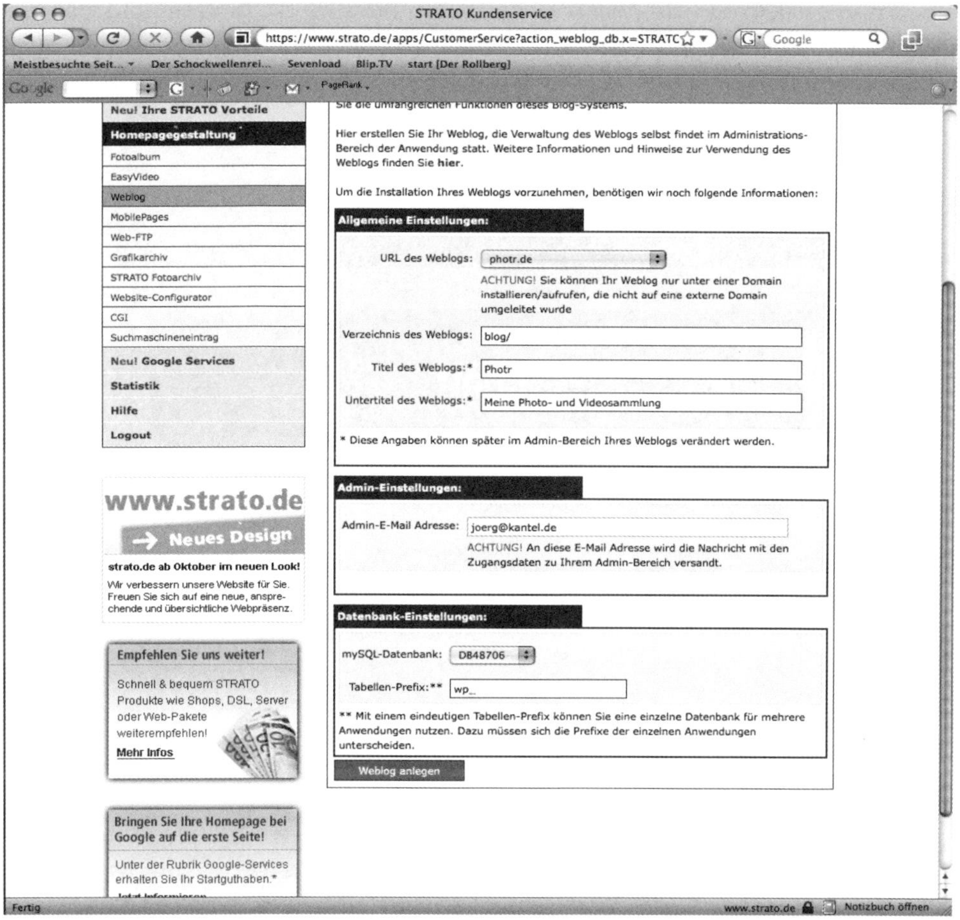

Abb. 7.12: Weblog bei Strato anlegen

Bis auf die E-Mail-Adresse des Administrators und die Datenbank-Einstellung sind alle anderen Einträge unproblematisch, da Sie diese später – wie bei den Twoday-Weblogs auch – im Admin-Bereich ändern können. Aber geben Sie Ihrem Weblog ruhig schon einen Titel (hier: *Photr*) und einen Untertitel (hier: *Meine Foto- und Videosammlung*), Sie wissen ja schließlich (hoffentlich) schon, was Sie mit Ihrem Weblog anstellen wollen.

Die DATENBANK-EINSTELLUNGEN lassen Sie am besten so, wie Strato Sie Ihnen vorschlägt. Falls Sie hier nämlich nicht wirklich genau wissen, was Sie tun, können Sie sich nicht nur Ihr Weblog, sondern auch Ihre Datenbank zerschießen und da hängen eventuell noch andere Webauftritte daran, die dann ebenfalls zerschossen sind.

Okay, nun klicken Sie auf WEBLOG ANLEGEN und alles ist (hoffentlich) gut. Sie bekommen eine Meldung, dass Ihr Weblog angelegt wurde, und können auch direkt auf einen Link klicken, der Sie zu Ihrem frisch angelegten Blog bringt.

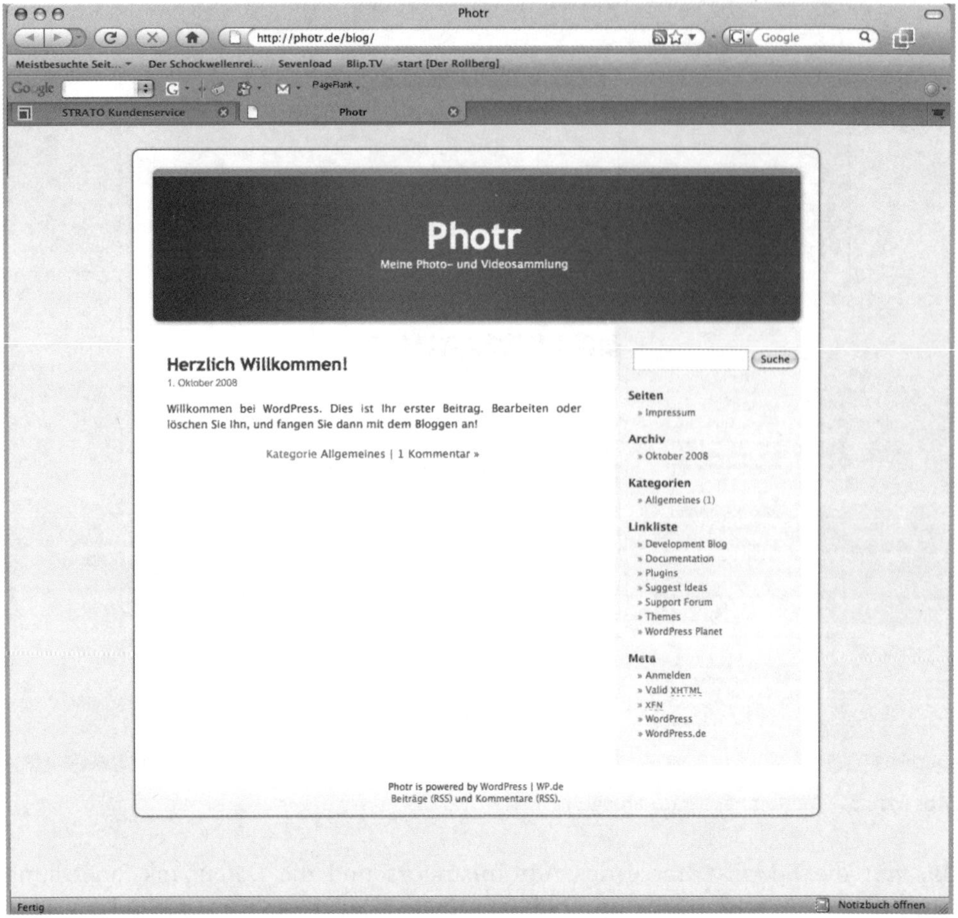

Abb. 7.13: Ihr frisch angelegtes Strato-Weblog

Und so sieht Ihr frisch angelegtes Strato-Weblog aus. Eingeweihte erkennen sofort an den runden Ecken des *Headers,* dass es sich um ein WordPress-Weblog handelt, alle anderen sehen es unten auf der Seite, dort steht eindeutig: *Powered by WordPress.*

Nun zur händischen Installation für alle, die die Mühe auf sich nehmen wollen. Wenn die Installation abgeschlossen ist, ist die Administration für beide Fraktionen wieder gleich. Strato-Weblogs und selbst installierte WordPress-Weblogs unterscheiden sich nicht wesentlich.

Doch noch eine zweite Vorbemerkung: Die Webseiten von Strato sind an einigen Stellen etwas mäkelig, was die Browser angeht. Mac-Nutzer sollten nicht den Safari nutzen, da kann es zu seltsamen Effekten kommen. Nach meiner Erfahrung funktioniert Strato aber mit dem Firefox rundum korrekt und zufriedenstellend.

Im Folgenden gehe ich davon aus, dass Sie Ihr FTP-Programm bedienen können. Ich zeige beispielhaft, wie man mit *Cyberduck* (`http://cyberduck.ch/`) – einem freien FTP-Programm für Mac OS X – arbeitet, aber fast alle anderen (S)FTP-Programme funktionieren ähnlich.

Bei der Installtation von WordPress auf einem Strato-Premium-Account ist vorab zu beachten:

1. Im für die WP-Installation vorgesehenem Verzeichnis ist gegebenenfalls die Endung .php auf die richtige PHP-Version zu mappen (per Default ist, wenn man schon länger Kunde ist, aus Gründen der Abwärtskompatibilität – ihre alten Skripte sollen schließlich weiterlaufen – eine zu alte PHP-Version eingestellt und das führt zu seltsamen Fehlermeldungen – das gilt allerdings für nahezu alle PHP-basierten Weblogs, Wikis oder CMS, die man bei Strato installieren will).
2. Der `DB_HOST` (Einstellung in der *wp-config.php*) gehört bei Strato zu den weniger als ein Prozent, wo als Wert eben nicht *localhost*, sondern ein spezieller Datenbankserver (*rdbms.strato.de*) eingetragen werden muss (auch das gilt für alle anderen PHP-/MySQL-basierten Weblogs, Wikis und CMS).
3. Strato unterstützt kein *rewrite*! Wenn man (versehentlich) benutzer- und suchmaschinenfreundliche Permalinks eingestellt hat, geht leider gar nichts mehr! Wenn man keine Neuinstallation vornehmen will: Im WP-Verzeichnis die Datei `.htaccess` editieren und die von WordPress dort eingetragenen Zeilen (sie sind entsprechend kommentiert) wieder löschen. Wenn man trotzdem diese Permalinks haben will, muss man ein `index.php` voranstellen, problemlos ist dies aber nur auf der (nicht über das Menü erreichbaren) Seite `dein.WordPress-blog.de/wp-admin/options.php` möglich. Dort kann man dann zum Beispiel unter `permalink_structure`

   ```
   /index.php/%year%/%monthnum%/%day%/%postname%/
   ```

   eintragen. Doch Vorsicht! Auf dieser Seite kann man viel einstellen und so auch viel kaputt machen. Also dort nur etwas ändern, wenn Sie wirklich wissen, was Sie tun.

Andere Hoster haben unter Umständen ebenso merkwürde Eigenheiten. Fragen Sie im Zweifelsfalle lieber erst einmal Google (etwa: *WordPress HostEurope*) und lesen Sie ein wenig nach, bevor Sie sich in das Abenteuer der Installation stürzen.

WordPress ist – wie erwähnt – die weltweit am häufigsten benutzte Weblogsoftware, da dürfte es für so ziemlich jeden Hoster schon Erfahrungsberichte im Web geben.

Okay, genug der Vorrede. Wir gehen nun auf die offiziellen deutschsprachigen Seiten von WordPress (`http://de.WordPress.org/`), um die aktuelle Version herunterzuladen. Schon direkt auf der Titelseite sehen wir einen fetten, roten Link, der uns zum Downlaod der aktuellen Version (momentan 2.6.2) auffordert. Die etwa 1,6 MB sind schnell heruntergeladen.

Lesen Sie auf jeden Fall die Datei `liesmich.html`, da stehen gegebenenfalls Änderungen, die Sie noch nicht kannten, und die auch in diesem Buch noch nicht erwähnt wurden.

Jetzt öffnen Sie das FTP-Programm Ihrer Wahl und lenken es auf Ihren Strato-Account und legen Sie ein Verzeichnis (den Ordner) an, in das Sie Ihr neues WordPress-Blog installieren wollen. Ich habe *rollbergtv* gewählt, weil ich darauf sowieso schon die Domain `http://rollberg-tv.de/` gemapped habe und weil ich damit in späteren Abschnitten, wenn es um Video und Internet-TV geht, noch mehr mit vorhabe.

Als Erstes müssen wir unter Umständen die erste Eigenheit von Strato in Ordnung bringen. Loggen Sie sich auf Ihrem Strato-Account ein und suchen Sie unter HOMEPAGEGESTALTUNG|WEBSITE-CONFIGURATOR nach der PHP-KONFIGURATION und klicken Sie darauf. Im dem nun erscheinenden Pop-up-Fenster wählen Sie das frisch erstellte Verzeichnis aus und prüfen Sie die PHP-Konfiguration. Wenn die Endung `*.php` nicht auf PHP 5.1.1 (oder größer) eingestellt ist, ändern Sie dieses unbedingt!

Nicht vergessen, auf SPEICHERN zu klicken (ja, ja, ich weiß, ich wiederhole mich. Aber es ist ein häufiger Fehler, weil der Speichern-Knopf einfach übersehen wird).

Das Verzeichnis *rollbergtv* (oder wie immer Ihr Verzeichnis heißt) sollte nun in der Liste der Verzeichnisse mit *individuellen* Einstellungen zu finden sein.

Nun wechseln wir wieder zu unserem FTP-Programm und kippen den ganzen *Inhalt* unseres WordPress-Ordners in das angelegte Verzeichnis bei Strato. Es sind ca. fünf MB und viele kleine Dateien, das kann schon eine Weile dauern.

In der Zwischenzeit können wir unseren Browser ja wieder auf unsere Strato-Seiten lenken und unter EINSTELLUNGEN auf DATENBANKVERWALTUNG gehen. Schließlich müssen wir noch die MySQL-Datenbank für unser WordPress-Blog vorbereiten. Dafür klicken wir auf DATENBANK ANLEGEN und erhalten eine neue Datenbank. Wir merken uns den Datenbanknamen (fängt in der Regel bei Strato mit *DB...* an) und den Benutzernamen. Beide Angaben sind für die folgenden Schritte wichtig.

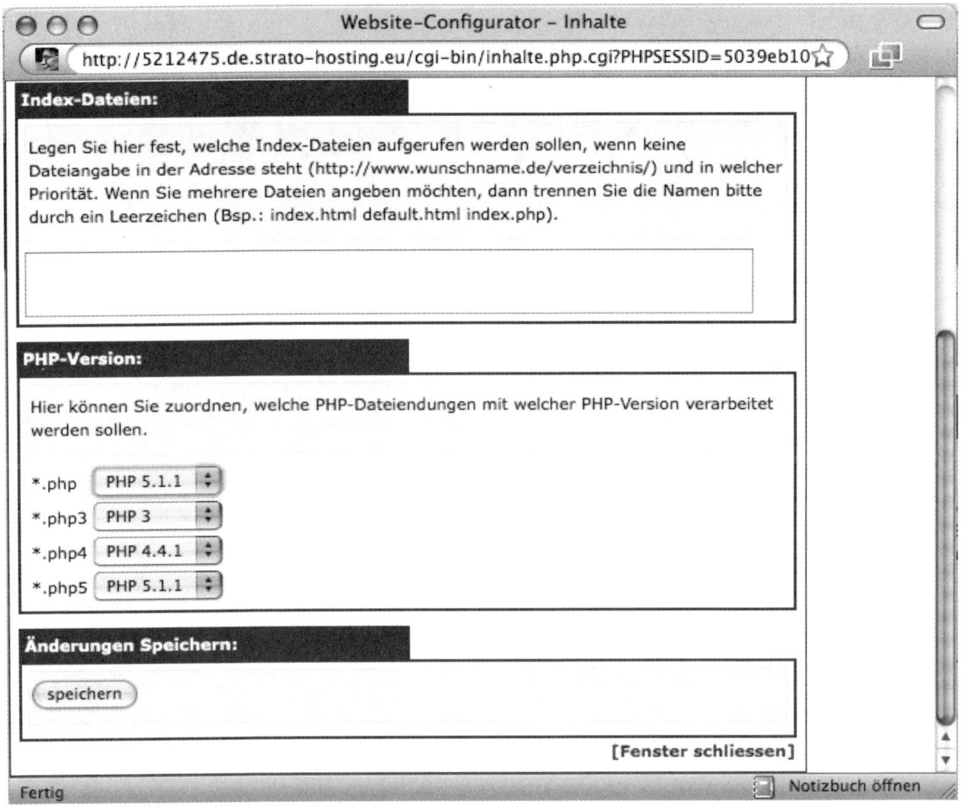

Abb. 7.14: Die Verzeichniseinstellung auf PHP setzen

Ebenso wichtig ist die Eingabe eines Passwortes. Wir erhalten dies, indem wir auf den entsprechenden Button klicken. Bitte geben Sie zu Ihrer eigenen Sicherheit ein entsprechend sicheres Passwort ein (also mindesten acht Buchstaben, Sonderzeichen und Ziffern gemischt, das Passwort sollte nicht mit einem Wörterbuch zu entschlüsseln sein). Wiederholen Sie das Passwort in dem dafür vorgesehenen Feld und klicken Sie auf WEITER. Nun ist die Datenbank für ihren WordPress-Einsatz vorbereitet.

In der Zwischenzeit sollte unser Upload erfolgreich gewesen sein. Unser vorher leeres Verzeichnis bei Strato sollte nun gefüllt sein.

Wer nicht online editieren kann, hätte den nächsten Schritt auch schon vor dem Upload vornehmen können. Wir öffnen also entweder direkt auf dem Server (falls unser FTP-Client das zulässt) oder auf der lokalen Kopie auf unserer Festplatte die Datei `wp-config-sample.php` mit einem Texteditor wie WordPad oder TextWrangler (auf gar keinen Fall mit Word!), um unsere Datenbank-Zugriffsdaten einzugeben:

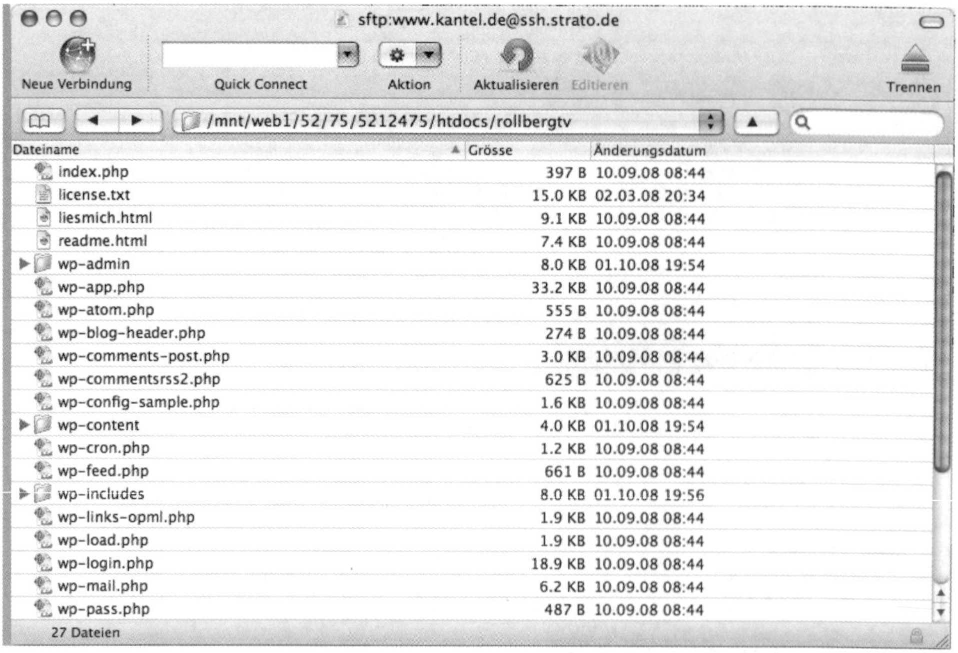

Abb. 7.15: Unsere WP-Dateien sind bei Strato hochgeladen.

Hinter `DB_NAME` geben wir den Namen der Datenbank `DB...`, bei `DB_USER` geben wir den Usernamen, den Strato uns verpasst hat, ein und bei `DB_HOST` ändern wir auf jeden Fall `localhost` in `rdbms.strato.de`. Sonst geht nämlich nichts!

Bei `AUTH_KEY`, `SECURE_AUTH_KEY` und bei `LOGGED_IN_KEY` geben wir aus Sicherheitsgründen noch einen ganz langen und komplizierten Satz ein (Sie benötigen ihn später nicht mehr, er dient aber der Verschlüsselung Ihrer Passwörter).

Die übrigen Parameter lassen wir unangetastet, schließlich haben wir uns extra auf der deutschsprachigen Seite von WordPress unsere Version heruntergeladen, sie ist schon entsprechend übersetzt und angepasst. Diese Datei speichern wir nun als `wp-config.php` und löschen – falls notwendig – die Datei `wp-config-sample.php`. Wenn Sie nicht online editiert haben, müssen Sie nun noch die Datei `wp-config.php` in Ihr WordPress-Verzeichnis bei Strato hochladen.

Jetzt öffnen Sie wieder Ihren Browser (ich empfehle Ihnen auch hier, wie immer bei allen kritischen Situationen, den Firefox zu nutzen) und lenken ihn auf die URL *ihre-domain.de/ihr-wp-verzeichnis/wp-admin/install.php* (*ihre-domain.de* und *ihr-wp-verzeichnis* sind natürlich entsprechend anzupassen). Sie werden aufgefordert, einen Blog-Titel und Ihre E-Mail-Adresse einzugeben. Den Blogtitel können Sie später ohne Probleme wieder ändern, die E-Mail-Adresse sollte aber eine sein, die Sie erreicht.

Im Regelfalle wollen wir ja von Google gefunden werden, daher lassen wir das Häkchen unten links bestehen und klicken hoffnungsvoll auf WORDPRESS INSTALLIEREN. Jetzt sollte eine Seite mit einem Usernamen und einem Passwort erscheinen. Falls nicht, sollten Sie die Daten in Ihrer `wp.config.php` noch einmal überprüfen und den Vorgang erneut starten. Wenn das alles nicht klappt, haben Sie ein ernstes Problem und Sie sollten sich mit möglichst vielen Angaben an das Support-Forum (`http://WordPress.org/support/`) von WordPress wenden. Aber in der Regel geht bei sorgfältiger Beachtung nichts schief.

Bevor Sie jetzt auf den ANMELDEN-Knopf klicken, schreiben Sie sich auf jeden Fall das Passwort auf. Es ist ein absolut zufälliges Passwort, das Sie später in ein Ihnen genehmes Passwort ändern können. Doch dafür benötigen Sie auf jeden Fall das jetzige Passwort.

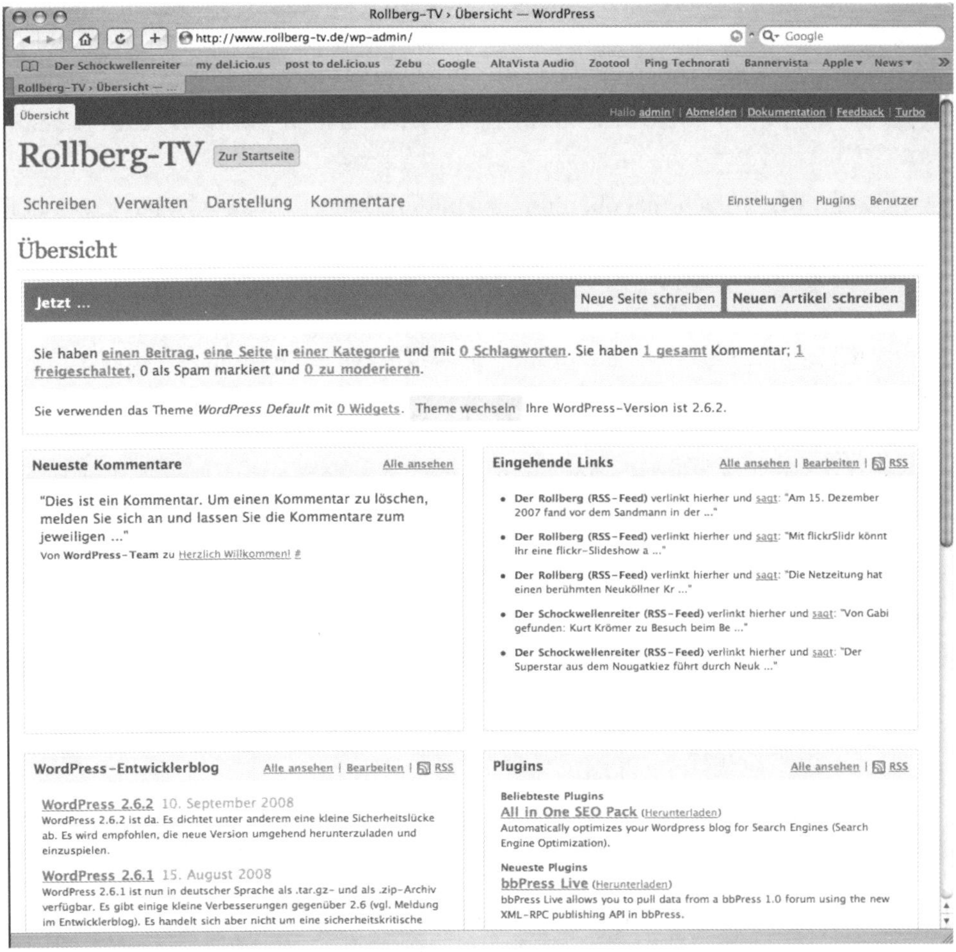

Abb. 7.16: Der Admin-Bereich unseres frisch angelegten WordPress-Weblogs

Im nächsten Schritt werden Sie aufgefordert, sich als Admin mit dem soeben aufgeschriebenen Passwort anzumelden und – schwupps – sind Sie im Administrationsbereich Ihres frisch angelegten Weblogs.

Dass Sie in dem Screenshot eingehende Links sehen, liegt daran, dass ich eine URL verwendet hatte, die vorher schon einmal anderweitig genutzt wurde. Bei Ihnen sollte auch dieser Bereich noch völlig leer sein – es sei denn, Sie machen etwas ebenso Seltsames wie ich gerade.

Das erste, was ich bei einem frisch angelegten WordPress-Blog ändere, ist das Passwort. Dafür klicken wir auf den Reiter BENUTZER und dann auf ADMIN. Hier können wir uns einen *echten* Vor- und Nachnamen geben, Kontaktinformationen einstellen, aber vor allen Dingen ein neues, uns genehmeres Passwort generieren.

Wenn Sie das Passwort eingeben, sagt Ihnen WordPress in dem Feld darunter etwas über die Passwortstärke. Sie sollten kein Passwort verwenden, mit dem WordPress nicht zufrieden ist. Es dient nicht nur Ihrer Sicherheit, ein schlecht geschütztes Weblog ist auch eine Gefahr für andere im Netz.

Wenn Sie jetzt auf PROFIL AKTUALISIEREN klicken, haben Sie Ihr Passwort geändert.

Jetzt klicken wir einfach mal oben rechts auf den Button ZUR STARTSEITE, um den Admin-Bereich zu verlassen. Tja, unser neues Blog sieht kaum anders aus als das, was Strato für uns automatisch erstellt hat.

Das sollte es auch nicht, denn alle WordPress-Weblogs nutzen per Default ein Standard-Template, das so genannte *Kubrik-Theme*, erkennbar an den runden Ecken des Headers. Dass Strato bei dem zuerst angelegten Weblog (*Photr*) da noch seine Farben mit einem orangen Streifen hineingemogelt hat, ist geschenkt.

Damit ist die größte Hürde genommen. Sie haben soeben Ihre erste Software bei Ihrem Hoster installiert. Jetzt sollten Sie jede PHP/MySQL nutzende Software installieren können, die Schritte sind – wie Sie später noch sehen werden – auch bei Wikis und Content-Management-Systemen nahezu gleich.

Daher: Falls Sie das Weblog bei einem anderen Hoster installiert haben oder wenn sich bei Strato gegenüber dieser Beschreibung etwas geändert hat, schreiben Sie es sich auf. Sie werden es immer wieder brauchen. Und Sie werden im Laufe der Zeit in Ihrem Umfeld den Ruf eines Strato-, 1&1-, Host-Europe-Gurus (oder wie Ihr Hoster auch heißen mag) genießen.

Im Prinzip können Sie nun direkt mit Ihrem Weblog loslegen. Die Konfiguration unterscheidet sich nur unwesentlich von der bei Twoday.net beschriebenen und mit dem dort Gelernten sollten Sie in der Lage sein, zumindest einfache Konfigurationen durchzuführen. Eine Beispielkonfiguration habe ich jedoch auf ein späteres Kapitel vertagt. Denn wie Sie aus dem Namen schon erschließen können, habe ich mit diesem Blog Besonderes vor. WordPress-Blogs sind wie kaum andere geeignet, als Pod- oder Videocast-Stationen (Vodcast-Stationen) zu dienen. Und Sie werden in einem späteren Kapitel sehen, wie ein WordPress-Blog zur zentralen Webseite eines kleinen Internet-Fernsehsenders aufgebohrt werden kann.

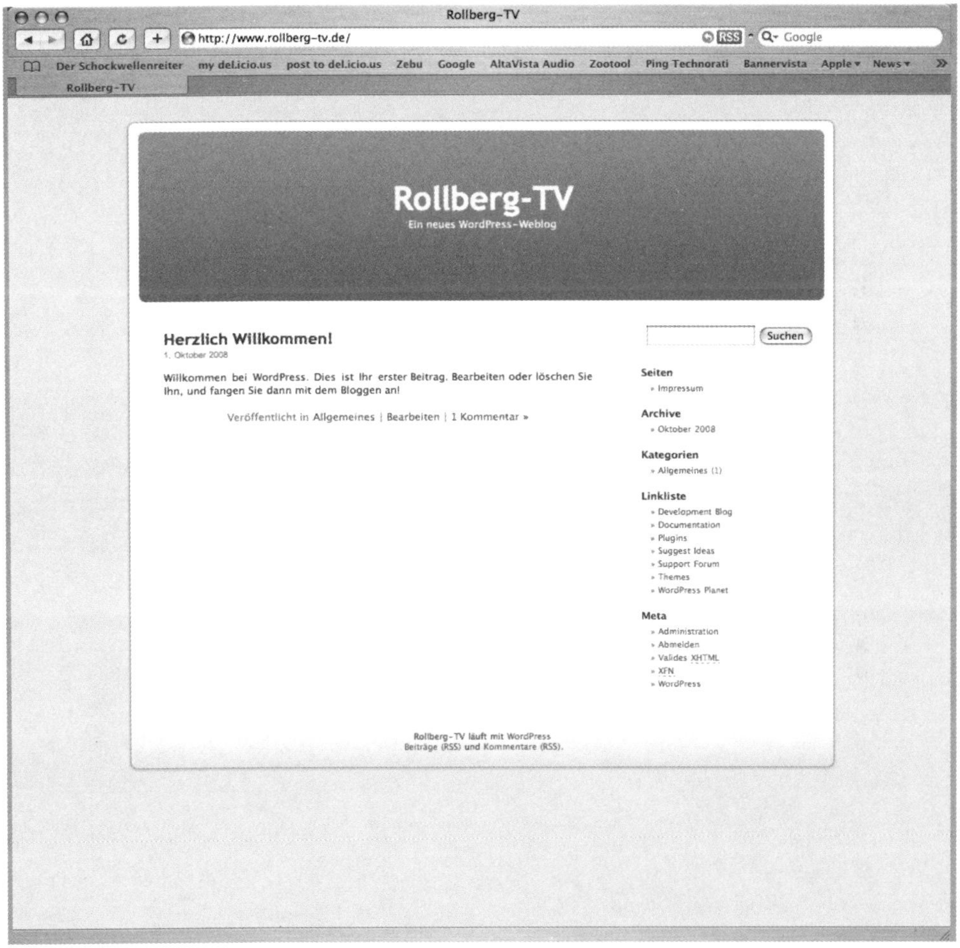

Abb. 7.17: Rollberg-TV – unser frisch angelegtes WordPress-Weblog

Doch zuerst schauen wir uns eine weitere Software-Gattung an, nämlich Wikis.

Kapitel 8

Wikis, die Datenfrachter des WWW

Ein *Wiki* ist eine Website, deren Seiten von den Benutzern nicht nur gelesen, sondern auch einfach geschrieben werden können. Der Name stammt von *wikiwiki*, dem hawaiischen Wort für »schnell«. Die einzelnen Seiten und Artikel eines Wikis können auf einfache Weise untereinander verlinkt werden. Im Gegensatz zu Weblogs, die – zumindest in ihrer ursprünglichen Form als Logbuch der Datenreisen – extern ausgerichtet sind, also nach *außen* verlinken, verlinken Wikis aufgrund ihrer Struktur vornehmlich nach *innen*. Das bekannteste Wiki ist sicherlich die Wikipedia (`http://de.wikipedia.org`).

Abb. 8.1: Zettelkasten des historischen Seminars der Universität Heidelberg

Wikis sind älter als Weblogs und fristeten lange ein Schattendasein im Web. Sie waren eigentlich nur in akademischen Zirkeln und im Bereich der Softwaredokumentation zu finden. Erst mit dem Aufkommen der Wikipedia und dem Hype um den Begriff *Social Software* wurden Wikis auch in weiten Kreisen innerhalb des Netzes populär. Und mittlerweile ist die Popularität so weit gewachsen, dass viele Journalisten die Wikipedia meinen, wenn sie »Wiki« schreiben.

Auch wenn es sie natürlich gibt, sind Wikihoster eher die Ausnahme – im Gegensatz zu Webloghostern. Der Standard ist eigentlich ein Wiki auf gemietetem Webspace. Für diesen Zweck gibt es viele Wiki-Tools, vom eher einfachen DokuWiki (`http://www.splitbrain.org/projects/dokuwiki`), das wir uns noch näher anschauen werden, bis hin zu dem Tanker unter den Wikis, dem MediaWiki (`http://www.mediawiki.org`), mit dem auch die Wikipedia betrieben wird.

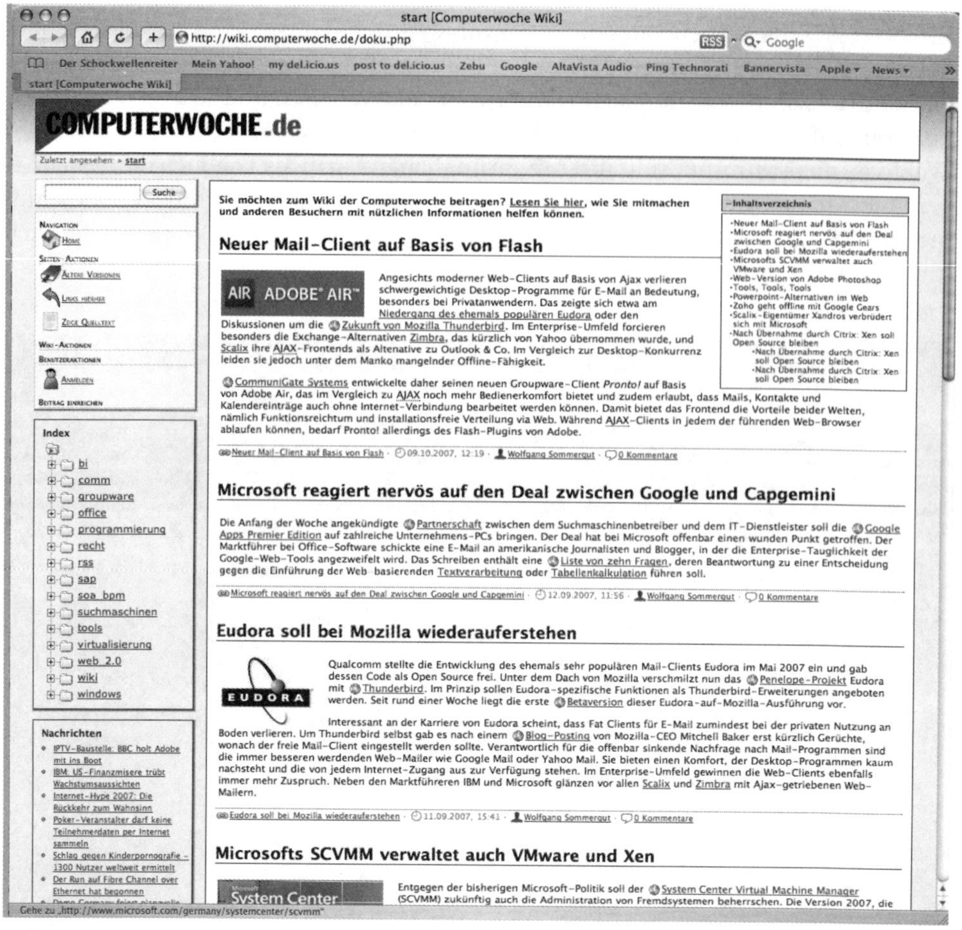

Abb. 8.2: Das Wiki der *Computerwoche*: Ein DokuWiki

Aber Wikis sind nicht nur für das kollaborative Arbeiten geeignet, sie können auch den Zettelkasten ersetzen und mutieren dann zu einem *Personal Information Management*-Werkzeug (PIM). Neben reinen Desktop-Wikis kann man aber auch jedes andere Wiki auf dem Desktop installieren und unter *localhost* betreiben. Eine sehr komfortables Desktop-Wiki für MacOS X ist MoinX (`http://moinx.antbear.org`), ein One-Click-Installer für das in der Skriptsprache *Python* geschriebene Wiki *MoinMoin*. Da man es nicht nur als *privates*, sondern auch als *öffentliches Wiki* betreiben kann, bietet es sich auch als kollaboratives Werkzeug (gemeinsamer Zettelkasten) für (kleinere) Projektgruppen an.

Den oben schon erwähnten Zustand, dass Wikis ihrer Struktur nach eher nach *innen* verlinken, versucht man durch so genannte **Interwiki**-Links zu verändern. Das sind Links, die automatisch zwischen verschiedenen Wikis (auch auf verschiedenen Servern) gesetzt werden. Dazu müssen diese Server natürlich einmal dem Wiki bekannt sein und zweitens – zur Vermeidung von Doppeldeutigkeiten – jedes Wiki mit einer eigenen Namensraumerweiterung versehen werden.

Eine besondere Form der Wikis sind *Blikis*, eine Kombination aus Weblog und Wiki. Blikis versuchen, die Weblog-Funktionalität in ein Wiki zu integrieren. Die bekanntesten Vertreter dieser Klasse sind *Vanilla* (`http://www.vanillasite.at`, ist in REBOL, einer selten genutzen Skriptsprache, programmiert) und *SnipSnap* (`http://snipsnap.org`), ein in Java am Fraunhofer-Institut für Rechnerarchitektur und Softwaretechnik (FIRST) entwickelter Vanilla-Klon.

8.1 Per Anhalter durch die Wiki-Welt

Ich werde im Folgenden einige – beileibe nicht alle – Wiki-Distributionen vorstellen, die ich kenne und schon einmal installiert oder anderswie genutzt habe. Sie sollen dabei einen Einblick in die Vielfalt der Wikiwelt bekommen und einen ersten Eindruck über ihre vielseitigen Einsatzmöglichkeiten.

Allen diesen Wiki-Engines ist gemeinsam, dass sie sowohl als offenes Wiki (jeder darf schreiben, korrigieren und hochladen) als auch als ein Wiki für geschlossene Benutzergruppen konfiguriert werden können. Und auch Multimediadateien können mittlerweile bei allen Wikis recht gut eingebunden werden. Bilder sind sowieso Pflicht, doch auch Filme, Google-Karten und Ähnliches sind, mal mit ein paar Tricks, mal direkt einzubinden.

Eine Überraschung bot hier einzig und allein das MediaWiki, das einmal die Rechte für die Benutzer nur global vergeben konnte und zum anderen auch nur Multimediadateien (und das sind schon einfache Bilder) einbinden konnte, die auch mit dem MediaWiki hochgeladen wurden und im MediaWiki lagen. Eine externe Asset-Verwaltung war damit nicht möglich. Das ist sicher den besonderen Anforderungen der Wikipedia geschuldet und ein geflügeltes Wort unter Wiki-Fans ist dann auch: Das MediaWiki kann halt nur Wikipedia und sonst gar nichts ...

8.1.1 DokuWiki

Abb. 8.3: Mein Wiki, ein DokuWiki: Mithilfe des *Blog Plug-ins* von Esther Brunner wurde es zu einem Bliki erweitert und das Template »Monobook« lässt es wie die Wikipedia aussehen.

Das DokuWiki (`http://wiki.splitbrain.org/wiki:dokuwiki`) ist ein eher einfaches Wiki, das dennoch sehr leistungsfähig ist. Vor allem kommt es in der Grundkonfiguration schon mit sehr vielen Multimediatypen zurecht und ist mit einer gut durchdachten und dokumentierten Schnittstelle leicht mit Plug-ins für weitere Datentypen nachzurüsten. Daher existieren mittlerweile schon etliche Erweiterungen für das Einbinden von Videos, Google Maps usw.

Es steht unter der Open-Source-Lizenz GPL und kann daher kostenlos heruntergeladen, installiert und genutzt werden.

Außerdem benötigt das DokuWiki keine Datenbank wie etwa MySQL (die Informationen werden als Textfiles einfach im Dateisystem abgelegt) und ist in PHP geschrieben. Damit ist es der ideale Kandidat für eine Installation auf gemietetem Webspace.

Neben der großen Auswahl an Plug-ins finden Sie auch eine ebenfalls ziemlich große Auswahl an vorgefertigten Templates, die es Ihnen ermöglichen, das Wiki an Ihre Bedürfnisse und an Ihren Geschmack anzupassen. Wegen der Dominanz der Wikipedia erfreut sich besonders das *Monobook Template* (`http://tatewake.com/wiki/projects:monobook_for_dokuwiki`) großer Beliebtheit, das ein DokuWiki wie die Wikipedia aussehen lässt.

Templates und Plug-ins lassen sich leicht den eigenen Bedürfnissen anpassen, da – für ein PHP-Programm eher ungewöhnlich – eine recht gute Trennung von Programmierlogik, HTML-Code und Konfigurationsvariablen vorgenommen wurde.

Das DokuWiki ist sicher kein Kandidat, um eine Website wie die Wikipedia damit hochzuziehen. Aber für kleinere Wikis, insbesondere Gruppenwikis, Stadt-Wikis oder Wikis für die Vereins-Homepage ist es durchaus geeignet und erfreut sich da auch großem Zuspruch.

Wegen der trotz seiner Einfachheit großen Leistungsfähigkeit und Vielseitigkeit ist auch für mich das DokuWiki in der Regel die erste Wahl, wenn es um die Installation und Einrichtung eines Wikis geht.

8.1.2 PmWiki

Auch das *PmWiki* (`http://www.pmwiki.org`) ist ein in PHP implementiertes Wiki, das unter der Open-Source-Lizenz GPL steht. Es speichert die Daten ebenfalls nicht in einer Datenbank ab, sondern im Dateisystem. Das erleichtert insbesondere die Installation.

Die Macher des Wikis verfolgen eine klare Philosophie, die den Schreibenden gegenüber dem Lesenden bevorzugt, auch dann, wenn dadurch der Komfort für den Leser leicht eingeschränkt wird. Eine weitere Besonderheit ist, dass mehrere unabhängige Wikis zu einer einzigen PmWiki-Installation gehören können, einer so genannten *WikiFarm*.

Drittens wurde auf eine große Anpassungsfähigkeit Wert gelegt, die es speziell erlaubt, die Templates leicht und umfassend den eigenen Bedürfnissen anzupassen. Ein PmWiki soll sich nahtlos in bestehende Strukturen einer Website anpassen.

Alles in allem ist das PmWiki durchaus eine Alternative zum DokuWiki.

8.1.3 MoinMoin und MoinX

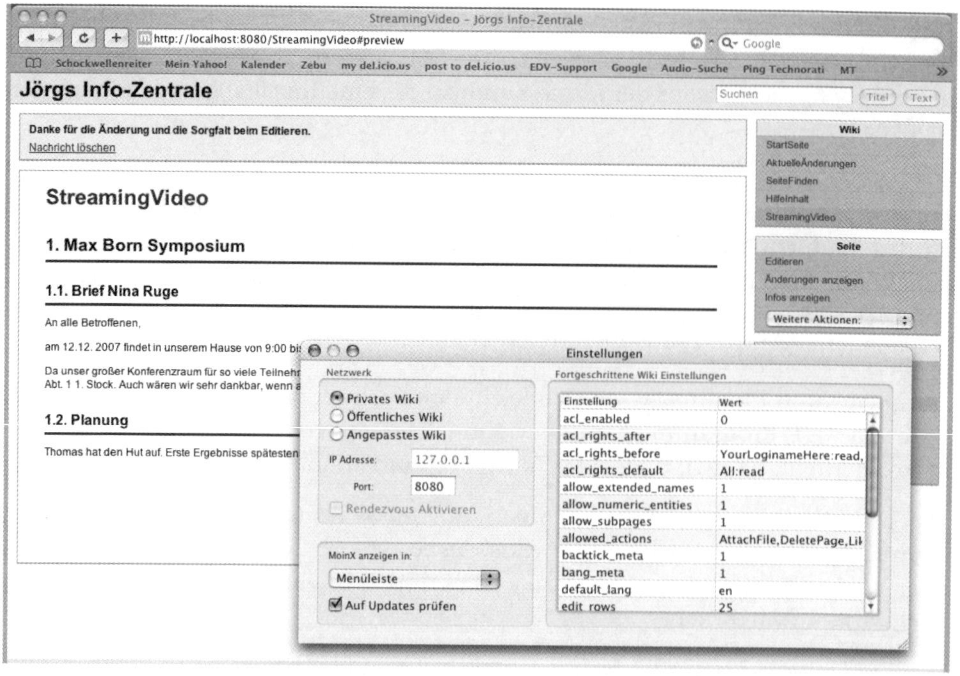

Abb. 8.4: MoinX auf einem Macintosh: Über dem Browserfenster die Dialogbox, mit der die wichtigsten Konfigurationen dieses Desktop-Wikis vorgenommen werden

Die Wiki-Engine *MoinMoin* (`http://moinmoin.wikiwikiweb.de`) ist ein weiterer Vertreter der Wikis mit einfacher Installation: Es genügt, das Paket mit den Python-Skripten zu entpacken und das Skript *setup.py* aufzurufen. Daraus folgt aber schon einmal, dass erstens Python auf dem Server installiert sein muss und dass Sie zweitens Shell-Zugriff auf den Server haben müssen. Beides zusammen trifft aber auf die wenigsten Webhoster zu. Das ist eigentlich schade, da MoinMoin ebenfalls ein für seine Einfachheit extrem leistungsfähiges Wiki ist, das eine große Anzahl von Erweiterungen besitzt, mit denen multimediale Inhalte eingebunden werden können. Und wenn Sie in Python programmieren, können Sie sehr leicht eigene Erweiterungen schreiben, da die Schnittstelle sauber dokumentiert ist. Doch da all diese Voraussetzungen für die wenigsten von Ihnen zutreffen dürften, kommt MoinMoin für Sie vermutlich nicht in Frage.

Warum ich es dennoch erwähne? Wenn Sie in einem kleineren (oder auch größeren) Intranet arbeiten und dort mindesten ein Macintosh-Computer mit Mac OS X vorhanden ist, gibt es mit *MoinX* (`http://moinx.antbear.org`) eine Möglichkeit, ein Abteilungs- oder Gruppen-Wiki aufzusetzen, die an Einfachheit kaum zu unterbieten ist. MoinX, das eine speziell für den Macintosh angepasste Moin-Moin-Version ist, wird einfach heruntergeladen und dann mit einem Doppelklick auf das Paketsymbol installiert. Selbst der unbedarfteste Mausschubser kommt damit zurecht.

Und Sie brauchen sich überhaupt nicht darum zu kümmern, wo MoinX seine Daten und Konfigurationsdateien speichert: Alle wichtigen Zugriffsrechte und Konfigurationen werden in einer Mac-typischen Dialogbox eingegeben, die die Kommunikationsschicht zwischen Ihnen und dem Wiki übernimmt.

Und falls Sie nur ein persönliches Notizbuch brauchen und zum Beispiel stolzer Besitzer eines Macintosh-Notebooks sind: Auch diese Aufgabe kann MoinX hervorragend für Sie erledigen. MoinX ist also der ideale digitale Zettelkasten, entweder für Sie alleine oder für eine Gruppe, mit der Sie zusammenarbeiten und Informationen gemeinsam sammeln, verwalten und austauschen möchten.

8.1.4 TWiki

Wir kommen jetzt langsam in die Gefilde der anspruchsvolleren und komplexeren Wikis. Das *TWiki* (wird englisch »tweaky« ausgesprochen und es gibt es unter `http://twiki.org`) sieht sich selbst mehr als Groupware denn als Wiki, auch wenn es natürlich alle notwendigen Grundvoraussetzungen für ein Wiki erfüllt. Es verfügt über ausgeklügelte Zugriffsrechte und eine Sammlung von Erweiterungen, die wirklich keinen Wunsch mehr offen lassen. Ein mir bekanntes, größeres Max-Planck-Institut bestreitet sein gesamtes Intranet mit TWiki. Von den »normalen« Intranet-Seiten angefangen, auf denen die Mitarbeiter über Neuigkeiten und Veränderungen informiert werden über gemeinsam genutzte (Veranstaltungs-)Kalender, Telefon- und E-Mail-Listen bis hin zur Planung von Konferenzen, der Vergabe von Räumen und der Verwaltung der technischen Geräte: Alles wird mit und im TWiki erledigt.

Trotzdem ist es noch recht einfach zu installieren: Es benötigt *Perl*, das *Revision Control System RCS* und einige nicht in der Standard-Installation von Perl enthaltenen Module, die sich aber leicht über *CPAN* nachinstallieren lassen.

Wenn Sie bei dem letzten Absatz nur noch böhmische Dörfer verstanden haben, dann lassen Sie die Finger vom TWiki. Wenn Sie aber in Ihrer Firma einen begeisterten Perl-Hacker haben (und die meisten System-Administratoren *sind* begeisterte Perl-Hacker), dann sollten Sie der Wiki-Engine durchaus einen Versuch gönnen.

Aus dem oben Ausgeführten geht aber hervor: Auf einem beliebigen gemietetem Webspace ist TWiki nicht zu installieren, auch wenn es seine Daten ebenfalls nicht in einer Datenbank, sondern im Dateisystem abspeichert. Aber Sie sollten davon gehört haben, dass es so etwas gibt und dass es durchaus seine Berechtigung hat.

8.1.5 MediaWiki

Das im letzten Abschnitt Ausgeführte gilt sicher auch für den Tanker unter den Wiki-Engines, dem *MediaWiki* (`http://www.mediawiki.org`), das speziell für die *Wikipedia* entwickelt wurde. Der Code basiert auf PHP und MySQL und unterliegt – wie alle anderen vorgestellten Wiki-Engines auch – der GNU General Public Licence (GPL). Das MediaWiki wurde auf eine extreme Benutzerfreundlichkeit, Schutz vor Vandalismus und eine hohe Skalierbarkeit ausgelegt und das beißt sich auf jeden Fall mit dem Anspruch an geringe Anforderungen an das Wirtssystem und an eine einfache Installation.

Kurz: Wenn Sie ein MediaWiki installieren möchten, benötigen Sie einen eigenen Server und gute Erfahrungen in der Administration eines Unix-Systems. Und damit geht das weit über den Anspruch dieses Buches hinaus. Aber selbst, wenn Sie alle diese Voraussetzungen erfüllen, ist die Installation und Wartung kein Kinderspiel.

Im Gegenzug bekommen Sie natürlich die derzeit weltweit leistungsfähigste Wiki-Engine installiert, die in der Lage ist, mit Zehntausenden von gleichzeitigen Seitenzugriffen umzugehen. Aber wenn Sie das nicht wirklich brauchen, lassen Sie die Finger davon. Und wenn Sie es brauchen, engagieren Sie einen Spezialisten, der Installation **und** Wartung für Sie erledigt.

Doch wenn es Ihnen nur um das Aussehen Ihres Wikis geht, hatte ich Ihnen oben ja schon einen kleinen Trick verraten: Das DokuWiki zusammen mit dem Monobook-Template macht zumindest für den flüchtigen Besucher Ihr Wiki ununterscheidbar von einem MediaWiki.

8.2 Workshop: DokuWiki installieren

Und da ich Ihnen jetzt zum wiederholten Male vom DokuWiki vorgeschwärmt habe, möchte ich Ihnen beweisen, wie einfach die Installation eines DokuWikis tatsächlich ist. Ich setze bei diesem Beispiel wieder voraus, dass Sie einen Premium-Account bei Strato besitzen (aber wie schon mehrfach erwähnt, ist natürlich jeder andere Hoster, der die Nutzung von PHP gestattet, ebenfalls geeignet – nur die Instalation verläuft dann vermutlich geringfügig anders).

Nachdem wir das Programmpaket heruntergeladen und auf unserem Computer entpackt haben, müssen wir uns erst einmal auf unserem Kunden-Account bei Strato einloggen und überprüfen, ob das für unsere Wiki-Installation vorgesehene Verzeichnis mit der korrekten PHP-Version arbeitet. Falls Ihr Account neu ist, dürfte das wieder der Fall sein, ansonsten müssen Sie es anpassen. Wie gehen hier genauso wie schon bei der WordPress-Installation vor und obwohl das DokuWiki auch mit einigen 4er-Versionen läuft, empfehle ich dringend, PHP 5.x für Ihre Installation zu nutzen.

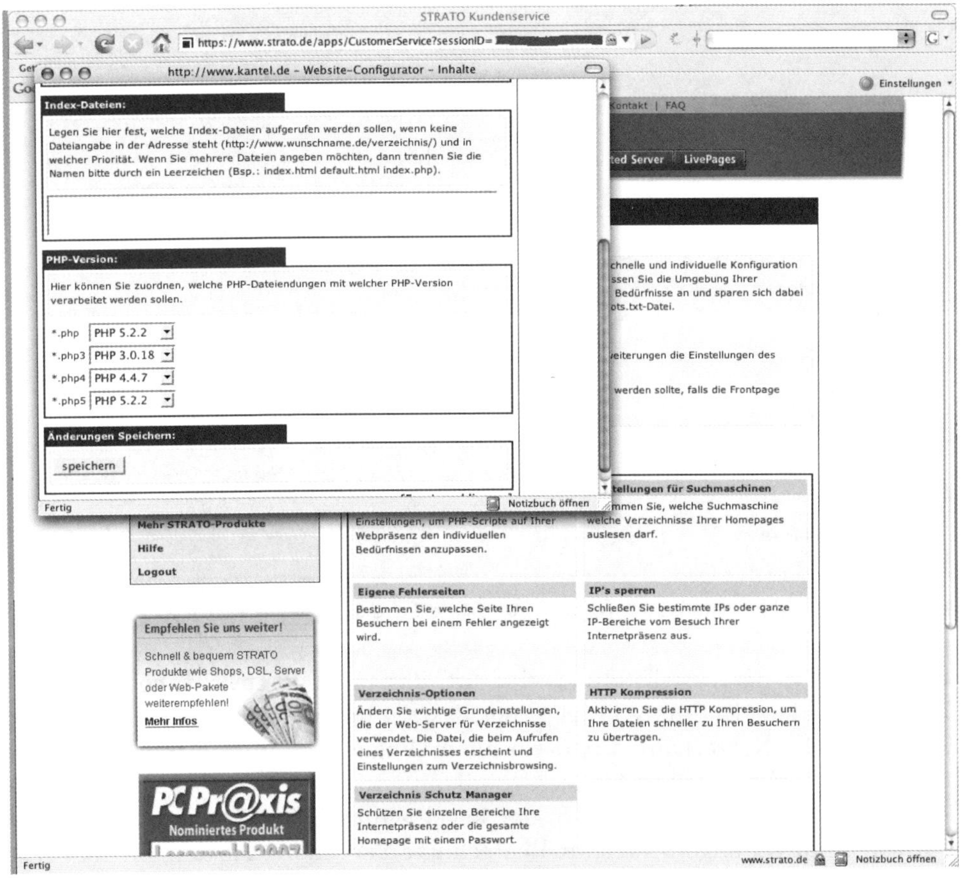

Abb. 8.5: Schritt 1: PHP-Version überprüfen und gegebenenfalls anpassen

Der nächste Schritt ist wieder ganz einfach. Wir laden unsere entpackten Dateien mit dem (S)FTP-Programm unseres Vertrauens in das Verzeichnis unserer Wahl (zum Beispiel *dokuwiki*) auf dem Server herunter. Die Dokumentation empfiehlt noch, zu überprüfen, ob unsere PHP-Skripte auch die nötigen Schreibrechte auf die Dateien besitzen. Im Falle von Strato kann ich Entwarnung geben. Sie besitzen sie ...

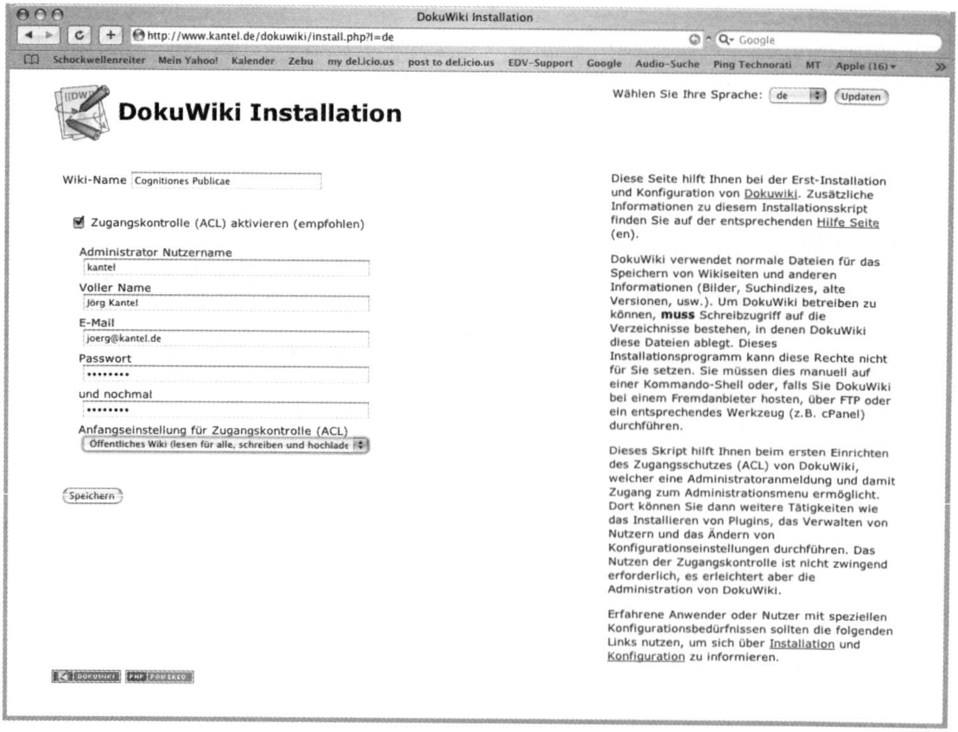

Abb. 8.6: Schritt 2: Installationsskript aufrufen und Seite ausfüllen ...

Jetzt rufen Sie das Installations-Skript auf, das unter `http://ihre-URL/ihr-pfad-zum-dokuwiki/install.php` liegt, das von Ihnen noch einige Angaben zur Sprache, Ihren Nutzernamen und vor allen Dingen Ihr Administrator-Passwort verlangt. Außerdem können Sie die Grundkonfiguration für die Zugangskontrolle Ihres Wikis festlegen. Ich wähle in der Regel »Öffentliches Wiki: Lesen für alle, Schreiben nur für angemeldete und berechtigte Besucher«. Sie können aber später als Administrator diese Zugangsrechte seitengenau für jede einzelne Seite festlegen.

Wenn es keine Fehlermeldung gegeben hat, sind Sie fertig. Und ich hoffe für Sie, dass es keine Fehlermeldung gegeben hat. Wenn doch, liegt es in den meisten Fällen an einer fehlerhaften PHP-Konfiguration. Sie müssen dann leider Schritt 1 und die komplette Installation noch einmal wiederholen.

Abb. 8.7: Schritt 3: Startseite anlegen

Okay, nehmen wir also an, Sie haben die Installation fehlerfrei geschafft. Nun folgt auch schon der Teil, der Spaß macht: Wenn Sie jetzt Ihr DokuWiki aufrufen, sagt es Ihnen, dass noch gar keine Startseite existiert. Nun dürfen Sie aber eine anlegen und können sich schon ein wenig mit der Wiki-Syntax vertraut machen. Noch kann nicht viel passieren, aber wenn Sie später an fertigen und umfangreichen Seiten arbeiten, sollten Sie nicht mehr dort, sondern im »Sandkasten«, der im DokuWiki-Jargon »Spielplatz« genannt wird, üben. Dort sind Sie sicher und können nicht Ihre eigene Arbeit zerstören.

Auch wenn mir das DokuWiki sonst gefällt, das mitgelieferte Standard-Layout (*Default Template*) sagt mir überhaupt nicht zu. Doch auf den Seiten des DokuWikis finden sich ja eine ganze Anzahl von Alternativen und ich hatte mich bei der Installation meines Wikis für das *MonoBook-Template* entschieden. Dies benötigt jedoch neben dem eigentlichen Template noch ein Plug-in (*Display WikiPage*), das Wiki-Seiten in eine Wiki-Seite einbinden kann. Damit wird unter anderem die Navigation in der linken Spalte realisiert. Doch ich finde das gar nicht schlimm, denn so kann ich Ihnen nicht nur zeigen, wie man ein Template, sondern auch ein Plug-in insttalliert. Beide Installationen sind sich sehr ähnlich.

Wir holen uns also erst einmal von der DokuWiki-Webseite das Plug-in und entpacken es wieder auf dem Desktop. In unserer DokuWiki-Installation gehören Plug-ins immer in das Verzeichnis *lib/Plug-ins/* und dorthin laden wir es dann auch. Das war alles.

Plug-ins kann man auch noch auf eine andere Weise installieren. Auf den Admin-Seiten gibt es eine Seite zur Plug-in-Verwaltung und dort kann man die URL des Plug-ins eingeben und den Rest erledigt das DokuWiki für Sie. Ich bevorzuge jedoch die händische Methode, da ich mindestens einmal auch auf den Seiten des Plug-in-Anbieters gewesen sein möchte, um dort etwaige Warnungen und Neuerungen zu erfahren. Außerdem bin ich Kontroll-Freak: Wenn ich den Up- und Download selber vornehme, weiß ich immer, was wo passiert.

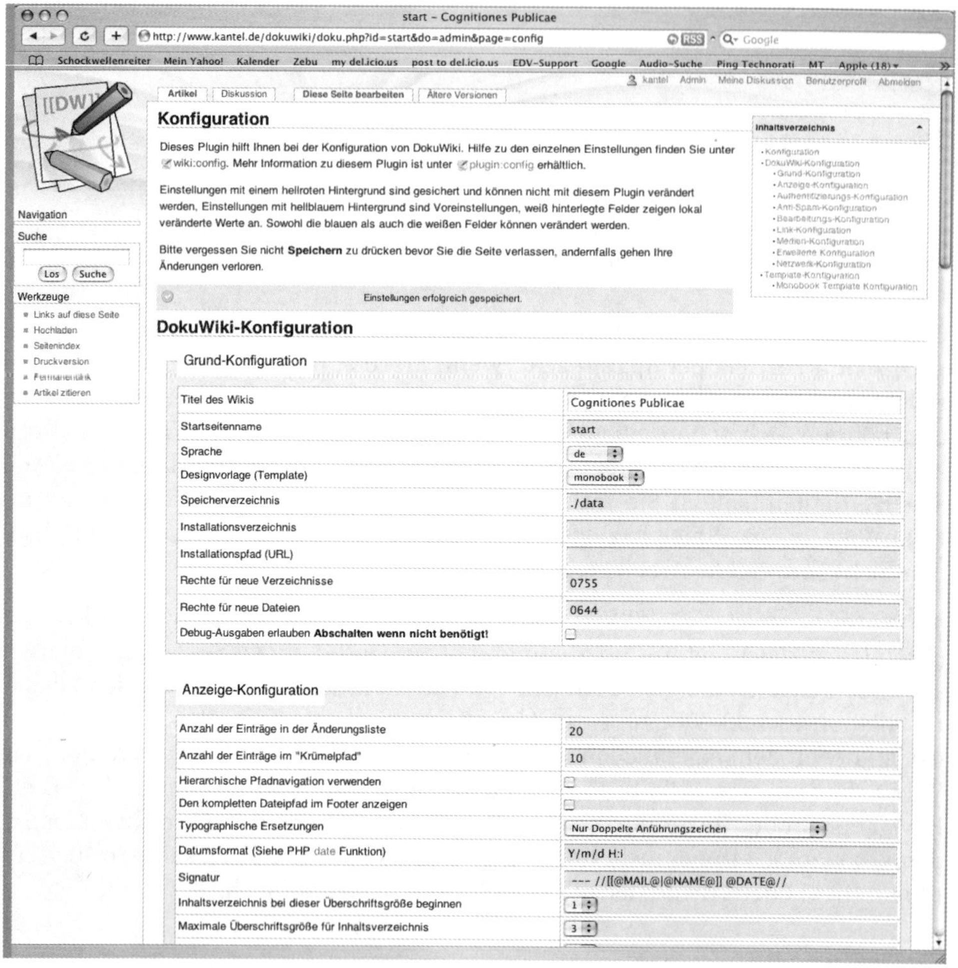

Abb. 8.8: Monobook lässt das DokuWiki wie die Wikipedia aussehen.

Aber die »automatische« Methode funktioniert auch sehr zuverlässig. Wenn Sie sie also nutzen wollen, nutzen Sie sie ...

Nun müssen wir noch das MonoBook-Template auf unseren Desktop-Computer herunterladen und entpacken und dann den entpackten Folder mit seinem gesamten Inhalt auf unseren Wiki-Server hochladen. Templates gehören in das Verzeichnis *lib/tpl/* und sie bestehen in der Regel aus einer Menge von Dateien, die sich alle aufeinander beziehen. Daher spielen Sie da nicht rum, wenn Sie nicht genau wissen, was Sie tun.

Generell ein Tipp: Wenn nach der Installation eines Templates oder eines Plug-ins Ihr DokuWiki nicht mehr startet, dann ist irgendetwas faul damit. Löschen Sie einfach das Plug-in oder das Template wieder und beziehen Sie es entweder aus einer vertrauenswürdigen Quelle neu oder wählen Sie ein anderes. Und lesen Sie vor allem die Diskussion auf den jeweiligen Webseiten des Plug-ins oder des Templates. Da steht oft eine Hilfestellung, was Sie machen müssen, damit die Software mit Ihrer speziellen PHP-Version wieder läuft. Es gibt nämlich subtile Unterschiede zwischen PHP 5 und PHP 4 und die können einen schon manchmal in die Verzweiflung treiben.

Wie Sie unschwer an den Screenshots erkennen können (und außerdem habe ich das ja auch schon mehrfach erwähnt), hatte ich mich für das MonoBook-Template entschieden. Und was habe ich außerdem noch an Plug-ins installiert?

Da sind einmal die Plug-ins für die Verwaltung und Anzeige externer Mediadateien:

- Das *Flickr Plug-in* sorgt für die Einbindung von bei Flickr gespeichertern Bildern und Fotos.
- Das *vshare Plug-in* ist für alle Videos von Videohostern (wie zum Beispiel YouTube, Sevenload oder Blip.tv) zuständig.
- Mit dem *FlowPlayer Plug-in* kann man Flash-Filme einbinden, die man selber irgendwo auf einem Server oder zum Beispiel bei Amazon S3 abgelegt hat.
- Für viele andere Multimedia-Daten (MP3, QuickTime, MPEG4 DivX etc.) bietet das *Video Plug-in* die Möglichkeit, diese einzubinden. Allerdings kümmert es sich nicht darum, ob die Nutzer in ihren Browsern auch die dazu auf *ihrer Seite* notwendigen Plug-ins installiert haben. Es ist also mit Vorsicht zu nutzen.
- Das *GoogleMaps Plug-in* macht die Einbindung von Google-Karten in die Wiki-Seiten einfach.
- Das *Gallery Plug-in* zeigt von den in einem Namensraum hochgeladenen Fotos kleine, klickbare Thumbnails auf der Seite. Damit können Sie Ihr DokuWiki leicht zu einem Foto- oder Bilderalbum ausbauen.

Dann habe ich noch ein paar Plug-ins für Spezialzwecke installiert:

- Mit dem *S5 Plug-in* kann man Vortragsfolien einfach und komfortabel in seinem Wiki erstellen und auch aufrufen. Es ersetzt für einfache Präsentationen die Boliden *PowerPoint* oder *Keynote*, auch wenn es nicht ganz an deren Leistungsfähigkeit herankommt. Ich halte damit alle meine Vorlesungen und Vorträge und ich finde, es reicht allemal aus.
- Das *Box Plug-in* setzt kleine, farbige Kästchen mit Texten oder Bildern (oder beidem) in Ihre Seiten. Damit können Sie etwas in seiner Bedeutung hervorheben. Manche finden das nützlich, andere halten das für eine Spielerei. Ich selber weiß es noch nicht, habe es aber schon mal installiert. Man kann ja nie wissen.
- Mit dem *Blog Plug-in* integrieren Sie ein Weblog in Ihr Wiki. Es wird so zu einem Bliki. Dieses Plug-in halte ich für sehr nützlich.
- Und last but not least habe ich das schon oben erwähnte Plug-in *Display WikiPage* installiert, das unter anderem von dem Monobook-Template benötigt wird.

Für all diese Plug-ins habe ich in meinem DokuWiki unter `http://www.cognitiones.de/doku.php/installierte_Plug-ins` eine Dokumentation verfasst und für die Öffentlichkeit dort abgelegt. Weitere werden dort bestimmt noch folgen und so werden diese Seiten immer aktueller sein als dieses Buch.

8.3 Workshop: DokuWiki-Syntax

Wikis benutzen kein HTML für die Eingabe von Inhalt, sondern eine eigene Syntax. Sie soll das Erstellen der Seiten und das Einfügen von Links einfacher machen und vieles automatisieren. Leider gibt es keinen Standard, so ist die Syntax des MediaWiki eine andere als die des DokuWiki und diese wiederum unterscheidet sich in der Syntax von MoinMoin. Meist sind diese Unterschiede nur gering, manchmal steht aber auch eine ganz andere Philosophie dahinter. Wie dem auch sei, da ich mich für das DokuWiki entschieden habe, werde ich nun die Syntax dieser Wiki-Engine in Grundzügen vorstellen. Eine ausführliche Beschreibung erhalten Sie zum Beispiel, wenn Sie in meinem oder Ihrem Wiki links unten auf den Navigationspunkt WIKI-SYNTAX klicken (siehe Abbildung 8.9).

Am einfachsten verstehen Sie die Wirkung dieses simplen Markups, wenn Sie sich den Code in Ihren Wiki-Spielplatz abtippen und ausprobieren, was dann passiert.

Das erste: *Normaler* Text wird wie normaler Text eingegeben. Umlaute und Sonderzeichen werden in der Regel von DokuWiki automatisch verarbeitet.

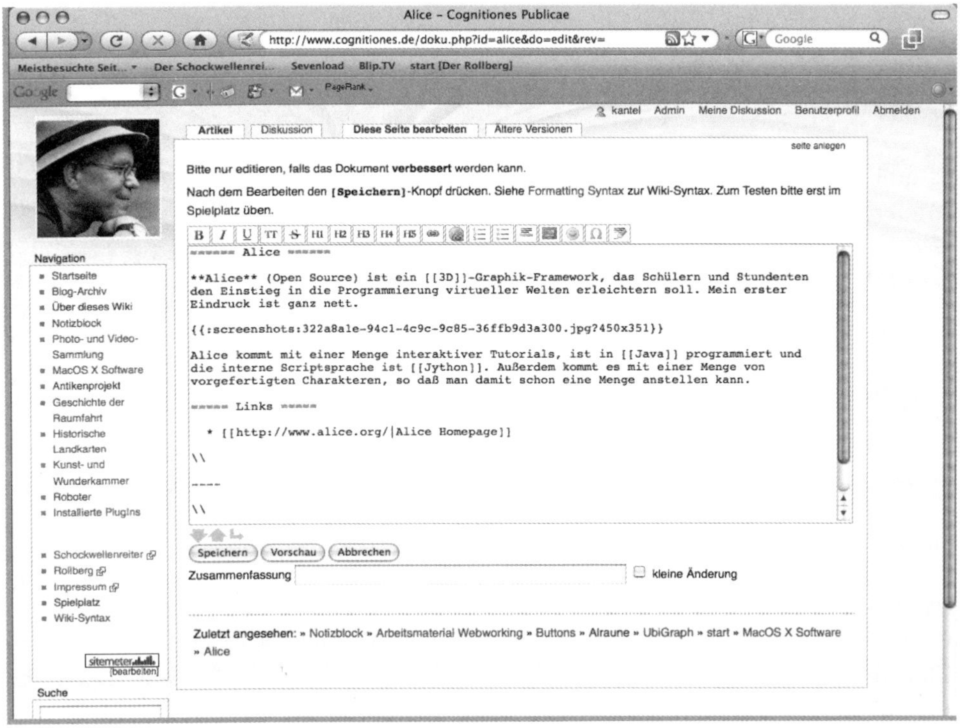

Abb. 8.9: Ein Texteingabefeld in DokuWiki zeigt, wie der Text eingegeben wird.

DokuWiki unterstützt **fette**, *kursive* oder `Schreibmaschinenschrift`.

```
DokuWiki unterstützt **fette**, //kursive// und
''Schreibmaschinenschrift''.
```

Zwei Zeilenumbrüche werden automatisch zu einem Absatz konvertiert. Zwei Backslashes (nach links geneigte Schrägstriche) erzeugen eine neue Zeile.

DokuWiki unterstützt sowohl externe wie auch interne Links. Beide werden automatisch erkannt:

```
So erzeugt sowohl http://www.google.com wie auch
www.google.com im Text automatisch einen Link auf
Google. Mit geschweiften Klammern kann man diesen Link
maskieren: [[http://www.google.com|Hier geht's zu Google]]
zeigt nur den Linktext //Hier geht's zu Google// mit
darunterliegendem Link.

Externe Links werden grundsätzlich mit zwei eckigen
Klammern erzeugt. Man gibt entweder den Seitennamen ein,
```

```
zum Beispiel [[Notizblock]] oder man maskiert den Seitennamen
[[Notizblock|Hier geht es zu den Notizen]]. Im zweiten
Fall wird nur //Hier geht es zu den Notizen// angezeigt,
der Link auf Notizblock ist aber funktionsfähig.
```

Es gibt – analog zu HTML – fünf verschiedene Überschriftenlevel. Sie werden durch die entsprechende Anzahl von Gleichheitszeichen erzeugt:

```
===== Überschrift Level 1 =====

====Überschrift Level 2 ====

===Überschrift Level 3 ===

==Überschrift Level 4 ==

=Überschrift Level 5 =
```

Das ist zum Beispiel einer der wichtigsten Unterschiede zur Syntax im MediaWiki. Hier erzeugt *ein* Gleichheitszeichen eine Überschrift im Level 1 und fünf Gleichheitszeichen die weniger gebrauchte Level-5-Überschrift. Eine eigentlich sinnvollere Verteilung.

Bilder werden in doppelt geschweiften Klammern eingebunden. Dabei können Größenangaben mitgegeben werden. Bilder können auch mit Links verknüpft werden. Außerdem ist eine Positionierung auf einfache Art möglich.

```
{{wiki:dokuwiki-128.png}} -- die einfachste Art, ein Bild
einzubinden

{{wiki:dokuwiki-128.png?50x50}} -- verkleinert das
Bild auf 50 x 50 Pixel

{{ wiki:dokuwiki-128.png}} -- das Bild wird auf der rechten
Seite angezeigt

{{wiki:dokuwiki-128.png }} -- das Bild wird auf der linken
Seite angezeigt

{{ wiki:dokuwiki-128.png }} -- das Bild wird zentriert

{{wiki:dokuwiki-128.png|Das ist das DokuWiki-Logo}} -- das
Bild zeigt den beliebten Tooltip mit dem eingegebenen Text
```

```
[[http://www.php.net|{{wiki:dokuwiki-128.png}}]] -- hinter dem
Bild liegt ein Link auf php.net
```

Es gibt natürlich noch viel mehr Formatierungsmöglichkeiten, die Sie bitte den entsprechenden Wiki-Seiten entnehmen. Mit diesen hier aufgeführten Beispielen sollten Sie erst einmal in der Lage sein, mit einem Wiki zu beginnen und die Grundidee hinter einem Wiki-Markup zu verstehen. Mir leuchtete selber erst einmal nicht ein, ob dies wirklich so viel einfacher ist als HTML, aber nachdem ich das Markup nun schon seit ein paar Monaten regelmäßig nutze, habe ich es schätzen gelernt. Es schreibt sich tatsächlich schneller und flüssiger als HTML und die mit dem Markup versehenen Texte sind auch noch leichter zu lesen als die mit dem HTML-Markup versehenen Texte.

Und Sie brauchen sich nicht wirklich alles zu merken. Über dem Texteingabefeld von DokuWiki gibt es eine Menüleiste, die die wichtigsten und häufigsten Markups automatisch für Sie erstellt. Um sie zu bedienen, markieren Sie einfach den auszuzeichnenden Text und klicken dann auf das Icon.

Abb. 8.10: Die DokuWiki-Menüleiste

Die ersten vier Icons bedeuten fett (*bold*), kursiv (*italic*), unterstrichen, Schreibmaschinenschrift (*true type*), durchgestrichen (*strike*). Dann folgen die Überschriften von eins bis fünf, interne und externe Links.

Dann folgen numerierte Listen und unnummerierte Listen. Das nächste Icon erzeugt einfach eine horizontale Linie. Mit dem Bilderrahmen fügen Sie Bilder ein, das Smiley steht für das Einfügen von Smileys (Überraschung!), das Omega-Symbol liefert Ihnen ein Aufklappmenü mit einer Unmenge von Sonderzeichen und Symbolen, die Sie dann einfach per Klick in den Text einfügen können. Und last but not least liefert Ihnen das letzte Icon eine *byline* mit dem Namen des Autors (hinterlegt mit einem E-Mail-Link) und dem Datum der letzten Änderung.

Ganz schön komfortabel, dieser Mini-Editor, oder? Er lässt mich beinahe vergessen, dass ich normalerweise das Editieren im Browser nicht mag, da es gegenüber einem *echten* Texteditor doch recht unkomfortabel und langsam ist.

8.4 Idee: Ein DokuWiki als Regional-Bliki

Abb. 8.11: Der Rollberg, (m)ein Regional-Bliki

Was kann man aber nun mit so einem Wiki alles anfangen? Sie wollen sicher nicht die Wikipedia neu schreiben. Mein Wiki ist so etwas wie meine persönliche Kunst- und Wunderkammer, hier sammle ich alles, was mir merk- oder sehenswürdig oder aufhebenswert erscheint: Fotos, Videos, Texte. Einmal in der Hoffnung, sie für Artikel oder Bücher etc. als Material verwenden zu können, zum anderen habe ich die Hoffnung nicht aufgegeben, dass durch die ständige Verlinkung irgendwann einmal neue Erkenntnisse auftauchen könnten.

Aber ein Wiki, speziell das DokuWiki kann praktisch *out-of-the-box* als schnell aufgesetztes Content-Management-System (CMS) für eine kleine Gruppe von Autoren dienen. Zwar verfügt es nicht über den *Workflow*, der großen CMS zu eigen ist, mit mindestens den Rollen Redakteur und Chefredakteur, aber dafür ist es flexibler und es arbeitet sich meiner Meinung nach angenehmer damit.

Und so habe ich vor einigen Monaten damit begonnen, meine Webseite über Neukölln (das ist der Berliner Bezirk, in dem ich wohne) von einem CMS (Plone, `http://www.plone.org/`) auf ein DokuWiki umzustellen.

Die Umstellung verlief erstaunlich problemlos. Ich habe diesmal ein anderes Template gewählt, das nicht so sehr nach Wikipedia aussieht, nämlich das *Artic*-Template (`http://www.chimeric.de/projects/dokuwiki/template/arctic`). Es ist flexibel und vielseitig anpassbar, aber auch schon in seiner Grundkonfiguration gut zu nutzen.

Das Arctic-Template besticht auch durch die Möglichkeit, Module für die Seitenleisten zu erstellen und einfach einzubinden. Ich habe davon reichlich Gebrauch gemacht. Und vor allem sieht es nicht mehr aus wie ein Wiki, sondern wirklich wie ein CMS. Nur die kleine Icon-Leiste oben unter dem Header zeigt dem Eingeweihten noch, dass hier im Hintergrund eine Wiki-Engine werkelt.

Für den Nachrichtenteil sorgt wieder das *Blog Plug-in* für Struktur und Archivierung. Ansonsten werden nun nach und nach Informationen über Neukölln eingespeist und verlinkt. Die Idee dahinter ist, dass langsam, aber sicher das Projekt zu einer Art Multimedia-Online-Enzyklopädie über Neukölln heranwächst.

Die Webseite heißt *Der Rollberg* und ist unter `http://www.rollberg.de/` zu finden.

8.5 Noch mehr Wiki-Ideen

Ein Wiki ist eines der vielseitigsten Werkzeuge im Web. Es ist leicht aufgesetzt und man kann es für sehr viele Zwecke einsetzen. Klassisch ist der Einsatz eines Wikis zur Projektdokumentation zum Beispiel in der Software-Entwicklung. Aber es gibt auch noch andere Dinge, die mir so durch den Kopf gehen:

- Ein Wiki als nichtlineares Spiel, als nichtlineare Novelle oder multimediales Abenteuerspiel. Nein, auch ich will ein Wiki nicht zu einer vollen 3D-Multimedia-Game-Engine für Ego-Shooter ausbauen, aber ruhige *Point-and-Click-Adventures* lassen sich sicher mit einfachen Mitteln mit einem Wiki realisieren. Dabei kann man Bilder, Texte und sogar Videos mischen. Wer baut also das nächste *Myst* auf Wiki-Basis?
- Ich war in den siebziger Jahren viel in England unterwegs und habe dabei auch oft in Jugendherbergen übernachtet. Dort hingen vielfach in Schaukästen Ergebnisse einer Felderkundung aus, die Schulklassen dort durchgeführt hatten. Eine Arbeitsgruppe beschäftigte sich mit der Geschichte der Gegend, in der die Jugendherberge lag, eine weitere mit der Geographie, eine dritte mit der Geolo-

gie, eine vierte mit der Landwirtschaft, eine fünfte mit der Wirtschaft etc. All diese oft reichlich bebilderten Seiten schrien eigentlich danach, in einem Wiki zusammengefasst und verlinkt zu werden. Leider gab es damals noch keine Wikis. Aber für solch eine Form fächerübergreifender Zusammenarbeit in der Schule eignet sich ein Wiki hervorragend.

- Eigentlich trivial, aber da ich ja schon den Rollberg von einem CMS nach DokuWiki portiert habe: Vereins- oder ähnliche Seiten lassen sich oft einfacher in einem Wiki als in einem CMS nutzen, da die Bedienung einfacher ist und nicht das Spezialwissen voraussetzt, das doch für die Bedienung eines einigermaßen sicheren CMS notwendig ist.

Abb. 8.12: Das CDLI-Wiki an der University of California in Los Angeles

- Der Einsatz von Wikis in der Wissenschaft ist zurzeit eines meiner Lieblingsthemen. Ob es um das gleichzeitige Schreiben an einem Buch geht oder die Verbindung von Wiki und (Spezial-)Datenbank gewünscht wird: Für ein Projekt zum Beispiel, in dem Wissenschaftler weltweit verstreut über den Inhalt und die Übersetzung von ca. 4.000 Jahre alten Keilschrifttafeln diskutieren, habe ich ein DokuWiki aufgesetzt (Screenshot Abbildung 8.12), das eine einfache Schnittstelle zur Datenbank der Keilschrifttafeln besitzt und in dem die beteiligten Wissenschaftler gemeinsam an Übersetzungen etc. arbeiten. Als Basis habe ich übrigens auch hier das *Arctic-Template* genommen (Link: `http://cdli.ucla.edu/wiki`).
- Auch zur Konferenzvor- und -nachbereitung lassen sich Wikis nutzen. Und am Ende der Konferenz hat man im Idealfalle die Online-Fassung eines *Proceedings-Bandes*, eventuell ergänzt um multimediale Elemente wie Audio- oder Videomitschnitte der Vorträge, Filme und Fotos etc.

Sie sehen, die Möglichkeiten, die Wikis bieten, sind noch lange nicht ausgeschöpft. Sobald Sie sich nur ein wenig länger damit beschäftigen, kommen auch Ihnen sicher neue Ideen. Vor allem, wenn Sie weiter unten die Abschnitte über Multimedia im Netz lesen werden. Zumindest ich gerate da leicht ins Träumen. Mehr dazu gibt es im Kapitel über das *multimediale Web*.

Doch zuvor unterhalten wir uns erst einmal kurz über *Content-Management-Systeme (CMS)* und dann gibt es noch ein technisches Kapitel, das eines der wichtigsten Werkzeuge des neuen Mitmach-Webs vorstellt: die Syndizierungsformate RSS und Atom.

Kapitel 9

Was sind eigentlich CMS?

Content-Management-Systeme (CMS) sind die Großraumschiffe des World Wide Web. Sie sind mit dem Schlagwort angetreten: »Schreibe einmal, publiziere überall« (*write once, publish everywhere*). Sie besitzen neben den Fähigkeiten, die wir von Weblogs- und Wikisoftware kennen

- eine ausgeklügelte Rechte- und Benutzerverwaltung, die dazu vom Administrator konfiguierbar ist.
- ein ausgefeiltes *Workflow*-Management, das über eine einfache Benutzer-, Redakteur- und Chefredakteur-Hierarchie hinausgeht, wie wir es von den Weblogs und Wikis kennen. Natürlich ist auch diese Rollenverwaltung konfigurierbar.
- die Möglichkeit, Artikelklassen und deren Layout festzulegen.
- eine ausgefeilte Asset-Verwaltung (das ist die Verwaltung von Bildern und Multimediadateien) und deren Rechtevergabe.

Darüber hinaus trennen *professionelle* CMS zwischen einem *Produktionsserver*, auf den die Leser zugreifen, und einem *Redaktionsserver*, der für die Arbeit der Redaktion zuständig ist. Nach der Freigabe durch die dafür zuständigen *Chefredakteure* werden die Daten inklusive aller Abhängigkeiten auf den Produktionsserver übertragen.

Und nur wirklich teure Systeme werden dem Anspruch *write once, publish everywhere* wirklich gerecht. Bei meinem Arbeitgeber wird ein System eingesetzt, das aus den erfassten Daten nicht nur die Webseite der Institution generiert (Internet), sondern auch das Jahrbuch der Gesellschaft (Print) und eine CD-ROM. Dieses System hatte allerdings auch seinen (sechsstelligen) Preis. Kleinere Systeme trennen meistens nicht zwischen Redaktions- und Publikationsserver und können in der Regel auch nur Internetseiten publizieren.

Ich habe lange überlegt, ob ich ein oder zwei CMS in dieses Buch mit aufnehmen soll, habe mich aber letztendlich dagegen entschieden. Denn die Administration solch eines Content-Management-Systems ist aufwendig und die Erläuterungen dazu würden den Rahmen dieses Buches sprengen.

Nichtsdestotrotz möchte ich zwei Open-Source-CMS empfehlen, mit denen Sie Ihre ersten Schritte in diesem Bereich unternehmen können. Zu diesen beiden Systemen gibt es auch genug Literatur, mit deren Hilfe Sie den Sprung ins kalte Wasser wagen können. Im Literaturverzeichnis habe ich einige empfehlenswerte Bücher zu diesen beiden Systemen aufgenommen.

9.1 Drupal

Drupal ist ein PHP-basiertes Open-Source-CMS mit ausgefeilten Community-Funktionen. Der Name kommt vom holländischen *Druppel*, also *Tropfen* und das erklärt auch das Icon dieser Software. Sie kann unter `http://drupal.org/` heruntergeladen und installiert werden. Neben PHP benötigt Drupal auch eine MySQL-Datenbank, wahlweise auch PostgreSQL. Sogar ein *Oracle*-Port ist in Entwicklung. Vom eigenen Verständnis her versteht sich Drupal weniger als Content-Management-System denn als Baukasten (*Framework*) für Online Communities. Das System besteht aus einem Kern und zusätzlichen Modulen, die bei Bedarf vom Administrator des Systems heruntergeladen und installiert werden können.

Daneben verfügt Drupal über eine weitere Besonderheit, nämlich den Inhaltstyp *Buch*, mit dem es möglich ist, gemeinsam mit mehreren Menschen an einem größeren (Online-)Projekt zu arbeiten, die Linkstruktur zu überwachen etc., ohne die Übersicht zu verlieren. Das macht Drupal auch für den Einsatz im wissenschaftlichen Bereich interessant.

Und schließlich kann man mit *einer* Drupal-Installation mehrere Websites mit unterschiedlichen Layouts und unterschiedlichen Benutzern hochziehen.

Die Administration ist recht übersichtlich geraten und zum größten Teil auch auf Deutsch verfügbar. Weniger den unbedarften Anfänger denn den schon erfahreneren Web-Benutzer stört es ein wenig, dass die Terminologie in vielen Fällen von der von anderen CMS gewohnten ein wenig abweicht. So muss man oft raten, was denn mit einigen Begriffen gemeint ist. Hier hilft aber eines der vielen vorhandenen Bücher oder auch Online-Anleitungen zuverlässig weiter.

Drupal war lange Zeit mein Favorit, was den Einsatz als CMS im Web angeht, wurde aber dann von meiner Begeisterung für DokuWiki überrollt.

9.2 Joomla!

Der zweite CMS-Favorit von mir ist *Joomla!* (nur echt mit dem Ausrufezeichen). Es entstand als Abspaltung des ebenfalls freien CMS *Mambo*, deren Entwickler sich mit dem Rechteinhaber zerstritten hatten. Joomla! benötigt ebenfalls PHP und MySQL auf dem Server (weitere Datenbanktypen sind in der Entwicklung).

Joomla! kann von der Website der deutschen Joomla! -Community (`http://www.joomla.de/`) schon in einer lokalisierten Version (also mit deutscher Benutzerschnittstelle) heruntergeladen und installiert werden. Auch für Joomla! gibt es neben dem eigentlichen Kern viele Zusatz-Module, die vom Administrator heruntergeladen und installiert werden können.

Joomla! ist ein zuverlässiges Arbeitstier mit einem sehr durchdachten und einfachen Administrator-Interface, das die Verwaltung des CMS geradezu zu einem Kinderspiel macht.

Allerdings ist die Anpassung der Layouts oder die Erstellung eigener Templates schwieriger (zumindest empfand ich das) als bei *Drupal*, jedoch bietet die Community schon viele fertige Templates an, die eigentlich für jeden Geschmack etwas bieten sollten, und aufgrund der Popularität der Software sind Joomla!-Sites oft das Ziel von Hackerangriffen. Daher ist der Administrator verpflichtet, regelmäßig auf Sicherheits-Updates zu achten und diese gegebenenfalls zu installieren. Das Problem liegt aber weniger an Joomla! , sondern ist ein Problem vieler PHP-basierter Webseiten. PHP ist nicht gerade eine Skriptsprache, die ich für sicherheitsempfindliche Seiten einsetzen würde.

Trotzdem ist meines Erachtens speziell für kleinere Websites mit regelmäßig zu aktualisierendem Content Joomla! durchaus in die engere Wahl zu ziehen.

Ich habe sowohl Joomla! wie auch Drupal schon mehrfach erfolgreich auf einem Premium-Paket bei Strato installiert und bin dabei ähnlich vorgegangen wie bei der weiter vorne beschriebenen Installation von WordPress oder DokuWiki. Auch aus diesem Grund kann ich diese beiden CMS empfehlen.

Und auch wenn mir die Installation auf einem Strato-Premium-Paket gelungen ist, möchte ich dennoch von dem ebenfalls populären CMS *TYPO3* dringend abraten. Nicht, dass es ein schlechtes System wäre, es ist unter den (PHP-basierten) Open-Source-Paketen sicher eines der leistungsfähigsten. Aber Leistung hat ihren Preis. Das Administrator-Interface ist in meinen Augen eine Administratoren-Hölle. TYPO3 kann man eigentlich nur einsetzen, wenn man einen erfahrenen TYPO3-Administrator zur Hand hat oder willens und in der Lage ist, die steile Lernkurve zu meistern, sich wochenlang mit der Administration von TYPO3 auseinanderzusetzen und dann eigentlich für nichts anderes Zeit zu haben.

Dann und nur dann kann man TYPO3 erfolgreich einsetzen. In diesem Fall verfügt man sicher auch über einen eigenen, dedizierten Server mit Shell-Zugriff. Doch dann stellt sich mir aber die Frage, warum man nicht auf ein Java-/XSLT-basiertes System wie *Magnolia* oder *OpenCMS* ausweicht. Diese beinahe professionellen Content-Management-Systeme sprengen aber auf jeden Fall den Rahmen dieses Buches.

Kapitel 10

Nachrichten senden mit RSS und Atom

10.1 Was ist RSS?

Ob RSS überhaupt eine Abkürzung für irgendetwas ist, ist mittlerweile umstritten. Aber es gibt immer noch die Lesart, dass RSS für *Rich Site Summary* steht, also für eine Zusammenfassung von Nachrichten einer Website. Daneben gibt es die Behauptung, RSS stünde für *RDF Site Summary* oder auch für *Really Simple Syndication*, je nachdem, welcher Glaubensrichtung der Autor angehört.

Ein Besucher, der auf normalen Wege das Web abklappert, tippt URL für URL in seinem Browser oder lässt sich von Link zu Link, den er anklickt, auf seinen Reisen durch die Weiten des WWW leiten. Mit anderen Worten, der Besucher holt sich aktiv *(to pull)* Daten und Content in seinen Rechner. Wenn dies auch (fast) immer funktioniert, ist dies nicht immer der beste Weg. Ein Weblogautor zum Beispiel besucht immer wieder andere Weblogs, muss sich deren URL merken oder in seiner immer umfangreicher werdenden Bookmarksammlung verwalten, merkt bei seinen Besuchen, dass es auf dem Weblog noch nichts Neues gibt oder – bei selteneren Visiten, dass er wichtige Meldungen »verschlafen« hat. So entstehen diese TÄGLICH, ÖFTER und GELEGENTLICH LESEN Linklisten in den Weblogs, die dem Betreiber helfen sollen, die Übersicht nicht zu verlieren.

Sicher, es gibt Hilfsmittel, wie zum Beispiel die Update-Seiten von Weblogs.com, die ein wenig helfen. Aber es zeigte sich, dass dies bei steigender Nutzerzahl nicht das richtige Mittel war, dem Chaos Herr zu werden. Es hatten sich oft so viele Nutzer registrieren lassen, dass das Scannen, ob eine Seite aktualisiert wurde, länger als eine Stunde dauerte und so die stündlichen Update-Listen schon bei ihrer Erstellung nicht mehr aktuell waren. Außerdem litt Weblogs.com an chronischer Überlastung, so dass die Update-Seite sehr langsam lud oder manchmal bis oft sogar überhaupt nicht zu erreichen war.

Ein anderer Weg, der – natürlich mit unterschiedlichen Techniken und Formaten, wie sollte es anders sein – schon vor einigen Jahren von Netscape und Microsoft beschritten wurde, ist der, dass der Anbieter selber informiert, wenn sich seine Seite geändert hat. Er stellt eine Datei ins Netz, die der Webbenutzer via `http` (dem Standardprotokoll der Browser) abrufen kann und die ihn informiert, ob sich die Seiten geändert haben. Als Format dafür bot sich XML an. Spezielle Programme (Aggregatoren) sammeln diese Informationen und stellen sie dem Benutzer (konfigurierbar, das heißt aus den gesammelten Informationen stellt sich der Surfer seine Auswahl zusammen) zur Verfügung. Dies war vor allen Dingen für die Verwendung in Portalseiten gedacht, wo der Nutzer aus diversen News-Quellen sich seine persönliche Nachrichtenseite zusammenklicken sollte. Aus historischen und marketing-technischen Gründen fingen diese Portale meist mit *my* an, wie zum Beispiel *myNetscape.com* oder *myUserLand.com*. Der Benutzer bekommt die Daten gewissermaßen geliefert *(to push)* und muss nicht mehr selber nach den aktuellen Seiten suchen *(to pull)*. Die einzelnen Seiten, die auf den Aggregatoren zusammengefasst werden, nennt man *channel*. Und eigentlich sollten diese Channel nur die Überschriften der Nachrichten und eventuell eine kurze Zusammenfassung *(summary)* und den Link auf die Original-Seite enthalten, nicht jedoch die Nachricht selber. (Der User sollte schließlich – nachdem er sich überzeugt hat, dass die Information ihn interessieren könnte auf die eigenen Seiten gelockt werden.)

Damit nun die Aggregatoren die Dateien überhaupt lesen konnten, musste man sich auf ein gemeinsames Format einigen – und dieses Format war RSS, das damals allgemein noch für *Rich Site Summary* stand.

10.2 RSS, RDF und Atom

Das älteste Format dieser Art ist wohl das 1997 von Dave Winer entwickelte ScriptingNews2XML-Format für sein eigenes Log, das heute noch – wen wundert's – von allen UserLand-Aggregatoren gelesen werden kann, das aber selbst Winer (der ja RSS beständig weiterentwickelt hat) nicht mehr nutzt.

10.2.1 RSS 0.9x: Der Anfang

1999 veröffentlichte myNetscape.com das Format RSS 0.91 (eigentlich RSS 0.9, das wurde aber schon nach wenigen Wochen von RSS 0.91 abgelöst). Dieses Format war lange Zeit das gebräuchlichste RSS-Format und wurde im April 2000 auch von Dave Winers damaligen Firma *UserLand* (er hat sie mittlerweile verlassen) in seine Produkte integriert.

Im Dezember 2000 führte Userland dann das RSS-0.92-Format ein, das abwärtskompatibel zu RSS 0.91 war und in der Hauptsache Erweiterungen erfahren hatte, die Userland für sein Produkt *Radio UserLand* glaubte zu brauchen. Außerdem wurden einige Restriktionen, wie zum Beispiel die Beschränkung auf 15 Items pro Channel, aufgehoben.

Das war der Moment, in dem auch das Verhalten der Aggregatoren wechselte. Waren es bis dahin Server-Programme, die den Benutzer auf Portalseiten die von ihm gewünschten Feeds zusammenstellten, wurden Aggregatoren nun auf dem

Desktop eingesetzt – auch wenn Radio UserLand tatsächlich noch ein »Webserver auf dem Desktop« war. Spätere Feedreader wie NetNewsWire waren dann tatsächlich reine Desktop-Programme, die Aggregatoren auf dem Webserver starben erst einmal beinahe aus.

Erst mit dem Aufkommen von webbasierten Feedreadern wie zum Beispiel *Bloglines* liefen auch die Aggregatoren verstärkt wieder auf einem Server.

10.2.2 RSS 1.0: RSS mit RDF

Daneben arbeitet eine Gruppe an einem RDF-kompatiblen RSS 1.0 und nennt dies auch konsequenterweise nicht mehr *Rich Site Summary*, sondern *RDF Site Summary*. RSS 1.0 entstand etwa zwei Wochen **nach** RSS 2.0 (so viel zur chronologischen Logik der Numerierung) und führte Namensräume (*namespaces*, abgekürzt *ns*) in die RSS-Deklaration ein.

Namespaces können Sie sich ungefähr so wie Ordner im Dateisystem vorstellen, die es Ihnen erlauben, den gleichen Namen mehrmals zu verwenden und trotzdem eindeutig zu adressieren. Ebenso wie es im Dateisystem *kapitel01/index.html* und *kapitel02/index.html* geben kann, trennen Namensräume zum Beispiel *rss:item* von *rdf:item*.

Ziel dieser Abspaltung war es, RSS so aufzubereiten, dass es den Regeln des semantischen Webs, das heißt den Regeln des RDF (*Resource Description Framework*) genügt. Es war die erste RSS-Spezifikation mit einer *offiziellen* DTD (die DTD für RSS 0.9x entstand durch *reverse Engineering* und wurde von Winer auf einem seiner Server gehostet, da es keinen *offiziellen* Server dafür gab).

RSS wurde durch die Einschließung des RDF komplexer, enthielt aber auch ein paar Möglichkeiten mehr.

10.2.3 RSS 2.0

Wie man sich leicht denken kann, war Dave Winer mit RSS 1.0 überhaupt nicht einverstanden. Er hielt das Format für zu kompliziert und befürchtete, dass der durchschnittliche Blogautor dann auf die Syndizierung lieber wieder verzichten würde. Dabei war der Einschluss von RDF in RSS-Feed nicht wirklich neu, die ursprüngliche Spezifikation von RSS 0.9 enthielt es noch, erst in RSS 0.91 flog es – vermutlich auf Betreiben Winers – wieder hinaus.

Wie dem auch sei, lange Zeit behielt im Streit um RDF oder doch lieber RSS 0.9x keiner der beiden Kontrahenten wirklich die Oberhand. Das änderte sich erst, als eine proprietäre Erweiterung von RSS 0.92, die bis dahin nur in Winers eigener Software *Radio UserLand* genutzt wurde, im Zuge der Verbreitung von Audiofiles im Netz als die Erfindung der Podcasts, auf einmal populär wurde.

Winer war und ist ein Fan der Gruppe *Grateful Dead*. Diese erlaubte es damals, dass Bootlegs von Konzertmitschnitten im Web verbreitet werden durften, ohne dass man mit Schreiben vom Anwalt rechnen musste. Und Winer war damals von den Möglichkeiten, die das Abspielen von MP3-Dateien bot, sowieso begeistert. (*Radio UserLand* startete ursprünglich als MP3-Player und nicht als Weblogsoftware, wovon der Name noch Zeugnis ablegt.) Und so gab es in *Radio UserLands*-RSS-Feed die Möglichkeiten, so genannte *Enclosures* einzubinden, Audiodateien, die die Software dann abspielte.

Mit dem Aufkommen des iPod und der Idee, Nachrichten oder Radio im Allgemeinen im Netz zu verbreiten, nutzte Winer die Gunst der Stunde: Er veröffentlichte im Spetember 2002 eine neue Spezifikation, die er RSS 2.0 nannte und die die bisher proprietäre Erweiterung der *Enclosures* in die Spezifikation einbaute. Und da er weitsichtig die *Enclosures* nicht auf MP3-Dateien beschränkte, sondern alle Formen binären Datein einschloß, war auf einmal ein Format für Podcasts und Videocasts (oder Vodcasts) geschaffen. Und Winer sorgte dafür, dass RSS 2.0 kompatibel zu RSS 0.92 blieb.

Zudem übertrug er die Rechte an dem Format an die Harvard University, um die freie Verfügbarkeit für alle Zukunft sicherzustellen.

Als dann auch noch Apple, wenn auch wieder mit proprietären Erweiterungen, RSS 2.0 dazu nutzte, um Casts über den *iTunes Music Store (iTMS)* in seinem MP3-Player iTunes abzuspielen, hatte Winer erst einmal gewonnen. RSS 1.0 verschwand ziemlich plötzlich aus der Diskussion und wird heute eigentlich nur noch von Hardcore-Fans des semantischen Webs eingesetzt.

Winer war übrigens mit den proprietären Erweiterungen, die Apple den Feeds für den iTMS verpasste, überhaupt nicht einverstanden. Er tobte in seinem Blog und hielt sie – meiner Meinung nach zu Recht – für überflüssig.

10.2.4 Der Ausstieg: Atom

Doch eine Unschönheit blieb: Winers Spezifikationen sind an einigen Stellen ziemlich nebulös und das brachte Mark Pilgrim auf. Pligrim hatte einen *ultraliberalen* RSS-Parser in Python geschrieben und wusste also, wovon er redete. War es schon schwierig genug, die inkompatiblen RSS-1.0- und RSS-2.0-Versionen in einem Parser zu vereinigen, die Ungenauigkeiten (zum Beispiel, welches Datumsformat zu verwenden ist) machten die Angelegenheit in vielen Augen nur noch schlimmer. Nach einigen, in meinen Augen dummen Streitereien zwischen Pilgrim mit seinen Anhängern und Winer entschloss sich eine Gruppe um Pilgrim, ein neues Syndizierungsformat zu entwerfen und nannte dieses *Atom*.

Atom will mehr sein als ein reines Syndizierungsformat, es ist auch ein Weblog-Publishing-Format, also ein Format, das von einer Weblogsoftware zum Publizieren und Archivieren der Einträge genutzt werden kann (ich behandle im Rahmen dieses Buches aber nur die Funktionen, die zum Erstellen eines Atom-*Feeds* nötig sind) und vor allem: Atom beruht auf einer eindeutigen Spezifikation (es enthält ein XML-Schema) und ist durch die RFC 4278 standardisiert. Und auch das Datumsformat ist durch die Verwendung von RFC 3339 eindeutig festgelegt.

Aber wie auch immer: Auch Atom enthält kein RDF (mehr), es ist einfach ein weiteres, wenn auch leicht zu implementierendes Syndizierungsformat.

10.3 Warum RSS?

Vielleicht ist es gut, erst einmal damit anzufangen, was RSS nicht ist: RSS ist kein Format, um Weblogs in einem eigenen Design zu lesen, und RSS ist erst recht kein Format, um neckische Audio-Spielereien automatisch auf einen iPod zu übertragen. RSS ist vielmehr Teil der Bemühungen, dem mit dem Wachsen des Webs ebenfalls wachsendem *Information Overflow* Herr zu werden und ein Format zu schaffen, Webinhalte verständlich für Maschinen und Menschen aufzubereiten. Und damit kann ich gleich mit dem ersten Vorurteil aufräumen: Kaum ein Mensch »liest« RSS, RSS wird von Maschinen, Spidern oder Bots (die ich nachfolgend nur noch »Agenten« oder »User-Agenten« nennen werde) gelesen und von ihnen in irgendeiner Form aufbereitet. Erst diese Agenten bereiten den Feed entweder in eine für Menschen lesbare Form auf oder stellen sonst etwas damit an (zum Beispiel annotieren und in eine Datenbank »versenken«, um Grundlagen für eine Data-Mining-Anwendung zu schaffen). Dabei kann der User-Agent durchaus ein Browser sein, wie zum Beispiel der Safari, der in seiner jüngsten Inkarnation auch als Feedreader fungiert.

RSS ist also Teil der Bemühungen um ein semantisches Web und das wird auch durch die wechselvolle Geschichte des Formates deutlich. Ursprünglich als reine Headline-Syndizierung (also nur Überschriften) gedacht, wurde es mit RSS 1.0 Teil der Bewegungen um ein Resource Description Framework (RDF), versuchte also, neben den eigentlichen Inhalten auch noch Metadaten zu transportieren.

RSS ermöglicht daher im einfachsten Falle, mit Hilfe eines User-Agenten, wie zum Beispiel *NetNewsWire (lite)*, genau das, wozu die meisten Blogger es anwenden: Er prüft nach, ob eine Website (nicht notwendigerweise ein Blog) ein Update erfahren hat oder nicht, ohne dass der Nutzer selber mehrmals täglich und meist erfolglos die Seite ansurfen müsste. Für diese (wichtige) Information ist es erst einmal unerheblich, ob der Feed nur als Überschrift, als Überschrift mit *Abstract* (Zusammenfassung) oder als *Vollquote* (das ist der vollständige Artikel) vorliegt. Der Agent zeigt einfach nur an, dass es neue, ungelesene Meldungen gibt. Erst jetzt erfolgt der zweite Schritt, indem beurteilt wird – entweder maschinell oder durch den User –, ob der Inhalt der Neuigkeiten für den Nutzer relevant ist, das heißt, ob er dieses Update ansurfen oder sonst irgendetwas damit anstellen will. Hier spielt es dann doch eine Rolle, in welcher Form die Feeds vorliegen. So funktioniert zum Beispiel der reine Überschriften-Feed von *Heise Online* gerade noch, da die Überschriften dort in der Regel eine Zusammenfassung der Meldung vornehmen, der Feed der *Telepolis* hingegen (Headline und Sub-Headline) ist eine reine Katastrophe, da aus der oftmals gewollt irreführenden Überschrift und der ebenfalls mitgelieferten Sub-Headline überhaupt nicht auf den Inhalt des Artikels zu schließen ist. Vorbildlich hingegen sind zum Beispiel die Feeds von *Golem.de* und *O'Reilly Network* (Headline und Abstract), die immer gut, kurz und knapp den Inhalt der syndizierten Artikel wiedergeben.

Und Vollquote? Vollquote ist meiner Meinung nach gerade bei langen Artikeln, wie sie zum Beispiel das O'Reilly Network liefert, auch nicht immer gut, das geht in vielen Fällen über das Ziel von RSS und RDF hinaus. Bei den meist kurzen Artikeln des Schockwellenreiters funktioniert Vollquote natürlich (und außerdem wollten viele meiner Leser Vollquote-Artikel haben und da meine Software das ohne größere Verrenkungen hergibt ...).

Eine der am meisten geäußerten Befürchtungen im Zusammenhang mit der Content-Syndizierung ist, dass ja dann der Leser nur noch den RSS-Feed lesen, aber gar nicht mehr die eigentliche Webseite mit den mühsam zusammengeklaubten Werbeaufträgen besuchen würde. Dem ist entgegenzuhalten, dass die meisten Aufrufe der Feedseiten Aufrufe von Robotern sind; sie als *PageViews* mit entgangenen Werbeeinblendungen zu zählen, ist daher sicher unseriös. Ich schätze einmal, dass nur etwa jeder hundertste Aufruf des Feeds dann im Aggregator vom Leser auch tatsächlich gelesen wird.

Während der ganzen restlichen Aktivitäten »unterhalten« sich einfach nur zwei Computer. Aber das ist nicht so sinnlos, wie es sich zuerst anhört: Der Spider entlastet ja damit den Besucher von der für ihn nutzlosen Aktivität, nachzuschauen, ob es etwas Neues gibt. Wenn der RSS-Spider auf etwas Neues gestoßen ist, wird die Neuerscheinung ja dann in der Regel fett markiert oder sonstwie hervorgehoben im Aggregator des Users dargestellt und – das ist zumindest meine Erfahrung – wenn eine Überschrift das Interesse weckt, dann klickt der User auch auf die Überschrift und schon hat man einen neuen Besucher auf seinen Seiten.

Das Verhalten zumindest des fortgeschrittenen Web-Benutzers hat sich entsprechend geändert. Er klickt sich nicht mehr durch die Seiten durch in der Hoffnung, etwas Neues zu entdecken. Er erwartet, dass er mittels RSS-Feed »beliefert« wird, wenn es etwas Neues gibt. Seiten ohne RSS-Feed werden von ihm schlicht und einfach ignoriert und gar nicht mehr gelesen. So steckt viel Wahrheit in dem viel zitierten Spruch *No Feed, no Read!*

Nur wer RSS-Feed anbietet, wird in Zukunft überhaupt Besucher auf seine Seiten ziehen können. Ohne RSS-Feed wird die Seite ungelesen dahindümpeln. Und das ist zumindest bei den meisten Seiten doch nicht gewünscht, oder?

10.4 RSS in the Wild

Fast jedes Werkzeug wächst mit der Zeit seiner Nutzung über seine ursprüngliche Zweckbestimmung hinaus. Und so wird RSS schon lange nicht mehr nur dafür genutzt, neue Blogeinträge und Nachrichten an die Aggregatoren der Nutzer zu liefern, etliche andere kreative Anwendungen sind schon entstanden.

10.4.1 Portalseiten und RSS

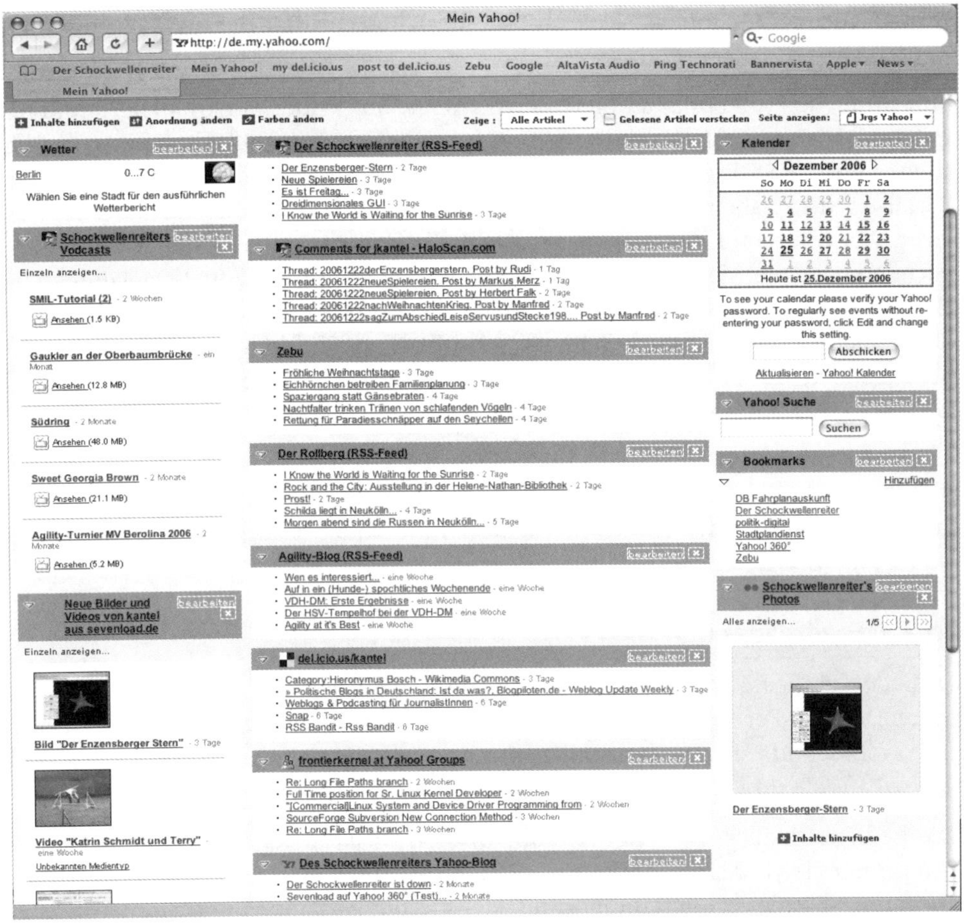

Abb. 10.1: Meine Startseite bei Yahoo! mit den von mir hinzugefügten Feeds, die einen Überblick über meine diversen Web-Aktivitäten geben

Es gibt tatsächlich immer noch einige Unentwegte, die RSS dazu nutzen, wofür es ursprünglich entwickelt wurde: Sie füttern Portalseiten, wie zum Beispiel die von Yahoo! oder Google, mit den Nachrichten, die sie interessieren, und sie haben dadurch so etwas wie eine rudimentäre, personalisierte Nachrichtenseite, also eine Seite, die im Idealfall nur die Nachrichten enthält, die sie interessieren. Das funktioniert mehr oder weniger gut, kann aber durchaus sinnvoll sein.

Ich selber nutze meine Yahoo!-Startseite (Abbildung 10.1) dazu, alle die RSS-Feeds zu sammeln, die von meinen eigenen diversen Netzaktivitäten gefüttert werden, seien es die hochgeladenen Fotos bei Flickr, die neuen Videos bei Sevenload oder auch einfach meine diversen Blogs, Test- und Nachrichtenseiten. So habe ich wenigsten einen rudimentären Überblick, was ich im Netz so alles anstelle. Und da ich eigentlich wissen sollte, was ich geschrieben, gefilmt und Fotografiert habe, stört es nicht, dass hier tatsächlich nur die Überschriften der Artikel angezeigt werden.

Eine ähnliche Funktionalität bietet auch Google auf seiner personalisierten Startseite an. Für die Erstellung dieses Buches habe ich mir auch dort ein paar der angebotenen RSS-Feeds eigebunden, um ein weiteres Beispiel für RSS-Feeds in Portalseiten zu haben. Doch schon nach kurzer Zeit habe ich die Feeds wieder entfernt. Wer will schon, dass die sonst so schnelle Google-Startseite erst funktioniert, nachdem sie die vielen unterschiedlichen Widgets und Gadgets geladen hat? Google lebt davon, dass es eine schnelle, leicht zu erreichende Suchmaschine ohne überflüssigen Schnick-Schnack ist. Mit dem Einbinden der Feeds macht man die Seite nur langsamer. Daher ist meine Strategie: Yahoo! für die Feeds und Google für die Suche.

Obwohl ... mittlerweile habe ich angefangen, mich mit iGoogle anzufreunden (vgl. Abbildung 10.4). Ich besitze nämlich – wie fast alle Informatiker – einen viel zu großen Spieltrieb, um nicht doch wieder all die netten Gadgets ausprobieren zu wollen, die Google für seine Portalseiten anbietet.

10.4.2 Feedreader und Blogs

Doch der häufigste Weg, wie RSS genutzt wird, sind sicher immer noch die klassischen Desktop-Feedreader oder *Aggregatoren*. Sie sind für viele die Kommandozentrale, von der aus sie der Nachrichtenflut im Web Herr zu werden versuchen und von wo aus sie ihre Weblogs mit Nachrichten füttern.

Die Bedienung aller Aggregatoren, ob auf dem Desktop oder im Netz, ist eigentlich immer gleich: Man abonniert die RSS-Feeds, die man wünscht, und von da an suchen die Reader selbstständig in fest definierten Abständen die bereitgestellten Feedseiten im Netz auf und schauen nach, ob es etwas Neues gibt. Wenn ja, wird es dem Nutzer angezeigt.

Es gehört allerdings zum guten Ton, nicht häufiger als unbedingt nötig die Feeds abzuklappern, denn jeder Seitenaufruf ist eine Belastung auf dem Server desjenigen, der den Feed bereitstellt. Und besonders populäre Seiten können darunter ganz schön leiden. Ich habe zum Beispiel den Schockwellenreiter und speziell seinen RSS-Feed aus diesem Grund wieder als statische Seiten ins Netz gestellt. Einige Aggregatoren schauten im Minutenrhythmus nach, ob es bei mir etwas Neues gibt – und das 24 Stunden am Tag und sieben Tage die Woche. Die daraus resultierende Belastung von einigen 10.000 Aufrufen die Stunde brachte das von mir angemietete Serverchen und das darauf laufende CMS *Zope* regelmäßig zum Absturz. Ein Aufruf-Intervall von zehn Minuten sollte selbst bei Vielschreibern wie mir ausreichen, damit sind die Aggregatoren immer auf dem Laufenden.

Höchstens bei Ticker-Seiten wäre es meiner Meinung nach legitim, das Intervall zu verkleinern, aber auch hier sollte man zwischen zwei Aufrufen wenigstens zwei Minuten verstreichen lassen, es warten ja schließlich auch noch andere Aggregatoren in der Schlange.

Ich selber werfe den Spider meines Desktop-News-Readers manuell nur bei Bedarf an. Gebranntes Kind scheut bekanntlich Feuer ...

Der bekannteste Desktop-Aggregator auf dem Mac ist sicher *NetNewsWire* (`http://www.newsgator.com`), der in der kostenlosen Lite-Version auch von mir täglich genutzt wird. Die Vollversion ist mit rund 30 US-Dollar aber auch nicht zu teuer und bietet einige zusätzliche Features wie die Synchronisation mit dem weiter unten vorgestellten Online-Newsreader *Bloglines* oder die Möglichkeit, NetNewsWire auch als Blog-Client zu nutzen.

Das herausragendste Feature von NetNewsWire ist meiner Meinung nach die Funktion COPY HTML und COPY HTML WITH ATTRIBUTION, die die aktuelle Nachricht so in die Zwischenablage kopiert, dass sie im Weblog direkt weiterverwendet werden kann.

Feedlisten können via OPML (das ist ein spezielles XML-Format, das von Dave Winer ursprünglich für Outliner entworfen wurde, mittlerweile aber auch von vielen Feedreadern beherrscht wird) exportiert und importiert werden.

Aus dem gleichen Hause Newsgator kommt auch der Aggregator *FeedDemon* für Windows, der mit NetNewsWire vergleichbar ist.

Wer auf seinem Mac lieber einen Open-Source-Desktop-Reader nutzen will, sollte sich das Programm *Vienna* (`http://opencommunity.co.uk/`) einmal anschauen. Die Bedienung ist der von NetNewsWire ziemlich ähnlich. Das Programm nutzt die Funktion der *intelligenten Ordner* von Mac OS X und ermöglicht so diverse Sichten (zum Beispiel nur ungelesene oder nur gelesene Nachrichten) eines Feeds. Außerdem können die Feeds gespeichert und somit Nachrichten archiviert werden, auch wenn sie aus dem Feed des Anbieters verschwunden sind (eine nützliche Eigenschaft, die Vienna mit dem weiter unten erwähnten *Google Reader* teilt). Auch Vienna beherrscht den Import und Export von OPML-Listen.

RSS Bandit (`http://www.rssbandit.org`) ist ein Open-Source-Reader für Windows, der auf dem .NET-Framework basiert, das daher auf dem Zielrechner installiert sein muss.

Ein weiterer beliebter Reader ist im Mozilla-Mailprogramm *Thunderbird* integriert. Das Programm steht kostenlos für Mac OS X, Windows, Linux und Solaris zur Verfügung. Der Reader bietet sicher nicht die Funktionsvielfalt der anderen, oben erwähnten Desktop-Reader, aber wer nur einen kleinen, schnellen Aggregator benötigt und Thunderbird sowieso als Mail-Client nutzt, der sollte diese Möglichkeit auf jeden Fall einmal antesten.

Es gibt natürlich noch viel mehr kommerzielle und Open-Source-Aggregatoren und immer wieder kommen neue auf den Markt. Die hier vorgestellten können daher nur als Beispiele und erste Anlaufstelle dienen. Wichtige Neuerscheinungen werden von mir auch immer in meinem Blog *Schockwellenreiter* (`http://www.schockwellenreiter.de`) vorgestellt.

10.4.3 Aggregatoren im Browser

Schon seit einiger Zeit bietet der Apple-eigene Browser für Mac OS X, *Safari*, die Möglichkeit, Feeds direkt im Browser zu lesen. Er nutzt dabei auch die Möglichkeit der *auto detection*: Immer dann, wenn er im Kopf des Quelltextes eine Zeile der Form

```
<link rel="alternate" type="application/rss+xml" title="RSS"
href="http://www.schockwellenreiter.de/xml/rss.xml">
```

findet, zeigt er einen kleinen blauen Button mit der Inschrift RSS in der Adresszeile des Browsers an. Klickt man auf diesen, wird statt der Seite der zugehörige RSS-Feed im Browser aufgerufen. Zwar kann man sich zu Recht fragen, warum man den Feed im Browser lesen soll, wenn man sowieso auf die Originalseite zurückgreifen kann, aber für einige Fälle ist diese Funktion doch sehr nützlich. Ich zum Beispiel nutze es als schnellen, ersten Validator: Der Parser im Safari ist extrem empfindlich, bei vielen Feeds, die trotz kleinerer oder größerer Fehler von anderen Aggregatoren noch gelesen und angezeigt werden, verweigert Safari die Annahme. Und umgekehrt gilt: Was der Safari anzeigt, zeigen meistens auch alle anderen Aggregatoren an.

Das bedeutet nicht, dass der angezeigte Feed tatsächlich validiert, im Zweifelsfalle sollte man sich daher doch nach einem »richtigen« Validator (zum Beispiel `http://www.feedvalidator.org/`) umschauen.

Zum anderen ist die Funktion des Safari, RSS-Feeds in einem *lesbaren* Format (und eben nicht als XML-Quelltext) anzuzeigen, natürlich in den Fällen sinnvoll, in denen Feeds die primäre RSS-Quelle sind und »dazugehörende« Webseiten gar nicht mehr existieren. Das kann zum Beispiel bei Podcasts der Fall sein, aber auch andere Dienste sind ja durchaus als reine RSS-Publikation vorstellbar.

Die aktuelle Version 3.0 des Firefox kann ebenfalls RSS-Feeds anzeigen können. Ich habe dies noch nicht überprüft, vermute aber mal, dass die Engine aus dem oben erwähnten Mailprogramm Thunderbird hier zum Einsatz kommt. Auch wenn dieser Fortschritt natürlich sinnvoll ist, bedaure ich es ein wenig. Während ich den Safari dazu nutzte, mir meine Feeds auf die Schnelle so anzeigen zu lassen, wie sie auch im Aggregator zu sehen sein sollten, nutzte ich bisher den Firefox, um mir den XML-Quelltext des Feeds zur Fehlersuche anzuzeigen. Das ersparte mir das Hochladen des Quelltextes und das Anwerfen eines Editors.

10.4.4 Reader im Netz

Desktop-Feedreader haben den Nachteil, dass sie nur schwer über diverse Computer hinweg zu synchronisieren sind. Wer also zum Beispiel seine Nachrichten einmal auf dem Computer zu Hause und dann wieder auf dem Computer im Büro oder (zum Beispiel im Urlaub) auf einem Rechner in einem Internetcafé lesen will, der ist mit einem der zahlreichen Online-Newsreader sicherlich besser bedient.

Einer der bekanntesten und beliebtesten Online-Aggregatoren im Netz ist *Bloglines* (`http://www.bloglines.com/`), der von dem Suchmaschinenbetreiber Ask.com zur kostenlosen Nutzung bereitgestellt wurde. Dem Umsteiger von einem Desktop-Aggregator wird es dabei ziemlich einfach gemacht: Bloglines kann OPML-Listen (zum Beispiel aus NetNewsWire) importieren. Darüber hinaus bietet Bloglines ein API, also eine Programmierschnittstelle, mit der ein geneigter Programmierer die Funktionalität erweitern kann. NetNewsWire und FeedDemon haben damit die Synchronisation ihrer Feeds mit Bloglines realisiert.

Bloglines ist auch deshalb ungeheuer populär, weil es die Integration der beliebten *Blogrolls* in das eigene Weblog ermöglicht. Diese sind häufig in der Seitenleiste eines Weblogs zu finden und zeigen an, welche der abonnierten Feeds gerade aktualisiert wurden.

Allerdings ist die Benutzerschnittstelle von Bloglines nicht gerade intuitiv, ich musste lange damit herumspielen, bis ich damit zurecht kam. Und ich habe den Eindruck, dass der Spider von Bloglines auch nicht immer sonderlich aktuell ist.

Eine Alternative zu Bloglines ist der im Oktober 2005 von Google vorgestellte **Google Reader** (`http://www.google.com/reader/`) (Abbildung 10.2), der nach einigen Kinderkrankheiten (ey, das Web 2.0 ist für beta) nun eine klare und übersichtliche Benutzerschnittstelle aufweist. Besonders Nutzer von *Google Mail* werden sich hier gleich zu Hause fühlen.

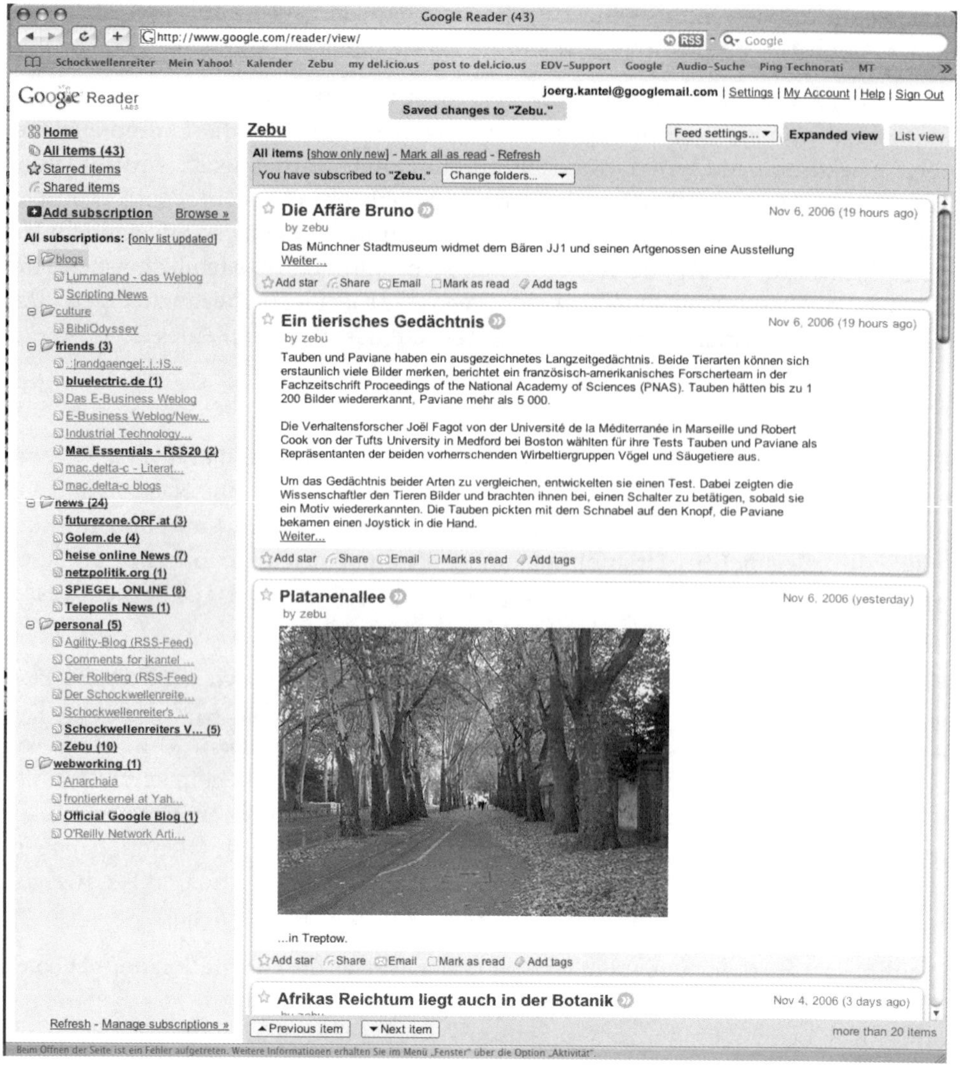

Abb. 10.2: Weblog-Feed im Google-Reader

Auch der Google Reader kann OPML-Listen lesen. Zwar gibt es meines Wissens noch kein API, mit dem man den Reader anzapfen kann, aber auch jetzt sind die Möglichkeiten eigentlich schon beachtlich. Und Google nutzt die eigene Suchmaschinen- und Archivfunktionen, Nachrichten verschwinden beim Google Reader nicht, wenn sie aus den Feeds entfernt wurden, sondern sie werden auf dem Google-Server archiviert und im Reader angezeigt.

Ich neige mehr und mehr dazu, meinem Desktop-Reader zu verabschieden und meine Feeds im Google Reader zu lesen. Dass ich da nicht alleine bin, zeigt auch ein Blick in die täglichen *Referers* (Besucherstatistiken) meines Blogs. Eine wachsende Anzahl der Besucher kommt von webbasierten Feedreadern und Bloglines und Google nehmen dabei eine führende Stelle ein.

Natürlich wäre die Liste der Online-Aggregatoren unvollständig, ohne *Meerkat* (`http://www.oreillynet.com/meerkat/`) aus dem Hause O'Reilly zu erwähnen, einer der ältesten Online-Reader im Netz. Zwar kennt Meerkat nur seine eigenen Feeds, der Nutzer selber kann keine zusätzlichen Feeds hinzufügen. Die vorhandenen können aber sehr umfangreich konfiguriert und mittels diverser APIs angezapft werden.

Allen Online-Readern ist natürlich zu eigen, dass ihre Geschwindigkeit stark von der Schnelligkeit der Internet-Verbindung abhängt, für Modem-Nutzer kann die Bedienung schon einmal zur Qual werden. Aber unterwegs hat man ja oft keine andere Möglichkeit und ein langsamer Aggregator ist immer noch besser als gar keiner.

Und es gibt natürlich noch eine Menge weiterer Online-Aggregatoren unterschiedlicher Ausprägung: Wer sich dafür interessiert, möge einfach einmal die Suchmaschine seines Vertrauens fragen.

10.4.5 Neuerscheinungen per RSS anbieten

RSS-Feeds können zum Beispiel dazu dienen, dass ein Verlag oder ein Softwareproduzent immer über Neuerscheinungen oder Updates informiert. (Auch hier gibt es schon Beispiele, wie der Feed von *SubEthaEdit*, einem kollaborativen Editor für Mac OS X, der das vorbildlich erledigt.) Wie oft habe ich schon vergeblich die Seiten einer Software-Firma angesurft, um nichts zu erfahren, und dann ist das dringend erwartete Update doch unbemerkt an mir vorbeigerauscht.

Aber auch Preisinformationen könnten per RSS publiziert und auf dem Laufenden gehalten werden. Wenn eine genügend große Anzahl von Anbietern RSS nutzt, könnte man den Faden auch weiterspinnen: Auf Preis-Feeds spezialisierte User-Agenten könnten das Netz nach diesen Informationen durchsuchen und für den Nutzer das günstigste Angebot im Netz finden. Die Vision vom Marktplatz Internet wäre ein Stück mehr Wirklichkeit geworden.

Oder denken wir mal an die vielen Pressemitteilungen oder Newslettern, die täglich unsere Mailbox vollmüllen. Wäre es nicht viel praktischer, diese als RSS-Feeds zu bekommen? Abgesehen davon, dass es einfacher ist, RSS-Feeds in eigenen Webseiten weiterzubearbeiten, als erst Mails mühselig umzuschreiben, es wäre auch in rechtlicher Situation eindeutiger. Der Empfänger muss den Feed, egal ob Newsletter, Werbung oder Pressemitteilung, abonnieren und entscheidet damit, ob er sie wünscht oder nicht. Der Anbieter dieser Feeds wäre immer auf der rechtlich sicheren Seite.

Aber auch Rechnungen könnten per Feed verbreitet werden. Derzeit grassieren Spam-Mails, die vorgeben, eine Rechnung eines großen Internet-Service-Providers (ISP) zu liefern. Klickt man auf diese angebliche PDF-Datei, hat man sich einen Trojaner eingefangen. Warum sollte ein ISP Rechnungen nicht als RSS-Feed ausliefern? Als RSS 2.0, die Enclosures sind statt Audio- oder Videodateien eben die PDFs mit der Rechnung. Natürlich müsste jeder Empfänger seinen persönlichen RSS-Feed bekommen, aber das dürfte auch nicht aufwendiger sein als das bisherige Verfahren. *(Diese Idee verdanke ich Siegfried Hirsch vom RSS-Blog,* `http://www.rss-blog.de/`*.)*

10.4.6 Webservices via RSS

Und warum soll man nicht auch so etwas wie den Wetterbericht per RSS-Feed anbieten? Wie Sie im nächsten Kapitel sehen werden, ist es ein Leichtes, RSS-Feeds in die eigenen Seiten einzubinden. So würde man nicht nur den User mit dem aktuellen Wetterbericht beliefern, sondern ihm auch einen Webservice anbieten, den er als *Mashup* nutzen und einbinden kann. RSS-Feeds sind meiner Meinung nach eine der einfachsten Möglichkeiten, Webservices zu liefern, ohne ein großartiges (und sicherheitsanfälliges) API anbieten zu müssen.

Zumindest sind die Grenzen zwischen RSS-Feed und Webservice durchlässig geworden, wie Sie auch im nächsten Abschnitt sehen werden.

10.4.7 Werbung

Als einer der Ersten hat die Werbeindustrie das Potenzial entdeckt, das in der Idee von RSS als Webservice steckt. Einige meiner Werbekunden bieten ihren (ständig wechselnden) Anzeigentext zusammen mit einer »Einbauanleitung« als RSS-Feed an. Sie sind damit sogar in der Lage, site- und seitengenau den Werbetext zu platzieren, der ihrer Meinung nach auf diese Seite gehört, ohne dass ich als Anbieter irgendetwas zu tun hätte: Ich baue nur den Feed einmal in das Template meiner Seiten ein und fertig!

Damit sind dann auch inhaltsabhängige Werbeeinblendungen möglich, wie sie beispielsweise GoogleAds, Amazon oder eBay anbieten, ohne dass JavaScript eingesetzt werden müsste oder dass die Einbindung nur über ein iFrame vom Server des Werbeanbieters zu realisieren wäre.

10.4.8 Die personalisierte (Online-)Zeitung

Aber vor allem kann RSS der »personalisierten« Informationsbeschaffung im Web dienen. So könnte ein Agent beispielsweise mit Hilfe eines Bayes'schen Netzes die eingehenden Informationen nach ihrer Relevanz bewerten und filtern. Das würde im Prinzip ähnlich wie bei vielen Spamfiltern funktionieren: Nach einer ersten Trainingsphase entscheidet der Agent selbsttätig, was relevant und was irrelevant für »seinen« Nutzer ist und stellt die Nachrichten entsprechend zusammen. Natürlich müsste er – ähnlich wie ein Spamfilter – ständig »nachjustiert« werden, aber das Prinzip ist sehr einfach zu realisieren. Ich plane auf dieser Basis schon seit längerer Zeit einen Agenten-gesteuerten Zwilling des Schockwellenreiters, der seinen Feed mit Hilfe solch eines (trainierten) Filters auswertet und dann damit via *XML-RPC* und dem Weblog- oder Meta-Weblog-API oder direkt als eingebundener RSS-Feed (Vollquote) ein eigenes Blog füttert.

Eine frühe Vision von Alan Kay und Apple wäre damit verwirklicht: Die persönliche Tageszeitung, die nach den Präferenzen des Nutzers die Informationen im Netz zusammensucht und sie für ihn aufbereitet.

10.5 Pod- und Vodcasts

Aber wie schon mehrfach erwähnt: Einen neuen Aufmerksamkeitsschub bekam RSS (und dann ist immer nur RSS 2.0 gemeint) mit der Idee des Pod- und Videocasts (in Zukunft der Einfachheit halber *Vodcast* genannt). Und auch, wenn *Spiegel Online* etwas anderes behauptet: Pod- und Vodcasts sind nicht einfach nur ins Netz gehängte Multimediadateien, denn das ist nichts Neues und war eigentlich schon von Anfang an im WWW möglich. Pod- und Vodcasts sind Audio- oder Videodateien, die via RSS 2.0 im Netz verteilt werden. Die dahinterliegende Idee ist eigentlich bestechend einfach und hat tatsächlich mit Apples *iPod* zu tun:

Podcast ist ein Kunstwort aus *iPod* und *Broadcasting*, dem englischen Begriff für Radio. Man dachte einfach an gesprochene und mit *Jingles* versehene Nachrichtensendungen (denn der videofähige iPod war noch nicht auf dem Markt), die mithilfe des *Enclosure*-Elements von RSS 2.0 ins Netz gestellt werden. Darauf spezialisierte Aggregatoren, ursprünglich ausschließlich Apples *iTunes*, sind in der Lage, diese Feeds zu lesen, die Multimediadateien herunterzuladen und sie dann je nach Voreinstellung entweder zum Abspielen bereitzustellen, wann immer der Benutzer es will, oder sie – und das war der eigentliche Clou – direkt auf den angeschlossenen iPod wieder hochzuladen. Der Benutzer sollte so in die Lage versetzt werden, seine morgendlichen Nachrichten immer und überall, auch in der U-Bahn oder im Auto, auf seinem iPod hören zu können.

Podcasting ist natürlich schon lange nicht mehr auf iTunes und den iPod beschränkt, es gibt mittlerweile viel mehr Software, die RSS-2.0-Feeds mit Podcasts lesen und auch auf andere mobile Player und nicht nur auf den iPod übertragen kann. Und natürlich blieb die Idee nicht auf Audio-Dateien begrenzt: Spätestens mit dem Aufkommen des iPod-Video lag die Idee, diesen Distributionsweg auch auf Videos auszuweiten, einfach nahe.

10.6 RSS-Feeds als primäre Publikationsform

Und damit wird natürlich klar, dass eine herkömmliche Webseite als »primäre« Publikationsform für Pod- oder Vodcasts gar nicht mehr nötig ist. Bei dieser Form der Webpublikation hat der Browser als Client ausgedient, iTunes oder *Miro* treten an die Stelle von Firefox oder Safari. Oft dient eine Weblogsoftware, wie zum Beispiel WordPress, nur noch dazu, den entsprechenden Feed zu generieren, als eigentliche Publikation wird das Weblog nicht mehr benötigt.

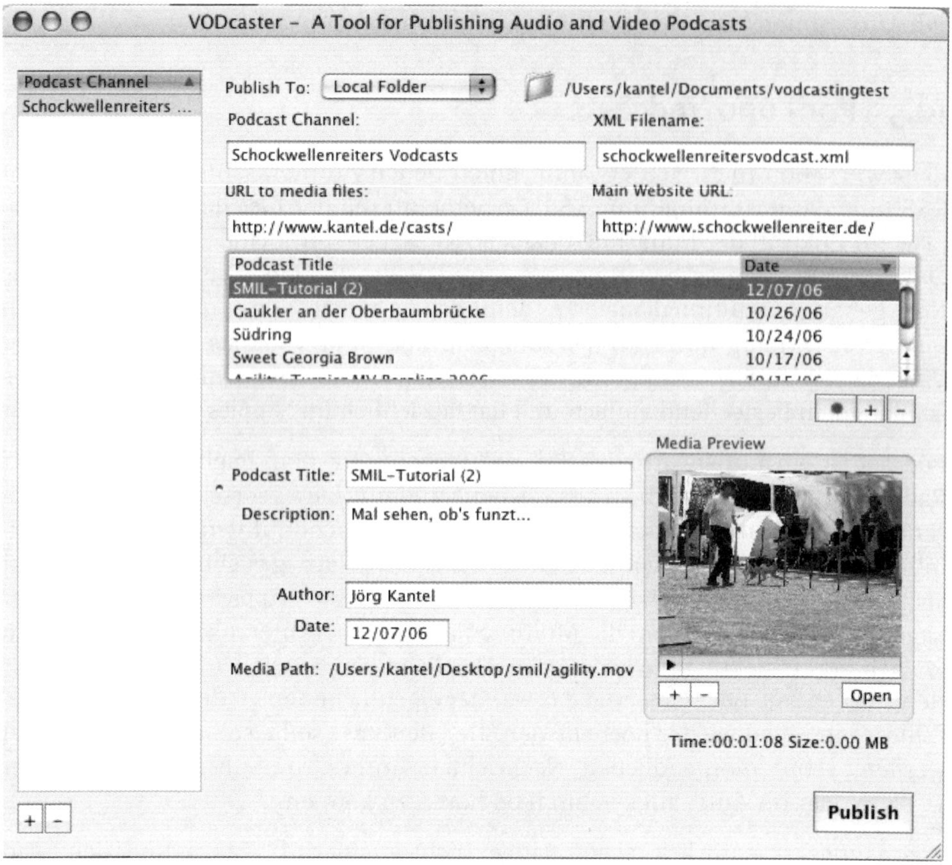

Abb. 10.3: VODcaster

Aber selbst hier gibt es schon Abhilfe: Software, wie zum Beispiel das Mac-OS-X-Programm *VODcaster* (`http://www.vodcaster.org`) erstellen den Feed für Pod- und Vodcast, ohne dass ein Weblog oder eine Nachrichtenseite dafür benötigt wird.

Und auch die weiter oben angedachten RSS-Feeds für Presseerklärungen oder Newsletter kämen durchaus ohne begleitende Website aus, obwohl es hier zum Nachschlagen und Archivieren durchaus sinnvoll sein kann, solch eine Website noch ins Netz zu stellen. Aber hier würden sich die Prioritäten umkehren, die Website wäre das nachgeordnete Medium und der RSS-Feed die eigentliche Nachricht.

Für auf RSS basierende Feeds für Webservices ist eine Website erst recht nicht mehr nötig, hier braucht man nur eine Handvoll Skripte, die den Feed für die Kundschaft generieren.

So lässt sich feststellen, dass RSS vom Anhängsel von Webseiten auf dem Weg zu einer eigenständigen Publikationsform im Netz ist.

10.7 Workshop: Eine personalisierte Startseite bei iGoogle anlegen

Abb. 10.4: iGoogle

Google bietet nicht nur die klassische spartanische Startseite, die den Suchmaschinengiganten zu Anfang so berühmt gemacht hatte, sondern auch eine eher verspielte Einstiegs- oder Portalseite, die *iGoogle*indexiGoogle genannt wird. Sie ist unter der URL `http://www.google.de/ig? hl=de` zu erreichen und erlaubt es ähnlich der weiter oben gezeigten Yahoo! -Portalseite, kleine Spielereien (*Gadgets* genannt) und natürlich RSS-Feeds einzubinden.

Der Nutzer kann sich so sein persönliches kleines News-Portal zusammenbauen, das ihn immer mit dem Neuesten aus seinen Interessensgebieten versorgt. Dazu gibt es eine personalisierte und auf Wunsch auch animierte Titelleiste, die man sich ebenfalls aus einer Unmenge von mehr oder weniger künstlerischer Vorlagen aussuchen kann.

Im folgenden Workshop gehe ich davon aus, dass Sie schon eine personalisierte Startseite bei Google besitzen, und wir legen daher eine zweite Seite an. Wenn nicht, (fast) alles Gezeigte gilt natürlich auch für die Startseite.

Unsere Idee ist es, eine Seite anzulegen, die alle Nachrichten aus unserer Heimatstadt, unserem Heimatort oder unserem Heimatbezirk sammelt. Ich wohne in Berlin-Neukölln, einem Stadtbezirk mit ca. 320.000 Einwohnern, also sollte es darüber schon etwas Berichtenswertes geben.

Zuerst legen wir eine neue Seite namens *Neukölln* an. Natürlich müssen Sie dazu eingeloggt sein, sonst können Sie Ihre personalisierte Seite weder sehen noch bearbeiten.

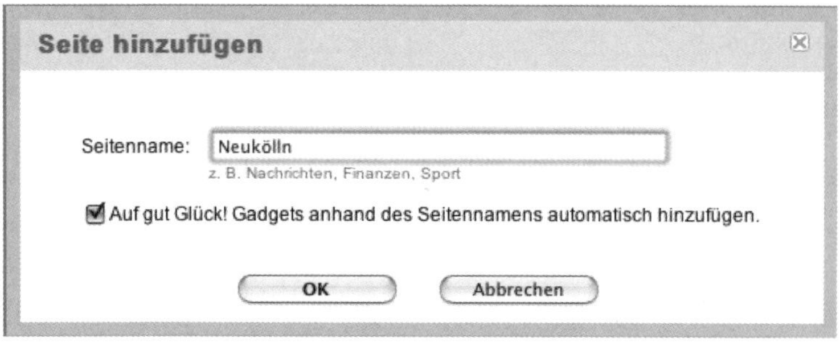

Abb. 10.5: iGoogle: Seite hinzufügen

Google bietet uns an, wahlweise und »Auf gut Glück« selber nachzuschauen, ob es etwas zum Namen dieser Seite findet. Im Falle Neukölln hatte ich Pech, Google fand nichts.

Links oben gibt es den Link GADGETS HINZUFÜGEN, wenn wir darauf klicken, kommen wir auf eine Seite, die uns viele kleine Spielereien anbietet, aber wo geben wir ein, dass wir RSS-Feeds einbinden wollen? Mit etwas Glück entdecken wir bei genauem Hinsehen in der rechten Spalte einen Punkt FEED ODER GADGET HINZU-

FÜGEN mit dem kleinen orangen RSS-Symbol und das sieht doch genau nach dem aus, was wir suchen.

Abb. 10.6: iGoogle: RSS-Feed hinzufügen

Klicken wir darauf, öffnet sich ein Feld und wir werden aufgefordert, eine URL einzugeben. Nun grasen wir also alle uns bekannten Seiten über Neukölln ab und suchen die Buttons oder Links für den RSS-Feed. Manche machen es uns einfach, sie haben den Button oder den Link zum Feed deutlich sichtbar auf ihrer Seite, bei anderen müssen wir ein wenig investigative Suche betreiben und ein paar wenige verfügen immer noch nicht über einen RSS-Feed. Letztgenannte haben die Zeichen der Zeit noch nicht verstanden und wir ignorieren sie dann auch geflissentlich.

Wir geben nacheinander die URLs ein und sehen zu, wie sich unsere Seite mit den Neukölln-Nachrichten langsam füllt.

Wenn wir fertig sind, gehen wir zurück zu unserer Seite und fassen die einzelnen Feeds oben an der Titelleiste an und verschieben Sie mit gedrückter Maustaste auf unserer Seite, bis wir eine Reihenfolge gefunden haben, die uns gefällt. Ich habe »normale« Webseiten auf die rechte Spalte geschoben und Weblogs die linke Spalte zugeteilt, denn mit der mittleren Spalte habe ich noch etwas Besonderes vor.

Wie Sie sicher wissen, sammelt Google auch aktuelle Nachrichten, die die Suchmaschine gefunden hat, und bietet diese auf einer eigenen Seite an, die *Google News* genannt wird (`http://news.google.de/nwshp`). Natürlich kann auch diese Seite konfiguriert werden und Sie können Nachrichten zu Stichworten, die Sie selber ausgesucht haben, hinzufügen. Dazu müssen Sie links oben auf den Link DIESE (ANGEPASSTE) SEITE BEARBEITEN klicken und schon können Sie zum Beispiel Nachrichten zum Suchbegriff *Neukölln* hinzufügen.

Wenn Sie nach der Fertigstellung auf »Neukölln« klicken, bekommen Sie nicht nur eine neue Seite, auf der *nur* Nachrichten aus Neukölln stehen, sondern die linke Spalte präsentiert Ihnen auch einen Link zum RSS-Feed (wahlweise können Sie auch einen Atom-Feed nutzen, Google ist das egal). Den fügen wir nun wie gewohnt auf unsere neue Seite ein. Ich habe dafür die mittlere Spalte genutzt.

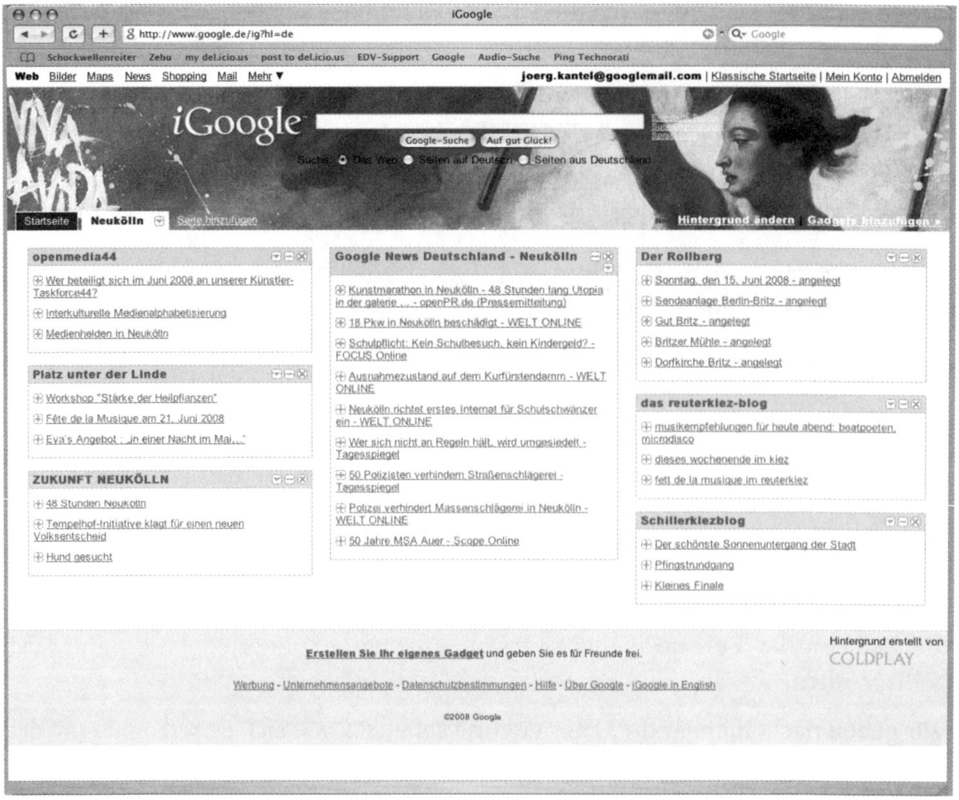

Abb. 10.7: iGoogle: Die fertige Neukölln-Seite

Wenn man in der Titelleiste der einzelnen Feeds auf das kleine Dreieck klickt, bekommt man mehrere Optionen zum Bearbeiten, unter anderem kann man die Anzahl der sichtbaren Einträge erhöhen. Ich habe sie für die *Neukölln Google News* auf neun, die Höchstzahl, festgelegt, damit die mittlere Spalte auch schön voll wird.

Und schon ist unsere neue, kleine Portalseite fertig und wir werden immer frisch mit den Nachrichten aus unserem Stadtbezirk versorgt.

10.8 FriendFeed

Eine relativ einfache Möglichkeit, RSS-Feeds für Ihr Blog oder Ihre Webseite zu nutzen, ist *FriendFeed* (`http://friendfeed.com/`), ein weiterer Web-2.0-Dienst, bei dem Sie sich in gewohnter Weise registrieren. Sie können sich dort einen Account anlegen, der alle RSS-Feeds Ihrer »Freunde« (*Feunde*, das haben Sie sicher schon gemerkt, sind im Web 2.0 so ziemlich alle, die Sie irgendwie kennen) sammelt und aggregiert. Das kann dann die beliebte Blogroll sein, und *FriendFeed* wäre kein Web-2.0-Dienst, wenn er nicht auch *Widgets* und *Badges* bieten würde, die Sie in Ihre Webseiten einbinden sollen.

Abb. 10.8: FriendFeeds Widgets

Das Feed-Widget ist dabei ein durchaus sinnvolles Tool, es kann die beliebte Blogroll ersetzen, die schon fast zum guten Ton eines jeden Blogs gehört. Der Vorteil des FriendFeed-Widgets ist, dass nicht nur angegeben wird, welches Blog oder welche Webseite jüngst aktualisiert wurde, sondern zusätzlich auch noch die Überschrift des Artikels angezeigt wird.

Ich habe einen FriendFeed-Account `http://friendfeed.com/kantel`, der alle meine diversen Web- und Social-Network-Aktivitäten sammelt und aggregiert. Diese wollen wir nun mithilfe des Feed-Widgets auf unserer Jimdo-Seite verfolgen. Dazu klicken wir oben auf EMBED IN A WEB PAGE und dann auf die Überschrift FEED WIDGET und kommen so auf die Seite, die uns die Konfiguration dieses Widgets ermöglicht.

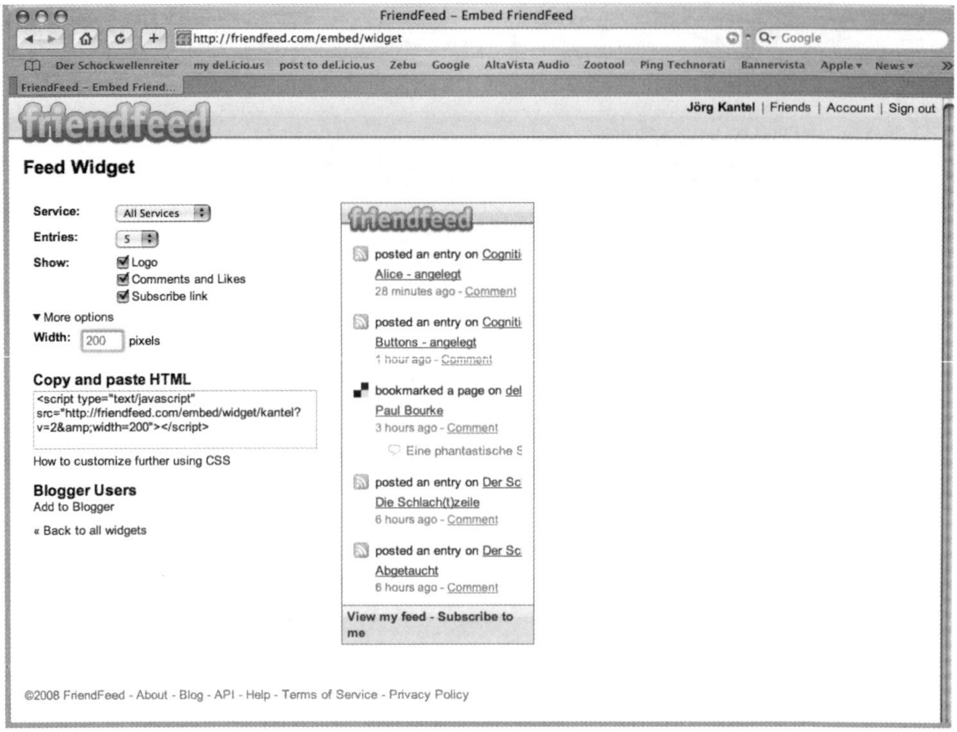

Abb. 10.9: Konfiguration des FriendFeeds Widgets

Leider bricht das Widget Textzeilen nicht um, so dass für die meisten Anwendungen eine Breite von 300 Pixeln nicht unterschritten werden sollte. Damit passt das Widget aber nicht mehr in die üblichen Seitenleisten. Für unser Beispiel ignorieren wir daher diese kleine Unschönheit und setzen die Breite auf 200 Pixel fest. Dazu müssen wir MORE OPTIONS aufklappen und die Breite dort eingeben. Das Textfeld darunter ändert sofort den einzukopierenden HTML-Text.

Den Rest kennen Sie schon: Melden Sie sich auf Ihrem Jimdo-Account an, fügen Sie in der linken Spalte eine neue Überschrift (zum Beispiel *Meine Feeds*) hinzu. Und darunter – Sie ahnen es sicher schon – kommt ein neues Widget, in das Sie den HTML-Text von FriendFeed hineinkopieren. Wenn Sie es nicht sehen können, haben Sie die Breite zu weit gewählt, dann loggen Sie sich einmal aus und melden sich dann wieder an, und schon können Sie es wieder sehen. Um die Breite manuell zu korrigieren, geben Sie einfach hinter *width=* die gewünschte Breite in Pixeln an. Bei unserem Beispielaccount und einer Breite von 200 Pixeln kann aber eigentlich gar nichts schiefgehen.

Abb. 10.10: Das FriendFeeds Widget bei Jimdo

Langsam nähern wir uns der Situation, die für viele moderne Webseiten symptomatisch ist: Der Platz für die vielen, netten Badges und Widgets wird knapp. Das Problem betrifft selten Weblogs oder Nachrichtenseiten – die haben lange Start- und Archivseiten, da sie möglichst viele Meldungen auf einer Seite präsentieren wollen, klassische Homepages können da aber schon einmal in Platznöte geraten. Sie müssen aber auch nicht auf *Teufel komm raus* jedes Widget, das Ihnen über den Weg läuft, in Ihre Webseite einbinden und wenn Sie sich daran sattgesehen haben, können Sie es ja auch wieder löschen.

10.9 Workshop: Blogroll bei Twoday

Und natürlich können Sie dieses Widget genauso einfach in Ihr Twoday-Weblog einbinden (falls Sie noch ein *Free Text Modul* freihaben). Allerdings ist in unserem Beispiel-Blog die Seitenleiste zu schmal, als dass es hier zu einem sinnvollen Ergebnis kommen würde.

Dafür bietet Twoday aber eine bessere Möglichkeit. Es gibt ein Modul *RSS Feed*, mit dem Sie sich eine eigene *Blogroll* basteln können, denn es zeigt die aktuellen Einträge mehrerer RSS-Feeds an. Probieren Sie es ruhig einmal aus.

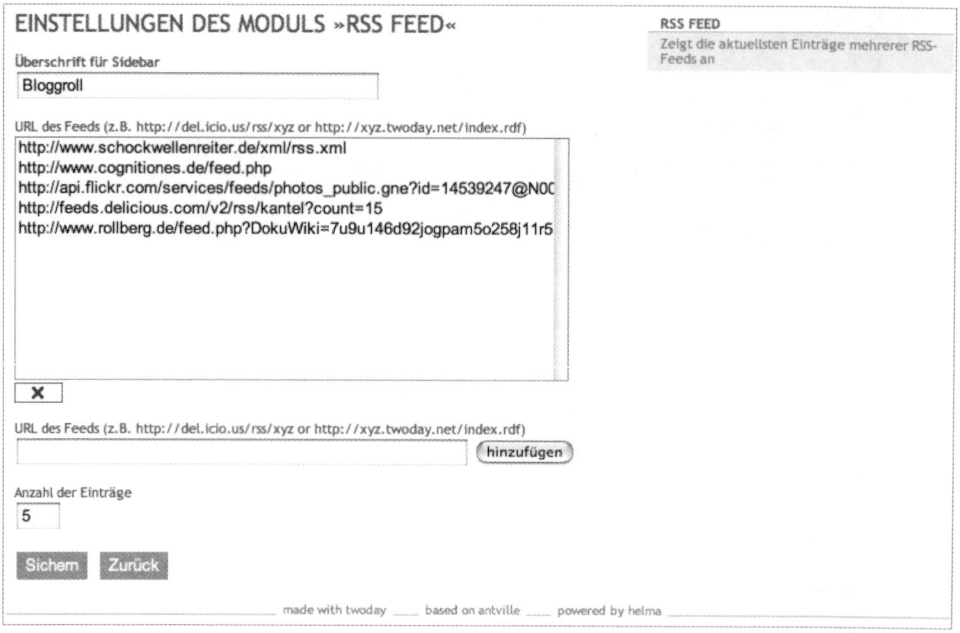

Abb. 10.11: Das Modul *RSS Feed* erstellen

Wir wählen zuerst das Modul aus und ändern die Überschrift in *Blogroll*. Verwirrend ist zunächst, dass wir in das Textfeld nichts eingeben können. Wir müssen die URLs der Feeds in das einzeilige Feld unter dem Textfeld eingeben und dann auf HINZUFÜGEN klicken. Entfernt werden Einträge aber wiederum dadurch, dass wir sie im großen Textfeld markieren und dann auf das rote Kreuz zum Löschen klicken.

Nicht das Sichern vergessen und zurück zur Modulseite. Der Rest verläuft wie gehabt: Wir gehen zu MODULE IN SIDEBARS ANORDNEN, suchen links unsere Blogroll (eventuell müssen Sie ein wenig scrollen) und fügen diese der SIDEBAR I hinzu. Wieder nicht vergessen zu sichern und das war es auch schon.

Nun hat auch unser Lustgarten eine Blogroll. Dank der Kraft von RSS und den Programmierern der Software, die schon von vorneherein diese Möglichkeit eingeplant haben.

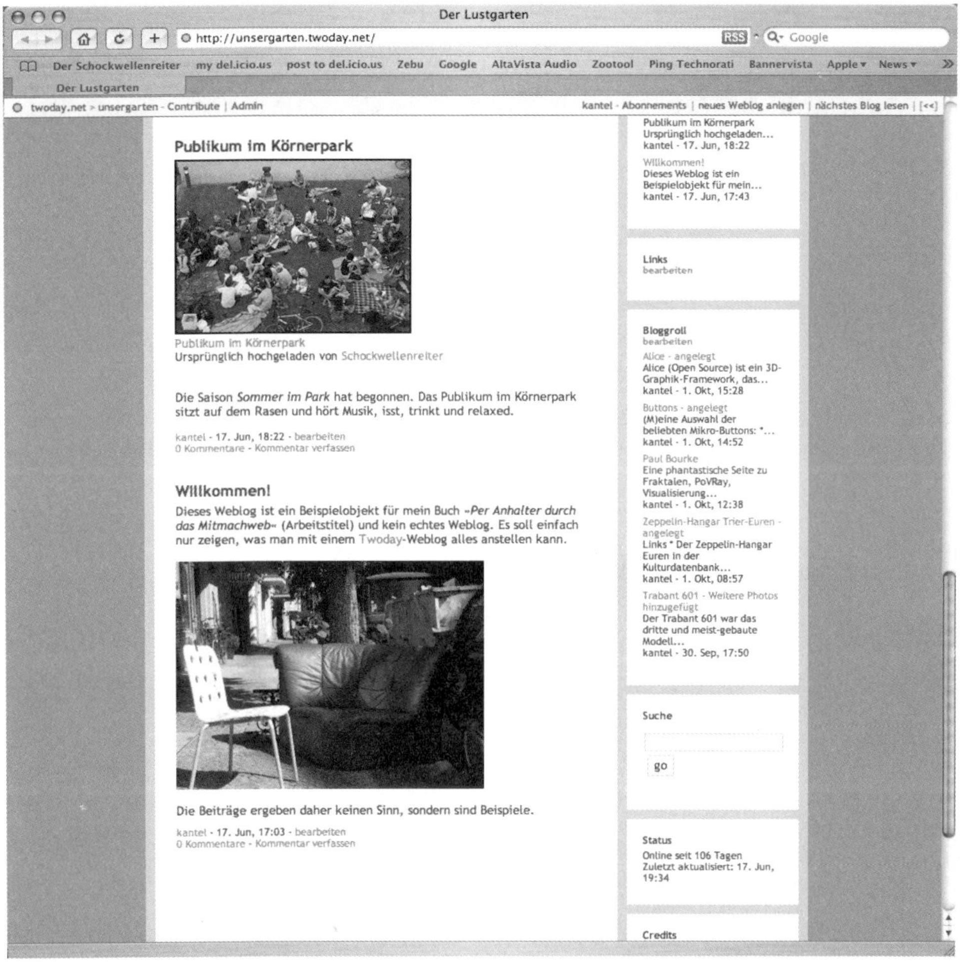

Abb. 10.12: Unser Twoday-Weblog mit einer Blogroll

Wenn Sie übrigens als Administrator bei Twoday angemeldet sind, werden Sie feststellen, dass einige der Sidebar-Module einen BEARBEITEN-Link besitzen. Damit können Sie die Module direkt bearbeiten, ohne zuvor über das Admin-Menü gegangen zu sein. Das ist zwar nur eine Abkürzung, die Ihnen mehr Komfort verspricht, ansonsten ist alles wie gehabt, aber ich finde, es ist eine nette Geste von den Programmierern, die damit zeigen, dass sie auch an uns gedacht haben.

Das Web ist multimedial

Im Gegensatz zu den früheren, rein textbasierten Anwendungen aus der Steinzeit des Internets (*mail, newsgroups, gopher* etc.) war das WWW von Anfang an für die Präsentation multimedialer Inhalte ausgelegt. Schon die ersten Seiten zeigten Bilder, früh kamen Töne und Filme dazu. Doch während die Integration von Bildern in Webseiten von Anfang an genormt war, taten sich die Macher des W3C seltsamerweise mit anderen Inhalten schwer. Das führte dazu, dass die Browserhersteller das nicht standardkonformen `<embed>`-Tag einführten, das bis heute auf vielen Webseiten sein (Un-)Wesen treibt. Das vom W3C vorgeschlagene und viel umfassendere `<object>`-Tag wurde dann nur sehr langsam in die Browser implementiert, so dass der Web-Designer bis heute in der Regel zur Sicherheit mit einer Kombination beider Tags arbeitet, wenn es gilt, multimediale Inhalte einzubinden.

Weiter herrscht Unklarheit darüber, *welche* Formate die Browser verstehen sollten. Während es bei Pixelbildern noch relativ einfach ist – alle Browser verstanden von Anfang an das GIF- und das JPEG-Format, später kam aus patentrechtlichen Gründen noch das (offene) PNG-Format hinzu – herrscht bei Audio- und Video-Formaten fröhlicher Wildwuchs: Microsofts eigene Formate verstand (natürlich) der Microsoft-eigene Browser Internet Explorer, und da er lange Jahre so etwas wie ein 99-Prozent-Browser war, was die Verbreitung anging, glaubten viele, dass das, was der Internet Explorer versteht, auch vom Rest der Browserwelt verstanden wird. Und wenn nicht, war es ihnen egal.

Im Audio-Bereich scheint sich mittlerweile das MP3-Format gegenüber allen anderen Formaten als Quasi-Standard durchzusetzen, diese Entwicklung birgt jedoch eine Gefahr, da das MP3-Format nicht frei ist, sondern »jemandem gehört«, der im Prinzip damit machen kann, was er will, also auch die zukünftige Nutzung verbieten. Das Ogg-Vorbis-Format ist eine freie Alternative mit zurzeit leider noch begrenzter Verbreitung.

Weiterhin fröhlicher Wildwuchs herrscht hingegen bei den Video-Formaten: Zum einen streiten die drei »Großen« Real, Microsoft und Apple mit ihren jeweils eigenen Formaten um die Marktführung, zum anderen bedeutet es noch lange nicht, dass, wenn man den richtigen Player für das richtige Format gefunden hat, der Film auch abspielbar ist; zu viele Codices können den Erfolg verhindern, da die Formate eigentlich nur Container sind, die diverse Multimedia-Inhalte enthalten können. Hier sollte der Multimedia-Produzent vorher ausgiebig testen, bevor er sein Produkt ins Netz stellt.

11.1 Ein Bild sagt mehr als 1.000 Worte

Bilder sind das Salz in der Suppe einer jeden Webseite – auch wenn zu viel natürlich ungesund ist. Bilder sind aber für den Computer – und damit auch für das Internet – gar nicht so einfach zu behandeln. Es gibt einmal zwei grundsätzliche Arten, wie Bilder im Web dargestellt werden: einmal als Rasterformate (Pixelbilder) und einmal als Vektorgrafiken.

11.2 Die Bildformate im Web

Bei Rasterformaten wird das Bild Punkt für Punkt, im Computer Pixel für Pixel gespeichert und dargestellt. Das führt natürlich sehr schnell zu sehr großen, speicherintensiven Bildern, die lokal auf dem Computer vielleicht noch kein Problem sind, aber sobald sie über das Netz vertrieben werden sollen, schon ein Problem darstellen können. Daher wurden Rasterbilder von Anfang des Internets an nur komprimiert vertrieben. Die Pixelformate, die alle Browser (mehr oder weniger) verstehen, sind GIF, JPEG und PNG.

Bei Vektorformaten wiederum werden die Bilder in Form von mathematischen Funktionen und Kurven beschrieben. Dadurch sind sie in der Regel kleiner als entsprechende Rasterbilder. Ihr größter Vorteil jedoch ist, dass sie verlustfrei vergrößert werden können, wenn Sie wollen, bis auf A0 oder sogar noch größer. Lange Zeit jedoch haben Vektorformate (bis auf eine veritable Ausnahme: Flash) keine Rolle im Web gespielt und bis heute sind sie nicht auf allen Browsern ohne Plug-ins abspielbar. Dabei gibt es ein Vektorformat, das schon seit Jahren eine Empfehlung des W3C, des Normierungskomitees des Webs besitzt: SVG. Und die Nicht-Microsoft-Browser Firefox, Opera und Safari unterstützen dieses Format mittlerweile weitgehend. Und daher ist zu hoffen, dass dieses Format und auch das mit HTML 5 vorgesehene Canvas-Element mehr Unterstützung für Vektorgrafiken im Web bringt.

11.2.1 GIF

GIF steht für *Graphics Interchange Format* (deutsch: *Grafik-Austausch-Format*) und war zu Beginn des Webs lange Zeit das beliebteste Format für Bilder im Web. Das lag zum einen daran, dass es eine gute, verlustfreie Komprimierung für Bilder mit geringer Farbtiefe bot (GIF kann maximal 256 verschiedene Farben pro Einzelbild darstellen). Das war zu Anfang des Webs selbst für Fotos kein Problem, da es auch noch viele Monitore und Grafikkarten gab, die ebenfalls nur 256 Farben gleichzeitig darstellen konnten. Der Computernutzer damals war also an diese Einschränkung gewohnt.

Der zweite und wichtigste Grund für die Beliebtheit des Formates war jedoch: GIF-Bilder können für Animationen genutzt werden. Sie funktionieren dabei nach der Art des Daumenkinos, mehrere Einzelbilder werden hintereinander in einer Datei gespeichert und im Browser abgespielt. Dabei kann man festlegen, ob die Animation kontinuierlich abläuft und sich ständig wiederholt oder ob sie nur ein oder wenige Male hintereinander abgespielt wird und dann beim letzten Bild stehen bleibt. Und man kann auch bestimmen, wie lange jedes einzelne Bild in einer Animation angezeigt wird.

Außerdem bietet GIF die Möglichkeit der Transparenz. Man kann eine Farbe des Bildes für *durchsichtig* erklären und so den Hintergrund der Webseite durchscheinen lassen.

Das Erstellen von GIF-Animationen setzt dazu fähige Programme voraus und sie sind auch nicht einfach zu erstellen. Jedoch waren sie gerade in den ersten Jahren des WWW so beliebt, dass geradezu eine Flut von mehr oder weniger gut gemachten Animationen das Web überschwemmte. An das Einbinden von Videos war damals kaum zu denken (Flash gab es auch noch nicht) und so waren animierte GIFs die einzige Möglichkeit, wenigstens etwas Bewegung auf die Webseiten zu zaubern.

Allerdings war bald eine Sättigung erreicht, man konnte die zappelnden und zuckenden Bilder nicht mehr ertragen. Doch das größte Problem für GIF als Webformat war: Irgendjemand entdeckte, dass er ein Patent auf den in den GIF-Bildern verwendeten Komprimierungsalgorithmus hatte, und fing an, die Software-Hersteller mit Patentgebühren zu überziehen. Während die großen, kommerziellen Häuser zähneknirschend mitmachten, gaben die meisten Entwickler freier Software auf: Sie unterstützten das GIF-Format einfach nicht mehr, um den Zahlungen zu entgehen.

Erst im Oktober 2006 lief das Patent aus. Seitdem wird das GIF-Format auch wieder in freier Software unterstützt. Und das ist gut so: GIF ist in vielen Fällen immer noch das Format der Wahl, wenn es darum geht, Zeichnungen wie Werbebanner oder auch Animationen ins Netz zu stellen. Immer dann, wenn die Beschränkung auf 256 Farben kein Problem darstellt, sind GIF-Bilder aufgrund der hohen, verlustfreien Komprimierung und der Möglichkeit der einfachen Animation unschlagbar.

11.2.2 JPEG

JPEG steht für *Joint Picture Expert Group* und der Name dieser Gruppe, die dieses Format für die Speicherung von Grafiken vorgeschlagen hat, wurde kurzerhand für das Format übernommen. JPEG-Dateien enden in der Regel mit *.jpg* oder *.jpeg*.

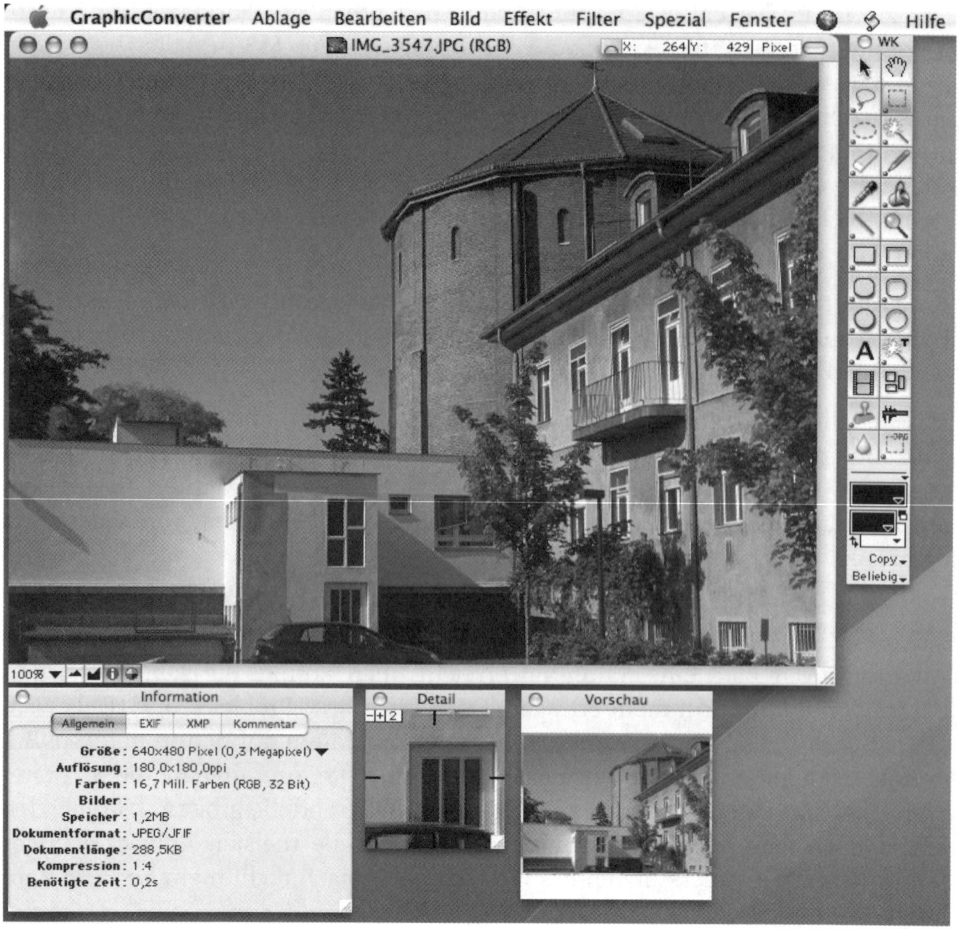

Abb. 11.1: Bildverarbeitung auf dem Mac mit dem GraphicConverter

Das JPEG-Format ist das Format für die Präsentation von Fotos im Web, denn es kann mit »Millionen« von verschiedenen Farben umgehen und diese darstellen. Allerdings ist die Komprimierung verlustbehaftet: je kleiner die Datei, desto größer die Komprimierungsfehler, die als *JPEG-Artefakte* bezeichnet werden. Daher ist das JPEG-Format für die (Langzeit-)Archivierung von Fotos eher ungeeignet, die recht hohe Komprimierungsleistung macht es jedoch zum Format der Wahl, wenn diese Fotos im Netz dargestellt werden sollen.

Allerdings ist zu beachten, dass jedes erneute Abspeichern eines Fotos als JPEG die Qualität noch einmal verschlechtert, daher sollte man die Bearbeitung grundsätzlich in einem verlustfreien Format erledigen und erst ganz zum Schluss als letzten Schritt die Konvertierung nach JPEG vornehmen.

Sie sollten sich diesen Tipp zu Herzen nehmen, denn vermutlich ist das JPEG-Format das Format, mit dem Sie am häufigsten arbeiten werden, wenn Sie Fotos ins Web stellen. Und heute kommt vermutlich kaum noch eine Webseite ohne Fotos aus. Warum denn auch nicht? Die Kapitelüberschrift sagt es ja schon: *Das Web ist multimedial.*

Bildverarbeitung und speziell die Bearbeitung von Fotos sind ein eigenes, ganz spezielles Thema, das viele Bücher füllt. Und um die Frage, mit welcher Software man diese vornimmt, ob zum Beispiel der Platzhirsch Photoshop das einzig wahre Programm ist oder ob die freie Software GIMP mittlerweile auch für professionelles Arbeiten geeignet ist, werden regelrechte Glaubenskriege geführt. Ich selber benötige für mein Blog meistens nur ein einfaches Shareware-Programm (Thorsten Lemkes *GraphicConverter*), das verschiedene Formate umrechnen und die Bilder ein wenig nachschärfen kann. Windows-User nutzen vielfach für diese einfachen Aufgaben *Paint Shop Pro*. Allerdings neige ich mehr und mehr dazu, für anspruchsvollere Manipulationen die freie Software GIMP einzusetzen. Denn ich glaube, dass die Ansprüche der Nutzer mit steigender Bandbreite wachsen werden. War es in den Anfangstagen des Webs noch das Wichtigste, die Bilder möglichst kleinzurechnen, so ist das heute in Zeiten von DSL und Breitband nicht mehr das Problem. Und so steigen auch die Ansprüche an die Bildqualität.

Abb. 11.2: GIMP auf dem Macintosh

Und GIMP (`http://www.gimp.org`) ist angetreten, eine freie Alternative zu dem Boliden Photoshop zu sein. Und das ist der Software auch weitestgehend gelungen. Lediglich im Print-Bereich (versichern mir Profis) kann GIMP noch nicht mithalten. Wir aber wollen unsere Bilder für das Netz optimieren und da ist GIMP mindestens ebenbürtig zu Photoshop und kostet viel, viel weniger, nämlich nur die Downloadzeit und sonst gar nichts..

Macintosh-Nutzer brauchen zusätzlich noch X11, das Sie – falls noch nicht geschehen – von Ihrer zweiten Installations-CD nachinstallieren müssen. Danach startet GIMP auch bei Ihnen einfach durch einen Doppelklick.

GIMP erschlägt einen erst einmal durch die Menge der Features, die es zur Verfügung stellt, und die Anordnung der Menüs erscheint nicht immer wirklich sinnvoll. Das heißt: GIMP-Nutzer müssen erst einmal eine steile Lernkurve durchleiden, bevor sie mit diesem Programm wirklich warm werden. Dann möchten es die meisten aber nicht mehr missen. Das haben sie aber auch mit Photoshop-Nutzern gemeinsam. Beide Programme bieten viel und sind daher etwas komplexer in der Bedienung. Aber glauben Sie mir, nach einer gewissen Zeit kennen Sie die Schritte, die Sie für Ihre Aufgaben benötigen, und Sie müssen ja gar nicht alle Funktionen kennen, die das Programm bietet. Ich wage zu behaupten, dass selbst Photoshop-Profis nur einen Teil der Möglichkeiten nutzen, die in ihrem Leib-und-Magen-Programm stecken.

Wenn Sie mehr wissen wollen und englisch (lesen) können: Für alle Arbeiten, die mit Bildern im Web zu tun haben, empfehle ich Shelley Powers' wundervolles Buch *Painting the Web* [Powers 2008], das auch für mich immer wieder eine Quelle der Inspiration ist. Ich hoffe, dass der Verlag sich bald zu einer deutschsprachigen Ausgabe entschließt.

Doch mit ein paar abschließenden Worten zurück zum JPEG-Format: JPEG ist in einer Norm definiert, die frei verfügbar ist. Patentkonflikte, wie es sie bei GIF gegeben hat, sind daher nicht zu erwarten.

Animationen und Transparenz, wie bei GIF, sind im JPEG-Format nicht möglich.

11.2.3 PNG

Nachdem die Patentschwierigkeiten mit den GIF-Bildern hochkochten, wurde fieberhaft an einer Alternative dazu gearbeitet. Und schon nach kurzer Zeit (für solch ein Monstergremium wie das W3C sind einige Jahre – es dauerte zweieinhalb Jahre vom Beginn der Arbeiten bis zur offiziellen W3C-Empfehlung – schon eine »kurze Zeit«) legte das W3C eine Empfehlung für das *Portable Network Graphics*-Format vor, das mit *PNG* abgekürzt wurde. Und seit November 2003 ist PNG auch ein ISO-Standard.

PNG ist ein Format, das alle Beschränkungen des GIF-Formates aufheben sollte. Es kann – wie JPEG – »Millionen« von Farben, es komprimiert – wie GIF – verlustfrei und es besitzt einen *echten* Alphakanal für Transparenz, das heißt, der Hintergrund kann in beliebiger Stärke hindurchscheinen, damit sind auch halbtransparente Bilder möglich.

Allerdings kann PNG *keine* Animationen. Dies war eine bewusste Entscheidung, da dies einem eigenen Format (*MNG*) vorbehalten sein sollte. Dieses Format wird aber bis heute von den wenigsten Webbrowsern unterstützt, da MNG keine W3C-Empfehlung besitzt und auch keine ISO-Norm ist. Daher wird für Animationen weiterhin GIF für die nächsten Jahre der Standard bleiben.

Zusätzlich gibt es mit dem PNG-Format das Problem, dass Bilder mit Alphakanal, also mit Transparenz, vom Internet-Explorer bis zur Version 6 nicht unterstützt wurden. Die neuesten Versionen der großen Browser unterstützen allerdings PNG mittlerweile nahezu fehlerfrei.

Ein weiterer Nachteil von PNG-Dateien ist, dass sie meist größer sind als entsprechende JPEG-Dateien. Daher wird für Fotos – trotz des Vorteils der verlustfreien Komprimierung – bisher meistens weiterhin das JPEG-Format eingesetzt.

PNG ist aber mit Sicherheit das Format der Zukunft und das Format mit den weitestgehenden Möglichkeiten. Sie sollten es daher überall dort, wo keine Nachteile erwachsen, einsetzen.

Ich selber scheue mich allerdings bisher auch noch, das PNG-Format für Fotos einzusetzen. Das liegt daran, dass meine kleine Digiknipse die Bilder von vorneherein im JPEG-Format liefert. Und die Konvertierung von einem verlustbehafteten in ein verlustfreies Format macht wenig Sinn: Was weg ist, ist weg.

11.3 Vektorformate

Die Behandlung von Vektorformaten sprengt ein wenig den Rahmen dieses Buches, aber Sie sollten wissen, wie damit umzugehen ist:

Adobes Flash ist das verbreitetste Vektorformat. Es wird in der Regel für Animationen und Spiele verwendet und muss mithilfe eines Plug-ins eingebunden werden. Der Code für die Einbindung ist etwas kompliziert, Adobe bietet aber Tools, die diesen Code automatisch erzeugen, so dass Sie ihn per *Copy and Paste* in Ihre Webseiten einfügen können.

Die Tatsache, dass ein Plug-in benötigt wird, ist weniger störend, als es klingt. Wie ich bei der Behandlung von Videos ausführlicher beschreibe, besitzen nahezu alle Nutzer des Internets das eine oder andere Plug-in, das Flash-Inhalte in ihren Browsern darstellen kann. Meines Wissens ziert sich zurzeit lediglich Apples iPhone, das partout keine Flash-Inhalte darstellen will.

SVG (das steht für *Scalable Vector Graphics*, deutsch etwa *skalierbare VektorGrafiken*, ein Pleonasmus (ist doppelt-gemoppelt), da Vektorgraphiken *immer* skalierbar sind) ist als Vektorformat die Empfehlung des W3C. Es ist eine XML-Anwendung, ähnlich wie XHTML, und eine direkte Konkurrenz zu Adobes Flash. Adobe hat daher folgerichtig die Unterstützung für das SVG-Plug-in, das die Softwareschmiede früher unters Volk gebracht hatte, aufgekündigt (und sie soll zum 1. Januar 2009 vollständig eingestellt werden), nachdem sie Macromedia (und damit auch Flash) aufgekauft hatten. Nichtsdestotrotz unterstützen mittlerweile nahezu alle aktuellen Browser SVG vollständig und nativ, so dass kein Plug-in mehr nötig ist. Einzige Ausnahme ist – wie sollte es anders sein – der *Internet Explorer*, der immer noch auf *Adobes SVG Viewer* angewiesen ist.

SVG steht in direkter Konkurrenz zu Adobes Flash und sollte, wenn möglich, dem proprietären Format vorgezogen werden.

In nicht allzu ferner Zukunft wird uns ein weiteres Vektorformat beglücken: Das *HTML Convas*-Element wird schon jetzt von den WebKit-Browsern Safari und Konqueror und vom Firefox unterstützt. Das Element soll offizieller Bestandteil des zukünftigen HTML 5 werden und mit einer entsprechenden Verbreitung ist daher zu rechnen. Momentan spielt es jedoch noch keine Rolle.

11.4 Und was ist mit dreidimensionalen Grafiken?

Okay, wenn Sie danach fragen. Die Behandlung der dritten Dimension im Browser ist eine Tragödie, nämlich keine. Ja, es gibt VRML/X3D als offiziellen W3C-Standard, nur nach einem kurzen Hype Ende der 90er Jahre des letzten Jahrhunderts (!) interessierte sich niemand mehr dafür. Folgerichtig wird es – ohne Plug-in – auch von keinem Browser unterstützt.

Dabei ist Dreidimensionalität durchaus ein Thema, wie der Hype um *Second Life* gezeigt hat. Und auch wenn ich nicht glaube, dass die dritte Dimension das Web 3.0 begründet, finde ich es schade, dass 3D-Grafiken und -Animationen zurzeit nur mit Hilfe proprietärer Software oder mehr oder weniger obskurer Plug-ins, die niemand auf seinem Rechner hat, möglich sind.

Und Dreidimensionalität im Web kann nicht nur Spaß machen, sondern auch wirklich lehrreich und nützlich sein, wie beispielhaft die amerikanische Website *The Forbidden City* (`http://www.beyondspaceandtime.org/FCBSTWeb/web/`) zeigt: Sie führt uns virutell in die verbotene Stadt in Peking während der Quing-Dynastie (1644–1912). Wir können sie durchwandern, uns mit anderen Besuchern unterhalten oder aber uns von *Tour Guides* die Schätze der verbotenen Stadt zeigen lassen. Doch all dies benötigt ein zusätzliches Programm auf Ihrem Desktop und das ist nicht zu klein. Allein der Download lädt eine 275 MB kompakte Datei herunter.

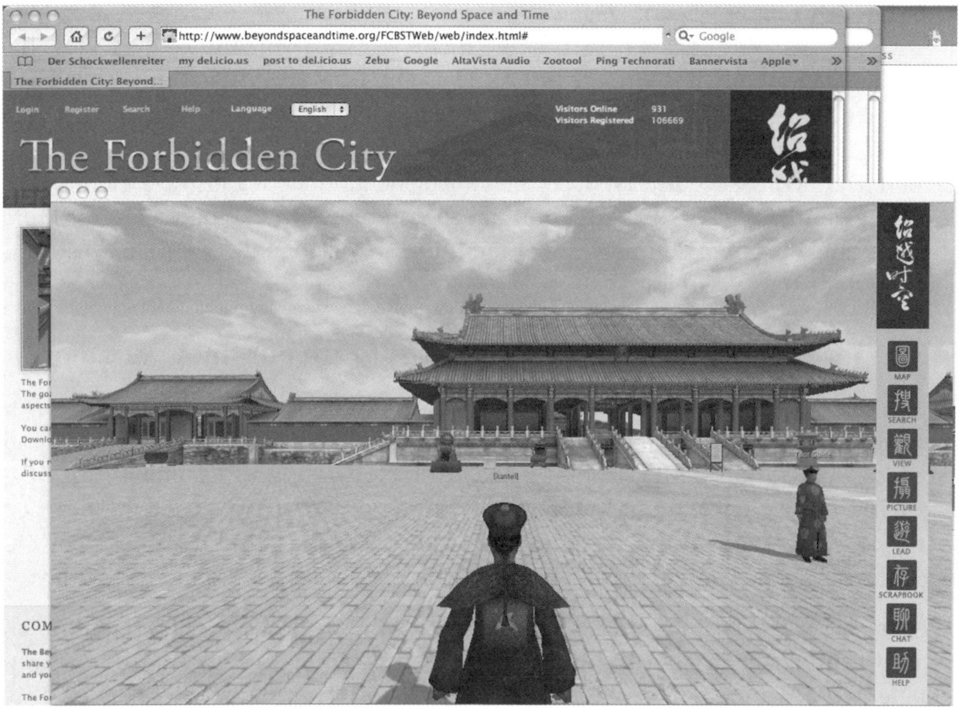

Abb. 11.3: *The Forbidden City*, eine wunderbare 3D-Anwendung im Web

Meine Antwort ist daher: Solange Sie es nicht wirklich brauchen und solange Sie nicht wirklich wissen, was Sie tun, lassen Sie die Finger davon. Auch wenn 3D fasziniert: Es ist ein schwieriges Thema, das viel Einarbeitungszeit verlangt und nur mit viel Aufwand zu lösen ist.

Wenn Sie es aber brauchen und wenn Sie wissen, was Sie tun, dann werden Sie Ihre Werkzeuge und Möglichkeiten kennen, denn dann sind Sie Spezialist, vermutlich mehr, als ich es bin.

Uns anderen bleibt nur zu hoffen, dass VRML/X3D endlich als Standard von den Browserherstellern ernstgenommen wird.

11.5 Audio und Video

Hoppla, werden Sie jetzt sicher sagen: Videos, das hatten wir doch schon am Anfang des Buches bei den Abschnitten zu Flickr, YouTube und Sevenload. Warum jetzt noch einmal?

Um die Wahrheit zu sagen: Das, was wir bisher mit den Videos angestellt haben, war bestenfalls *Web 1.5*, aber noch lange nicht *Web 2.0*. Mit Audio- und Videodateien lässt sich nämlich viel mehr im Netz anstellen, als sie einfach nur in Webseiten einzubinden. Man kann damit nämlich sogar eine Art Internet-TV, ein Internet-Fernsehen (oder auch ein Internet-Radio bei reinen Audio-Dateien) hochziehen. Der Schlüssel dafür ist das weiter vorne behandelte RSS (und zwar als RSS 2.0 oder Atom). Wie Sie dort gesehen haben, sind Pod- und Videocasts mit Hilfe dieses Protokolls möglich und wir werden uns nun anschauen, wie man diese herstellt und im Netz vertreibt.

11.5.1 Turn Your Radio On oder Podcast ist (nicht nur) Internetradio

Podcasting ist die aktuelle Sau, die gerade durch die Medien getrieben wird. Der Begriff setzt sich zusammen aus iPod (Apples portabler Multimedia-Player) und Broadcasting (Rundfunk). Gemeint ist das Anbieten von Audio-Dateien (im MP3-Format) im Netz, die runtergeladen werden können und die man sich dann in seinem MP3-Player auch unterwegs anhören kann. Podcasts sind damit ein sowohl synchrones als auch ein asynchrones Medium.

Wer im Netz also *in* sein will, der liest vor. Und man braucht dafür erstaunlich wenig Technik. Im einfachsten Fall reicht das eingebaute Mikrophon und die mitgelieferte Recording-Software des Rechners. Größer sind die rechtlichen Probleme: Wenn man »Radio im Internet« machen will, möchte man auch Musik abspielen. Aber während die Gema immerhin ein – wenn auch überteuertes – Modell anbietet, mit dem man sein Podcast legalisieren kann, lebt die Vertretung der aufführenden Musiker, die GVL, noch völlig hinter dem Mond. Man darf zwar nur Podcasts abspielen, wenn man entweder eine Genehmigung der GVL oder aber die Genehmigung der aufführenden Musiker selber besitzt, aber auf Nachfrage des Weblogs Spreeblick erklärte sich die GVL nicht für zuständig. Man muss also für seine Podcasts jeden einzelnen aufführenden Musiker anschreiben und um Genehmigung bitten – eine absurde Situation.

So bestehen Podcasts heute in der Regel aus freier Musik und aus vorgelesenen Texten und sind somit weit entfernt von dem Potenzial, das in ihnen stecken könnte. Man denke nur an die Musik, die heute im Dudelfunk nicht mehr gespielt wird, an alte Kabarett-Aufnahmen etc. Ich träume zum Beispiel davon, eine Geschichte des *Deutsch-Folk* als Podcast zu produzieren, aber wie soll ich das rechtlich realisieren? Hier liegen noch eine Menge an Chancen und Möglichkeiten brach.

11.5.2 Achtung, Aufnahme!

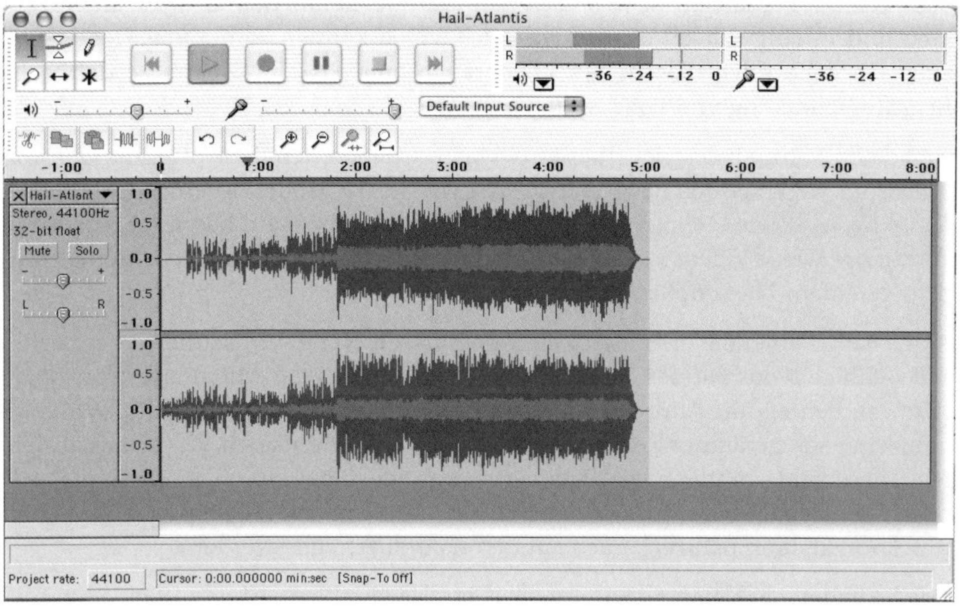

Abb. 11.4: Audacity auf Mac OS X

Mit *Audacity* (GPL, `http://audacity.sourceforge.net`) steht Ihnen eine freie, professionelle Audio-Aufnahme- und Schnitt-Software für Windows, Linux und Mac OS X zur Verfügung. Sie können neben der Aufnahme Töne und Daten schneiden, kopieren und mischen. Außerdem bietet das Tool einen Konverter, mit dem die bearbeiteten Audio-Files in das für das Podcasting übliche MP3-Format konvertiert werden können. Mit Audacity können Ogg-Vorbis-, MP3- und Wave-Dateien bearbeitet und konvertiert werden. Mac-Nutzer können alternativ auch Apples *Garage Band* (wird beim Kauf eines Macs als Teil des *iLife*-Paketes kostenlos mitgeliefert) dafür nutzen, das auch Unterstützung für *Enhanced*-Podcasts (das ist so eine Art Diashow) bietet.

11.6 Auf den Schirm: Internet-TV

Videos im Netz sind heute dank größerer Bandbreite weit entfernt von dem früher belächelten »Video auf einer Briefmarke«-Format. Das Netz ist auf dem besten Wege, ein neuer Distributionskanal für bewegte Bilder zu werden. Und das nicht nur im kommerziellen Bereich. Video-Blogging (auch *Vlogging* oder *Vodcasting* genannt) ist ein stark wachsendes Subgenre und auch Videochats und Videotelefonie werden dank iChat, iSight und ähnlichen Werkzeugen immer populärer.

Die Begriffe *Vlogging* und *Vodcasting* hatten jedoch nur eine kurze Lebenszeit. Meistens spricht man heute allgemein von *Podcasting*, egal ob man reine Audio- oder eben Videodateien oder beides gemischt vertreibt. Das ist – nachdem der iPod und in Folge davon das iPhone auch Video können – nur folgerichtig und auch ich habe mich diesem Sprachgebrauch angepasst. Ich benutze daher die Begriffe Vodcasting und Podcasting synomym.

Gerade im Rahmen des viel zitierten Web 2.0 explodierten die Anwendungen von Videos im Web. Speziell neue Videohoster wie YouTube oder Sevenlaod, aber auch *Social Networks* wie MySpace, die es dem Nutzer erlauben, auf bequeme und meist kostenlose Weise Videos im Netz hochzuladen und zu verbreiten, machten Netzvideos zu einem Massenphänomen.

Apple hat als einer der ersten großen Player diesen Trend sehr schnell erkannt und Video-fähige iPods auf den Markt geworfen. Und auch der MP3-Player von Apple (iTunes), den es nicht nur für Macintosh-Computer, sondern auch für Windows gibt, kann seit geraumer Zeit nicht nur Podcasts, sondern auch Videocasts abspielen. Diese sind – ähnlich wie Podcasts – entweder über spezialisierte RSS-Feeds oder über den iTunes-Music-Store (ein Online-Store von Apple) zu abonnieren und können dann natürlich auch auf den iPod übertragen werden.

Das bedeutet, dass man sich morgens seine Nachrichten auf den iPod laden und sie dann zum Beispiel in der U-Bahn anhören **und** anschauen kann. Ein ganz neues Einsatzgebiet für das morgendliche Frühstücksfernsehen ...

Ein Nachteil der Lösung aus dem Hause Apple ist, dass sie sich nicht mit RSS 2.0 zufrieden gibt, sondern noch zusätzliche, proprietäre Erweiterungen verlangt, damit der iTunes Store (iTMS) den Feed akzeptiert und in seine Vodcast-Seite aufnimmt. Das bedeutet, dass man für die Übernahme in iTunes einen zusätzlichen, iTunes-kompatiblen Channel aufmachen muss.

11.6.1 Exkurs: Internet-TV und IP-TV

Auch wenn es nur eine Kleinigkeit am Rande ist, wir sollten immer klar unterscheiden zwischen Internet-TV und IP-TV, auch wenn das selbst einigen Fachleuten in den Medien schwerfällt. IP-TV ist ganz normales, digitales Fernsehen, das über den Distributionsweg Internet verteilt wird. Das heißt, das Fernsehsignal wird bei den Medienanstalten in das Internet eingespeist und kommt auf dem Fernseher des Konsumenten an. Damit dies dort ankommt, benötigt der Konsument in der Regel eine Settop-Box, die das Signal wieder fernsehtauglich macht und die via Digitaleingang oder Scart-Buchse mit dem Fernseher verbunden ist. Ein klassischer Vertreter des IP-TV ist zum Beispiel die Deutsche Telekom mit ihrem *Home Entertainment*-Paket, das dem VDSL-Kunden aufgedrängt wird – ob er es haben will oder nicht.

Internet-TV dagegen ist Fernsehen, das auf dem *Rechner* des normalen Internet-Nutzern via Internet-Protokoll ankommt. Es ist etwas, was der Nutzer in seine eigenen Webseiten einbinden kann (so der Sender es erlaubt und den Code dafür zur Verfügung stellt) oder dass er per Vodcast auf seinen iPod oder iPhone laden und sich dort anschauen kann. Mithilfe geeigneter Anschlussgeräte (wie zum Beispiel Apples iTV) kann er sich das *auch* auf seinem Fernseher ansehen, aber der eigentlich Client ist ein Internet-Protokoll-fähiger Client, wie der Browser, aber auch Apples iTunes oder der unabhängige Internet-TV-Client Miro. Über beide Programme werde ich in diesem Abschnitt noch schreiben.

Klar ist nun sicher geworden: Ich bringe Ihnen im Folgenden nur noch Internet-TV nahe, IP-TV ist – auch wenn es ein spannendes Thema ist – nicht Gegenstand dieses Buches.

11.6.2 Die klassische Webvideo-Troika: QuickTime, Windows Media und RealOne

Etwa seit dem Jahr 1998 hat sich ein erster De-facto-Standard für Web-Videos etabliert; dieser umfasst drei verschiedene Formate, in denen ein Film im Web idealerweise angeboten werden sollte:

- Windows Media Files
- QuickTime
- RealMedia

Nur wer seine Filme in allen drei Formaten eingebunden hatte, ging wirklich sicher, dass jeder Computernutzer sich diese auch ansehen konnte. Der Grund war (und ist) die unterschiedliche Verbreitung der entsprechenden Abspielprogramme und Browser-Plug-ins: Der Betreiber einer Website kann bei keinem einzelnen Format eine Verbreitung von über 60 bis 70 Prozent voraussetzen.

Darüber hinaus gibt es bis heute Glaubenskriege zwischen den Verfechtern und Gegnern der drei Videoformate. So klagen Windows-Nutzer über die Ressourcen fressende Integration von QuickTime in ihr Betriebssystem. Umgekehrt hat sich Microsoft nie sonderlich beherzt um die Abspielbarkeit von Windows-Media-Filmen unter Mac OS X gekümmert. Und der RealPlayer hatte schon immer den Ruf, es mit dem Datenschutz nicht allzu genau zu nehmen.

Zusätzlich treten oftmals Schwierigkeiten auf, wenn es um die homogene und Corporate-Design-gerechte Integration in das Webdokument geht: Die Bedienelemente zum Starten, Stoppen und Springen innerhalb des Videos sind jeweils unterschiedlich gestaltet und lassen sich nur schwer an die eigenen Bedürfnisse anpassen. Ganz zu schweigen von den oftmals verwirrenden Auswahlmenüs auf der Website, bei denen der User sich erst einmal für eines der Formate zu entscheiden hat.

Abb. 11.5: Ein Pop-up-Fenster mit einem (Flash-)Video.

Auch ästhetisch und im Hinblick auf die Bandbreite bewirkte dies eine Besonderheit: Videos wurden fast immer in Pop-up-Fenstern dargestellt, da man einmal die drei verschiedenen Video-Alternativen (womöglich noch für unterschiedliche Bandbreiten) nicht auf der Hauptseite haben, andererseits auch die hässlichen Fehlermeldungen dort vermeiden wollte, wenn der Nutzer das für eines der Formate erforderliche Plug-in nicht installiert hatte. Das Pop-up-Fenster für Videos ist auch heute noch nicht ausgestorben, allerdings folgt es heute weniger notwendigen, denn ästhetischen Prinzipien.

Alles in allem ist das parallele Anbieten von drei verschiedenen Versionen des gleichen Videos (womöglich auch noch in jeweils mehreren Qualitätsstufen) eigentlich kaum zumutbar – weder dem Betreiber der Website, noch dem Besucher. Denn Letzterer möchte sich nicht mit den Auswüchsen der Technik auseinandersetzen, sondern schlicht die angebotenen Inhalte abrufen. Die Barrieren, die zwischen dem Inhalt und dem Benutzer aufgebaut wurden, verhinderten bisher den großen Durchbruch von Videos im Web.

Dies hat sich mit dem Aufkommen von Flash-Videos grundlegend geändert.

11.6.3 Flash-Videos

Seit 2002 ist die Web-Animationssoftware Adobe Flash (damals: »Macromedia Flash«) in der Lage, mit Videomaterial umzugehen. Diese Funktionalität wurde von den meisten Entwicklern zunächst zwar kaum beachtet, etablierte sich aber im Laufe der Jahre immer stärker. Dies hat mehrere Gründe:

- Über 90-prozentige Verbreitung des Flash-Plug-ins
- Schnellere Datenleitungen
- Bedienelemente des Players können frei gestaltet werden
- Deutlich verbesserter Video-Codec seit Flash 8

Das Jahr 2006 steht für den großen Durchbruch der Flash-Videos: Sämtliche neuen, öffentlichen Videoplattformen wie YouTube, Clipfish oder Sevenload wandeln automatisch alle hochgeladenen Videos in das Flash-Format um, bevor sie auf der Website erscheinen. Ein solchermaßen eingebundenes Video wird auf fast jedem Browser angezeigt und startet sofort auf Knopfdruck – unkompliziert und elegant!

Player	Verbreitung
Adobe Flash Player	98,7 Prozent
Java	87,5 Prozent
Windows Media Player	83,7 Prozent
Apple QuickTime	67,6 Prozent
RealOne Player	54,7 Prozent

Tabelle 11.1: Verbreitung der diversen Browser-Plug-ins, Quelle: Adobe

11.6.4 Video-Schnittprogramme und -Konvertierungswerkzeuge

Wer ins Internet-Fernsehen einsteigen will, benötigt erst einmal (mindestens) ein Programm, mit dem er seine Videos bearbeiten kann. Neben vieler teurer und den Fokus dieses Buches verlassender Software (zum Beispiel *Final Cut Pro* für den Macintosh) gibt es durchaus preiswerte oder kostenlose Alternativen, die auch dem ambitionierten Amateur-Fernsehmacher die notwendige Unterstützung geben:

Abb. 11.6: Avidemux auf dem Mac

Da ist einmal *Avidemux* (GPL, `http://www.avidemux.org`), ein freier Videoeditor für Linux, Mac OS X und Windows. Unter Mac OS X benötigt er X11, lässt sich aber problemlos mit einem Doppelklick starten (wenn man für Intel- resp. PPC-Macs die korrekte Version heruntergeladen hat). Die Benutzerführung ist – zumindest für Mac-User – gewöhnungsbedürftig und die offizielle Dokumentation noch nicht so ganz ausgereift. Aber es ist nicht nur ein kostenloses, sondern sogar ein *freies* Schnittprogramm, das alle Grundfunktionen (und ein wenig mehr) mitbringt,

Es gibt zumindest für Mac OS X und Windows zwei Versionen, die unterschiedliche GUI-Toolkits (das sind Bibliotheken, die für das Aussehen der Fenster und Knöpfe etc. zuständig sind) verwenden. Auch wenn die *Qt*-Versionen ein Aussehen versprechen, das mehr dem Aussehen der Wirtssysteme angepasst sind, bevorzuge ich zurzeit (noch) die *GTK+*-Version. Sie scheint mir ein wenig stabiler zu sein und es ist das Toolkit, unter dem auch GIMP läuft (Sie erinnern sich, der von mir empfohlenene, freie Photoshop-Ersatz). Und daher habe ich mich an das Aussehen der *GTK+*-Bibliothek sowieso schon gewöhnt.

Abb. 11.7: MPEG Streamclip auf dem Mac

Und dann wäre da noch das wirklich hervorragende Programm *MPEG Streamclip* (frei wie Freibier, `http://www.squared5.com`), das es für Windows und Mac OS X gibt. Die Benutzerführung ist bedeutend aufgeräumter und in der Distribution ist ein ausführliches Manual enthalten. Es benötigt, auch unter Windows, Apples QuickTime 7, aber das sollte der ambitionierte Video-Amateur sowieso auf seiner Festplatte haben. (Alternativ kann man unter Windows auch die freie – frei wie Freibier – *QuickTime Alternative* (`http://codecguide.com/about_qt.htm`) installieren.)

Allerdings ist die Frage nach dem optimalen Editor wie so oft auch eine Geschmacksfrage. Außerdem gibt es unter Windows den *Video Maker*, der genauso wie *iMovie* für den Apple Macintosh kostenlos mitgeliefert wird. Beide Programme lösen die Standardaufgabe wie Schnitt und Einblendung von Titeln und Untertiteln hervorragend und ziemlich professionell.

Zum Umwandeln von Video-Dateien in das Flash-Video-Format (FLV) kann man entweder einen beliebigen Videohoster seiner Wahl »beauftragen« (zum Beispiel *YouTube* oder *Sevenload*, ganz hervorragend übernimmt diese Aufgabe aber auch *Archive.org*, auf das ich weiter unten noch eingehen werde) oder aber darauf spezialisierte Programme verwenden. Windows-User haben mit dem kostenlosen *Riva FLV Encoder* (`http://www.rivavx.com`) ein hervorragendes Werkzeug zur Hand und Macintosh-Nutzer werden mit dem ebenfalls kostenlosen *ffmpegX* (`http://www.ffmepgx.com`) genauso hervorragend bedient.

11.6.5 Workshop: Flash-Videos erzeugen

In diesem Workshop möchte ich Ihnen zeigen, wie man Flash-Videos mit ffmpegX auf dem Macintosh unter Mac OS X erzeugen kann. Aber auch für die Nutzer anderer Betriebssysteme ist die Lektüre sicher nicht nutzlos, da ich auf die Parameter eingehen werde, mit denen Sie hochwertige Flash-Videos bekommen. Und diese Parameter können Sie auch in der Konvertierungs-Software Ihres Betriebssystems verwenden.

Als Erstes: Verwenden Sie zur Erzeugung Ihres Flash-Videos immer das höchstwertige Ausgangsmaterial, das Sie bekommen können. Während Videohoster keine andere Wahl haben, aus Performancegründen bekommen sie ja oft schon komprimierte MPEG-4-Filme hochgeladen, haben Sie diese. Wenn das Ausgangsmaterial Ihrer Kamera also AVI ist, verwenden Sie dieses, auch wenn das Video zehnmal oder noch größer ist (in Megabyte) als ein vielleicht schon daraus generiertes MPEG-4-Filmchen. Denn die Komprimierung nach MPEG-4 ist nicht verlustfrei. Und was weg ist, ist weg, das kann noch so eine teure Software nicht mehr herzaubern.

Aus lizenzrechtlichen Gründen beherrscht ffmpegX nur den *Sorenson Spark (H.263) Codec*, nicht den neueren (und besseren) *On2 VP6*. Doch wie Sie sehen werden, kann man auch damit schon ansprechende Videos in hoher Qualität für das Web erzeugen, die trotzdem nur eine geringe Größe aufweisen.

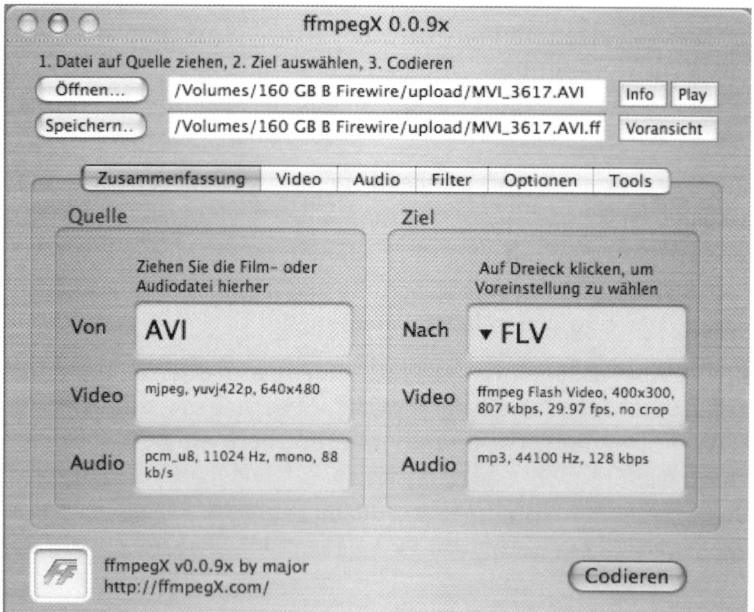

Abb. 11.8: ffmepgX

ffmpegX ist ziemlich einfach zu bedienen. Sie schieben einfach den zu konvertierenden Film in die linke Spalte des Fensters und wählen dann die Audio- und Video-Paramter aus. Vorher geben Sie aber rechts bitte noch an, dass das Zielformat FLV (für Flash-Videos) ist.

Meine bevorzugte Größe für Flash-Filme im Format 4:3 ist 400 x 300 Pixel (da brauche ich dann nicht groß zu rechnen und es erzeugt bei Web-geeigneter Videogröße immer noch ziemlich kleine Dateien, die beim Download und beim Abspielen den Rechner und die Leitungen Ihres Nutzers hoffentlich nicht überfordern – für Breitwandfilme im 16:9-Format ist 400 x 225 Pixel eine adäquate Größe, die auch in jede Weblogspalte passen sollte).

Unter VIDEO stellen Sie die Parameter für den Videoteil ein und unter AUDIO die Parameter für den Ton. Meine bevorzugten Parameter für den Videoteil sind:

- Auflösung: 400 x 300 Pixel (das erwähnte ich schon).
- Verhältnis: 4:3 (falls Ihr Film ein anderes Seitenverhältnis hat, sollten Sie das hier auch einstellen, Kino-Breitwandfilme haben oft das Seitenverhältnis 16:9.
- Framerate: Tja, hier gebe ich meistens NTSC (29,97) ein, obwohl für Europa eigentlich PAL (25) gültig wäre. Aber meinen Erfahrungen nach bringen NTSC-Filme trotz der höheren Framerate eine geringfügig kleinere Größe bei gleicher Qualität und daher verwende ich diese.

Achten Sie bitte darauf, dass das Häkchen bei VIDEO KODIEREN gesetzt ist. Und die Parameter für die Tonausgabe sind diese: Achten Sie bitte auch hier darauf, dass das Häkchen bei AUDIO KODIEREN gesetzt ist. Alles andere lassen Sie bitte unangetastet, es sind Einstellmöglichkeiten für Spezialisten, die hoffentlich wissen, was sie tun.

- Bitrate: 128 Kbit/Sekunde
- Abtastrate: 44.100 Hz
- Kanäle: Stereo
- Modus: CBR

Notieren oder merken Sie sich diese Parameter (sowohl für Audio wie auch für Video), auch wenn Sie mit anderen Betriebssystemen oder anderen Programmen arbeiten wollen. Die Konvertierungssoftware Ihrer Wahl verlangt sie von Ihnen in irgendeiner Form ab.

Falls Sie mal mit anderen Bit- und Abtastraten experimentieren wollen, werden Sie sehr schnell feststellen, dass dann der Ton nicht mehr synchron zum Bild verläuft, sondern entweder vorprescht oder hinterherhinkt. Das mag zwar bei den Agility-Filmchen mit meinem ständig bellenden Hund nicht weiter auffallen, aber bei anderen Filmen kann das doch schnell störend wirken. Also lassen Sie es bei den obigen Einstellungen (es sei denn, Sie haben Seltsames vor).

Jetzt klicken wir noch einmal auf den VIDEO-Reiter. Links befindet sich ein Bitratenrechner. Hier klicken Sie auf BEST, das gibt die Bitrate für die bestmögliche Codierung bekannt. Sie können aber auch manuell hier eine eigene Bitrate eingeben, falls Sie dem System nicht trauen. ffmpegX hilft Ihnen auch dabei. Zu niedrige Bitraten werden dann rot angezeigt, korrekte Bitraten grün und Bitraten, die zu hoch gesetzt sind und keine Verbesserung mehr im Film bringen, gibt ffmpegX blau heraus. Fall Sie alles so eingegeben haben, wie ich es Ihnen vorgeschlagen habe, schlägt Ihnen die Software eine Bitrate von 807 Kbit/Sekunde vor.

Die Zusammenfassung (siehe Abbildung 11.8) zeigt Ihnen noch einmal, was Sie alles eingegeben haben und wie der Film codiert wird. Klicken Sie jetzt auf CODIEREN und der Film wird für Sie umgewandelt.

ffmpegX macht seine Sache sehr gut. Bei dem Beispiel, das dem Screenshot zugrunde liegt, wurde eine 78 MB große AVI-Datei in eine 5 MB schlanke FLV-Datei umgewandelt.

Eigentlich wären wir jetzt fertig. Doch aus mir nicht bekannten Gründen gibt es einen kleinen Timecode-Bug, der einige Player daran hindert, die verbleibende Restzeit korrekt anzuzeigen. Um diesen zu beheben, gibt es ein kleines Tool, *FLV Duration*, das Sie unter `http://www.swfx.org/` herunterladen können. Lassen Sie Ihr Filmchen damit noch einmal durchlaufen und Sie finden dann den fertigen Film in einem Folder *flvduration*, den die Software gegebenenfalls für Sie angelegt hat.

Natürlich können Sie auch 16:9-Videos korrekt umwandeln. Beliebte Formate dafür sind etwa 640 x 360 Pixel (für meinen Geschmack für das Web etwas zu groß) oder 400 x 225 Pixel (das ist das Format, das ich in meinem Weblog bevorzuge).

Wenn Sie den fertigen Flash-Film zum Beispiel zu *Blip.tv* hochladen, einem von mir bevorzugten und daher später noch vorgestellten Videohoster, werden Sie feststellen, dass Blip.tv dann auf eine eigene Flash-Konvertierung verzichtet. Ihr Film steht tatsächlich in der von Ihnen gewünschten Qualität zur Einbindung zur Verfügung. Einen kleinen Schönheitsfehler gibt es aber dennoch: Die Vollbilddarstellung ändert die Größe des Filmes auch nicht mehr, sondern zieht nur einen fetten, schwarzen Trauerrand um unser 400 x 300 Pixel großes Filmchen.

11.6.6 Video-Blogging und Vodcasting

Wie schon mehrfach angedeutet, ist Pod- und Vodcasting zwar keine Erfindung von Apple, aber unbedingt mit Apples iPod und später iPhone verbunden. Hier kam zuerst der Distributionsweg via RSS und iTunes auf den Offline-Client auf, mit dem Sie dann die Morgennachrichten in der U-Bahn hören oder anschauen können.

Abb. 11.9: Screenshot eines Vodcasts in iTunes. Dieser lässt sich auch auf dafür geeignete Player, wie zum Beispiel Apples iPod, herunterladen und dann dort abspielen – auch wenn man *offline* ist.

Der Weg ist jedoch immer der gleiche: Eine Software, die RSS-Feeds lesen kann (iTunes, Miro), liest diese regelmäßig aus und zeigt an, ob es Neues in den abonnierten Kanälen gibt. Wenn gewünscht, kann der Nutzer diese Videos dann herunterladen und sie sich in seinem Desktop-Client anschauen oder sie weiter auf seinen iPod (sein Video-fähiges Handy etc.) hochladen. Im letzteren Fall ist er in der Lage, irgendwo unterwegs die Filme in einer Qualität anzuschauen, die mit normalen UMTS- oder EDGE-Verbindungen (noch?) nicht möglich sind. Wichtiger aber ist die Tatsache, dass nicht mehr der Programmgestalter bestimmt, wann ein Film oder Nachrichten geschaut werden, sondern dass dies völlig im Ermessen des Zuschauers liegt. Es ist ein Stück Emanzipation des Nutzers vom Diktat des Fernsehprogramms.

In Folge des ersten Podcast-Hypes entstanden die ersten Audio- und Video-Blogs. In der Regel waren das noch ganz »normale« Blogs, die hin und wieder einen (selbst erstellten) Videobeitrag brachten. Ihnen eigen war, dass viele bis heute die Notwendigkeit eines Vertriebsweges via RSS nicht einsahen resp. einsehen und darauf verzichteten. So trifft man heute noch viele Internet-Fernsehsender an, die neben ihrer eigenen Webseite höchstens noch bei YouTube oder Sevenload oder – wenn es hochkommt – bei beiden Hostern je mit einem Channel vertreten sind, aber die Suche nach einem RSS-Feeds ergibt häufig eine Fehlanzeige. Wobei immerhin der YouTube- oder Sevenload-Channel ja wenigstens einen RSS-Feed bietet, aber damit zieht man die Zuschauer auf die Seiten von YouTube oder Sevenload und nicht auf die eigenen. Ob das wirklich gewollt ist?

Selbst wenn man heute noch häufig auf solche Seiten trifft – eines der bekanntesten davon war lange Zeit *WatchBerlin* (`http://www.watchberlin.de`), das sich aber irgendwann still und von mir lange Zeit unbemerkt (denn merke, es gilt: *no feed, no read*) doch einen Feed zugelegt hatte. Klassische Feed-Verächter bei den großen Medien sind aber zum Beispiel *Spiegel Online* (die auch darauf verzichten, dem Nutzer zu erlauben, ihre Videos in die eigene Webseite einzubinden) oder die Videosendungen von *Zeit Online*. Und auch, wenn die Medienzaren oft hartnäckig darauf beharren: Das ist Video im Netz, aber kein Vod- oder Podcast – und damit auch kein Internet-TV.

11.6.7 iPod, iTunes und Video für das Handy

Während für Videos auf Webseiten heutzutage niemand mehr an Flash-Videos vorbeikommt, ist der Standard für Vodcast auf dem iPod oder ähnlichen Geräten MPEG-4 mit dem Codec H.264.

H.264 ist ein hocheffizienter Standard zur Videokompression, den Apple in seinen Videoplayer *QuickTime* ab der Version 7 eingebaut hatte. Damit war es auch der Codec, den Apple seinem iPod und in Folge auch dem iPhone spendierte. Und so kommt man heute im Podcast-Bereich nicht mehr an einem MPEG-4-Container mit H.264-Codec vorbei.

MPEG-4 ist ein MPEG-Standard (ISO/IEC-14496), der unter anderem Verfahren zur Video- und Audiodatenkompression beschreibt. Ursprünglich war das Ziel von MPEG-4, Systeme mit geringen Ressourcen oder schmalen Bandbreiten (Mobiltelefon, Video-Telefon ...) bei relativ geringen Qualitätseinbußen zu unterstützen. Da H.263, ein Standard der ITU zur Videodekodierung und -kompression, die eben erwähnten Voraussetzungen bereits sehr gut verwirklicht hat, wurde er ohne größere Änderungen in MPEG-4 integriert.

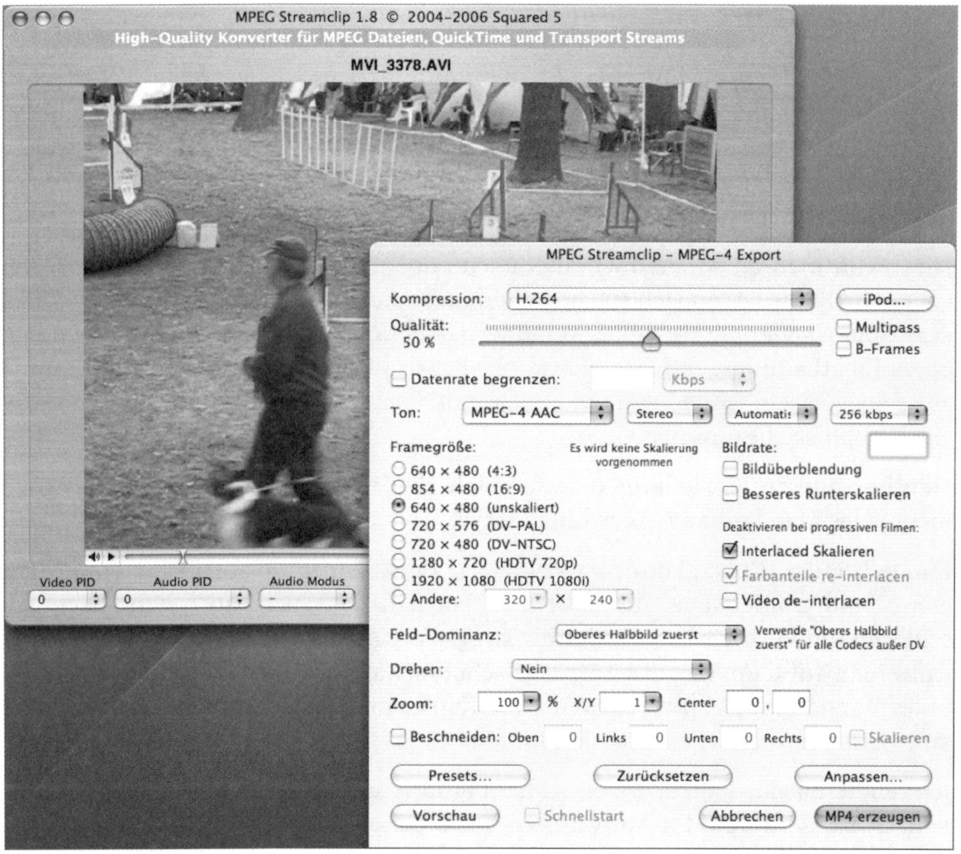

Abb. 11.10: MPEG Streamclip eignet sich hervorragend, um Videos nach MPEG-4 (H. 264) zu konvertieren.

Zusätzlich zur Videodekodierung wurden auch noch einige Audiostandards, wie das bereits in MPEG-2 standardisierte *Advanced Audio Coding* (AAC) sowie die Unterstützung für *Digital Rights Management*, das unter der Bezeichnung IPMP (*Intellectual Property Management and Protection*) läuft, in den Standard aufgenommen.

MPEG-4-Codecs sind heute nicht nur in Betriebssystemen und Abspielprogrammen integriert, sondern auch in zahlreichen Hardware-Umgebungen wie Videokameras, Festplatten-Rekordern, Mobiltelefonen und tragbaren Medienplayern. Die nächste Generation von Video-Speichermedien (HD-DVD und Blu-ray Disc) basiert ebenfalls auf MPEG-4.

Das offizielle Containerformat von MPEG-4 ist MP4, es haben aber auch andere Formate weite Verbreitung gefunden. Ein Beispiel hierfür ist AVI, das auch häufig bei DivX/XviD zum Einsatz kommt.

Doch wie erzeugen wir nun die notwendigen MPEG-4(H.264)-Videos. Macintosh-Benutzer haben es einfach. Sie laden sich das kostenlose *iSquint* (`http://www.isquint.org`) herunter, das für diese Aufgabe spezialisiert ist und sie hervorragend löst. iSquint erzeugt ziemlich kleine Dateien mit noch sehr guter Qualität. Windows-Nutzer oder Mac-User, die mehr wollen, greifen auf das weiter oben schon einmal erwähnte, ebenfalls kostenlose *MPEG Streamclip* (`http://www.squared5.com/`) der Firma *Squared 5* zurück.

Hier kann man an so ziemlich allem schrauben, woran man überhaupt drehen kann. Die Filme lassen sich sogar drehen und spiegeln, man kann hineinzoomen, den Kontrast oder die Helligkeit verändern oder den Ton abschalten. Man benötigt etwas Einarbeitungszeit in die Software, aber das Ergebnis kann sich dann durchaus sehen lassen. Ohne Verstand angewandt, kann man aber auch ganz schreckliche Ergebnisse bekommen.

Häufig benutzte Einstellungen lassen sich als *Presets* abspeichern, so dass man nicht jedes Mal das Rad neu erfinden muss.

Einige Handys (Nokia) können als einziges Videoformat *3gp* abspielen, ein proprietäres und mittlerweile aussterbendes Format, das auch noch eine ziemlich schlechte Bildqualität liefert. Wenn man es trotzdem zur Verfügung stellen will, kann man auf dem Mac das ebenfalls schon erwähnte ffmpegX dazu verwenden, unter Windows muss man entweder die Kommandozeile benutzen (ffmpeg) oder zu einem kommerziellen Produkt greifen.

Ich tendiere jedoch dazu, *3gp* einfach zu ignorieren. Die potenzielle Userbasis ist einfach zu klein und der Aufwand zu hoch. Schon in wenigen Monaten werden *alle* neueren Handys entweder Flash-Videos beherrschen oder MPEG-4 (H.264) können.

11.6.8 New Kids on the Blog: DivX und Ogg-Theora

Es existieren diverse weitere Varianten von MPEG-4, einige davon proprietärer Natur wie MS-MPEG von Microsoft oder **DivX**. DivX ist ein MPEG-4-kompatibler Video-Codec, der von DivX Inc. (früher DivXNetworks Inc.) entwickelt wurde. Der Codec ist für seine Fähigkeit bekannt, große Videodateien bei guter Qualität vergleichsweise stark komprimieren zu können. Obwohl der DivX-Codec gute Kompressionsresultate erbringt, ist er umstritten. Kritiker bringen vor allem zwei Argumente vor: Der Codec ist erstens nicht quelloffen, somit ist die Weiterentwicklung nicht garantiert. Zweitens können DivX-Filme mit DRM versehen werden, womit die Verkäufer zum Beispiel limitieren können, wie oft ein Film betrachtet werden kann. Außerdem wird ein Player benötigt, der nicht unbedingt auf allen Rechnern vorhanden ist. Es gibt aber auch die noch nicht ganz fertige Open-Source-Variante *Xvid*. Und damit würde DivX obsolet.

Auch wenn das Format seine Anhänger besitzt, momentan ist es im Web ziemlich bedeutungslos. Das hängt auch sicher damit zusammen, dass es dem Platzhirschen Adobe gelungen ist, seinem ebenfalls proprietären Flash-Format mehr und mehr die Qualität einzuhauchen, die mittlerweile, was Kompressionsrate und daraus resultierender Bildqualität angeht, durchaus mit DivX konkurrieren kann.

Ogg-Theora wiederum ist ein von der Xiph.Org Foundation entwickelter freier Video-Codec, der zum Ogg-Containerformat gehört. Aufbauend auf dem VP3.2-Codec der Firma On2 Technologies zielt die Entwicklung darauf ab, eine patentfreie Alternative zu proprietären Niedrig-Bitraten-Video-Codecs wie RealVideo, DivX oder Windows Media Video zu bieten. Ogg-Theora wird als patentfreies Video-Format von der Wikipedia verwendet.

Während das Format selber durchaus leistungsfähig ist, fehlt es an allen Ecken und Kanten an leistungsfähigen Playern und Tools, daher ist es momentan bestenfalls als zusätzliches Angebot und zum Nachweis der politischen Korrektheit zu gebrauchen.

Es gibt aber – wenn auch von Nokia scharf zurückgewiesene – Bestrebungen, Ogg-Theora native in HTML 5 einzubauen. Sollte dies Standard werden, das heißt, dass Ogg-Theora-Filme ohne Plug-in direkt im Browser abgespielt werden können, dürfte das die Situation im Web grundlegend ändern. Außerdem kann der Firefox in seinen neuesten Beta-Versionen tatsächlich schon Ogg-Theora-Videos ohne Plug-in abspielen. Schon allein deshalb und nicht nur aus Sympathie für das freie Format sollte man die weitere Entwicklung um Ogg-Theora auf jeden Fall im Auge behalten.

11.6.9 Miro – die DRM-freie Alternative

Pod- und Vodcasting haben sicher durch Apples iPod und den *iTunes (Music) Store (iTMS)* die initiale Zündung erhalten und sind immer noch ein wichtiger Vertriebskanal. Jedoch besitzt er einen schwerwiegenden Nachteil: Alle Dateien, die darüber vertrieben werden, sind mit einem DRM-Wasserzeichen (DRM: *Digital Right Management*) versehen, das das Abspielen auf anderen Geräten als dem iPod oder iPhone und auf anderer Software als iTunes verhindert. Und das gilt auch ungefragt für eigene Dateien, die man via iTMS vertreiben will. Dagegen und nicht nur dagegen gibt es eine interessante Alternative: **Miro** (`http://www.getMiro.org/`), das sich nicht nur als alternativer Vertriebskanal, sondern als die DRM-freie und auf Open-Source-Software basierende *Zukunft des Internet-TVs* versteht.

Dabei ist Miro auch sonst sehr interessant. Es ist nämlich nicht nur ein alternativer Videoplayer, sondern um Miro herum existiert eine komplette Umgebung, die als Prototyp für eine Peer-2-Peer-Web-2.0-Anwendung betrachtet werden kann.

Abb. 11.11: Miro – die DRM-freie Zukunft des Internet-Fernsehens?

Mit *Videobomb* (`http://www.videobomb.com`) existiert ein *Community-Server*, der neben den üblichen Funktionen wie Anzeige der neuesten von den Nutzern eingestellten Videos, Bereitstellung eines RSS-Feeds etc. auch die Möglichkeit bietet, eigene *Channels* einzurichten, zu verwalten und ebenfalls wieder als RSS-Feed anzubieten. Im Gegensatz zu Videohostern wie YouTube, Google Video, Sevenload oder MyVideo kann man allerdings keine Videos dort hochladen, man gibt die URL des Videos ein (nicht die Webseite, auf der das Video angezeigt wird). Und das funktioniert sogar auch mit dem bereitgestellten Code zum Einbinden von Videos der großen Videohoster.

Es liegt vermutlich in der Natur der Sache eines freien, nichtzensierten Video-Vertriebsweges, das dort (vor allem weil es vielfach »hochgeranked« wurde) sehr viele

Videos mit sexueller Darstellung zu finden sind. Trotzdem ist explizit pornographisches Material eher die Ausnahme.

Daneben hat die Community mit der in PHP geschriebenen *Broadcast Machine* (`http://www.getMiro.com/broadcast`) eine eigene Software für ein *persönliches YouTube* bereitgestellt, das die Verwaltung eigener, hochgeladener Videos unterstützt, aber auch hier wieder das Einbinden von Videos, die bei anderen Hostern liegen, erlaubt. Die *Broadcast Machine* kann sowohl als persönliches Videolog wie auch als das Videolog und -repositorium einer Gruppe geführt werden. Die Voraussetzungen der Broadcast Machine zum Betrieb auf einem eigenen Server sind mit Absicht recht anspruchslos gehalten (PHP alleine reicht), damit sie auf den einfachsten Paketen der Hoster läuft.

Zur Zeit macht die Software allerdings gerade den Prozess eines kompletten Redesigns durch, da sich die Installation und Wartung des bisherigen Codes doch als etwas problematisch erwiesen hatte. Daher schlage ich Ihnen vor, WordPress als Basis zu nutzen und werde im Workshop im nächsten Abschnitt zeigen, wie das geht.

Auf Seiten der Miro-Community sieht es momentan so aus, als ob ihr Vorschlag wäre, zumindest vorrübergehend Blip.tv als Ersatz für die Broadcast Machine zu nutzen. Auch darauf werde ich im nächsten Abschnitt eingehen.

Schließlich gibt es noch den Channel-Guide, der als Alternative zu Apples iTMS designed ist. Hier werden alle Miro.org bekannten Videochannels gelistet und sind ähnlich wie die Vodcasts im iTMS vom Nutzer in Miro abonnierbar.

Der *channel guide* wird mittlerweile nicht nur von Miro, sondern zum Beispiel auch von *current.tv*, einer Art »kommerziellem, offenen Kanal« genutzt.

Miro ist ein noch junges Experiment, das von der *Participatory Culture Foundation* (`http://www.participatoryculture.org`) vorangetrieben wird. Es ist sicher noch nicht perfekt – so fehlt zum Beispiel noch so etwas wie ein *Ping* von der Broadcast Machine an den Community-Server *(VideoBomb)* und eine indirekte oder direkte Kommunikation zwischen den einzelnen Broadcast Machines ist auch noch nicht implementiert, aber meiner Meinung nach ist das Projekt auf dem richtigen Weg.

11.7 Wir basteln uns einen Internet-Fernsehsender

Nun wissen Sie genug, um sich mit wenigen Mitteln einen Internet-Fernsehsender zusammenbasteln zu können. Sie müssen Videos in zwei Formaten zur Verfügung stellen: einmal Flash für die Webseite und einmal MPEG-4 (H.264) für das Podcasting. Und letzteres Format müssen wir im RSS-2.0- oder Atom-Feed anbieten, damit Clients wie *iTunes* oder *Miro* damit was anfangen können.

11.7.1 Die »neue« Web-Troika

Daher schlage ich eine neue »Web-Troika« vor, aus der Ihr Internet-Fernsehsender besteht: Sie benötigen

- eine Website oder ein Blog, das die Internet-Präsenz ihres Senders ist (mit eingebundenen Flash-Videos),
- entweder einen Videohoster oder einen Storage-Server, auf dem Sie Ihre Videos ablegen und
- einen RSS-Feed für Ihre MPEG-4-Filme.

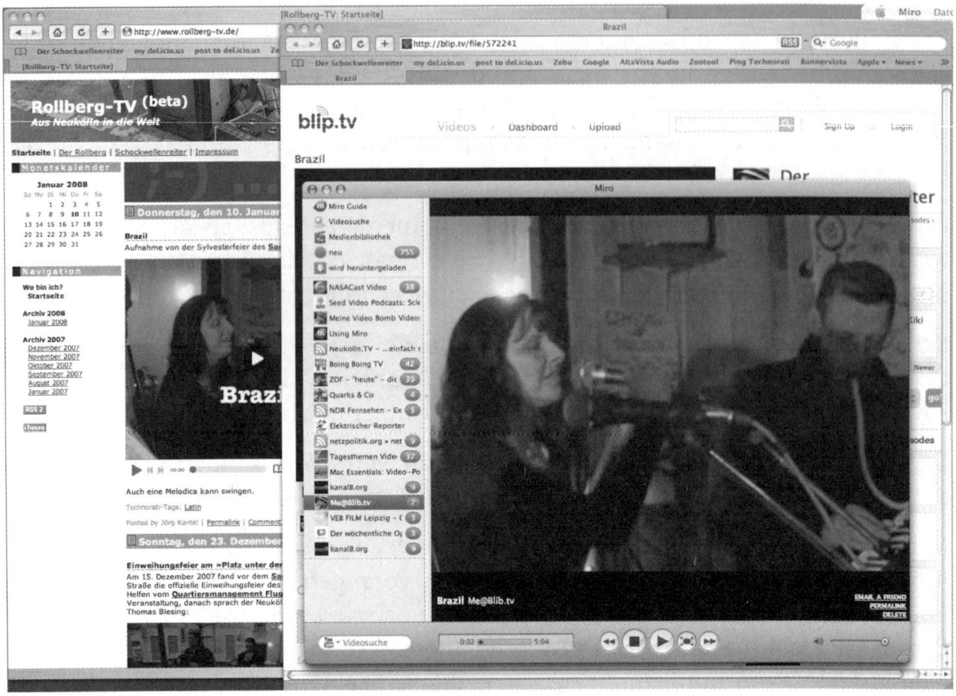

Abb. 11.12: Die »neue« Webtroika für Internet-TV: Weblog, Blip.tv und Miro

Für Ihre Website können Sie im Prinzip alles nehmen, was ich bisher in diesem Buch vorgestellt habe, da selbst einfache Homepage-Baukästen wie Jimdo Flash-Filme in Ihre Webseiten einbinden können. Allerdings müssen Sie dann unter Umständen den RSS-Feed für Ihren Video-Kanal woanders herholen, aber wie Sie gleich sehen werden, ist dies mit einem Videohoster wie Blip.tv oder Vimeo ohne Weiteres möglich.

Sie können aber auch einen anderen Weg gehen und Ihre Videos bei einem Storage-Hoster ablegen. Ich habe hier sehr gute Erfahrungen mit Amazons S3 (`http://aws.amazon.com/s3`) gemacht, dieser Service ist meines Erachtens zurzeit die günstigste und bequemste Möglichkeit, sich Massenspeicher zu mieten. Allerdings ist dies eher eine Option für echte Profis, die bereit sind, Geld auszugeben und in eine Infrastruktur zu investieren.

In allen Fällen baer spielt die Weblogsoftware *WordPress* ihre RSS-Fähigkeiten voll aus. Wenn aktiviert, sucht das Programm selbsttätig nach dem ersten Link zu einer MPEG-4-Datei in jedem Beitrag und bindet diese – wenn vorhanden – automatisch in den RSS-Feed ein. Das Weblog *Netzpolitik.org* (`http://netzpolitik.org`) nutzt zum Beispiel diese einfache Möglichkeit und macht damit *Netzpolitik.tv*, ein regelmäßig erscheinender Podcast, in dem in der Hauptsache Netzaktivisten interviewt werden.

Die Videohoster, die ich bisher in diesem Buch vorgestellt hatte, also YouTube, Sevenload und – mit Abstrichen – Flickr bieten nur einen Zugriff auf die konvertierten Flash-Dateien; falls wir MPEG-4-Dateien hochgeladen haben, bleiben diese dem Zugriff der Nutzer verborgen. Es gibt aber ein paar Videohoster, die nicht nur den Zugriff auf unterschiedliche Formate unserer Filme erlauben, sondern die auch direkt den RSS-Feed für unseren Channel generieren und auch noch ein paar Features mehr bieten. Die bekanntesten dieser Hoster sind *Blip.tv* und *Vimeo*.

Natürlich können Sie auch Ihren RSS-Feed separat erstellen. Es gibt einige Tools, die das unterstützen. Der Aufwand ist allerdings nicht unerheblich und nur dann interessant, wenn Sie auf eine begleitende Website (aus welchen Gründen auch immer) verzichten können oder wollen.

11.7.2 Archive.org

Welchen Weg Sie auch immer wählen, Sie sollten sich auf jeden Fall überlegen, ob Sie Ihre Videos nicht auch bei *Archive.org* (`http://www.archive.org`) hochladen wollen. Archive.org ist eine gemeinnützige Organisation, die es sich zur Aufgabe gemacht hat, ein Archiv des (frei verfügbaren) Internets zu erstellen. Auch bei Archive.org können Sie jeden Film in verschiedenen Formaten hochladen und den Nutzern zur Verfügung stellen. Einzige Bedingung ist: Ihr Film muss mindestens unter einer *Creative Commons Lizenz* stehen, das heißt, mindestens für nichtkommerzielle Nutzung freigegeben worden sein. Und man muss sich natürlich – wie bei allen anderen Web-(2.0-)Projekten auch – dort als Nutzer registrieren.

Der Standard-Uploader lässt Dateien bis 100 MB und bis zu zehn Dateien zu, mit einem zusätzlichen Tool lassen sich auch größere Dateien und/oder Mengen hochladen.

Wie die Abbildung 11.13 zeigt, bietet auch Archive.org einen netten Player zum Einbinden der Videos in die eigene Webseite und zusätzlich einen Downloadlink für eine eventuell ebenfalls hochgeladene MPEG-4-Datei an, aber keinen RSS-

Feed. Wenn man jedoch sowieso ein Tool wie WordPress nutzt, um seinen Feed zu erstellen, ist das, was Archive.org bietet, eigentlich alles, was man braucht.

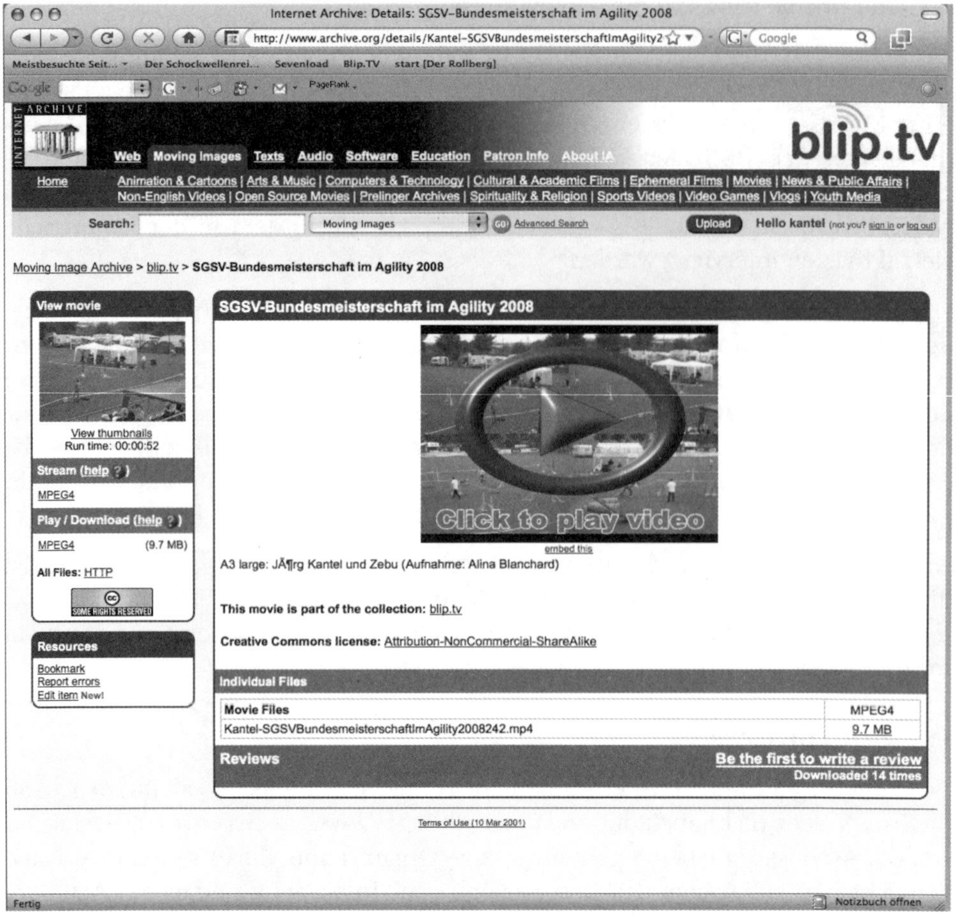

Abb. 11.13: Archive.org

Wie der Screenshot ebenfalls zeigt, hat Archive.org erhebliche Schwierigkeiten mit Umlauten, wie zum Beispiel dem *ö* in meinem Namen. Aber das ist ein Bug, den der Hoster mit vielen englischsprachigen Community-Sites gemein hat. Denen sind oft heute noch andere Zeichen als die, die der Durchschnittsamerikaner beherrscht, herzlich egal. Damit muss man leben können.

Der größte Vorteil von Archive.org dürfte aber darin liegen, dass es ein hervorragender Platz für die Langzeitarchivierung Ihrer Filme ist. Die gemeinnützige Organisation bietet kostenlosen und auf lange Dauer angelegten Speicherplatz für Ihre Videos und Audiodateien.

Und falls Sie zu denen gehören, die gerne Video-Mashups erstellen: Archive.org bietet mit der *Prelinger-Collection* wunderbares Ausgangsmaterial vornehmlich US-amerikanischer Regierungs- und Werbefilme aus den 40er und 50er Jahren des letzten Jahrhunderts, die explizit zur Neumischung freigegeben wurden. Einziger Wunsch der Prelinger-Leute ist, dass Sie Ihr neu zusammengemischtes Kunstwerk auch wieder im Prelinger-Archiv veröffentlichen.

11.7.3 Blip.tv: Der Backbone für Ihr Internet-Fernsehen

Der Name ist auf den letzten Seiten schon mehrfach gefallen: Mein absoluter Favorit, was die Eignung als Backbone für ein Internet-Fernsehen angeht, ist *Blip.tv* (`http://www.Blip.tv/`). Dieser Service ist speziell für die Wünsche von Webloggern und Internet-TV-Enthusiasten entworfen worden und bietet eigentlich alles, was das Herz begehrt: Sie können Videos in diversen Formaten hochladen, die alle unangetastet bleiben. Falls Sie es nicht vorziehen, selber einen Flash-Film zu erzeugen (der dann ebenfalls unangetastet bleibt), erzeugt Blip.tv selber einen Flash-Film in brauchbarer Qualität zum Einbinden in die eigene Webseite.

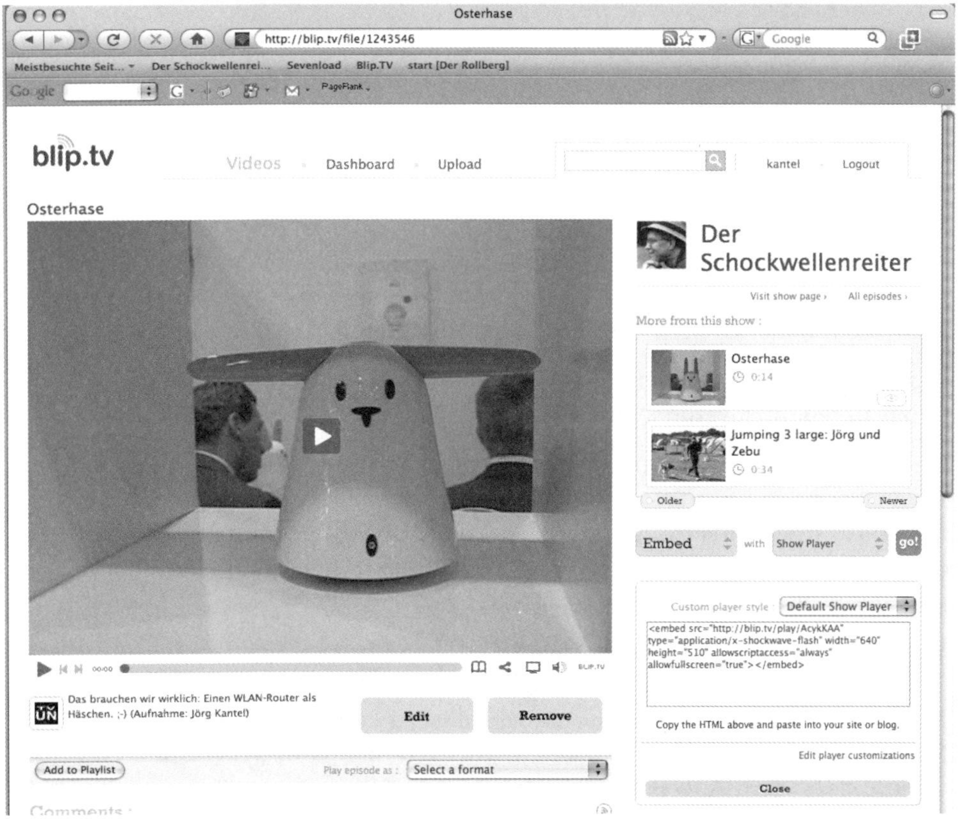

Abb. 11.14: Blip.tv präsentiert den HTML-Code für die Einbettung.

Blip.tv erzeugt einbettbaren Code für diverse unterschiedliche Player – bis hin zu einem Player, der das Video in einem neuen Pop-up-Browserfenster öffnet. WordPress-Nutzer bekommen einen eigenen, kurzen Codeschnipsel gezeigt, der ihnen das Video völlig problemlos in das Weblog schaufelt. Außerdem können eigene, selbst erstellte Vorschaubilder hochgeladen werden, wenn nicht, erstellt Ihnen die Software automatisch ein Vorschaubild.

Mir gefällt der – in Maßen – konfigurierbare Player, der auch auf den Seiten von Blip.tv genutzt wird, am besten. Um den Code dafür zu bekommen, müssen Sie das linke orangefarbige Auswahlmenü in der rechten Spalte auf EMBED stellen und das rechte auf SHOW PLAYER. Sie bekommen dann ein Textfeld geöffnet, das den einzubettenden HTML-Code enthält.

Das Einzige, was Sie jetzt noch machen sollten, ist die Größe des Videos an Ihre Bedürfnisse anzupassen. Wie Sie wissen, bevorzuge ich bei Filmen im Standard-Seitenverhältnis 4:3 entweder die Größe 320 x 240 oder die Größe 400 x 300 Pixel. Beide Werte können Sie problem- und folgenlos im Code ändern, indem sie bei *width* und *height* die entsprechenden Werte eintragen.

Der einzubettende Code sähe daher wie folgt aus:

```
<embed src="http://Blip.tv/play/AcykKAA"
type="application/x-shockwave-flash"
width="320" height="270"
allowscriptaccess="always"
allowfullscreen="true"></embed>
```

Wie Sie dem Code entnehmen können, ist die Steuerleiste des Flash-Players von Blip 30 Pixel hoch. Diese 30 Pixel dürfen Sie nie vergessen, hinzuzuaddieren, wenn Sie mit den Größen der Filme experimentieren.

Der *Legacy Player* ist ein Player ohne Steuerleiste, der aber nicht mehr lange von Blip.tv unterstützt werden wird. Er sollte daher nicht mehr verwendet werden.

Sie können abr auch einen *Showcase* erstellen, der Ihnen auf Ihrer Website immer automatisch den jüngsten, hochgeladenen Film anzeigt. Das könnte für die Startseite Ihres Internet-Fernsehsenders eine durchaus interessante Option sein. Und es gibt diverse, konfigurierbare Widgets, die Sie in Webseiten einbinden können und die auf Ihre Videos aufmerksam machen.

Wenn Sie Filme nach Blip.tv hochladen, stehen Ihnen einige weitere interessante Optionen offen. Neben der schon mehrfach erwähnten Möglichkeit, verschiedene Formate für verschiedenen *Rollen* hochladen zu können (Flash für die Webseite, MPEG-4 für den Podcast etc.) oder ein Vorschaubild (zum Beispiel mit eingeblendeten *Credits*, dem Aufzählen aller am Film Beteiligter) mitzugeben, können Sie auch zusätzliche Distributionskanäle direkt beim Hochladen festlegen. Hierzu zählt zum Beispiel die Möglichkeit, die Videos gleichzeitig auch bei MySpace und Archive.org mit hochzuladen (dieser Vorgang wird *Cross-Posting* genannt).

Interessanter aber ist das Cross-Posting zu Flickr. Hier wird nicht Ihr Film an Flickr gesandt (was wegen der Beschränkungen auf 90 Sekunden bei Flickr auch oft in die Hose gehen würde), sondern ein Vorschaubild mit einem Rücklink zum Video auf Blip. Gerade wenn Sie eine viel frequentierte Flickr-Seite haben, ist dies ein zusätzlicher Weg, auf Ihr Video aufmerksam zu machen.

Und besonders interessant ist natürlich die Möglichkeit des *Cross-Uploads* zum oben schon mehrfach erwähnten Internet-Archiv (Archive.org). Auch wenn Sie die vielfältigen Möglichkeiten des Archivs sonst nicht nutzen, es ist für Sie genau das, was ein Archiv sein soll: Die Möglichkeit, Ihren Film langfristig sicher irgendwo im Netz abzulegen. Das Internet ist auch und gerade in den Tagen des Web 2.0 sehr kurzlebig. Mich beruhigt jedenfalls diese Archivierungsmöglichkeit enorm.

Für Podcaster wichtig sind die RSS-Feeds, die ihnen Blip.tv anbietet. Sie können RSS-Feeds für iTunes, Miro und RSS 2.0 erzeugen lassen. Wobei ehrlicherweise die Feeds für Miro und RSS 2.0 identisch sind. Nur – wenn Sie den Knopf für Miro klicken, versucht der Browser, sich direkt mit Miro zu verbinden und den Feed dort automatisch zu abonnieren. Was bei iTunes zumindest auf dem Mac fast immer klappt, klappt bei Miro mal, aber nicht immer. Sinnvoller ist es daher, diesen Feed händisch in Miro zu importieren.

Noch besser ist es allerdings, die URL zu Ihrem Feed (sie hat immer die Form `http://[ihr Blip-Channel]/Blip.tv/rss`, in meinem Fall also `http://kantel.Blip.tv/rss`), auf Ihrer Webseite als Podcast-Channel anzubieten. Sie brauchen sich also um den RSS-Feed für Ihr Internet-Fernsehen nicht zu kümmern, Blip.tv erledigt das automatisch für Sie.

Daraus folgt aber auch, dass Sie für jeden Channel, den Sie produzieren wollen, einen separaten Blip-Account benötigen. Das ist aber nicht unbedingt ein Nachteil, lediglich wenn Sie die gleichen Filme für mehrere Channels anbieten wollen, stört es, dass Sie sie mehrmals hochladen müssen.

Ansonsten merken Sie schon: Blip.tv kann – richtig eingesetzt – das Rückgrat Ihres Internet-TV-Auftritts sein. Und das völlig kostenlos für Sie.

Ein Wort zur Werbung: Sie können Werbung in Ihren Filmen zulassen und werden sogar an den Erlösen beteiligt. Doch viel Sinn macht das nicht. Ich habe seit etwa einem halben Jahr einen Test laufen und in dieser Zeit etwas über einen Dollar verdient. Die Werbung ist viel zu sehr auf amerikanische Verhältnisse zugeschnitten, als das sie hier in Europa irgendjemanden zu einem Klick motiviert.

Und noch eine Frage, die mir in diesem Zusammenhang oft gestellt wird: Macht Blip.tv die anderen Videohoster wie zum Beispiel Sevenload oder YouTube überflüssig? Meine Meinung ist »Nein«, denn diese Hoster haben andere Aufgaben.

Gerade YouTube ist *die* Adresse, wenn Menschen im Netz nach Videos suchen. Verbauen Sie sich diesen Weg nicht, mit Ihrer Video-Show populär zu werden. Ihr bestes Programm nutzt nichts, wenn es nicht gefunden wird. Bauen Sie sich daher ruhig Ihre YouTube- (und auch Ihre Sevenload-) Profilseite. Natürlich mit einem fetten Link auf die Homepage Ihres Internet-TV-Auftritts. Sie werden so von viel mehr Leuten gefunden werden.

Das Gleiche gilt übrigens für MySpace: Gerade wenn Sie ein außergewöhnliches, künstlerisches Programm anbieten, ist ein Profil auf MySpace Pflicht. Wenn Sie Wissenschaftsfernsehen im Internet machen, ist vielleicht ein Profil auf Facebook sinnvoller. Aber es kostet Sie ja nichts: Erstellen Sie ein Profil gleich bei beiden *Social Networks* und zeigen Sie Ihre Videos auch dort. So erreichen Sie das größtmögliche Publikum.

In einem der nächsten Abschnitte zeige ich Ihnen noch, wie Sie viel (Upload-)Zeit sparen können, wenn Sie *TubeMogul* nutzen. Aber eines ist trotz allem klar: Internet-TV macht man nicht so einfach zwischen Tür und Angel. Wenn Sie es wirklich ernsthaft betreiben wollen, müssen Sie viel Zeit aufwenden. Daher dürfte es Sie sicher nicht mehr wundern, wenn die meisten regelmäßigen, von Amateuren produzierten Sendungen im Netz höchstens wöchentlich aktualisiert werden. Und dass viele von ihnen (aber nicht alle) im Kollektiv produziert werden.

11.7.4 Videolog und VJ-Blog

Sie müssen Ihre Fernsehstation im Netz aber nicht unbedingt (nur) mit eigenen Filmen füttern. Eine ganze Menge von Webseiten lebt davon, dass sie die besten, absurdesten oder skurrilsten Videofundstücke aus dem Netz präsentiert. So etwas ist ein erster Einstieg in die Welt des Internet-Videos und lässt sich zum Beispiel sehr einfach mit einer Weblogsoftware wie WordPress oder Twoday.net aus der Taufe heben.

Hier sollten Sie allerdings wissen, wie man in den HTML-Modus Ihres Weblog-Eingabefeldes umschaltet. Denn die besten Fundstücke macht man oft auf den obskursten Seiten bei seltsamen Videohostern. Und die haben wiederum oft auch ganz seltsame Codeschnipsel, mit denen Sie die Videos in Ihrem Blog einbetten können. Denn glauben Sie nicht, dass alles, was es irgendwo anders gibt, auch auf YouTube eingestellt wurde. Das ist nicht der Fall.

Solch ein Blog nennt man oft Vlog oder VJ-Blog, wobei *VJ* für *Videojockey* (in Analogie zum Diskjockey) steht. Jedoch hat der Videojockey diese Abkürzung nicht für sich alleine gepachtet: Der Videojournalist (ebenfalls *VJ* abgekürzt) ist mittlerweile eine anerkannte Ausbildung, die an diversen Journalistenschulen gelehrt wird.

Abb. 11.15: Mario Sixtus' elektrischer Reporter – Internet-TV vom Feinsten

Ein Videojournalist ist ein Ein-Personen-Alleskönner, der das klassische Kamerateam ersetzt: Er ist Journalist, Kameramann und Toningenieur in einer Person, der die Filme im Anschluss auch oft noch selber schneidet, vertont und mit Untertiteln versieht. Dass dabei durchaus etwas Originelles herauskommen kann, zeigt der Journalist Mario Sixtus regelmäßig in seinem *elektrischen Reporter* (`http://www.elektrischer-reporter.de/`), eine Coproduktion mit dem Webauftritt des *Handelsblattes*. Der elektrische Reporter ist für mich eines der besten Internet-TV-Auftritte im deutschsprachigen Raum und hat meiner Meinung nach völlig zu Recht den Grimme Online Award 2007 gewonnen. (Mittlerweile hat Mario Sixtus mit seiner Sendung es sogar in das »richtige« Fernsehen geschafft, doch das ist eine andere Geschichte.)

11.7.5 Workshop: Vodcasting mit WordPress

Kehren wir jetzt zu unserem WordPress-Blog zurück, das wir vor einigen Kapiteln eingerichtet hatten. Melden Sie sich an, indem Sie in der Menüleiste unter META auf ANMELDEN klicken. Auf der nächsten Seite werden Sie aufgefordert, sich mit Benutzername und Passwort zu authentifizieren. Wenn Sie noch nichts geändert haben, ist Ihr Benutzername *admin* und das Passwort ist das, das Sie sich anfangs gegeben hatten. Wenn Sie an Ihrem Computer zu Hause sitzen, können Sie sich DAUERHAFT ANMELDEN, indem Sie dort das Häkchen setzen. Arbeiten Sie gerade in Ihrem Büro oder in einem Internetcafé, ist dies keine besonders gute Idee, dort lassen Sie das Häkchen lieber ungesetzt.

Okay, nun sind Sie wieder im Administrationsbereich Ihres Blogs. Wie ich schon erwähnte, eignet sich WordPress hervorragend als Podcast-Blog und dafür wollen wir es nun anlegen, als unseren Internet-Fernsehsender. Wissen Sie nun, warum ich den Namen *Rollberg-TV* gewählt habe?

Man kann Videos auch *zu Fuß* in WordPress einbinden, einfacher geht es aber mit einem Plug-in, das wir aber erst herunterladen müssen. Es ist der *Video Embedder* von *Kristoffer Forsgren*, den wir dazu nutzen werden. Sie finden ihn unter der URL `http://www.gate303.net/2007/12/17/video-embedder/` – auf dieser Seite gibt es auch den Downloadlink. Entpacken Sie das Archiv und öffen Sie den Ordner *video-embedder*, denn darin befindet sich ein weiterer Ordner, der ebenfalls *video-embedder* heißt. (Ein wenig ist dies wie die russische Puppe in der russischen Puppe in der ...) WordPress-Plug-ins müssen in das Verzeichnis *wp-content/Plugins* Ihrer WordPress-Installation abgelegt werden. Dorthin verschieben Sie also bitte mit dem FTP-Programm Ihres Vertrauens das Plug-in. Nach dem Hochladen suchen Sie bitte wieder Ihre Admin-Seite auf und klicken links oben auf PLUGINS. Den soeben hochgeladenen *Video Embedder* finden Sie nun im Bereich INAKTIVE PLUGINS. Setzen Sie das Häkchen in der Checkbox links und klicken Sie rechts auf Aktivieren. Nun sollten Sie dieses Plug-in unter der Überschrift DERZEIT AKTIVE PLUGINS finden. Damit ist eigentlich alles erledigt.

Ich habe noch eine kleine Schönheitsoperation durchgeführt. Dazu habe ich auf den Link OPTIONS/VIDEO EMBEDDER geklickt und die Weite und Höhe in den Settings auf 400x330 Pixel gesetzt. Mir gefällt diese Größe einfach besser, die Default-Einstellung von 425x355 finde ich zu groß. Aber das ist natürlich Geschmackssache. Sie können dort jede Größe einsetzen, die Sie möchten, Sie sollten aber bei der Höhe nicht vergessen, etwa 30 Pixel für die Steuerleiste hinzuzufügen.

Die Seite ist sowieso für Sie nützlich. Wenn Sie weiter nach unten scrollen, werden Sie eine Anleitung finden, in der alle unterstützten Videohoster aufgeführt sind und auch beschrieben ist, wie Sie an die benötigte ID für das Plug-in kommen. Archive.org wird leider (noch?) nicht unterstützt und so werden wir für unseren Internet-Fernsehsender vorrangig auf die Unterstützung durch Blip.tv setzen.

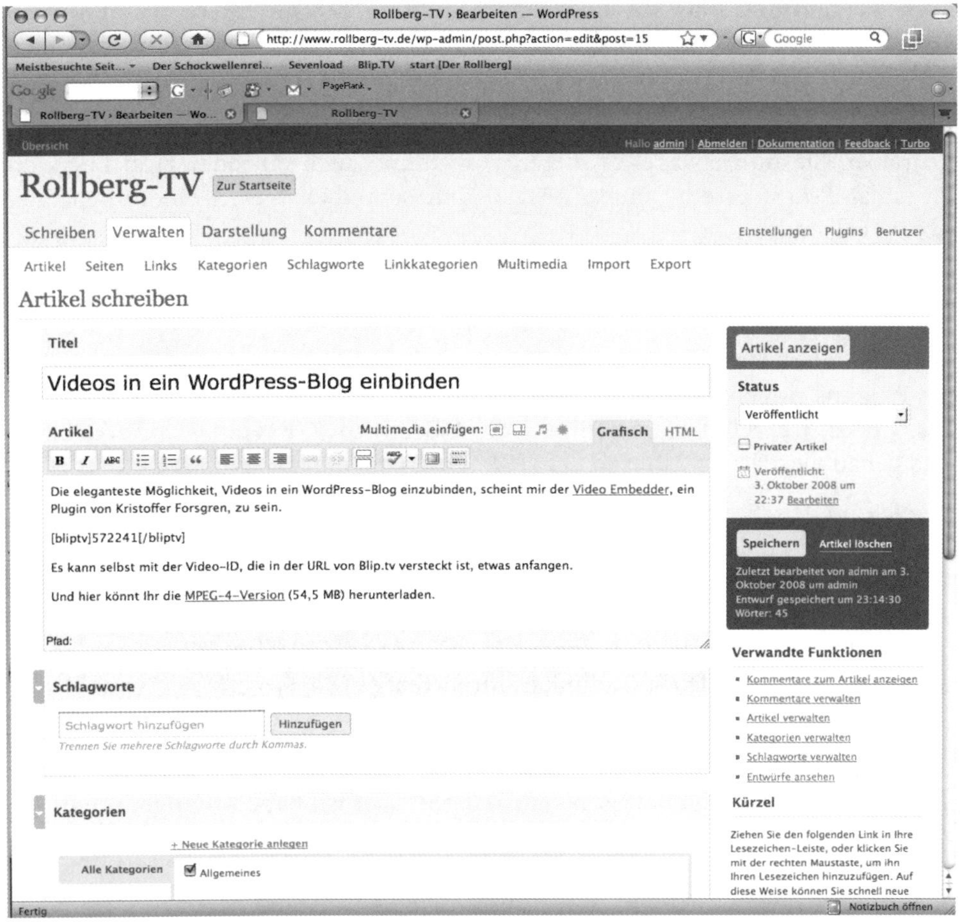

Abb. 11.16: WordPress' Rich-Text-Editor

Nun wollen wir unseren ersten Beitrag schreiben. WordPress hatte den unter der Überschrift *Willkommen* schon angelegt, daher klicken wir nun links oben auf VERWALTEN und dann auf WILLKOMMEN. Wenn Sie wollen, löschen Sie den Beispielkommentar, den WordPress für Sie auch schon angelegt hatte, und dann ändern Sie den Titel in *Videos in ein WordPress-Blog einbinden* (oder wie immer Ihr erster Blogeintrag heißen mag).

WordPress zeigt Ihnen per Default einen *Rich-Text-Editor*, der es Ihnen – im Prinzip – erlaubt, Ihre Blogbeiträge ohne einen einzigen Schnipsel HTML-Code einzugeben. Alternativ können Sie rechts oben aber auch auf HTML klicken und *alles* als HTML eingeben. Doch Vorsicht! Sie sollten nicht zu oft hin- und herschalten. Der Rich-Text-Editor verhaut Ihnen unter Umständen den Code, er neigt dazu, an einigen Stellen, an denen Ihnen das gar nicht passt, (HTML-)Zeilenumbrüche oder Absätze einzufügen. Also arbeiten Sie entweder grundsätzlich im HTML-

oder im Rich-Text-Editor für einen Artikel. Wir werden die meisten Zeit nur den *grafischen* Editor (so nennt WordPress in der deutschen Übersetzung den Rich-Text-Editor) arbeiten. Dafür haben wir unter anderem schließlich auch das *Video Embedder Plug-in* installiert.

Schreiben Sie nun etwas Text, fügen zur Übung auch ein oder zwei Links ein (zweimal *Return* erzeugt einen Absatz) und schreiben Sie in einem separaten Absatz Folgendes:

```
[bliptv]572241[/bliptv]
```

So funktioniert der *Video Embedder*. Die ID, die zwischen den Start- und Ende-Tags des Plug-ins eingefügt werden muss, erhalten Sie im Falle von Blip.tv aus der URL des Videos. Der Film hat bei Blip.tv die URL `http://Blip.tv/file/572241/` und genau diese letzte Ziffer in der URL, *572241*, ist die ID.

Wie ich im Abschnitt über Blip.tv schon beschrieben hatte, kann man bei *Blip.tv* Filme in verschiedenen Formaten hochladen, unter anderem auch MPEG-4-Dateien für einen Podcast. Die URL dafür finden Sie – wenn vorhanden – in dem Aufklapp-Menü FILES AND LINKS rechts unten auf der Videoseite. In unserem Fall ist es `http://Blip.tv/file/get/Kantel-Brazil553.mp4`. Kopieren Sie sie und fügen Sie sie als Downloadlink in Ihren Text ein.

Vergessen Sie nicht, Ihren Text zu speichern. Der Button dafür befindet sich leider nicht unter dem Text, sondern etwas unüblich in der rechten Spalte neben dem Text. Das mag zwar ergonomisch sinnvoll sein, aber ich habe Anfänger schon verzweifeln sehen, weil ihr Text immer wieder verschwand, da sie den SPEICHERN-Knopf einfach nicht gesehen hatten.

Ihr WordPress-Blog sollte jetzt ungefähr so wie in Abbildung 11.17 aussehen. Ist doch schon was, oder? Keine Angst, an dem Layout werden wir auch noch ein wenig arbeiten, aber für den Anfang reicht mir erst einmal das Standard-Kubrick-Template.

Denn ich möchte erst einmal auf etwas anderes hinaus. WordPress hat die angenehme Eigenschaft, die erste Multimediadatei, die die Software in einem Beitrag findet, als *enclosure* in den RSS-Feed (WordPress generiert genau genommen einen *Atom*-Feed) einzufügen. Das heißt, Sie haben ohne irgendetwas zusätzlich machen zu müssen, mit diesem Beitrag einen podcastfähigen Feed erzeugt. Merken Sie nun, warum ich Sie gebeten hatte, die URL der MPEG-4-Datei irgendwo in Ihrem Beitrag als Link zu hinterlegen?

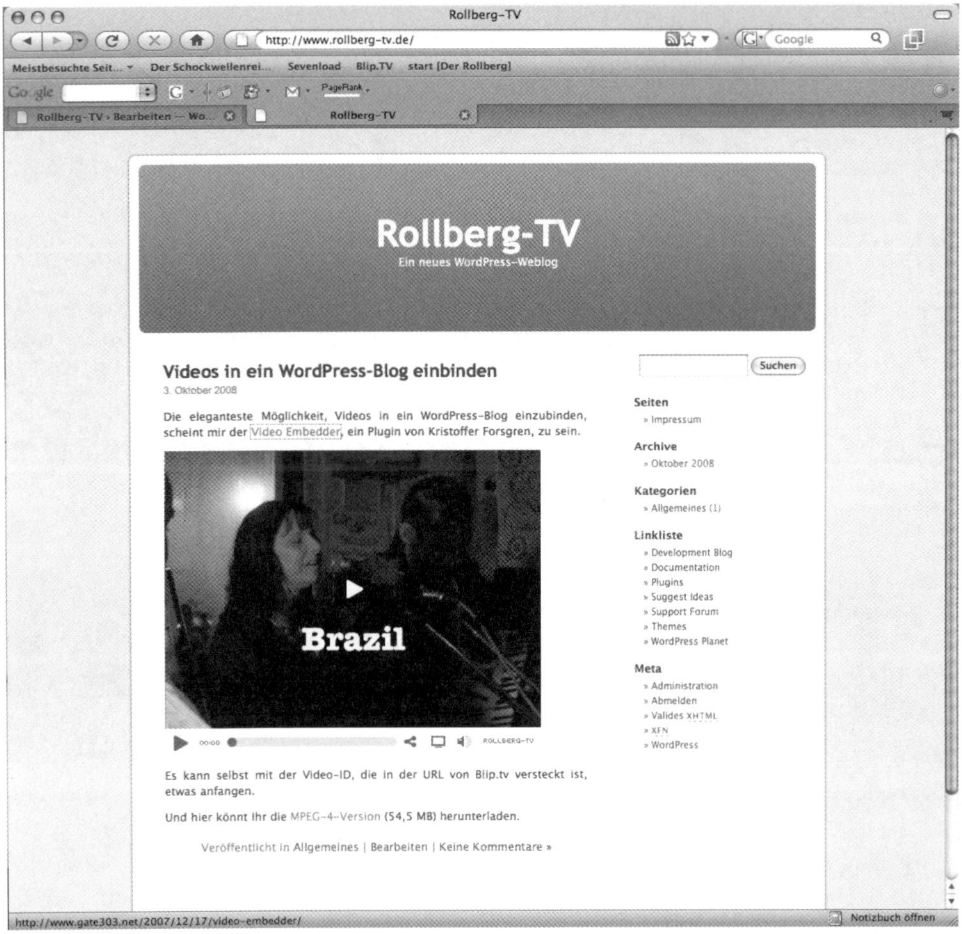

Abb. 11.17: Rollberg-TV, 1. Fassung

Probieren Sie es ruhig aus. Sowohl Miro wie auch iTunes lesen Ihren Feed ohne Probleme und laden die MPEG-4-Datei (zum Beispiel zur weiteren Verwendung in einem iPod) herunter. Und so haben Sie fast ganz ohne Ihr Zutun sich einen netten kleinen Internet-Fernsehsender eingerichtet. Das war doch einfach, oder?

Nun wollen wir unser WordPress-Blog noch ein wenig aufhübschen. Das Kubrick-Template ist zwar ziemlich gut getestet, aber doch ein wenig langweilig und außerdem hat man es schon zu oft gesehen. Auf der anderen Seite ist es ziemlich aufwendig, ein neues WordPress-Template komplett von Grund auf zu entwickeln. Einfacher ist es, sich ein schon vorhandenes Template auszusuchen und es dann vorsichtig den eigenen Bedürfnissen anzupassen.

Abb. 11.18: Unser Podcast in Miro

Ich hätte gerne ein dreispaltiges Template mit fester Weite und einem über die ganze Breite gehenden *Header*-Bildes. Also machen wir uns auf die Suche. Startpunkt ist natürlich WordPress.org. Die Seiten, die Templates bereithalten, finden Sie hier: `http://WordPress.org/extend/themes/`, es gibt dort über 350 Templates mit fester Weite und mehr als 70 dreispaltige Templates, die Nutzer dort schon eingestellt haben.

Ich entscheide mich für das *PrimePress*-Template von *Ravi Varma*, das Sie unter `http://www.techtrot.com/primepress/` herunterladen können. Es bietet nicht nur die geforderten drei Spalten, sondern sogar die Möglichkeit, die Header-Fotos auf einfachste Art rotieren zu lassen. Davon später mehr. Wichtig für uns ist noch, dass es auf den Seiten des Autors auch noch viele Tutorials und Tipps gibt, wie man das Template seinen eigenen Bedürfnissen anpassen kann. Das lässt Sie bei aufkommenden Problemen hoffentlich nicht alleine.

Doch im Prinzip ist die Installation eines neuen Templates wirklich einfach: Sie laden sich das Paket herunter, entpacken es und kopieren den ganzen Ordner in Ihr WordPress-Verzeichnis in das Directory *wp-content/themes*. Dann wechseln Sie im Admin-Interface auf DARSTELLUNG – THEMES und sehen, dass Ihr soeben installiertes Thema auch schon angeboten wird. Wenn Sie darauf klicken, bekommen Sie eine Vorschau angeboten, die Ihnen zeigt, wie Ihr Weblog mit diesem Thema aussehen wird. Mir gefällt's, also klicken wir oben rechts auf »PRIME-PRESS« AKTIVIEREN.

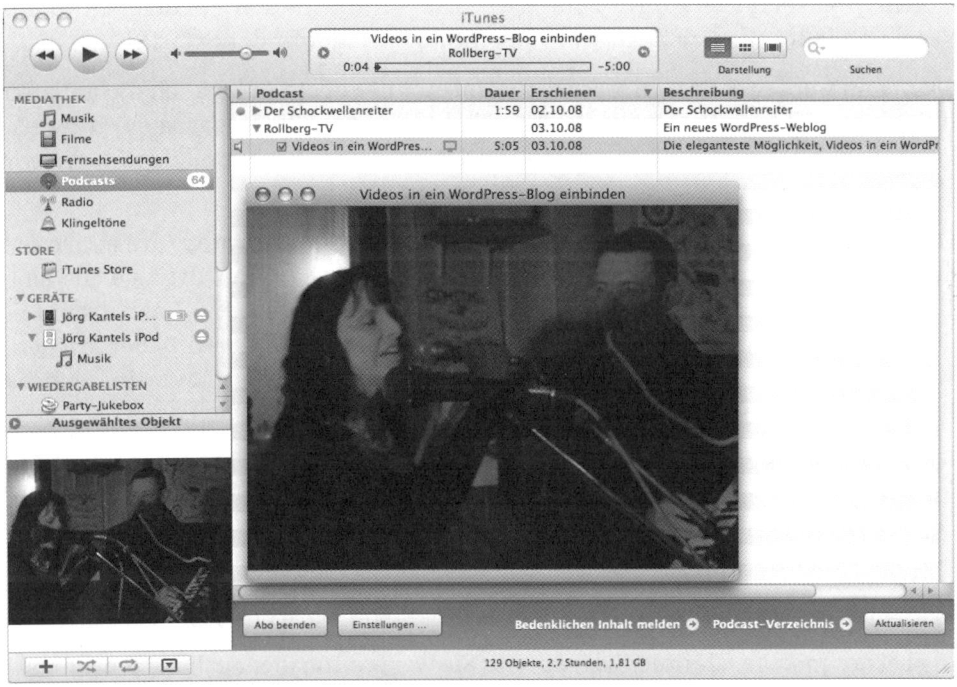

Abb. 11.19: Rollberg-TV in iTunes

Und wenn wir jetzt zur Startseite wechseln, sieht unser WordPress-Blog doch schon ganz anders aus.

Was aber noch stört, ist der Untertitel *»Ein neues WordPress-Blog«*, den wollen wir als Erstes ändern. Dazu klicken wir wieder im Admin-Interface rechts oben auf EINSTELLUNGEN und sehen sofort, was wir alles problemlos verändern können: den Titel, den Untertitel, die URL, Ihre E-Mail-Adresse und vieles mehr. Wir wollen jedoch nur den Untertitel verändern, er soll ab sofort *Aus Neukölln für die Welt* heißen (oder was immer Sie Ihrem WordPress-Blog für einen Untertitel verpassen möchten). Vergessen Sie auch hier nicht, die Änderungen zu speichern.

Wenn Sie jetzt wieder auf die Startseite Ihres Blogs wechseln, sehen Sie (eventuell erst nach einem erneuten Laden der Seite), dass sich der Untertitel tatsächlich Ihren Wünschen gemäß geändert hat.

Ich empfehle Ihnen, wenn Sie Änderungen an Ihrem Blog vornehmen, immer mit mindestens zwei Browserfenstern zu arbeiten (ob es getrennte Fenster sind oder ob Sie zwei verschiedene *Tabs* benutzen, bleibt Ihnen überlassen). Ein Fenster ist für das Admin-Interface zuständig, das zweite Fenster zeigt die Seite Ihres Blogs. Ich habe meistens sogar noch einen zusätzlichen Browser offen, der das Blog so zeigt, wie es ein *nicht angemeldeter Benutzer* sieht, das also die Sicht des Durchschnittsbenutzers Ihrer Seite zeigt. Die Administration erledige ich in der Regel im Firefox, den nicht angemeldeten Nutzer zeigt mir der Safari.

Okay, nun werden Sie sagen, dass das SonnenblumenFoto (oder auch die anderen rotierenden Bilder) sehr wenig mit dem Thema unseres Blogs, das ja ein Internet-Fernsehsender sein soll, zu tun hat. Natürlich haben Sie Recht und das ändern wir als Nächstets.

Die Header-Fotos finden Sie im Verzeichnis `wp-content/themes/primepress/headers`. Ein Blick auf die Bilder (es sind vier Stück) zeigt uns, dass sie alle eine Größe von 920x150 Pixeln haben. Wir müssen daher einfach eine Anzahl von Bildern in dieser Größe in das Verzeichnis kopieren und die anderen Bilder löschen. Wenn wir auf die Rotation verzichten wollen, genügt es sogar, nur ein einziges Bild in dieser Größe in diesem Verzeichnis zu belassen.

Ich habe also vier Bilder in der geforderten Größe hergestellt und sie mit *PP-header01* bis *PP-header04* benannt. (Ob das *PP* im Bildnamen wirklich notwendig ist, weiß ich nicht, aber da die Original-Bilder damit anfingen, habe ich das sicherheitshalber ebenso gehandhabt.)

Und *voilà*, nun sieht unser Internet-Fernsehsender doch schon ganz anders aus.

Als Letztes möchte ich Ihnen zeigen, wie Sie weitere Inhalte, auch im WordPress-Jargon *Widgets* genannt, Ihren Seitenleisten hinzufügen können. Wir möchten die aktuellen Videos bei Blip.tv in der ersten Seitenleiste anzeigen. Dazu wechseln wir erst einmal zu Blip.tv (am besten in einem neuen Browserfenster oder einem neuen Tab). Wenn Sie dort nicht (mehr) eingeloggt sind, melden Sie sich an und wechseln in das DASHBOARD. Dort klicken Sie in der linken Spalte erst auf DISTRIBUTION und dann auf SIDEBAR. Sie sehen jetzt die Default-Sidebar, wie sie Ihnen ohne Änderungen angeboten wird. Wir wollen sie jetzt noch ein wenig anpassen. Ich habe ziemlich viele Agility-Filme dort, die will ich aber im Rollberg-TV nicht zeigen. Dafür habe ich aber alle Neukölln betreffenden Filmchen mit *Rollberg-TV* getaggt. Und als SIDEBAR-TITEL geben wir *Rollberg-TV auf Blip* (oder was immer Ihnen als Titel einfällt) ein. Die Anzahl der Videos lasse ich auf *fünf* stehen, hier können Sie natürlich auch variieren.

Unten steht auch schon, nachdem wir auf UPDATE PREVIEW geklickt haben, der HTML-Code, den wir in unser Blog einbinden sollen. Nur wo?

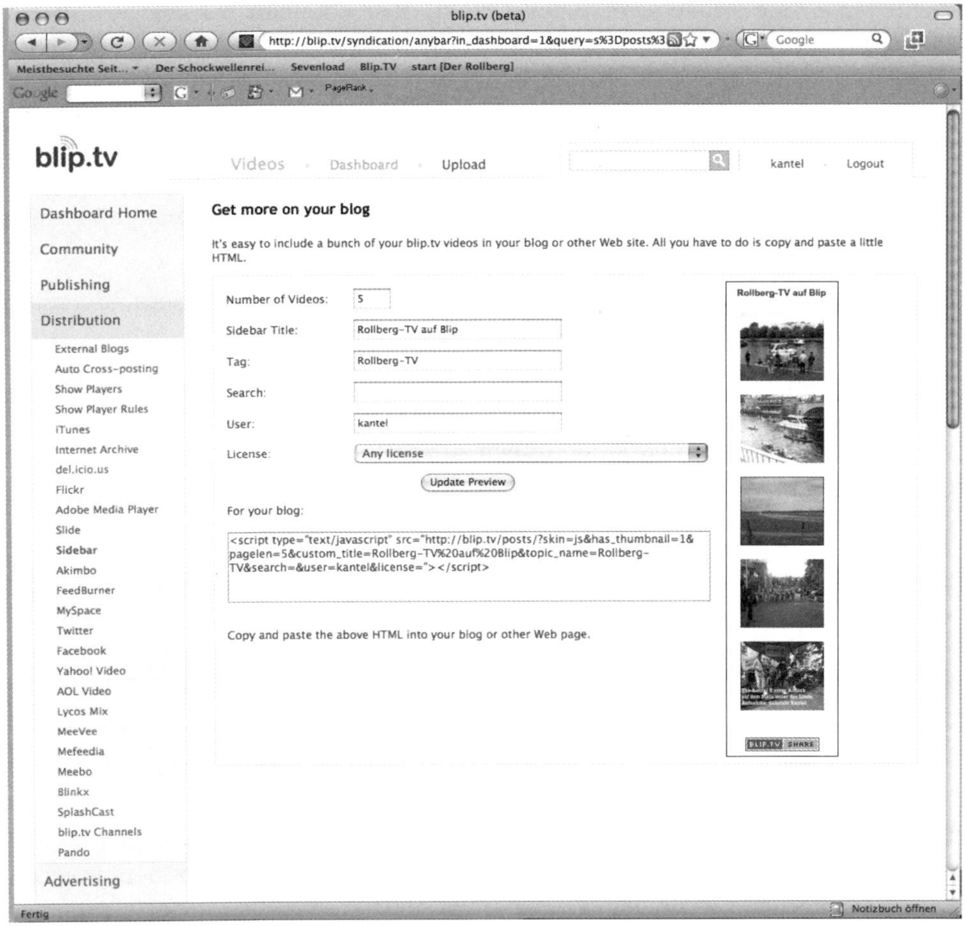

Abb. 11.20: Eine Blip.tv-Sidebar erstellen

Wenn Sie wie vorgeschlagen Blip.tv in einem neuen Browserfenster geöffnet haben, können Sie jetzt ganz schnell wieder zum Admin-Interface unseres Word-Press-Blogs wechseln (lassen Sie das Blip.tv-Fenster aber bitte geöffnet). Dort wechseln Sie zu DARSTELLUNG|WIDGETS.

Irgendwie sollte Ihnen das Folgende von Jimdo oder Twoday schon bekannt vorkommen. Da die Programmierer all dieser Anwendungen auch nur mit Wasser kochen und außerdem der Nutzer schon eine gewisse Einheitlichkeit der Anwendungen erwartet, ist die Bedienung all dieser Software-Pakete ziemlich ähnlich. Mit ein wenig Erfahrung können Sie sich auch an anderen Programmen versuchen. Sie werden sehen: Sie funktionieren alle ähnlich – mit geringen Abweichungen natürlich, die sich Ihnen aber meistens mit ein wenig Nachdenken ohne Konsultierung eines Handbuches erschließen sollten.

Wenn wir eigene Widgets einbinden wollen, überschreiben wir die Default-Einstellung unseres Templates, daher müssen wir alles separat eingeben. Wir gehen also zuerst zu SEITENLEISTE 1 (rechts oben) und fügen dort nacheinander die Widgets NEUESTE ARTIKEL, NEUESTE KOMMENTARE und KATEGORIEN hinzu. Bitte nicht vergessen, auf ÄNDERUNG SPEICHERN zu klicken. Es reicht übrigens seltsamerweise nicht, aus dem Auswahlmenü jeweils die entsprechende Seitenleiste auszuwählen, Sie müssen anschließend noch auf ANZEIGEN klicken, sonst passiert gar nichts.

Falls Ihnen die Reihenfolge nicht gefällt, können Sie sie einfach ändern, indem Sie mit gedrückter Maustaste die einzelnen Widgets verschieben.

Ähnlich gehen wir mit der SEITENLEISTE 2 vor: Hier möchte ich den Kalender, das Monatsarchiv, die Seiten, die Linkliste und den Meta-Block haben. Auch hier nicht vergessen, anschließend die Änderungen zu speichern.

Nun wechseln wir wieder zu SEITENLEISTE 1. Denn dort soll unser Video-Widget hin.

Klicken wir also bei TEXT auf HINZUFÜGEN. Es erscheint rechts Ihr neues Widget. Klicken Sie dort auf BEARBEITEN, geben in der ersten Zeile eine Überschrift, wie zum Beispiel *Neueste Videos*, ein und darunter kopieren Sie den Text, den wir vorhin bei Blip.tv erstellt hatten. Klicken Sie auf ÄNDERN und vergessen Sie bitte wieder nicht, die Änderung zu speichern. Als Letztes verschieben wir unser neues Widget aus Gründen der Optik mit gedrückter Maustaste zwischen *Neueste Kommentare* und *Kategorien*, damit das *Neueste* zusammenbleibt.

Und schwupps! Das war's. Innerhalb kürzester Zeit haben Sie einen Internet-Fernsehsender aufgesetzt, den Sie ruhigen Gewissens vorzeigen können. Das Layout ist ansprechend, dank des Templates von Ravi Varma, die Videos werden von Blip.tv angezeigt und WordPress sorgt dafür, dass Sie einen Podcast-fähigen RSS-Feed für Miro, iTunes oder sonstige Podcast-Clients publizieren. Das ist viel mehr, als einige professionelle Medien mit viel Geld hinbekommen haben.

Natürlich können und müssen Sie im Laufe der Zeit noch mehr machen. So einen Internet-Fernsehsender werden Sie vermutlich nicht alleine betreiben. Rechts oben im Admin-Interface finden Sie die Benutzerverwaltung. Auch sie funktioniert ähnlich wie zum Beispiel bei *Twoday.net* und ist weitestgehend selbsterklärend. Daher will ich Sie damit nicht weiter langweilen und mich hier nicht wiederholen.

Falls Ihnen die Farben und Schriften nicht gefallen und Sie sie ändern wollen, können Sie dies natürlich auch, allerdings sollten Sie dann über einige CSS-Kenntnisse verfügen. Und wenn Sie bei späteren Updates nicht im Regen stehen wollen, machen Sie Ihre Änderungen nicht irgendwo, sondern nur in der Datei *custom.css*, die Sie im Directory `wp-content/themes/primepress` Ihrer Word-

Press-Installation finden. Diese Datei wird als letztes Stylesheet von WordPress gelesen und überschreibt damit alle CSS-Anweisungen, die vorher gemacht wurden. Bei einem Update brauchen Sie daher nur diese Datei (und ihre persönlichen Header-Fotos) zu sichern und anschließend wieder an die richtige Stelle im Dateibaum einzuhängen und alles ist (hoffentlich) gut.

Abb. 11.21: Rollberg-TV: Die endgültige Fassung

Beim Wichtigsten überhaupt, um erfolgreiches Internet-TV zu machen, kann ich Ihnen sowieso nicht helfen. Technisch ist nun alles okay, aber für die spannenden Inhalte müssen Sie schon selber sorgen.

Scheuen Sie sich nicht, von anderen zu lernen, wie zum Beispiel vom schon weiter oben empfohlenen *elektrischen Reporter*. Surfen Sie mit offenen Augen und Ohren durch das Internet, merken Sie sich, was Ihnen gefällt, notieren Sie sich, was Ihnen missfällt (damit Sie diesen Fehler nicht auch noch wiederholen), aber bleiben Sie bei allem Sie selbst. Das WWW bietet Ihnen die phantastische Möglichkeit zur Entfaltung. Nutzen Sie sie.

Und natürlich müssen Sie mit WordPress nicht unbedingt einen Internet-Fernsehsender aufmachen. Es ist eine Blogsoftware, mit der Sie jede Art von Weblog und noch viel mehr hochziehen können. Manche benutzen WordPress sogar als kleines Content-Management-System. All das ist möglich. Die Grenzen setzt nur Ihre Phantasie.

11.7.6 Workshop: Einer für (fast) alle: TubeMogul

Wenn Sie bis hierher nicht nur gelesen, sondern das Gelesene auch wieder umgesetzt haben, wird Ihnen eines unangenehm aufgestoßen sein: Das Hochladen von Videos dauert sehr, sehr lange (es sei denn, Sie sind im Besitz einer schnellen, symmetrischen Internet-Verbindung). Das liegt daran, dass die meisten Provider den Daten-Upload, also das Hochladen, künstlich drosseln. Es ist in der Regel deutlich langsamer als der Download. Das entspricht den Vorstellungen, die die meisten Provider (und nicht nur diese) vom Internet haben: Es ist ein Medium, mit dem sie (die Provider und Medien-Mogule) ihre Dateninhalte verbreiten, der Nutzer als Sender kommt darin nicht vor. Man spricht daher von asymmetrischen Verbindungen.

Firmen- und Forschungsnetze dagegen nutzen meistens schnelle, symmetrische Standleitungen. Der Upload geht genauso schnell vonstatten wie der Download. Für den Privatnutzer in Deutschland gibt es dagegen bisher nur einen (ziemlich teuren) Provider, der Ihnen eine symmetrische, schnelle Verbindung ermöglicht: *VDSL Home Entertainment* der Deutschen Telekom. Alle anderen (und das dürfte die Mehrheit von Ihnen sein) müssen mit der ungerechten, asymmetrischen Leitung leben.

Doch im Netz gibt es Lösungen für fast alle technischen Probleme und das Problem des langsamen Uploads löst – zumindest teilweise – für Sie *TubeMogul*, für das Sie sich unter `http://www.tubemogul.com` registrieren können.

Bei TubeMogul laden Sie den Film *einmal* hoch und der Dienst verteilt ihn auf die Provider Ihrer Wahl, neben vielen anderen sind das YouTube, Google Video, Yahoo! Video, MySpace, Blip.tv, Vimeo und DailyMotion. Sevenload und Flickr sind leider (noch?) nicht darunter, aber was nicht ist, kann ja noch werden.

Das Hochladen ist ganz einfach. Nach erfolgreicher Registrierung oder Anmeldung klicken Sie auf UPLOAD A VIDEO links oben. Sie werden aufgefordert, eine Datei auszusuchen, die nicht größer als 100 MB sein darf. Damit Ihr Upload auch podcastgerecht ist, empfehle ich, die Videos, die Sie hochladen wollen, immer – wie weiter oben schon gezeigt – vorher nach MPEG-4 (H.264) zu konvertieren, dieses Format ist momentan für die meisten Videohoster optimal zu verarbeiten und steht Ihren Podcast-Plänen nicht im Weg.

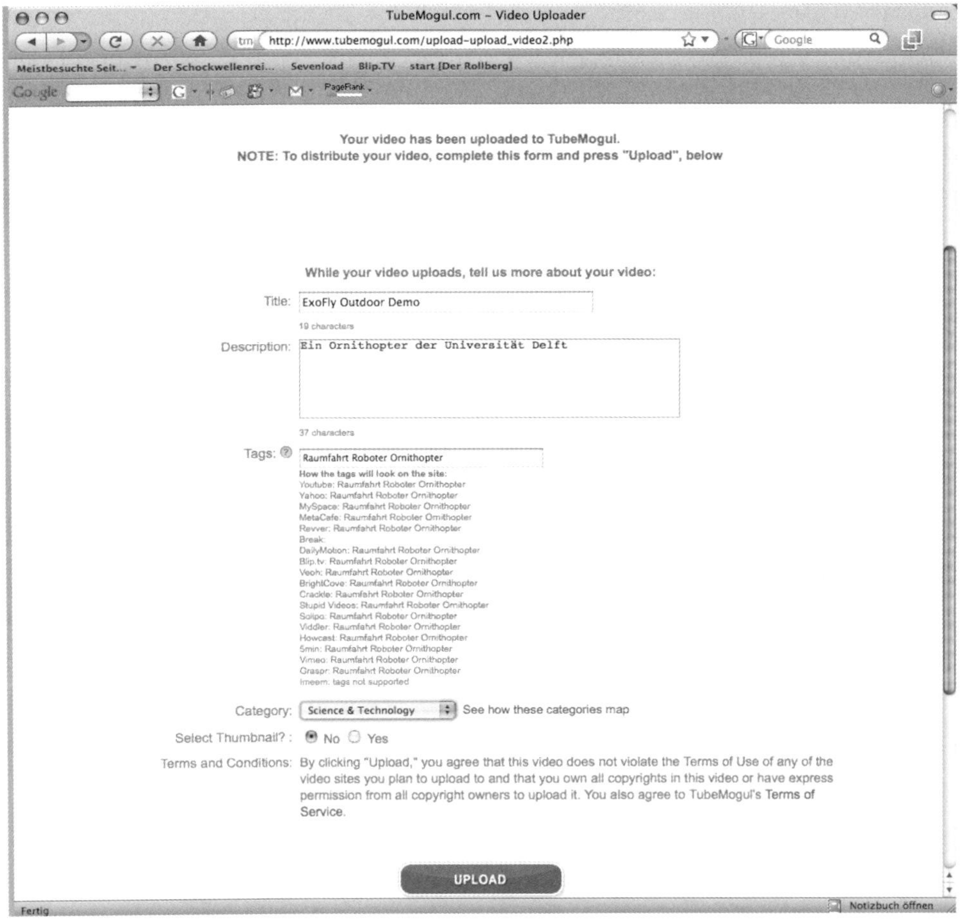

Abb. 11.22: Das Upload-Fenster von TubeMogul

Nach der Auswahl werden Sie aufgefordert, während des Hochladens mehr über Ihr Video zu erzählen, also einen Titel einzugeben, eine Kurzbeschreibung des Videoinhalts und natürlich Ihr Video zu taggen. Schon bei der Eingabe wird Ihnen angezeigt, wie Ihre Tags bei den diversen Hostern aussehen werden, so dass Sie eine kleine visuelle Kontrolle haben. TubeMogul erwartet die Tags durch Leerzeichen getrennt, also keine Kommata eingeben.

Außerdem sollten Sie noch eine Kategorie auswählen und Sie werden gefragt, ob Sie ein *Thumbnail*, also ein Vorschaubild, mit hochladen wollen. Wenn Sie eines haben, wählen Sie es aus, ansonsten ignorieren Sie den Vorschlag. Bei Blip.tv zum Beispiel können Sie das Vorschaubild auch nachträglich einfügen, ohne den ganzen Film noch einmal hochladen zu müssen. Das ist, wie wir später noch sehen werden, durchaus eine Variante, die – zumindest für mich – das Hochladen via TubeModul überhaupt erst interessant macht.

Als Nächstes kommt eine Seite, die ich *Launch-Seite* genannt habe, in der Ihnen schon einige Dienste vorgeschlagen werden, zu denen Sie Ihre Videos hochladen können. Wählen Sie die aus, bei denen Sie einen Account haben, falls einer der Hoster nicht in der Vorschlagsliste ist, unter MORE SITES finden Sie die anderen. (Falls Sie TubeMogul schon einmal benutzt hatten, zeigt der Dienst Ihnen die letzte, gesicherte Konfiguration an.)

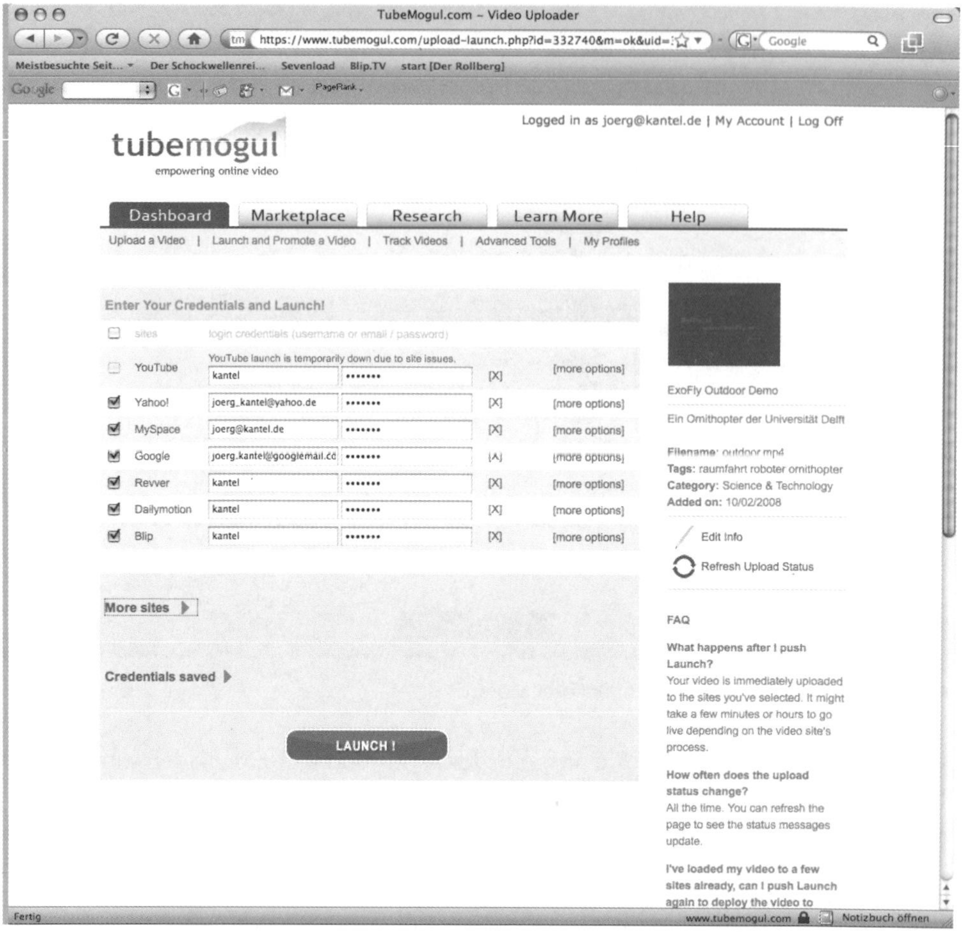

Abb. 11.23: Das Launch-Fenster von TubeMogul

Bei all diesen Diensten müssen Sie Ihren Benutzernamen und Ihr Passwort eingeben, damit TubeMogul sich ihnen gegenüber identifizieren kann. Wenn Sie diese Angaben alle erfolgreich hinter sich gebracht haben, klicken Sie einmal auf CRE-

DENTIALS SAVED und setzen Ihr Häkchen bei YES, STORE THEM. Dann brauchen Sie die Eingaben beim nächsten Mal nicht alle erneut zu wiederholen, TubeMogul merkt sie sich.

Wie Sie in Abbildung 11.23 sehen, kann es durchaus passieren, dass einige Dienste momentan nicht erreichbar sind. Aber auch das ist kein Problem, TubeMogul merkt es sich und Sie können den *Launch-Vorgang* einfach wiederholen, TubeMogul bedient dann nur die Hoster, die noch nicht beliefert wurden.

Also klicken Sie jetzt auf LAUNCH und TubeMogul beginnt seine Verteilarbeit. Sie werden, wenn Sie das Browserfenster geöffnet lassen, von dem Service über den Fortschritt in regelmäßigen Abständen informiert – falls Sie ungeduldig sind, können Sie auch auf REFRESH STATUS klicken und bekommen sofort den aktuellen Stand.

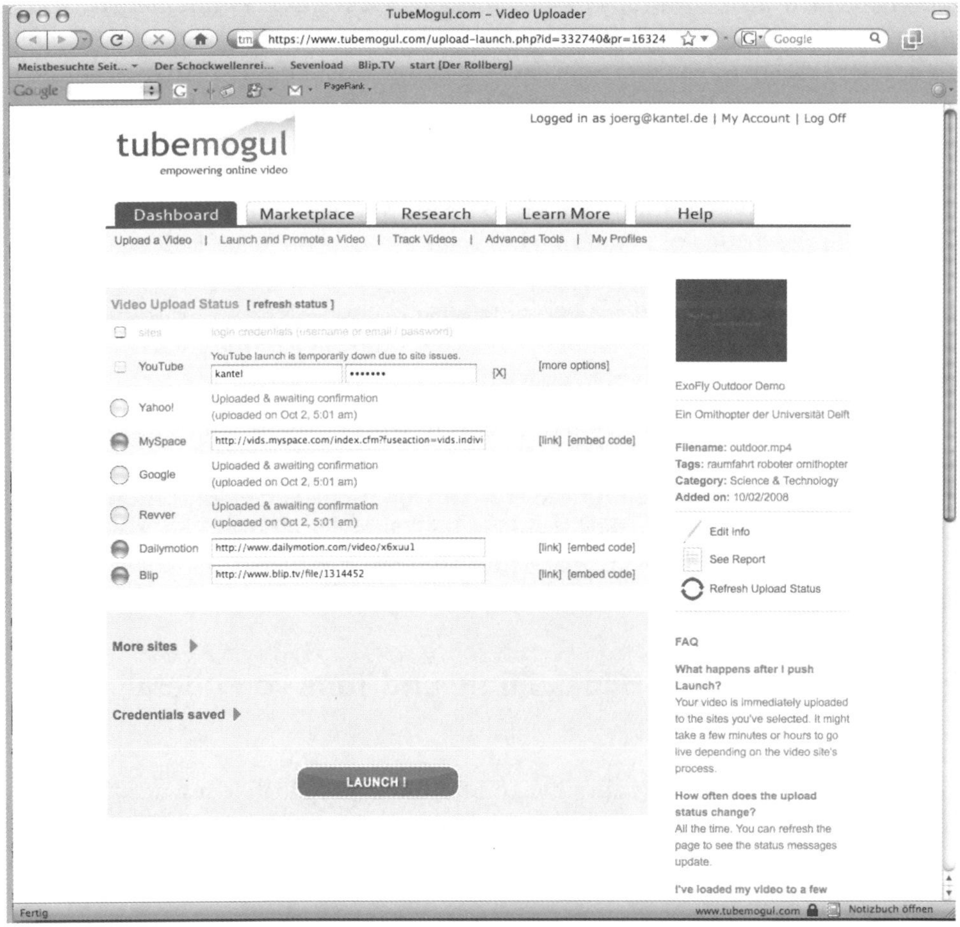

Abb. 11.24: Video-Upload-Status

Wenn TubeMogul ein Video erfolgreich verteilt hat, zeigt es Ihnen den EMBED-CODE und den Link zu dem Video an. Das bedeutet allerdings noch nicht, dass Sie es sofort verwenden können, bei den meisten Hostern beginnt erst jetzt die Umwandlung in das Flash-Format für die Einbindung. Und andere – wie zum Beispiel Revver – prüfen tatsächlich mit richtigen Menschen, die sich das Video ansehen, ob es den Bedingungen des Hosters entspricht. Da kann es dann durchaus schon einmal ein paar Tage dauern, bis Sie das Video dort nutzen können. (Von Revver und von einigen anderen Hostern erhalten Sie daher eine E-Mail-Bestätigung, wenn das Video angenommen und fertig zum Einbinden ist.)

Ich selber warte daher meistens nur, bis ich die Bestätigung habe, dass das Video bei YouTube und bei Blip.tv angekommen ist – das sind die wichtigsten Hoster, die ich nutze –, und schließe dann das Fenster und wende mich anderen Dingen zu. Die weitere Verteilung übernimmt TubeMogul auch ohne mich im Hintergrund.

Nun haben wir aber ein Problem, das speziell den von mir empfohlenen Hoster Blip.tv betrifft: Einige Möglichkeiten, die der Dienst zusätzlich bietet und die ihn so attraktiv machen, wie zum Beispiel das Cross-Posting nach Archive.org oder das Versenden eines Vorschaubildes nach Flickr, können bei TubeMogul nicht eingestellt werden. Aber eigentlich ist das kein wirkliches Problem, denn bei Blip.tv kann man dies auch alles noch nachträglich ändern. Wenn wir dort auf die Seite des Films gehen und auf EDIT klicken, können wir alle diese Angaben eingeben und via UPDATE YOUR POST ändern. Und solange wir keine neue Datei zum Hochladen eingeben, wird auch keine neue Datei hochgeladen. Falls wir aber aus irgendwelchen Gründen doch noch eine zusätzliche Datei (etwa ein optimiertes Handy-Video oder ein Vorschaubild) hochladen möchten, wird auch dieses, aber eben nur dieses, ebenfalls neu hochgeladen.

Wir sehen also, TubeMogul ist ein durchaus nützlicher Dienst, der mir und Ihnen lange Wartezeiten vor dem Rechner erspart. Alleine der gleichzeitige Upload bei Blip.tv und YouTube, den ich für die von mir vorgeschlagenen Anwendungen für unbedingt notwendig halte, erspart Ihnen die Hälfte der Upload-Zeit. Und warum nicht dann auch gleich zu MySpace und anderen hochladen. Es kostet ja nicht mehr ...

11.8 Moblogging – Bilder, Filme und Töne von überall und sofort

Der Clou in all den oben beschriebenen Multimedia-Möglichkeiten des Netzes ist aber ihre unvergleichliche Schnelligkeit, die in der Kombination digitaler Aufnahmegeräte (Fotoapparat, Videokamera etc.) mit einer Weblogsoftware als MiniCMS liegt. Wir haben schon 2003 ein mehrtägiges, lokales kulturelles Ereignis, die *48 Stunden Neukölln*, mit Digitalkamera und Camcorder begleitet, nach etwa zwei bis drei Stunden »auf der Straße« haben wir die Ergebnisse zu Hause am Rechner bearbeitet und sofort ins Netz gestellt, das heißt, wenige Stunden nach dem Ereignis stand eine Multimedia-Reportage in unserem Neuköllner Blog.

Die Reportage steht immer noch im Netz (`http://www.rollberg.de/achtundvierzigstunden/2003/index.html`).

Aber es geht noch schneller: Während der Anschläge auf das Londoner U-Bahn-Netz vor einigen Jahren wurde dies auch einer breiteren Öffentlichkeit bewusst. Schon bevor die klassischen Medien wie Rundfunk und Fernsehen darüber berichteten, standen schon Videos und Fotos im Netz, direkt vom Handy auf die entsprechende Seite oder in das entsprechende Weblog gepostet. Und natürlich wurde auch schnell ein Begriff dafür gefunden: *Moblogging*, die Kombination aus *Mobile* und *Weblogging*. Fast alle Hoster bieten heute die Möglichkeit, Bilder (und manchmal sogar Videos) direkt vom Handy in das Weblog zu posten. Bloggen via E-Mail und MMS ist vielleicht nicht gerade *der* Trend, aber möglich und sogar ziemlich einfach. Ich zeige beispielhaft an unserem vorher angelegten Twoday-Blog, wie das geht.

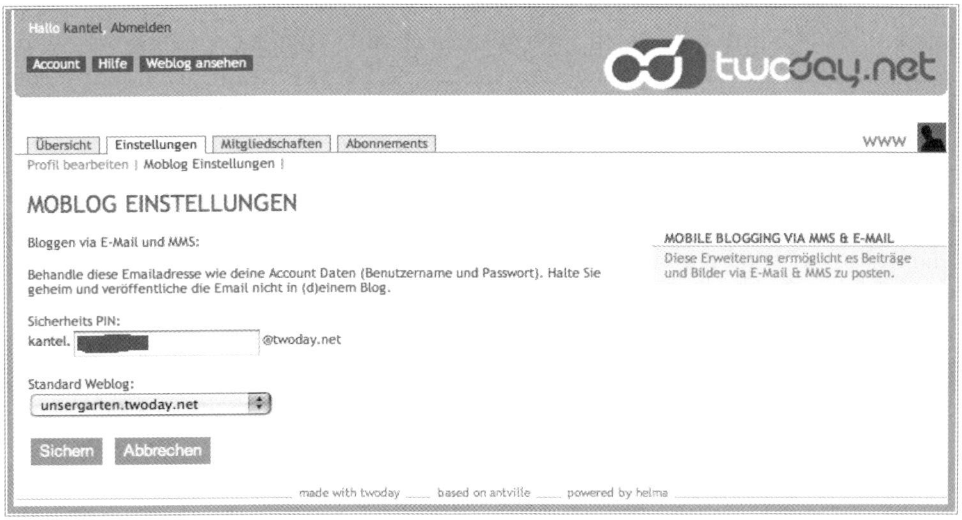

Abb. 11.25: Moblog-Einstellung bei Twoday

Im Admin-Menü unseres Blogs finden wir schon den Menüpunkt MOBLOG EINSTELLUNGEN. Den klicken wir einfach an und geraten auf eine Seite, die uns die wenigen Einstellungen offeriert, die wir vornehmen müssen. Die Idee ist, dass wir einfach eine *geheime* E-Mail-Adresse nutzen, über die wir von unserem Handy aus in das Weblog posten können. Wir werden aufgefordert, solch eine geheime E-Mail-Adresse, die aus unserem Nutzernamen und einer »PIN« besteht, einzugeben. Die Einstellung ist an den Nutzernamen gebunden, das heißt, falls wir unter diesem Namen mehrere Weblogs angelegt haben, müssen wir noch angeben, welches unser Haupt-Weblog ist, das die Handy-Nachrichten empfangen soll.

Das klappt – ein MMS-fähiges Handy vorausgesetzt – erstaunlich gut. Je nach absendendem System kann es allerdings Probleme mit den Umlauten geben, die sollten daher vermieden werden. Oder Sie testen vorher ausgiebig und wählen Ihr Handy danach aus, ob Ihre Weblogsoftware damit klarkommt und auch Umlaute darstellt.

Die Qualität der Bilder – und erst recht der Filme – ist nicht gerade berauschend, MMS komprimiert sie sehr stark und sie sind entsprechend unscharf und verrauscht. Aber erstens: Wenn es keine andere Möglichkeit gibt, ist dies immerhin *eine* Möglichkeit und eine Möglichkeit ist immer noch besser als gar keine.

Und zweitens: Ich erinnere mich noch an die Kindertage des Fernsehens in den 50er Jahren des letzten Jahrhunderts in der Bundesrepublik. Gerade bei Live-Reportagen war die Bildqualität auch nicht viel besser als das, was uns das Handy-TV heute liefert. Und wie schnell ist die Bildqualität seit den Kindertagen des Fernsehens gestiegen!

Daher denke ich, dass es auch hier mit der Qualität stetig bergauf gehen wird. Und wenn die Technik dann richtig massentauglich ist, haben Sie schon vorher geübt und gehören zu denen, die schon Moblogging betrieben, als es nur in kleinen finnischen Clubs betrieben wurde ... Aber lassen wir das.

Nicht genau das Gleiche, aber manchmal ebenfalls nützlich: Auch Flickr zum Beispiel erlaubt das Hochladen von Fotos und Videos per E-Mail von einem Kamera-Handy aus. Einzelheiten dazu finden Sie bei Flickr auf der Seite `http://www.flickr.com/account/uploadbyE-Mail/`, dort können Sie bei Bedarf einen entsprechenden *geheimen* E-Mail-Acoount generieren und auch Tags festlegen, die beim Hochladen von Ihrem Handy immer verwendet werden sollen.

Zusätzlich können Sie auf der Seite `http://www.flickr.com/account/uploadbyE-Mail/blog/` festlegen, ob und in welches Blog Ihre per Handy hochgeladenen Fotos gepostet werden. Dann erscheinen diese nicht nur in Ihrem Fotostream, sondern auch in diesem Weblog. Auch hier kann natürlich Überschrift und Text mitgegeben werden, für die Umlaute gilt aber auch hier das oben Erwähnte. Für diese Weiterleitung an das Weblog wird ein etwas älteres, amerikanisches Protokoll, das *MetaWeblog API* verwendet (wir haben es am Anfang des Buches schon einmal kennen gelernt) und das schert sich einen Dreck um Umlaute.

Von diesen Einschränkungen einmal abgesehen, die sich aber sicher bald verbessern werden, kann Moblogging tatsächlich ein faszinierendes Spielzeug sein, mit dem man sehr viel Zeit vertrödeln kann. Aber es kann einen durchaus auch stolz machen, wenn Sie das überraschende Siegtor Ihres bis dahin in der Saison unglücklich agierenden Heimatsportvereins schon mit Foto in Ihrem Blog verkünden (oder in dem Blog Ihres Heimatsportvereins, wenn Sie dort ein Mitmacher sind), bevor der Schiedsrichter das Spiel abgepfiffen hat.

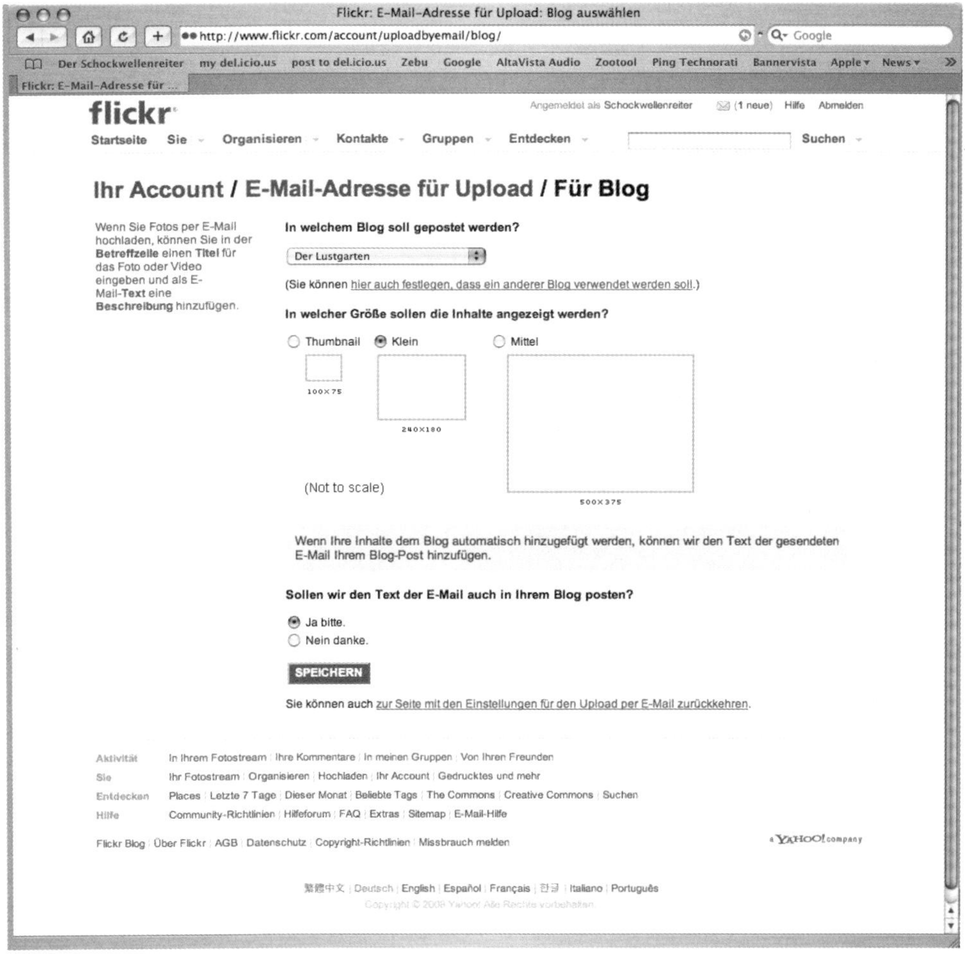

Abb. 11.26: Moblogging bei Flickr

Navigare necesse est – auch im Web

12.1 Google Maps und Google Earth

Eine der Killer-Applikationen im Umfeld des Web-2.0-Booms sind sicher die Kartenapplikationen von Google und Yahoo!, die ursprünglich nur als Ergänzung zur jeweiligen lokalen Suche der Portalanbieter gedacht waren: Der Benutzer sollte seine Suche zum Beispiel nach dem nächsten Pizzaladen zur besseren Orientierung auch auf einer Landkarte angezeigt bekommen. Beide Dienste boten aber von Anfang an Schnittstellen an, mit denen man die Karten (kostenlos) auch in eigene Webanwendungen einbinden konnte. Das war mehr oder weniger die Geburtsstunde der Mashups. Als dann auch noch Satellitenfotos und später sogar hochaufgelöste Luftaufnahmen zu dem Kartenmaterial hinzukamen, kannte der Run auf Google Maps & Co. keine Grenzen mehr.

Abb. 12.1: Mit SketchUp erstelltes 3D-Modell eines Tempels in Ur III, eingebunden in Google Earth, vgl. [Schulz 2007]

Und schließlich präsentierte Google mit seiner Desktop-Applikation *Google Earth* (`http://earth.google.com`) einen eigenen, spezialisierten Web-Client, der die Landkarten nicht nur hochaufgelöst darstellen und bei Bedarf aus dem Web nachladen konnte, sondern auch noch über (zuerst rudimentäre) 3D-Fähigkeiten verfügte. Zug um Zug wurde zudem die Qualität des Kartenmaterials und der Luftaufnahmen verbessert. Es gab aber auch Rückschläge: So wurden zum Beispiel auf Betreiben der britischen Regierung hochaufgelöste Karten aus dem Irak in der Nähe von britischen Militärstützpunkten von Google wieder aus der Datenbasis entfernt und durch (schlechtere) Vorkriegsaufnahmen ersetzt. Außerdem wurde mit KML, der *Keyhole Markup Language*, ein auf GML (*Geographic Markup Language*, ein ISO-Standard für geographische Daten) basierender XML-Dialekt, eine einfache Möglichkeit präsentiert, eigene »Applikationen« in Google Earth zu entwickeln. Keyhole war übrigens die Firma, die Google Earth ursprünglich entwickelt hatte und dann von Google aufgekauft wurde.

Man kann mit KML Overlays definieren und Fotos und sogar Filme in Google Earth integrieren. Außerdem ist es möglich, 3D-Modelle in die Google-Earth-Landschaft einzubinden. Google hat dafür extra ein 3D-Programm (*Google SketchUp*) aufgekauft und in der Grundversion kostenlos unters Volk gebracht.

12.1.1 Workshop: Meine Karten auf meinen Seiten

Das Einbinden von Google-Karten auf die eigenen Webseiten war zwar schon früh möglich, aber sehr umständlich und mit einigem Aufwand verbunden. Doch seit Kurzem bietet Google einen Service, der das Einbinden von Karten so einfach macht, wie das Einbinden von Bildern von Flickr oder Videos von YouTube: Der Dienst heißt *Meine Karten* und ist zu erreichen, indem Sie auf der Seite von Google Maps auf den entprechenden Reiter klicken.

Wir werden uns einen kleinen Spaziergang vornehmen und sehen, wie man eine Karte mit einer Route erstellt, eigene Fotos und Videos integriert und zum Schluss diese Karte in die eigene Webseite einbindet.

Rufen Sie also erst einmal Google Maps auf: Je nachdem, ob Sie die URL `http://maps.google.com` oder `http://maps.google.de` aufrufen, erhalten Sie unterschiedliche Startbildschirme. Die Anwendungen sind zwar identisch, aber im ersten Fall erhalten Sie eine Karte von Nordamerika zum Start, im zweiten Fall eine Karte von Europa. Zoomen Sie sich erst einmal in das Gebiet hinein, von dem Sie eine Karte erstellen wollen. Dies können Sie entweder mit dem Schieberegler links oder – falls Sie eine Maus mit Scrollrad benutzen – auch mit dem Scrollrad erledigen.

Ich finde allerdings den Zoomvorgang mit Hilfe des Scrollrades ziemlich verwirrend. Als dauernder und intensiver Browserbenutzer bin ich es gewohnt, dass das Scrollrad etwas von unten nach oben verschiebt und nicht etwas verkleinert oder vergrößert. Ich habe dadurch schon oft meine Arbeit wieder zerstört, weil ich ganz instinktiv das Scrollrad benutzt hatte, wenn ich die Karte verschieben wollte. Verschieben kann man aber bei Google Maps eine Karte nur, indem man sie mit gedrückter linker Maustaste in die gewünschte Richtung schiebt. Also bitte nicht verwechseln.

Wenn wir uns nahe genug herangezoomt haben, wechseln wir mit einem Klick auf den Reiter MEINE KARTEN in den Bearbeitungsmodus und klicken dann auf NEUE KARTE ERSTELLEN. Wir geben ihr erst einmal einen Namen, zum Beispiel *Sonntagsspaziergang durch Berlin-Treptow* und speichern sie dann ab.

Ob Sie die Karte nun im Karten-, Satelliten- oder Hybrid-Modus weiterbearbeiten, ist Ihre Angelegenheit und ändert überhaupt nichts an der Funktion. Ich halte die Kartendarstellung von Google für etwas grob und die reine Satellitenkarte (die ja in Wirklichkeit in den meisten Fällen eine Überflugkarte ist) verwirrt mich manchmal doch ein wenig. Daher bevorzuge ich die hybride Ansicht, mit der man meiner Ansicht nach die meisten Informationen aus Google Maps herausholt.

Neben dem Schieberegler finden wir jetzt noch eine Palette mit vier Werkzeugen. Mit dem ersten Werkzeug, das aussieht wie eine Hand, können wir die Karte verschieben, das zweite Werkzeug – es sieht aus wie ein Tennisschläger – ist dafür zuständig, dass wir die beliebten Marker mit den Sprechblasen setzen können, das dritte Werkzeug ist für das Ziehen von Linien (also zum Beispiel für unsere Wanderrouten) zuständig und das letzte Werkzeug dient zum Umranden und Kenntlichmachen von Flächen.

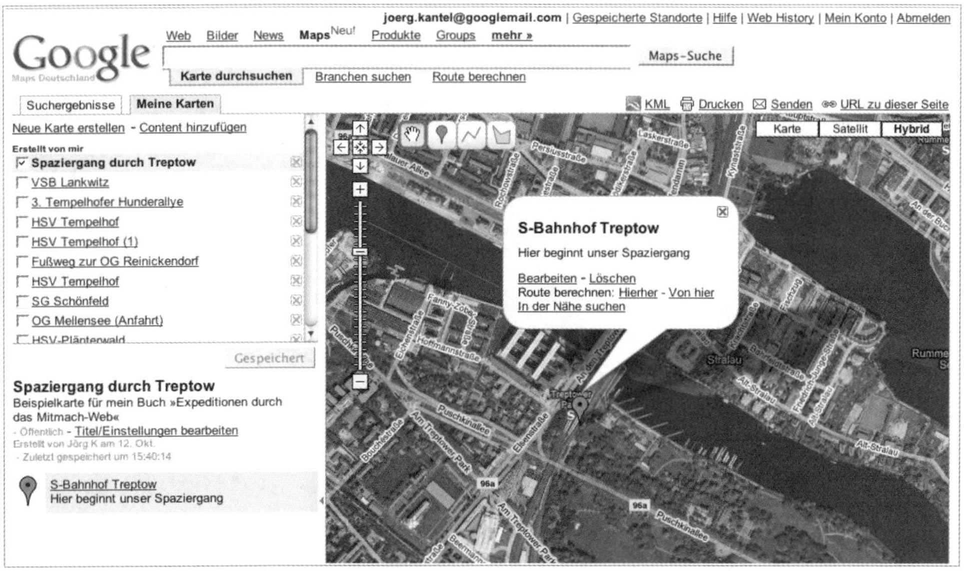

Abb. 12.2: Unser erster Marker in Google Maps

Wir beginnen unseren Spaziergang am S-Bahnhof Treptow und setzen folglich da unsere erste Marke, indem wir zuerst in der Palette den TENNISSCHLÄGER anklicken und dann einen Klick in die Nähe des Bahnhofs setzen. Wir schreiben in die beiden Felder der aufpoppenden Sprechblase etwas Nettes hinein und schon haben wir unseren ersten Marker gesetzt.

Wir wiederholen nun diese Prozedur, bis wir alle herausragenden Punkte, die wir markieren wollten, auch mit Markern versehen haben.

Jetzt wechseln wir zum LINIENWERKZEUG und ziehen erst einmal gerade Linien und verbinden damit die einzelnen Punkte. Jede Linie hat in der Mitte mindestens einen weiteren Anfasspunkt, mit der wir sie unterteilen und dorthin ziehen können, wo wir sie hinhaben wollen. Wird eine gerade Linie so unterbrochen, erhalten die beiden Teillinien je wieder einen Anfasspunkt in der Mitte, den wir wieder zum genaueren Platzieren nutzen können. Wir können so unsere Route beliebig genau markieren.

Abb. 12.3: Mit Markern und Linien erstellen wir eine Route.

Auch die Linien können wir mit einem Titel und mit Anmerkungen versehen, müssen es aber nicht. Wir ziehen, teilen und schieben einfach nur so lange, bis unsere Route die gewünschte Genauigkeit hat ... dann »haben wir fertig«.

Jetzt könnten wir uns eigentlich überlegen, wie wir diese Karte nun in unsere Webseite bekommen, aber halt: Haben Sie nicht gelernt, dass das Web multimedial ist? Und wäre es nicht schön, wenn wir unsere Sprechblasen mit ein paar Bildern – oder gar einem Video – verzieren könnten? Google wäre nicht Google, wenn das nicht ginge. Also gehen wir erst einmal zu Flickr und suchen uns ein paar passende Fotos heraus. Wie gewohnt klicken wir dort zuerst auf ALLE GRÖSSEN und kopieren uns dann den HTML-Code für die gewünschte Größe heraus. Ich habe KLEIN gewählt, also meistens ein 204 x 180 Pixel großes Foto, da diese Größe meiner Meinung nach am besten in die Blasen passt, sonst werden sie für meinen Geschmack zu groß (die Comic-Blasen, nicht die Bilder).

Und natürlich versteht Google Maps HTML. Der Beweis: Sobald wir den Code in das Textfeld der Blasen kopiert haben, erscheint das Foto in der Blase. Aber nicht vergessen, in der Sprechblase vorher auf HTML BEARBEITEN zu klicken, damit Google Maps auch weiß, wie es mit unserer Eingabe umgehen muss.

Zusätzlicher erklärender Text ist natürlich auch noch möglich. Jetzt dürfen wir aber nicht vergessen, dass wir uns im HTML-Modus befinden, und müssen, falls der Text unter dem Bild stehen soll, ihm einen entsprechenden Umbruch per HTML mitgeben, also zum Beispiel durch das Paragraph-Tag <p>.

Statt der Fotos könnten wir auch Videos zum Beispiel von Videohostern wie YouTube oder Sevenload einbinden. Ich habe es ausprobiert, es funktioniert. (Fast) alles, was in HTML möglich ist, ist auch in den Sprechblasen von Google Maps möglich, auch Links zum Beispiel auf weiterführende Seiten. Überlegen Sie sich mal, was man damit noch alles anstellen kann. Ihrer Kreativität sind keine Grenzen gesetzt.

Jetzt sind wir aber fertig und können endlich darangehen und die Karte in unsere eigene Webseite einbauen.

Die Funktion dazu ist momentan noch etwas versteckt und man bekommt sie erst, wenn man auf den Link URL ZU DIESER SEITE rechts über der Karte klickt. Es öffnet sich ein kleines Fenster und das zeigt einmal den Link zu dieser Karte bei Google Maps, wie man ihn zum Beispiel in eine E-Mail einfügen könnte, aber darunter finden wir etwas, was uns tatsächlich von YouTube und Konsorten vertraut ist: einzubettender HTML-Code.

Abb. 12.4: Tango vor dem Sowjetischen Ehrenmal (Foto: Gabriele Kantel)

Darunter finden Sie auch noch den Link EINGEBETTETE KARTE ANPASSEN UND VORSCHAU ANZEIGEN. Ich würde dringend empfehlen, diesen auch immer zu benutzen. In unserem Falle zum Beispiel hat die Default-Karte einen viel zu kleinen Zoomwert, die Marker kleben aufeinander und man kann gar nichts mehr richtig erkennen. Hier ist eine Vergrößerung angesagt. Ändern Sie einfach interaktiv die Karte und dann kopieren Sie den HTML-Code in Ihre Webseite ein. Das Ergebnis kann sich nun durchaus sehen lassen ...

Und probieren Sie es ruhig aus: Sie können die Karte verschieben, Sie können klicken und sich die Sprechblasen mit den Fotos anzeigen lassen, Sie können die Karte vergrößern und verkleinern. Kurzum, Sie können damit all das anstellen, was Sie auch auf den Seiten von Google Maps damit anstellen könnten.

Abb. 12.5: Das fertige Produkt: eine Google-Karte, eingebunden in die eigene Webseite – und das alles ohne zu programmieren.

12.2 Yahoo! Maps

Auch der ständige Google-Konkurrent Yahoo! bietet einen Kartendienst, der unter `http://maps.yahoo.com` gefunden werden kann. Während er in Amerika schon immer exzellentes Kartenmaterial anbot, dass das von Google Maps oft übertraf, war hier in Europa über lange Jahre das Material so schlecht, dass damit nichts anzufangen war. Das hat sich seit einiger Zeit aber grundlegend geändert. Mittlerweile ist das Kartenmaterial von Yahoo! dem von Google Maps mindestens ebenbürtig, manche finden es sogar besser.

Das Satelliten-Material ist aber immer noch weit von der Qualität von Googles Überflugkarten entfernt – es sind eben noch *echte* Satellitenbilder und keine aus Flugzeugen geschossene Überflugbilder. Wer diese also benötigt, muss weiterhin auf Google setzen.

Leider gibt es keine einfache Möglichkeit, Yahoo!s Karten in die eigene Webseite einzubinden – es geht nur über ein API, eine Programmierschnittstelle (diese Möglichkeit gibt es natürlich auch bei Google), und das heißt JavaScript oder ActionScript und Programmierkenntnisse und wir wollten in diesem Buch doch ohne Programmieren auskommen. Während Googles API auf JavaScript aufsetzt, basiert Yahoo! Maps auf *Flex*, das ist ein API, das auf Adobes Flash aufsetzt. Im Literaturverzeichnis finden Sie Bücher angegeben, die Ihnen weiterhelfen, falls Sie tatsächlich dieses API nutzen wollen.

Aber wenn Sie nur einen Link setzen wollen, der Ihren Benutzern zeigt, wo denn nun das Stadion ist, auf dem das Fußballturnier Ihres Sportvereins stattfindet oder Ähnliches, dann haben Sie die Wahl. Nehmen Sie einfach die Karte, die Ihnen am Besten gefällt. (Im nächsten Abschnitt zeige ich Ihnen aber noch eine weitere, hochinteressante, weil freie Alternative.)

Abb. 12.6: Nord-Neukölln in der Ansicht von Yahoo! Maps

Den Link für Ihre Karte bekommen Sie ganz einfach, denn sobald Sie irgendetwas mit ihr anstellen, verändert sich die URL in der Adresszeile Ihres Browsers. Also einfach diese URL kopieren und als Link in Ihrer Webseite verwenden.

Sie werden sehen, dass diese URL eigentlich aus nicht mehr besteht als aus der Stamm-URL `http://maps.yahoo.com`, gefolgt von dem Doppelkreuz-Symbol (#) und dann den genauen Angaben zur Karte:

- *mvt* gibt den Kartentyp an. Ich weiß nicht, wofür diese Abkürzung steht, aber *m (map)* steht für Straßenkarte, *h (hybrid)* steht für die Mischung aus Straßenkarte und Satellitenbild und *s (satellit)* – Sie ahnen es schon – steht natürlich für die reine Satellitenaufnahme.
- *lat (latitude)* steht für den Breitengrad und *lon (longitude)* dann natürlich für den Längengrad. Die Grade werden in Dezimaldarstellung angegeben, also nicht in Grad, Minuten und Sekunden.
- Und zum Schluss kommt noch der Vergrößerungsfaktor *zoom*, der von *2* gleich *Ganze Welt* bis zur maximalen Vergrößerung von *18* (Straßenansicht) gehen kann.

Eine fertige URL sieht also beispielsweise so aus:

```
http://maps.yahoo.com/#mvt=m&lat=52.478434&lon=13.428724
&zoom=16
```

Sie zeigt eine Straßenkarte (*mvt=m* von Neukölln (52.478434° westlicher Breite und 13.428724° nördlicher Länge) in der Zoomstufe 16. Links auf Karten anderer Anbieter (zum Beispiel GoYellow, aber auch Google Maps) funktionieren ähnlich und man kann sie ähnlich manipulieren. Es lohnt sich manchmal, URLs zu analysieren, es zeigt einem, wie die Anbieter ihre Dienste aufgebaut haben und wie Sie das kreativ nutzen können.

12.2.1 Workshop: Yahoo! MapMixer

Wenn ich nun oben schrieb, dass es keine Möglichkeit gibt, Yahoo!-Karten ohne Programmierkenntnisse in die eigene Homepage einzubauen, so stimmt das nicht ganz. Yahoo! bietet die Möglichkeit, eigene Karten-Mashups auf einfachste Weise zu erstellen, und diese Mashups können wieder – wie gewohnt – per *Copy and Paste* in die eigene Webseite eingebunden werden. Dieser Dienst heißt *Yahoo! MapMixer* (`http://maps.yahoo.com/mapmixer`) und ist wie alles im Web 2.0 natürlich *Beta*.

Eine Warnung vorab: Der MapMixer funktioniert nach eigenen Angaben von Yahoo! am besten mit dem Firefox – oder mit dem neuesten Internet Explorer – aber wer nutzt den denn noch? Auch wenn ich mit meinem Safari bisher kaum Probleme hatte, ist es vermutlich am sichersten, diesen Angaben von Yahoo! zu folgen.

Sie müssen mit Ihrem Yahoo! -Account angemeldet sein, um diesen Dienst nutzen zu können, aber das war Ihnen sicher schon klar. Wir werden jetzt Schritt für Schritt solch ein Karten-Mashup durchführen und es in eine Webseite einbinden.

Als ersten Schritt benötigen wir eine Karte, die wir als *Overlay* über Yahoo!s Straßenkarte legen wollen. Um nicht in Copyright-Probleme zu geraten, habe ich eine Karte aus der Wikipedia ausgewählt. Es ist eine Karte vom *Wissenschaftsstandort Adlershof*, kurz *WISTA*, und ich habe sie unter der ziemlich langen URL `http://upload.wikimedia.org/wikipedia/commons/c/c4/Wista-adlershof.png` gefunden. Sie ist hinreichend groß, mit 3.415 x 2.848 Pixel beinahe zu groß, aber Sie werden sehen, dass Yahoo! damit klarkommt. Diese Karte laden wir uns erst einmal auf unseren Rechner herunter.

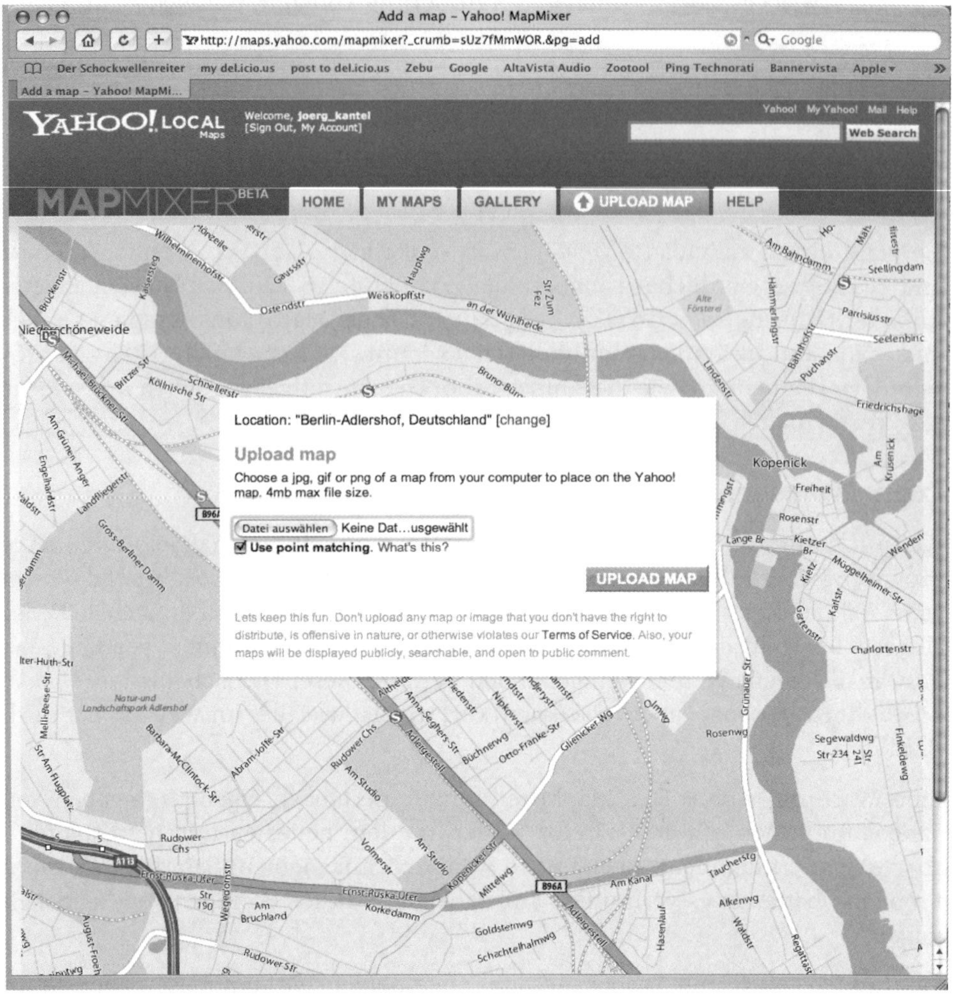

Abb. 12.7: Yahoo! MapMixer mit der Aufforderung, eine Karte auszuwählen

Jetzt wechseln wir zum Yahoo! MapMixer und klicken auf UPLOAD MAP. Wir werden Schritt für Schritt durch die Anwendung geführt, nach einem Einführungstext werden wir aufgefordert, eine *Location* auszuwählen. Wir versuchen es erst einmal mit *Berlin-Adlershof, Deutschland* und klicken auf SET LOCATION. Und siehe da, Yahoo! Maps ist schlau genug, um uns mit dieser Angabe genau dahinzuführen, wo wir hinwollten.

Wir werden nun (siehe Abbildung 12.7) aufgefordert, eine Karte auszuwählen, und darauf hingewiesen, dass diese maximal 4 MB groß sein darf. Das Häkchen bei USE MATCHING POINT lassen Sie bitte bestehen und laden die Karte hoch (sie ist etwa 630 KB groß und verletzt daher die Größenbegrenzung von 4 MB sicher nicht).

Hula-Hoop spielende Hamster verkürzen uns die Wartezeit, bis die Karte hochgeladen ist.

Dann geht ein kleineres Pop-up-Fenster auf, links mit der Karte, die wir hochgeladen haben, und rechts mit einer Yahoo! Map von Adlershof und wir werden gebeten, auf MATCHING POINTS in beiden Karten zu klicken. Das ist der wichtigste Schritt, der für die Genauigkeit unseres Mashups verantwortlich ist. Die beiden Punkte sollten möglichst weit auseinanderliegen, damit es Yahoo! Maps einfacher hat, die Karten zur Deckung zu bringen.

Die Karte ist sehr groß und wird nur in einem kleinen Ausschnitt im Fenster dargestellt. Sinnvollerweise öffnen Sie die Karte zusätzlich in einem Grafikprogramm Ihrer Wahl, damit Sie die Übersicht behalten.

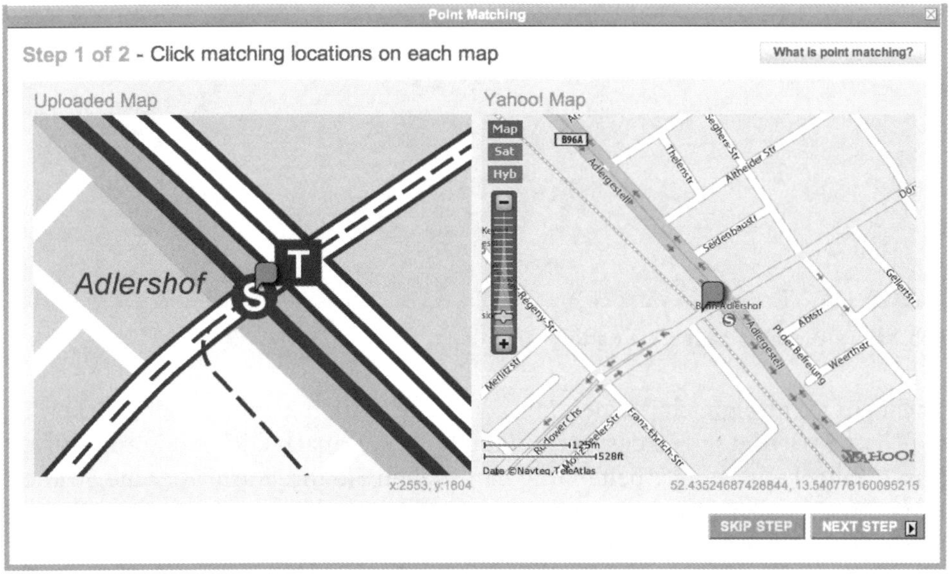

Abb. 12.8: Die *Matching Points* auswählen

Ich habe mich entschieden, einen *Matching Point* an der Ecke Königsheider Weg/ Ecke Sterndamm zu setzen und den zweiten am S-Bahnhof Adlershof. Das sind beides herausragende Punkte und es sollte funktionieren. Vergrößern Sie bitte den Kartenausschnitt auf der rechten Seite entsprechend und achten Sie darauf, dass der S-Bahnhof nicht bei dem grünen S-Bahn-Symbol ist, sondern dort, wo die Bahnlinie die Rudower Chaussee überquert (siehe Abbildung 12.8).

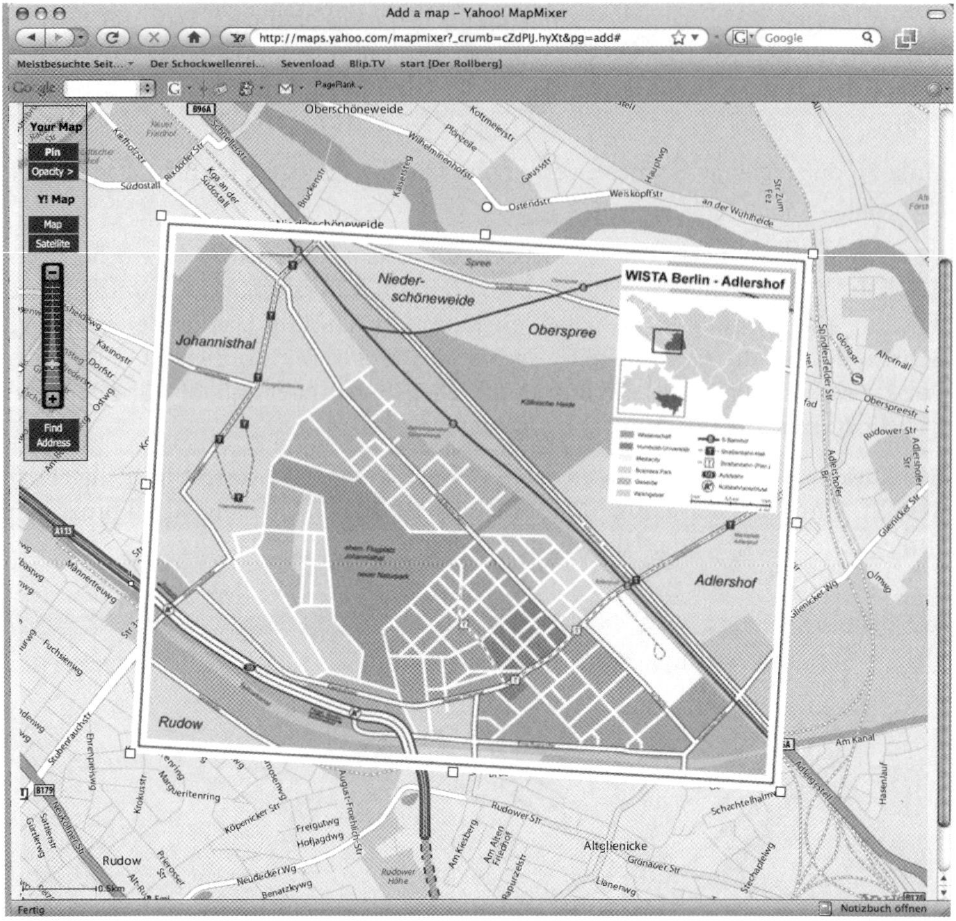

Abb. 12.9: Die fertig gemischte Karte

Nachdem Sie erfolgreich je einen Punkt in beide Karten gesetzt haben, klicken Sie auf NEXT STEP und setzen das zweite Punkte-Paar. Danach klicken Sie auf SUBMIT, lassen Yahoo! ein wenig arbeiten und dann sehen Sie Ihre Karte über die Straßenkarte von Yahoo! Maps gelegt. Und wenn Sie sauber geklickt haben, sogar ziemlich genau (im Südwesten gibt es ein paar Probleme, die vielleicht behoben werden könnten, wenn wir dort noch einen dritten Matching Point gesetzt hätten, aber mehr als zwei Matching Points läßt Yahoo!s Software leider nicht zu). Daher lassen wir es einfach so, wie Yahoo! uns dies vorschlägt, und akzeptieren die kleinen Ungenauigkeiten.

Jetzt geben wir der Karte noch einen Titel und ein paar Tags mit und klicken auf SUBMIT THIS MAP.

Anschließend werden Sie aufgefordert, noch ein paar Informationen mehr dazu einzugeben, das können Sie machen oder auch lassen, das hängt davon ab, was Sie mit dieser Karte anstellen wollen. Zumindest die Kartenquelle sollten Sie angeben, das verlangt schon die Wikipedia-Lizenz, aber auch die Höflichkeit und der Respekt vor dem Zeichner dieser Karte.

Wieder unterhalten uns die Hula-Hoop tanzenden Hamster, während Yahoo! Maps unsere Karte berechnet und speichert. Das kann durchaus ein paar Minuten oder auch schon mal eine Stunde oder mehr dauern, also fassen Sie sich in Geduld. Sie können die Seite verlassen und etwas anderes erledigen. Wenn die Karte fertig ist, finden Sie sie unter Ihrem Yahoo!-Account in *MyMaps*.

Wenn wir nun unsere neue Karte in eine Webseite einbinden wollen, müssen wir nur unten den EMBED CODE kopieren und in unsere Webseite einfügen, ein Verfahren, das Sie im Laufe dieses Buches schon vielfach genutzt haben. In meinem Wiki sah ein ähnlicher Versuch mit einer historischen Karte von Berlin wie in Abbildung 12.10 aus.

Wichtig beim Einbinden ist, dass Sie, wenn Sie die Größe der Karte verändern, dies an beiden Stellen des Codes tun, an dem Größenangaben angegeben sind, also bei der Größe des iFrames wie auch bei der Größe der Karte, sonst verabschiedet sich nämlich der *Opacity-Regler* nach Sankt Nimmerlein (irgendwo außerhalb des iFrames).

Der *Opacity was?* fragen Sie sich nun sicher zu Recht. Ja, der Yahoo! MapMixer zeigt links oben einen Schieberegler, mit dem Sie die Durchsichtigkeit Ihres Overlays steuern können. Ganz rechts bedeutet undurchsichtig, das heißt Ihre Karte verdeckt die Karte von Yahoo! vollständig. Je weiter Sie jedoch den Regler nach links schieben, desto mehr scheint die Karte von Yahoo! durch Ihre Karte hindurch. Und wenn Sie ganz links angekommen sind, ist Ihre Karte verschwunden und nur noch die Karte von Yahoo! zu sehen.

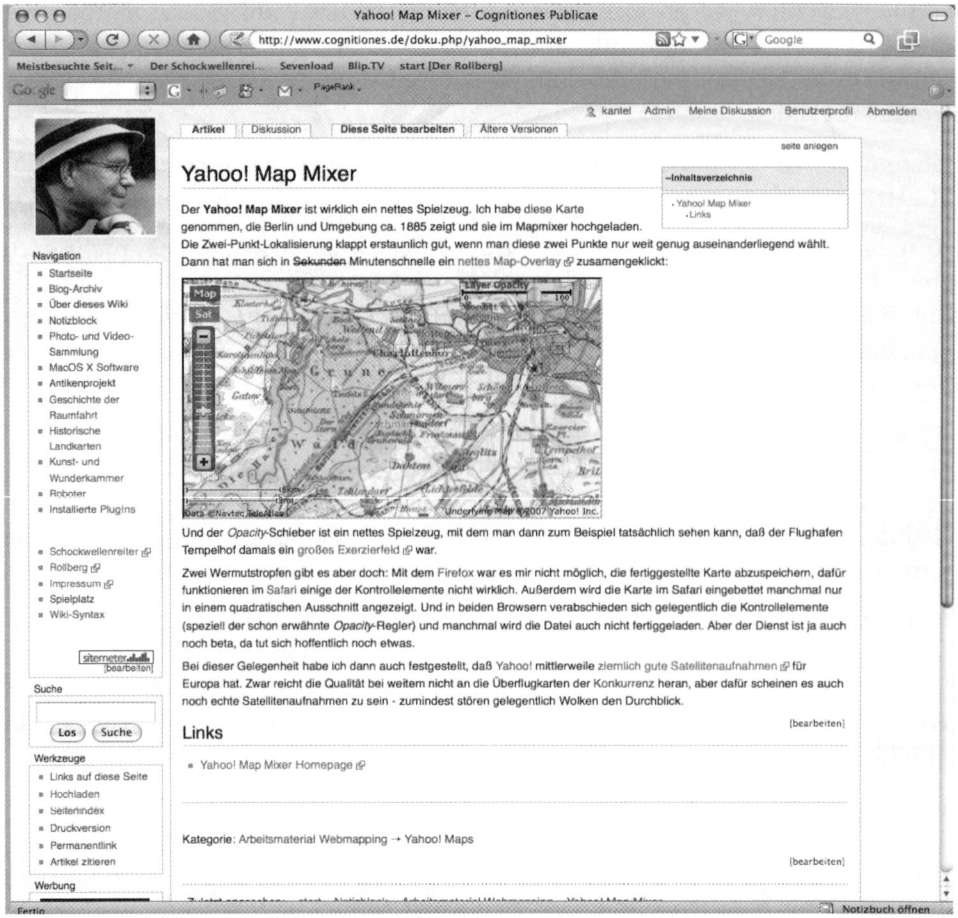

Abb. 12.10: Ein Karten-Mashup in meinem Wiki

Yahoo!s MapMixer eignet sich natürlich besonders, um historische Karten oder Themenkarten über die eigentliche Karte zu legen, und kann so ein sinnvolles Hilfsmittel sein, um zum Beispiel Wahlergebnisse in bestimmten Bezirken zu visualisieren oder eine Karte mit einem Mietspiegel anzufertigen. Schauen Sie auf Yahoo!s Seiten unter GALLERY ruhig einmal nach, was andere schon damit angestellt haben. Einige dieser Mashups sind durchaus faszinierend und regen zu eigenen Experimenten an.

12.3 Die freie Alternative: OpenStreetMap

Die beiden vorgestellten Kartendienste von Google wie auch von Yahoo! stellen ihre Karten zwar frei zur Verfügung, aber nur im Sinne von *frei wie Freibier* und nicht im Sinne von *frei wie freie Rede*. Das bedeutet: Wir sind im Ernstfall völlig vom Wohlwollen der beiden Internet-Giganten abhängig. Wenn sie beschließen, ihre Dienste vom Netz zu nehmen, sind wir aufgeschmissen – alle unsere schönen Mashups und Kartenanwendugnen funktionieren nicht mehr.

Das hat einige Aktivisten nicht ruhen lassen und sie haben das OpenStreetMap-Projekt ins Leben gerufen (`http://openstreetmap.org`). Ziel des Projektes ist es, der Allgemeinheit Kartenmaterial zur Verfügung zu stellen, das völlig frei ist. Der Nutzer kann es herunterladen und einen eigenen Server damit hochziehen oder sonst etwas damit anstellen, vorausgesetzt, er stellt das Ergebnis auch wieder zur freien Verfügung ins Netz. Das Kartenmaterial steht unter einer entsprechenden *Creative Commons Licence*. OpenStreetMap will so etwas wie die *Wikipedia der Kartographie* sein, und das Projekt ist tatsächlich auf dem besten Weg dorthin.

Abb. 12.11: Berlin-Mitte bei OpenStreetMap

Wo kommt das Kartenmaterial denn nun her? Tatsächlich wie bei der Wikipedia von den Tausenden begeisterten Nutzern. Während dort die Artikel von ihnen geschrieben, ergänzt und korrigiert werden, gehen die OpenStreetMap-Aktivisten mit GPS und Notizblock auf die Reise, sammeln geographische Daten und speisen sie dann zu Hause an ihrem Computer in das Netz ein. Und das funktioniert erstaunlich gut. Betrachten Sie Abbildung 12.11: Es ist eine Karte von Berlin-Mitte und sie ist bedeutend vollständiger als ihr Pendant bei Google oder Yahoo!

Natürlich gibt es noch viele weiße Flecken bei OpenStreetMap. Das Projekt ist noch jung. Aber die Community ist fleißig dabei, dieses mit Kartenmaterial zu füttern und die weißen Flecken werden so stetig weniger. Und es erhält zum Teil prominente Unterstützung: So hat zum Beispiel ein holländischer Automobilclub sein ganzes Kartenmaterial der Niederlande zur Verfügung gestellt, einige deutsche Städte stellen ihre Karten ein und vieles, vieles mehr.

OpenStreetMap ist zurzeit eines der spannendsten Projekte im Bereich der Web-Kartographie. Und nein, eine einfache Möglichkeit zum Einbinden der OpenStreetMap-Karten in Ihre Webseiten besteht noch nicht. Ähnlich wie bei Yahoo! müssten Sie hier das API nutzen, das aber mindestens so umfangreich und komfortable wie das von Google ist und auch die Möglichkeit von Markern und Routen bietet. Und wer weiß: Vielleicht schreibt ja in der nächsten Zeit jemand einen Webservice, der es Ihnen erlaubt, OpenStreetMap-Karten ähnlich einfach wie YouTube-Videos in Ihre Seiten einzubetten.

Behalten Sie das OpenStreetMap-Projekt auf jeden Fall im Auge.

Money Makes The World Go Round – Geld verdienen im Web 2.0

Auch wenn die Überschrift Ihr Herz schon höher schlagen lässt ... bleiben Sie erst einmal auf dem Teppich. Für die meisten von uns wird die Beschäftigung mit dem Web 2.0 ein Hobby sein und bleiben. Und trotz meiner vielfältigen Aktivitäten ist es bisher das billigste Hobby meines an Hobbys nicht gerade armen Lebens. Hundesport kostet mehr.

Abb. 13.1: Ein seltener Anblick: Der *Schockwellenreiter* vor seiner Wertschöpfungskette

Und gerade in jüngster Zeit wird immer wieder geklagt, dass Jungblogger in der Szene auftauchen, die schon – wie Dagobert Duck – die Dollarzeichen in den Augen tragen. Noch kein halbes Jahr im Netz, keinen einzigen vernünftigen Aufsatz geschrieben, aber schon alle Affiliate-Programme (was ein Affiliate-Programm ist, erfahren Sie weiter unten) der Welt und noch ein paar Anzeigenbanner mehr ins Weblog eingebunden. Und weil dann der schnelle Dollar doch nicht wie erwartet eintrifft, wird lamentiert, dass sich die Weblogszene professionalisieren müsste. Diese Menschen hätten besser Zahnmedizin oder Betriebswirtschaft studiert (man sieht, ich habe keine Vorurteile).

Ich glaube nicht, dass Sie zu dieser Szene gehören. Sie hätten sich sicher nicht dieses, sondern ein anderes Buch gekauft und, wenn versehentlich doch, nicht bis hierhin durchgehalten. Sie sind im Netz, weil Sie sich artikulieren, weil Sie Ihrem Verein oder Ihrer Bürgerinitiative eine Publikationsplattform bieten, weil Sie **kommunizieren** wollen.

Aber natürlich wäre es nicht schlecht, vielleicht doch ein wenig, ein klitzeklein wenig Geld zu verdienen, damit zumindest die Hostingkosten wieder hereinkommen, oder? Ja! Und diese Möglichkeit besteht durchaus. Sie werden vermutlich von Ihren Web-Aktivitäten nie leben können, aber ein kleines Taschengeld ist durchaus drin. Dazu müssen Sie aber erst einmal wissen, welche Möglichkeiten es überhaupt gibt, im Web Geld zu verdienen. Ich sehe prinzipiell drei:

- Werbeeinnahmen entweder direkt oder durch Partnerprogramme
- Verkauf von eigenen Inhalten
- Indirekte Einnahmen

Dieses wollen wir uns nun einmal genauer anschauen.

13.1 Werbeeinnahmen

Werbeeinnahmen sind die klassischen Einnahmen der Medienindustrie, speziell von (privatem) Rundfunk und Fernsehen. Und so liegt der Schluss nahe, dass es doch auch möglich sein sollte, im Netz, das ja irgendwie in einem ähnlichen Marktsegement wildert (aus Sicht der Fernsehproduzenten), auch ähnlich Einnahmen zu generieren. Irgendwie klappt das leider (noch) nicht und wenn man den Berichten glauben darf, wildert das Web eher in den Werbeerträgen der Printmedien als in den audiovisuellen Medien.

Am einfachsten scheint es zu sein, Werbebanner direkt zu verkaufen. Doch außer von ein paar befreundeten Firmen, denen Sie den Werbeplatz dann natürlich auch noch zum Freundschaftspreis (zum Beispiel ein monatliches Mittagessen) überlassen müssen, klappt das in der Regel nicht. Einzelne Webseitenbetreiber sind für die großen Agenturen einfach zu klein, um als Werbeträger überhaupt interessant zu sein.

Hier hilft nur, in einem Netzwerk unterzukommen, das die Vermarktung für Sie übernimmt und gleichzeitig viele andere kleine Webseitenbetreiber ebenfalls vermarktet. Nur solch ein Netzwerk erreicht die kritische Größe, um für die Werbeindustrie interessant zu werden. Für die meisten von uns werden die Einnahmen aus solch einem Netzwerk trotz allem bescheiden bleiben und die Bezahlung ist auch oft mehr als undurchsichtig. Ob per *View*, per *Klick* oder per *Lead/Sell* und wie viel pro Einheit bezahlt wurde, müssen Sie meistens Ihrem Netzwerkbetreiber glauben.

Und damit wären wir auch schon bei den wichtigsten Bezahleinheiten:

- *Pay per View*: Hier wird tatsächlich für jeden Aufruf der Seite gezahlt (meist in der Form von Tausender-Kontakt-Preisen, abgekürzt TKP). Dies war früher eine der häufigsten (und für den Webseitenbetreiber angenehmsten) Bezahlformen, doch da die Zählungen der *Views* in der Regel chronisch unzuverlässig sind, ist diese Bezahleinheit nur noch selten anzutreffen.
- *Pay per Click*: Hier wird für jeden Klick gezahlt, den der Werbetreibende auf seiner Seite registriert. Meist gibt es zwischen zwei und fünf Cent je Klick. Und glauben Sie mir – die Klickrate liegt bei etwa ein bis zwei **Promille** Ihrer Besucher (wenn Sie Glück haben). Reich werden Sie auch mit dieser Bezahleinheit nicht. Eine Ausnahme bildet das AdSense-Programm von Google, doch dazu weiter unten mehr.
- *Pay per Lead/Sell*: Hier werden erst Einnahmen generiert, wenn der Besucher sich bei der Webseite anmeldet oder dort etwas kauft. Das sind noch weniger Besucher, als es beim *Pay per Klick*-Modell sind, doch dafür sind die Preise, die pro Anmeldung oder Kauf gezahlt werden, auch signifikant höher. Dieses Modell ist meist bei Partnerprogrammen anzutreffen, auch dazu weiter unten mehr.

Ein einzelner Webseitenbetreiber ist mit dieser Vielfalt schier erschlagen und fühlt sich (zu Recht) überfordert. Die Modelle sind für den professionellen Werbemarkt gedacht, wir Amateure werden uns da in der Regel nur schwer zurechtfinden.

13.1.1 Partnerprogramme (Affiliates)

Einige Dienstleister wollen diesen Werbedschungel vereinfachen (und natürlich auch selber ein wenig Geld mit unseren Netzakitvitäten verdienen) und bieten daher so genannte Partner- oder Affiliate-Programme an. Diese Programme bieten in der Regel Folgendes: Sie kopieren den Code, den sie Ihnen zu Verfügung stellen, in Ihre Webseite und sie übernehmen die Abrechnung und Bezahlung. Affiliate-Programme werden entweder von spezialisierten Dienstleistern, manchmal aber auch von den Firmen direkt angeboten. Das bekannteste Beispiel hierfür ist *Amazons Partnernet*. Wobei auch große Anbieter das Angebot darauf spezialisierter Dienstleister in Anspruch nehmen. eBay zum Beispiel vermarktet seine Anzeigen über *affili.net*, Amazon wiederum ist ein direkter Partner.

Ob diese Partnerprogramme sinnvoll sind, ist mir nicht ganz klar. Zwar generiert eBay bei mir stetig Einnahmen, aber die liegen bei ungefähr zehn Euro im Monat. Und dafür muss ich schon ganz viel Werbeplatz bereitstellen.

Das einzige Affiliate-Programm, das bei mir wirklich nennenswerte Einnahmen generiert, die in einem gesunden Verhältnis zum eingesetzten Werbeplatz stehen, ist das oben schon einmal erwähnte Partnernetzwerk von Amazon (`https://partnernet.amazon.de`). Ich vermute, dass das daran liegt, dass Amazon eine eingeführte Marke beim Bücherkauf ist und daher hier das Misstrauen der Benutzer gegenüber dem Anbieter gering ist und es ihnen daher leichter fällt, zu klicken und zu kaufen. Und wer einmal auf Amazons Webseiten war, dem wird klar, wie beharrlich, aber doch seriös und unaufdringlich man zum Kauf animiert wird. Für jeden Bücherverkauf bekommt der Webseitenbetreiber, von dessen Seite aus der Link zu Amazon angeklickt wurde, etwa fünf bis sieben Prozent, jedoch höchstens zehn Euro je verkauftem Einzelstück.

Ich halte Affiliate-Programme vor allem deswegen für sinnvoll, weil man sich nach dem (einmaligen) Anmelden beim Affiliate-Partner und dem darauffolgenden Einbinden des Codes eigentlich um nichts mehr kümmern muss. Die Abrechnung, Bezahlung, Erstellung der Gutschrift und Überweisung – entweder via eBays Bezahldienst *PayPal* oder direkt aufs Konto – erfolgen automatisch. Gerade für diejenigen unter uns – und das dürften die meisten sein –, die im Netz aus Hobby unterwegs sind und daher wenig Zeit und Lust auf Abrechnung verspüren, ist das eine ziemliche Erleichterung. Dafür muss man allerdings in Kauf nehmen, dass man dem Partner vertrauen muss. Die Abrechnungen der meisten Partnerprogramme scheinen zwar undurchsichtig, aber trotzdem relativ seriös zu sein. Wenn nicht, würde es sich im Netz sicher wie ein Lauffeuer herumsprechen.

Und eines dürfen Sie auf gar keinen Fall vergessen: Wenn Sie mit Ihrer Tätigkeit im Netz Einnahmen erzielen, müssen Sie diese auch versteuern. Denn glauben Sie nicht, das würde nicht bemerkt. Die Finanzämter sind Ihnen schneller auf den Fersen, als Ihnen lieb ist. Wenn Ihre Einnahmen nennenswerte Beträge übersteigen und Sie selber weder Finanz- noch Betriebswirt sind, dann leisten Sie sich einen Steuerberater. Das erspart Ihnen viel Ärger.

13.1.2 Google AdSense

Ein weiteres »Partnerprogramm«, mit dem man tatsächlich ein wenig Geld verdienen kann, ist das *AdSense*-Programm von Google, die kleinen kontextbezogenen Anzeigen, die man mittlerweile auf nahezu jeder Webseite antrifft. Hier ist die Klickrate tatsächlich nach meinen Erfahrungen signifikant höher als bei anderen Anzeigenformen, Googles Algorithmus für kontextbezogene Anzeigen scheint tatsächlich den Nerv vieler Webseitenbesucher zu treffen und zum Klicken anzuregen.

Ich möchte allerdings nicht verschweigen, dass Googles AdSense-Vertrag ein gewaltiger Knebelvertrag ist. Lesen Sie ihn vor der Anmeldung ruhig aufmerksam durch, Sie werden lesen, dass Google alles und Sie gar nichts dürfen. Weder dürfen Sie selber auf die Anzeigen klicken (ein einigermaßen verständlicher Passus), noch dürfen Sie über Ihre Einnahmen sprechen oder Ihre Klickraten bekanntgeben. Nachdem ich einmal im *Schockwellenreiter* über diese in meinen Augen seltsamen Vertragsbedingungen geschrieben hatte, ist dieser bei Google auf eine *Blacklist* geraten. Anzeigen von Google werden dort *partout* nicht mehr angezeigt. Auf meinen anderen Webseiten darf ich jedoch weiterhin AdSense-Anzeigen schalten, daran erkennen Sie, dass ich Google AdSense trotzdem immer noch nutze und daher auch hier »qualifiziert« darüber berichten kann.

Denn Google ist auf dem Sektor der Online-Werbung nahezu konkurrenzlos und mächtig. Doch die Bezahlung ist tatsächlich einigermaßen anständig. In den Zeiten, da Google mich noch lieb hatte, habe ich über den *Schockwellenreiter* monatlich 100 bis 200 Euro Werbeeinnahmen generiert, kein schlechter Schnitt für (m)ein kleines Weblog. Sie müssen daher selber entscheiden, ob Sie den Knebelvertrag in Kauf nehmen wollen oder nicht. Wenn Sie sich im Web umgucken: Die meisten anderen haben diese Entscheidung zugunsten der Datenkrake getroffen.

13.1.3 Suchmaschinenoptimierer

Ein Kapitel für sich sind Suchmaschinenoptimierer (*Search Engine Optimizer, SEO*). Ich persönlich halte die meisten von ihnen für hochgradig unseriös, sie versprechen einem das Blaue vom Himmel herunter und ihre Versprechen stehen auf einer dünnen Basis von Vermutungen und Annahmen. Denn niemand weiß wirklich, wie Googles Suchmaschinenalgorithmus funktioniert. Er ist das bestgehütete Geheimnis des Internet-Riesen und außerdem wird er ständig den sich ändernden Bedingungen des Netzes angepasst und optimiert. Basis vieler SEO-Angebote ist die Annahme, dass Google die Verlinkung auf die zu optimierende Webseite bewertet und zwar umso höher, je höher das Ranking (also der Wert, den Google der Seite mit dem ausgehenden Link beimisst) ausfällt. Daher versuchen viele SEOs, sich Links auf hochrankigen Seiten einzukaufen. Manchmal plump, indem sie einem einen (für Sie absolut wertlosen) Linktausch anbieten (merke: Linktauschangebote sind Spam!), manchmal aber auch mehr oder weniger seriös, indem sie Ihnen für den Link auf Ihrer Seite einen nicht unbeträchtlichen Betrag zu zahlen bereit sind.

Ich gestehe, auch ich bin käuflich: Die meiner Meinung nach sinnlosen Links auf meinen Seiten generieren den größten Teil meiner Werbeeinnahmen.

13.1.4 Der eigene Shop

Abb. 13.2: Der aStore des *Schockwellenreiters*

Eine weitere Einnahmemöglichkeit, die eng mit den Partnerprogrammen verwandt ist, ist der *eigene Webshop*, in dem sich zum Beispiel gut Fanartikel oder ähnlicher Schnickschnack verkaufen lassen. Beliebt sind hier Anbieter, die es Ihnen ermöglichen, T-Shirts mit eigenen Aufdrucken, Base-Caps mit dem Namen Ihres Sportvereins oder Becher mit dem Bild Ihres Hundes anzubieten. Aber auch Feuerzeuge oder Kugelschreiber mit dem Aufdruck Ihres Vereins oder Ihrer Firma sind häufig vertriebene Shop-Artikel. Meist können Sie dazu auf den Seiten des Anbieters einen eigenen Shop eröffnen, den Sie ähnlich wie bei Ihrer Profilseite (zum Beispiel bei *MySpace*) »pimpen«, also dem Layout Ihrer übrigen Seiten anpassen können. Der Kunde bestellt beim Anbieter, der auch die Abrechnung übernimmt, und Sie bekommen eine Provision. (Meist ist es so, dass der Anbieter Ihnen mitteilt, wie viel er für ein Produkt bekommen muss, und es Ihnen freistellt, für welchen Aufpreis mehr Sie dieses Produkt dann verkaufen wollen.)

Speziell für Vereine kann dies eine sehr sinnvolle Ergänzung zum Webangebot sein. Die Bestellung und Beschaffung von Trikots, manchmal – besonders für Betreuer von Jugendmannschaften – ein *Little Shop of Horror*, kann so vereinfacht werden und der Verein bekommt noch ein paar Euro Zusatzeinnahmen.

Für uns andere ohne Verein und ohne Fans bleibt mal wieder die Firma Amazon mit ihrem weitreichenden Angebot. Mit ein wenig Mausschubserei können Sie sich nämlich dort einen eigenen Buchladen, von Amazon *aStore* genannt, zusammenklicken. Der Einstieg dafür erfolgt ebenfalls über Amazons Partnernetzwerk (`https://partnernet.amazon.de`). Abbildung 13.2 zeigt, wie mein, allerdings nicht besonders gepflegter, aStore aussieht. Auch dies ist ein durchaus vielversprechendes Angebot, dessen Pflege sogar Spaß machen kann. Sie könnten zum Beispiel die Bücher über Hundesport, die Sie selber empfehlen würden, publik machen und verkaufen. Wenn Sie dies nett aufziehen und den Shop sinnvoll von Ihrer Webseite aus bewerben, sind auch hier ein paar Euro Einnahmen zu generieren.

13.2 Indirekte Einnahmen

Indirekte Einnahmen sind ein nicht zu unterschätzender Faktor für Ihre persönliche Gewinn-und-Verlustrechnung aus Ihren Webaktivitäten. Besonders wenn Sie sich dort durch Ihr Spezialwissen einen Namen gemacht haben, kann es durchaus passieren, dass Sie zu einem (bezahlten) Vortrag eingeladen werden, dass Sie Fachartikel bei Zeitschriften unterbringen oder dass Sie von Ihren bei Flickr deponierten Fotos auch einmal das eine oder andere tatsächlich verkaufen.

Auch hier kann ich wieder nur von meinen persönlichen Erfahrungen berichten: Meine Webaktivitäten haben mir unter anderem einen Lehrauftrag eingebracht, dies ist das zweite Buch, das ich schreiben durfte, ein paar bezahlte Artikel bin ich auch schon losgeworden und hin und wieder werde ich auch für einen Vortrag bezahlt. Und für einige von unseren Fotos (eigentlich mehr von den Fotos meiner Frau Gabi) haben wir auch schon ein paar Euro überwiesen bekommen. Aber auch hier gilt: Mühsam ernährt sich das Eichhörnchen. Mehr als 10 bis 30 Euro pro Foto sind in der Regel nicht drin, oft ist es sogar weniger.

13.3 Fazit

Man kann also durchaus mit seinen Webaktivitäten Einnahmen erzielen. Sicher ist es für die wenigsten von uns so viel, dass wir davon leben können, aber ein nettes Zubrot ist es allemal. Man muss dazu allerdings auf einen gesunden Einnahme-Mix setzen, nur Werbung oder nur Partnerprogramme alleine genügen dem nicht. *Richtiges* Geld verdienen allerdings nur die Großen; MySpace, Amazon, um nur ein paar zu nennen, und vor allem Google verdienen mit unserem, dem *User Generated Content* und den Werbeeinnahmen, die sie dadurch erzielen, Millionen. Uns bleibt bestenfalls der Spaß, den wir im Web 2.0 und mit seinen Spielereien haben. Und vielleicht die Befriedigung, etwas Sinnvolles getan zu haben. Wenn dazu noch ein paar Euro Taschengeld herausspringen, ist das doch auch schon etwas.

Trotzdem bleibt bei mir eine gewisse Unzufriedenheit und ein schaler Geschmack zurück: Wo doch der Community-Gedanke im Web 2.0 so hochgehalten wird, wieso schaffen wir es nicht, *gemeinsam* die Früchte unserer Arbeit zu ernten und so gemeinsam auch mehr davon zu profitieren?

Aber egal. Wenigstens will ich Ihnen im nächsten Abschnitt noch zeigen, wie Sie sich ein wenig Taschengeld mit Amazon verdienen können.

13.4 Workshop: Amazons Werbeanzeigen in ein WordPress-Blog einbinden

Eigentlich müssten Sie nach all den vielen Workshops, die wir nun schon gemeinsam durchgearbeitet haben, wissen, wie das geht: Die Anzeige zusammenklicken, den Code kopieren und ihn in Ihr Weblog oder Ihre Webseite einbinden. Aber mir geht es auch so, bei neuen Programmen bin ich manchmal leicht verunsichert. Daher nun der letzte Workshop dieses Buches:

Ich gehe davon aus, dass Sie sich bei Amazons Partnernetz angemeldet haben. Noch einmal die URL, es ist `https://partnernet.amazon.de`. Damit Sie Ihr Geld überwiesen bekommen, mussten Sie bei der Anmeldung natürlich auch Ihre Kontonummer angeben. Doch keine Angst, alle Transaktionen im Partnernetz laufen bei Amazon über eine verschlüsselte und daher sichere Verbindung ab, erkenntlich an dem `https://...` statt dem `http://...` in der Statuszeile Ihres Browsers.

Wenn nicht schon geschehen, melden Sie sich dort mit Ihrer E-Mail-Adresse und Ihrem Passwort an. Die Startseite ist die Zentrale aller Ihrer Aktivitäten in Amazons Partnernetz. Sie können von dort aus Links generieren, die Sie an passender Stelle in Ihren Webseiten einfügen, zum Beispiel den Link auf ein bestimmtes

Buch bei Amazon, das Sie in Ihre Besprechung dieses Buches einbinden können. Sie können Widgets für Ihre Webseiten erstellen (ein *Widget* werden wir uns gleich zusammenklicken), Sie können Ihren *aStore* erstellen und verwalten und Sie können sich an den Berichten über Ihre Einnahmen ergötzen. (Der letzte Reiter ENTWICKLERTOOLS richtet sich an Programmierer, wir ignorieren ihn daher einfach.)

Wir wollen an dieser Stelle keinen Einzellink generieren, sondern ein Widget, das auf jeder Seite unseres Weblogs erscheinen soll. Wir klicken daher auf den Reiter WIDGETS. Amazon bietet zurzeit zehn verschiedene Widgets an; da ich mit den kontextsensitiven GoogleAds eigentlich ganz gute Erfahrungen gemacht habe, wollen wir auch etwas Ähnliches von Amazon. Hier heißt es *Self-Optimizing-Links*, also selbstoptimierende Anzeigen. Auch Amazon scannt den Inhalt der Webseite und versucht mit diesem Widget, dazu passende Titel anzubieten. Das klappt mal mehr und mal weniger: In meinem wenig sozialistischen Bliki über Neukölln zum Beispiel, dem *Rollberg*, wird natürlich ständig auch die Neuköllner Magistrale, die Karl-Marx-Straße, erwähnt. Daraus schließt Amazons automatischer Anzeigenoptimierer, dass die Leser des *Rollbergs* an den Werken des kommunistischen Philosophen ein großes Interesse haben müssten und bietet diese ständig an. Maschinen können sich leider nicht wundern, sonst müsste sich Amazons Optimierer doch über die geringen Klickraten Gedanken machen.

Aber in den meisten Fällen klappt das mit der Selbstoptimierung doch recht gut und so klicken wir beherzt bei diesem Widget auf ZU IHRER WEBSEITE HINZUFÜGEN.

Und jetzt haben wir die Möglichkeit, an ganz vielen Parametern zu drehen (Abbildung 13.3). Als Erstes suchen wir uns eine passende Bannergröße aus. Wir wollen unseren kleinen Internet-Fernsehsender nicht mit Werbung überfrachten, daher entscheiden wir uns für ein kleines Format, zum Beispiel 120 x 240 Pixel. Die anderen Farben passen eigentlich schon ganz gut, fast scheint es so, als ob der Entwickler des von uns genutzten *PrimePress-Templates* es auf die Verwendung mit Amazons Anzeigenfarben optimiert hätte, also lassen wir es einfach so, wie es ist. (Spielkälber können jetzt natürlich ganz viel mit den Farben, Größen und sonstigen Einstellungen hantieren und ich ermutige Sie ausdrücklich dazu. So werden Sie mit der Bedienung vertraut und RÜCKGÄNGIG MACHEN geht immer.)

Ja und der Rest ist wie gehabt. Unten steht schon der Code, den wir in unsere Webseite einbinden sollen. Also – in einem zweiten Browserfenster – melden wir uns in unserem Weblog an und klicken in dem Admin-Interface auf DARSTELLUNG|WIDGETS. Die Anzeige soll in die zweite Seitenleiste (das ist die rechts außen mit dem Kalender), also wählen wir rechts oben SEITENLEISTE 2 aus und vergessen nicht, danach auf ANZEIGEN zu klicken. Hinzufügen wollen wir BELIEBIGEN TEXT ODER HTML, also klicken wir nun links bei TEXT auf HINZUFÜGEN.

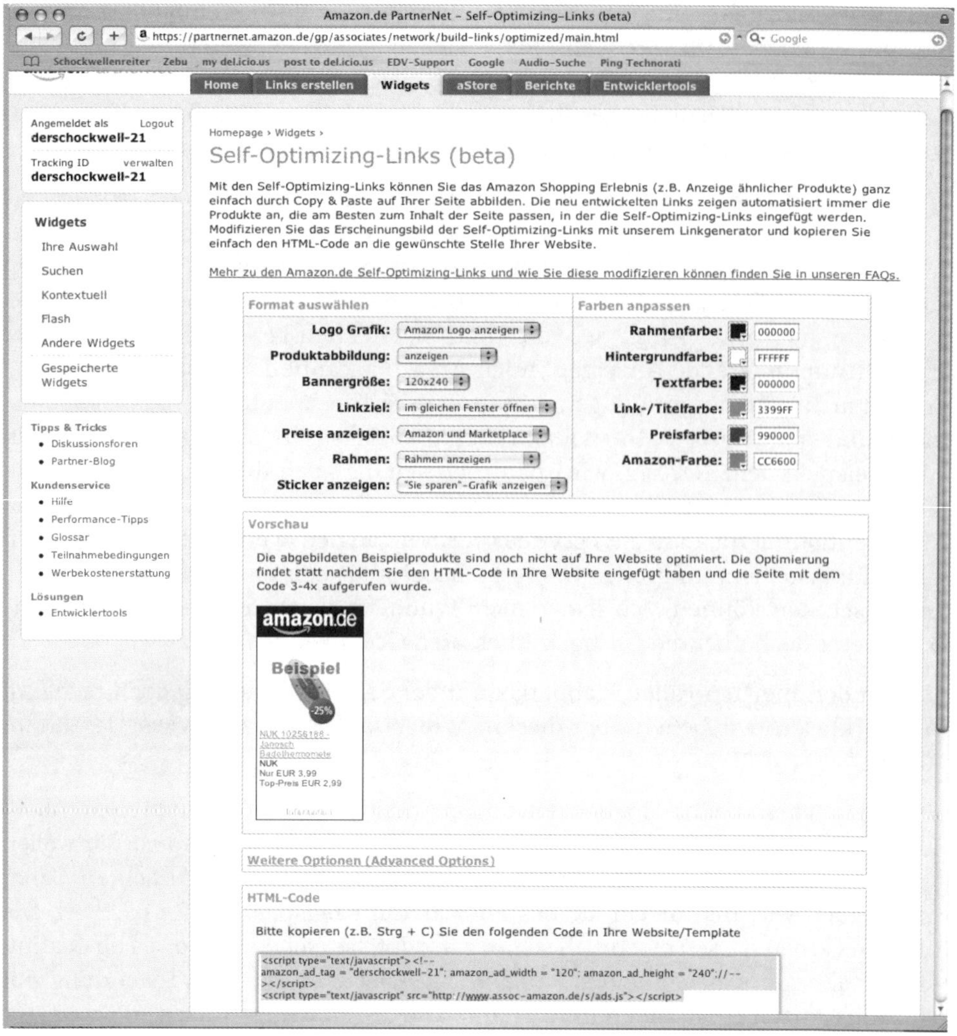

Abb. 13.3: Widget-Generierung bei Amazon

Rechts ist das neue Widget nun hinzugefügt, also weiter auf BEARBEITEN klicken. Werbung muss in Deutschland eindeutig als solche gekennzeichnet sein (und das ist auch gut so), also geben wir als Überschrift einfach *Werbung* ein.

Okay, und jetzt wechseln wir in das Browserfenster mit dem Amazon-Partnernetzwerk und kopieren den Anzeigencode, den wir soeben generiert hatten, und fügen ihn in den Textbereich unseres neuen WordPress-Widgets ein. Die Änderungen speichern wir natürlich.

Und nur damit Sie daran erinnert werden, was alles geht, und damit wir unser neues Spielzeug in einem Screenshot auch gut präsentieren können, verschieben wir unser frisch angelegtes Widget mit der Maus einfach unter den Kalender und vergessen natürlich auch jetzt nicht, die Änderungen zu speichern. Und *voilà*, unsere kleine Fernsehstation verdient sich nun hoffentlich ihre Hostingkosten mit Amazons Hilfe selber.

Abb. 13.4: Unser WordPress-Blog verdient nun (hoffentlich) Geld

Die Selbstoptimierung geht eigentlich relativ schnell. Schon beim zweiten Aufruf der Startseite bot Amazon hier der verblüfften Welt das *Große Buch zu WordPress* an. Eigentlich kein Wunder, denn immerhin heißt der erste (und bisher einzige) Artikel in diesem Blog *Videos in ein WordPress-Blog einbinden* und auch das Wort *WordPress* kommt zusätzlich noch mehrmals auf dieser Seite vor.

Datenschleuder 2.0 – da gehen sie hin, unsere Daten

Ach was muss man oft von bösen Buben hören oder lesen. – (W. Busch)

Folgt man der einschlägigen (Boulevard-)Presse, dann ist das Internet ein höchst gefährlicher Ort, an dem Pornographen, Stalker, Betrüger und schlimmere Bösewichte an jeder Ecke lauern und dem unbedarften Surfer Übles wollen. Und schon wird der Ruf nach dem Gesetzgeber laut, der ruft: Verbieten! Am besten alles verbieten! Und die Politik, die sich oft selber schwertut mit allem Neuen, speziell mit technischen Neuerungen wie dem Internet, ist oft allzu leicht bereit, diesen Verbotsforderungen nachzugeben. So entstehen solche unsinnigen Verbote, wie das Handyverbot an den bayerischen Schulen. Anstatt die Schüler anzuleiten, wie sie *sinnvoll* mit den Handys umgehen können, und sie für Film- und Kunstprojekte auch an der Schule einzusetzen, wurden sie einfach verboten. Ein Verbot, das weder kontrollierbar, noch durchzusetzen ist.

Aber machen wir uns nichts vor: Natürlich gibt es die Gefahren im Internet, auch wenn sie nicht unbedingt an jeder Ecke lauern. Natürlich wird versucht, an Ihre persönlichen Daten zu kommen, um Ihnen bestenfalls ein Geschäft aufzuschwatzen oder aber in schlimmeren Fällen Ihre Kreditkarten- oder Kontonummer zu benutzen, um Ihr Konto zu erleichtern.

Und der Staat mit seinem Datenhunger (Vorratsdatenspeicherung!) leistet dem auch noch Schützenhilfe. Glauben Sie mir – auch wenn Herr Schäuble etwas anderes behauptet –, nirgendwo sind Daten sicher. Einmal erhobene Daten sind einfach zu wertvoll und für etliche kriminelle Geschäftemacher zu verführerisch, als dass sie nicht alles daransetzen, in den Besitz dieser Daten zu gelangen. Wenn das Kind dann in den Brunnen gefallen ist, wird entschuldigend vom »menschlichen Versagen« geredet. Ja, es ist ein menschliches Versagen, aber das Versagen liegt darin, diese Daten überhaupt erst zu erheben.

Die erste Folgerung daraus heißt: Seien Sie sparsam mit Ihren Daten. Der Datenhunger auch der *sozialen Netzwerke* ist groß, denn je mehr sie über Sie wissen, desto zielgenauer können sie Ihnen Werbung unterjubeln. Und »Werbung unterjubeln« ist das Geschäftsmodell der meisten Web-Unternehmen.

Füllen Sie einfach nicht alle Felder aus, die Sie ausfüllen können. Viele Anbieter wissen mittlerweile um die Besorgnisse ihrer Kundschaft und halten die Anzahl der Pflichtfelder, die ausgefüllt werden müssen, oft erstaunlich klein. Nur wir, wir sind so pflichtbewusst und füllen alles, aber auch alles aus. Mehr als Ihren Vornamen und Ihren Nachnamen, eine E-Mail-Adresse, einen Nicknamen und ein Passwort brauchen die meisten Anwendungen nicht, um zu funktionieren.

Natürlich stecken wir hier in einer Zwickmühle. Sie sind Mitglied in einem sozialen Netzwerk geworden, um Kontakte zu knüpfen, Freundschaften zu schließen und sich auszutauschen. Dazu gehört natürlich auch, dass Sie ein wenig mehr über sich erzählen. Alter, Geschlecht, Hobbys – all das spielt natürlich eine Rolle. Aber überlegen Sie sich genau, was Sie eingeben und wem Sie es zugänglich machen. Eine Foto- oder Filmcommunity beispielsweise muss nicht unbedingt Ihr Alter und Ihr Geschlecht oder Ihren Familienstand kennen. Wichtig sollte hier sein, dass Sie gute Bilder oder Filme zeigen. Bei einer Partnervermittlungsplattform ist das natürlich wieder anders.

Ein drittes Problem sind Business-Plattformen wie *Xing* (wobei *Xing* nach einer Untersuchung des Fraunhofer-Instituts für Sichere Informationstechnologie (SIT) [Fraunhofer 2008] das einzige soziale Netzwerk ist, das wenigstens Verschlüsselung bei der Übermittlung von Daten einsetzt). Hier will man sich ja verkaufen und die Plattform lebt geradezu davon, dass man möglichst viel von sich preisgibt. Aber geben Sie hier bitte nur Ihre Geschäftsdaten (aber nicht Ihre Geschäftsgeheimnisse) und keine privaten Daten heraus.

Bei *Xing*, aber auch bei (fast) alle anderen sozialen Netzwerken können Sie einstellen, wer welche Ihrer Daten sehen darf. Hier gilt eine Faustregel. Alles, was nicht angemeldete Sucher sehen können, kann auch Google oder jede andere Suchmaschine »sehen«. Das bedeutet, dass alles, was Sie hier preisgeben, über kurz oder lang auch in Googles Index steht. Und das für »ewig«. Die Faustregel heißt daher: Machen Sie so wenig wie möglich von Ihren Daten *öffentlich*, reservieren Sie das meiste davon für Ihre *Freunde* oder Ihre *Familie* oder wie auch immer Ihr engerer und hoffentlich überschaubarer Kreis in der sozialen Plattform Ihres Vertrauens heißt.

Leider sperren nicht alle sozialen Netzwerke Suchmaschinen bei *privaten Daten* zuverlässig aus. Daher gilt der Grundsatz der Datensparsamkeit trotzdem weiter.

Wie oben erwähnt, ist *Xing* die einzige der von SIT getesteten Plattformen, deren Datenübertragung verschlüsselt abläuft. Bei *MySpace* wird sogar Ihr Passwort unverschlüsselt übertragen. Daher gilt: Halten Sie wichtige von unwichtigen Passwörtern getrennt. Nutzen Sie daher keinesfalls aus Bequemlichkeit überall die gleichen Passwörter. Wichtige Passwörter, wie zum Beispiel für ein E-Mail-Postfach, sollten stets andere sein als Ihr Passwort zum Einloggen bei YouTube oder Flickr.

Generell sollten Passwörter möglichst sicher sein. Wie schon einmal am Anfang des Buches erwähnt, halte ich es für ein Mindestkriterium, dass sie mindestens acht, besser aber zwölf Zeichen lang sind und nicht aus einem Begriff bestehen, der auch im Wörterbuch steht, sondern eine möglichst wilde Mischung aus Buchstaben (Groß- und Kleinschreibung gemischt) und Zahlen enthält. Wer international unterwegs ist, sollte vom Einsatz von Sonderzeichen und Umlauten absehen (Punkt, Komma und Bindestrich ausgenommen), da diese auf einer französischen oder amerikanischen Tastatur oft nicht zu finden sind.

Trennen Sie geschäftliches und privates Netzleben strikt. Geschäftlich genutzte Plattformen wie Xing sind schon aus Gründen ihrer Funktion offener als private Plattformen (sein sollten). Ihre Religionszugehörigkeit, Ihre politische Anschauung oder Ihre Weltanschauung haben dort nichts zu suchen.

Das heißt aber auch: Nutzen Sie unterschiedliche E-Mail-Adressen für unterschiedliche Plattformen. Die meisten erlauben die Nutzersuche gerade nach diesen E-Mail-Adressen. Wenn Sie also (unter Umständen pseudo- oder anonym) unter *schnuckiputzi@web.de* auf MySpace oder in einem Forum linksradikale Äußerungen von sich geben, sollten Sie unter dieser E-Mail-Adresse nicht auch noch bei Xing mit vollem Namen gemeldet sein. Gerade Personalverantwortliche wissen sehr wohl, wie man Suchmaschinen dazu bringt, diese E-Mail-Adressen zu verknüpfen.

Und scheuen Sie keine Pseudonyme. Einem alten Bonmot zufolge weiß im Internet niemand, ob Sie vielleicht ein Hund sind. In den meisten Communities ist es durchaus üblich, unter einem *Kampfnamen*, also einem Pseudonym aufzutreten. Wenn Sie wollen, können Sie dort durchaus *Schnuckiputzi* oder *Herkules24* heißen. Das schadet in der Regel niemanden und erhöht Ihre Sicherheit.

Ab einer gewissen Popularität lässt sich das aber nicht mehr durchhalten. Auch bei mir sollte der Name *Schockwellenreiter* ursprünglich mein Pseudonym sein, mein *Kampfname*, mit dem ich unerkannt durchs Internet surfen wollte. Aber mittlerweile weiß natürlich jeder, dass Jörg Kantel der *Schockwellenreiter* ist. Auch weiß mittlerweile jeder, wer hinter dem Namen *Don Alphonso* steckt, auch ursprünglich das Pseudonym eines Journalisten, mit dem er im Internet anders und härter schreiben wollte, als es ihm unter seinem Klarnamen möglich war. Doch er war zu gut und mit der Berühmtheit kam die Enttarnung. Aber bis Ihnen auch so etwas passiert, haben Sie hoffentlich genug Internet- und Medienkompetenz erworben, um damit umgehen und trotzdem noch sicher surfen zu können. Ich kann jedenfalls mit meiner »Enttarnung« leben und *Don Alphonso* sicher auch.

Manchmal müssen Sie (wenn Sie zum Beispiel bei Amazon einkaufen) Ihre Kreditkarten- oder Kontodaten übertragen. Machen Sie dies immer nur von vertrauenswürdigen Computern in vertrauenswürdigen Netzen über eine sichere Internetverbindung. Sichere Internetverbindungen erkennen Sie daran, dass in der Statuszeile Ihres Browsers `https://...` statt `http://...` steht.

Und Computer in Internetcafés und in privaten, unverschlüsselten Netzwerken – wie sie dankenswerterweise einige Kneipen oder Hotels anbieten – sind **keine** vertrauenswürdigen Computer. Natürlich können Sie in der Kneipe drahtlos surfen, aber übermitteln Sie von dort keine Kontoinformationen oder sonstige Informationen vertraulichen Inhalts – der Feind könnte mithören.

Zum Schluss noch einige Hinweise, die eher die sozialen denn die Sicherheitsaspekte berühren.

Auch wenn es schon oft gesagt wurde, ein kurzer Blick auf Flickr zeigt, dass man es nicht oft genug wiederholen kann. PartyFotos – womöglich noch mit Namen – gehören nicht ins (öffentliche) Netz. Personalmanager, die Ihre Bewerbung prüfen, wollen *alles* von Ihnen wissen. Das ist ihr Job und in gewisser Hinsicht auch ihre Pflicht. Also kann ihnen niemand etwas vorwerfen, wenn sie nach Eingang Ihrer Bewerbung die Suchmaschinen mit Ihrem Namen füttern. Und es ist Ihnen sicher mindestens peinlich, wenn dieser Fotos von Ihnen auf der letzten Ballermann-Sause oder sturzbetrunken auf der Abschlussfete Ihres Abiturjahrgangs entdeckt. Das Netz vergisst nie – oder zumindest nur sehr langsam.

Aber anders herum können Sie dies auch durchaus positiv nutzen: Fotos von Ihrem letzten Einsatz bei der freiwilligen Feuerwehr oder Ihrem Einsatz als Helfer beim Deutschen Roten Kreuz zeugen von Ihrem sozialen Einsatz und wirken sicher als Pluspunkt bei der Evaluierung Ihrer Bewerbung.

Generell gilt: Überschwemmen Sie das Netz mit Ihren positiven Aktivitäten. Wissenschaftliche Aufsätze, beruflich relevante Artikel, Fotos oder Videos, ein engagiert (und mehr oder weniger seriös) geführtes Blog, Ihre Erfolge im Leistungssport – all dies kann und darf und soll im Netz stehen. Für viele von uns – auch für mich – war das Netz ein Sprungbrett für eine berufliche Karriere.

Es ist wie überall: Gesunden Menschenverstand bringen Sie hoffentlich mit und ein wenig Medienkompetenz erlernen Sie sehr schnell, wenn Sie sich aktiv im Netz bewegen und mit Gleichgesinnten diskutieren. Und schon werden die erst so groß anmutenden Gefahren des Netzes überschaubar und klein. Denn nur was man nicht kennt, macht einem Angst.

Aber noch eine dritte Gefahr ist nicht wegzuleugnen: Der Gesetzgeber macht Vorschriften, die oft un- oder missverständlich sind und die Gefahr in sich bergen, dass geldgierige Abmahnanwälte ihr schmutziges Geschäft auch mit Ihnen treiben wollen.

Aber auch hier hilft der gesunde Menschenverstand, verbunden mit ein wenig Medienkompetenz weiter. Über die Fragen des Urheberrechts möchte ich nicht mit Ihnen diskutieren. Wenn Sie ein Klatsch-und-Tratsch-Blog betreiben und dieses mit Promifotos, die Sie nicht selber geschossen haben, schmücken, sollte Ihnen klar sein, dass der Fotograf darüber nicht sehr erfreut ist und einen Anwalt mit der Wahrnehmung seiner Rechte betraut. Das gleiche gilt natürlich auch für Texte und Musikstücke. Gerade die Musikindustrie ist ziemlich rabiat, was die Durchsetzung ihrer (oft auch nur vermeintlichen) Rechte betrifft.

Ich folge nicht der Auffassung der Musik- und Filmindustrie, dass »Raubkopieren« ein Verbrechen sei, aber solange große Teile der Gerichte auf der Seite der Industrie stehen, sollten Sie hier einfach vorsichtig sein und Ihren Verstand walten lassen.

Andere Sachverhalte sind unangenehmer, weil versteckter. Ich erwähnte schon einmal die Impressumspflicht, die der Gesetzgeber in Deutschland für *geschäftsmäßige* Webangebote vorgesehen hat. Und *geschäftsmäßig* bedeutet nicht (nur) *geschäftlich*, die Mehrheit der Juristen verstehen darunter jedes Webangebot, das mehr oder weniger regelmäßig erscheint und dessen Adressatenkreis nicht nur die engsten Freunde und die Familie umfasst. Also im Zweifelsfalle **jedes** Webangebot. Denn wie wollen Sie verhindern, dass nicht nur die Tante Jette aus Lüneburg Ihre Webseite besucht, sondern auch eine Schulklasse aus Hamburg, die Sie überhaupt nicht kennen?

Daher tun Sie sich einen Gefallen und verpassen Ihrer Webseite ein Impressum. Mindestens muss darin Ihre Adresse, der Name, die Telefonnummer und die E-Mail-Adresse eines Ansprechpartners enthalten sein. Um sich vor allzu vielen Spidern zu schützen, deren Absender Sie anschließend mit Spam ungeahnter Größenordnung zumüllen (so oft, wie mir das angeboten wird, kann ich meinen Penis gar nicht vergrößern lassen und auch mein Viagra-Konsum hält sich in Grenzen), können Sie diese Angaben mit einem Mal- oder Zeichenprogramm Ihrer Wahl als Bild hinterlegen und dann in Ihr Impressum einbinden.

Natürlich ist dies kein absolut sicherer Schutz, es gibt Spider, die auch Bilder lesen können, aber viele stolpern zurzeit doch noch darüber. Und wie alles im Recht ist dieser Tipp nicht unumstritten, einige Juristen argumentieren, dass zumindest die E-Mail-Adresse auch anklickbar sein, also mit einem Link hinterlegt werden muss. Der ist dann natürlich ein gefundenes Fressen für die Spider. Ich bin kein Jurist und weiß es selber nicht genau, aber diese Meinung scheint – wie auch die Vielzahl der »verdeckten« E-Mail-Adressen in den Impressen des Netzes zeigt – eine absolute Minderheitenmeinung zu sein.

Auf der anderen Seite: Die Server der großen Mailprovider bieten mittlerweile einen ziemlich umfassenden Spamschutz. Wenn Sie den Ratschlägen dieses Buches gefolgt sind, haben Sie mindestens zwei (Yahoo! und Google), eventuell sogar drei (zum Beispiel auch noch Strato) Mailanbieter, die Ihnen die Möglichkeit bieten, viele unterschiedliche E-Mail-Adressen zu generieren und deren Spamschutz ziemlich gut ist. Nachdem ich die E-Mail-Adresse *der@schockwellenreiter.de*, die jede meiner vielen Webseiten ziert, von einem relativ ungeschützten, weil experimentellen Mailserver zu Strato verlegt habe, ist das Spamaufkommen von über 1.000 Mails pro Tag auf weniger als 20 pro Tag gesunken. Und alle Mails, die mich erreichen sollten, kamen dennoch durch.

Und was tun, wenn einen trotz aller Vorsicht die Abmahnfalle erwischt? Das ist unangenehm und Sie sollten in dieser Situation **sofort** einen Anwalt konsultieren. Das Abmahnrecht ist so kompliziert, dass alles andere für Sie noch teurer werden könnte. Aber auch hier gilt: *Don't Panic!* Ich bin seit über zehn Jahren im Netz aktiv, davon seit über acht Jahren als *Schockwellenreiter*, der kein Blatt vor den Mund nimmt, und ich habe in diesem Zeitraum *eine* (in Ziffern: 1) Abmahnung erhalten. Und auch bei dieser habe ich nichts bezahlen müssen, die Angelegenheit wurde in einer persönlichen Aussprache aus der Welt geschafft. Wobei ich ehrlicherweise zugeben muss, dass mir hier meine Populariät ein wenig geholfen hat.

Anwaltliche Schreiben bekomme ich jedoch häufiger. Ein Hinweis auf die grundgesetzlich garantierte Pressefreiheit und auf die Möglichkeit einer Gegendarstellung (von der seltsamerweise noch nie jemand Gebrauch gemacht hat) haben dieses jedoch bisher immer gegenstandslos gemacht. Zumindest kamen keine weiteren Reaktionen auf mein Standard-Schreiben.

Sie sehen also: Die Gefahren des Webs sind unzweifelhaft vorhanden. Aber das Web ist bei Weitem nicht so böse und gefährlich, wie es häufig dargestellt wird. Ein wenig gesunder Menschenverstand und ein wenig Medienkompetenz (ich wiederhole mich, ich weiß, aber gewisse Dinge sollte man einfach wiederholen, damit sie sich einprägen) lassen einen in der Regel diese Gefahren umschiffen. Nutzen Sie Ihren Verstand und erwerben Sie diese Medienkompetenz. Das Web soll Ihnen schließlich Spaß machen und das macht es nur, wenn Sie sich sicher darin bewegen können.

Sie sind natürlich umso sicherer, je mehr Verfügungsgewalt Sie über Ihre Mittel haben. Bei einem selbst gehosteten Weblog wie WordPress, bei einem selbst gehosteten Wiki wie DokuWiki oder bei einem selbst gehosteten Content-Management-System wie Drupal oder Joomla! entscheiden Sie und nicht der Betreiber des sozialen Netzwerkes, welche Daten Sie preisgeben wollen und welche nicht. Und von solch einer *eigenen* Basis ausgehend, ist es auch einfacher, spezialisierte Dienste wie Foto- oder Videohoster für Ihre Zwecke einzusetzen, ohne gleich überall einen ganzen Lebenslauf hinterlassen zu müssen. Dann genügt dort nämlich ein Kampfname zur Identifikation und ein Link auf Ihr Weblog, Ihr Wiki oder Ihr CMS. Und was dort steht, entscheiden nur Sie ganz alleine.

Natürlich ist es einfacher, zu erst einmal bei einem Hoster wie Jimdo oder Twoday.net einzusteigen oder mit einem sozialen Netzwerk wie MySpace oder Facebook anzufangen. Machen Sie das ruhig – sonst hätte ich diese Möglichkeiten auch in diesem Buch nicht vorgestellt –, Sie lernen dadurch und kommen schnell zu vorzeigbaren Ergebnissen. Aber wenn Sie der Netz-Virus packt, wird sicher irgendwann der Moment kommen, wo Sie unabhängiger sein wollen, wo Ihnen die Möglichkeiten, die Ihnen der Hoster und der Netzwerkbetreiber bieten, nicht mehr ausreichen. Dann steigen Sie gleichzeitig aus, um und auf. Ich bin der festen Überzeugung, dass Sie mit dem Umstieg auf ein selbst gehostetes System den ersten Schritt vom Web 2.0 zur Partizipation 2.0 gemacht haben.

Literaturverzeichnis

[van Aaken 2007] Gerrit van Aaken: *Video im Web. Praktische Tipps zur modernen Videoeinbindung im World Wide Web*, Mainz (3st kommunikation GmbH) 2007, `http://laborblog.3st.de/`, zuletzt besucht am 26. Juli 2007.

[Alby 2007] Tom Alby: *Web 2.0. Konzepte, Anwendungen, Technologien*, München (Hanser) 2007

[Ang 2005] Tom Ang: *Digitales Video für Einsteiger*, Starnberg (Dorling Kindersley) 2005

[Apple 01] Apple Deutschland GmbH: *Podcasting und iTunes: Technische Daten (iTunes RSS-Tags)*, o.J. `http://www.apple.com/de/itunes/store/podcaststechspecs.html`, zuletzt besucht am 29. Dezember 2006

[Bausch, Bumgardner 2006] Paul Bausch & Jim Bumgardner: *Flickr Hacks. Tips & Tools for Sharing Fotos Online*, Sebastopol (O'Reilly) 2006

[Bradenbaugh 2000] Jerry Bradenbaugh: *JavaScript Kochbuch für Webanwendungen*, Köln (O'Reilly) 2000

[Bredekamp 2003] Horst Bredekamp: *Gottfried Wilhelm Leibniz' Bildtheater des Wissens*, in: Helmar Schramm et al. (Hrsg.): *Bühnen des Wissens. Interferenzen zwischen Wissenschaft und Kunst*, Berlin (dahlem university press) 2003

[Briggs 2007] Mark Briggs: *Journalism 2.0. How to Survive and Thrive*, PDF, 2007, *http://www.jlab.org/Journalism_20.pdf*, zuletzt besucht am 26. Juli 2007

[Bulterman, Rutledge 2004] Dick C. Bulterman, Lloyd Rutledge: *SMIL 2.0. Interactive Multimedia for Web and Mobile Devices*, Berlin und Heidelberg (Springer) 2004

[Burger, Burge 2006] Wilhelm Burger, Mark James Burge: *Digitale Bildverarbeitung. Eine Einführung mit Java und ImageJ*, Heidelberg (Springer) 2006

[Diemand et al. 2007] Vanessa Diemand, Michael Mangold, Peter Weibel (Hrsg.): *Weblogs, Podcasting und Videojournalismus. Neue Medien zwischen demokratischen und ökonomischen Potenzialen*, Hannover (Heise) 2007

[Douglass et al. 2006] Robert T. Douglass, Mike Little, and Jared W. Smith; *Building Online Communities with Drupal, phpBB, and WordPress*, Berkeley, CA (Apress) 2006

[Farrington 2002] Paul Farrington: *Interaktiv. Das Internet für Grafik-Designer*, Reinbek (rororo) 2002

[Fischer 2008] Jens-Christian Fischer: *Professionelle Webentwicklung mit Ruby on Rails 2. Das Praxisbuch für Entwickler*, Heidelberg (mitp) 2008

[Fischer 2008] Mario Fischer: *Website Boosting 2.0. Suchmaschinen-Optimierung, Usability, Online-Marketing*, Heidelberg (mitp) 2008

[Flanagan 1997] David Flanagan: *JavaScript. Das umfangreiche Referenzwerk*, Köln (O'Reilly) 1997

[Fleming 1998] Jennifer Fleming: *Web Navigation. Designing the User Experience*, Sebastopol, CA (O'Reilly) 1998

[Franzmann 2006] Edgar Franzmann: *Weblogs, Podcasts & Co. Ein praktischer Leitfaden für den Umgang mit neuen Kommunikationswegen im Netz*, Ratgeber Neue Medien, Band 5, Köln (Landesanstalt für Medien NRW) 2006

[Fraunhofer 2008] Fraunhofer Institut für Sichere Informationstechnologie (SIT): *Privatsphärenschutz in Soziale-Netzwerke-Plattformen*, Broschüre, Darmstadt 2008

[Friedmann 2007] Vitaly Friedmann: *Praxisbuch Web 2.0*, Bonn (Galileo Press) 2007

[Götz 2002] Veruschka Götz: *Raster für das Webdesign*, Reinbek (rororo) 2002

[Graf 2006] Hagen Graf: *Drupal. Community-Websites entwickeln und verwalten mit dem Open Spource-CMS*, München (Addison-Wesley) 2006

[Graf 2006a] Hagen Graf: *Joomla! Websites organisieren und gestalten mit dem Open Spource-CMS*, München (Addison-Wesley) 2006

[Henke 2002] Hagen Henke: *Ton, Video, 3D und Animation fürs Web. 15 Workshops*, München (M+T Werkstatt) 2002

[Holzschlag 2002] Molly E. Holzschlag: *Farbe für Websites*, Reinbek (rororo) 2002

[Jäger 2006] Susanne Jäger: *CSS GE-PACKT*, Heidelberg (mitp) 2006

[Kahn, Lenk 2001] Paul Kahn, Krzysztof Lenk: *Websites visualisieren. Entwerfen, analysieren und steuern mit Plänen, Karten und Diagrammen*, Reinbek (rororo) 2001

[Kantel 2006] Jörg Kantel: *Ping, Tags und Social Software – Communitybildung und Medienkonvergenz durch neue Publikationsformen im Internet*, in: Prof. Dr.-Ing. Klaus Regensburg (Hrsg.): *Workshop »Informationsgesellschaft« der Stiftungskollegiaten des SVK Berlin*, Berlin 2006

[Kantel 2007] Jörg Kantel: *RSS und Atom kurz und gut*, Köln (O'Reilly) 2007

[Kantel 2007a] Jörg Kantel: *Web 2.0: Werkzeuge für die Wissenschaft*, in: Klaus Hermann, Jörg Kantel (Hrsg.): *23. DV-Treffen der Max-Planck-Institute. 15.-17. November 2006 in Berlin*, Seite 3 bis 39, Göttingen (GWDG-Bericht Nr. 71) 2007

[Kantel 2008] Jörg Kantel: *Local.tv is here – Entwurf eines unabhängigen, lokalen Internet-TV*, in: Jürgen Ertelt/Franz Josef Röll (Hrsg.): *Web 2.0: Jugend online als pädagogische Herausforderung. Navigation durch die digitale Jugendkultur*, München (kopaed) 2008

[Kentie 1998] Peter Kentie: *Web Graphics. Tools und Techniken für die Webgestaltung*, Bonn (Addison-Wesley) 2. erweiterte Auflage 1998

[Lamprecht 2002] Frank Lamprecht: *3D für das Web. Grundlagen und Beispiele für Flash, Director, DHTML und Java*, München (Addison-Wesley) 2002

[Lange 2006] Corina Lange: *Web 2.0 zum Mitmachen*, Köln (O'Reilly) 2006

[Lange 2007] Christoph Lange (Hrsg.): *Wikis und Blogs*, Böblingen (Computer und Literaturverlag) 2006

[Lechner 2008] Bettina K. Lechner: *Gimp ab Version 2.4. Für digitale Fotografie, Webdesign und kreative Bildbearbeitung*, München (Addison-Wesley) 2008

[McKelvey 1999] Roy McKelvey: *Hypergraphics. Design und Architektur von Websites*, Reinbek (rororo) 1999

[Mercer 2006] David Mercer: *Drupal. Der schnelle Einstieg*, Heidelberg (mitp) 2006

[Meyer 2004] Eric A. Meyer: *Cascading Style Sheets. The Definitive Guide*, Sebastopol, CA (O'Reilly) 2nd Edition 2004

[Meyer 2004a] Eric A. Meyer: *CSS Pocket Reference*, Sebastopol, CA (O'Reilly), 2nd Edition 2004

[Meyer 2005] Eric A. Meyer: *CSS kurz & gut*, Köln (O'Reilly) 2. Auflage 2005

[Musciano 2001] Chuck Musciano und Bill Kennedy: *HTML und XHTML. Das umfassende Referenzwerk*, Köln (O'Reilly) 3. Auflage 2001

[Niederst 1999] Jennifer Niederst: *Webdesign in a Nutshell. A Desktop Quick Reference*, Sebastopol, CA (O'Reilly) 1999

[Olbertz 2004] Dirk Olbertz: *Das Blog-Buch*, München (Markt + Technik) 2004

[Pantle 2006] Henrik Pantle: *Beyond Broadcast – Rundfunk auf Abruf. Konvergenz von »Broadcast« und »On Demand« und die Chancen von User Generated Content*, in: Prof. Dr.-Ing Klaus Regensburg (Hrsg.): *2. Tagung Neue Medien und Technologien der Informationsgesellschaft 2006 »Film, Computer und Fernsehen«*, Berlin 2006

[Plag, Riempp 2007] Florian Plag, Roland Riempp: *Interaktives Video im Internet mit Flash. Konzeption und Produktion von Videos für das WWW*, Berlin und Heidelberg (Springer) 2007

[Pomaska 2007] Günter Pomaska: *Web-Visualisierung mit Open Spurce. Vom CAD-Modell zur Real-Time-Animation*, Heidelberg (Wichmann) 2007

[Porter 2008] Joshua Porter: *Social Web Design. Erfolgreiches Webdesign im Web 2.0*, Heidelberg (mitp) 2008

[Powers 2008] Shelley Powers: *Painting the Web*, Sebastopol, CA (O'Reilly) 2008

[Puscher 1999] Frank Puscher: *Die Tricks der Internet-Künstler*, Heidelberg (dpunkt) 1999

[Ramm, Topf 2008] Fredrik Ramm, Jochen Topf: *OpenStreetMap. Die freie Weltkarte nutzen und mitgestalten*, Berlin (Lehmanns Media) 2008

[Sauer 2007] Moritz »mo.« Sauer: *Weblogs, Podcasting & Online-Journalismus*, Köln (O'Reilly) 2007

[Schenk 2001] Imke Schenk: *Websites planen und gestalten*, Köln (O'Reilly) 2001

[Schmidt 2006] Udo Schmidt: *Filme mit der Digitalkamera*, Poing (Franzis-Verlag) 2006

[Schmitt 2005] Christopher Schmitt: *CSS Kochbuch*, Köln (O'Reilly) 2005

[Schulz 2007] Ralph G. Schulz: *CSS – Webdesign mit Style. Praxis, standardkonforme Lösungen, Referenz*, Heidelberg (mitp) 2007

[Schulz 2008] Ralph G. Schulz: *HTML und CSS Praxisbuch. Einführung in strukturiertes Webdesign*, Heidelberg (mitp) 2008

[Wassermann, Speer 2008] Tobias Wassermann, Christian Speer: *Joomla! 1.5. Das Praxisbuch*, Heidelberg (mitp) 2008

[Wells 2005] Peter Wells: *Digitales Video. Kniffe und Know How für Einsteiger*, Reinbek (rororo 61254) 2005

[Wilkinson 2007] David Wilkinson: *Flickr Mashups*, Indianapolis, IN (Wiley) 2007

Das Literaturvereichnis beinhaltet nicht nur die Literatur, die ich für dieses Buch verwendet habe, sondern auch Literatur, die Ihnen meiner Meinung nach bei Themen weiterhilft, die ich in diesem Buch nicht oder nicht ausführlich genug behandelt habe, sowie weiterführende Literatur, die unter Umständen auch Programmierkenntnisse voraussetzt.

Stichwortverzeichnis

P

Q

R

S

T

U

V

Tobias Wassermann • Christian Speer

Joomla! 1.5
Das Praxisbuch

- Vollständiger Aufbau einer Website mit zahlreichen Funktionen
- Erweiterungen einsetzen: Umfragen, News Feeds, Kalender, Gästebuch, Forum, Shopsystem, Dokumentenverwaltung u.a.
- Erstellen eigener Templates und Erweiterungen
- Auf CD: Sourcecode für die Beispiel-Website, Erweiterungen, API-Referenz, benötigte Tools

Joomla! ist zurzeit das beliebteste Content Management System zur Verwaltung von Webinhalten. Die Autoren erläutern umfassend alle Funktionen von Joomla! 1.5 im Detail. Dieses Buch ermöglicht Ihnen nicht nur einen Einstieg in Joomla!, sondern begleitet Sie von der Installation bis hin zur professionellen Anwendung anhand eines zusammenhängenden Praxisbeispiels: eine Beispiel-Website, die Sie nicht nur auf der CD finden, sondern auch als funktionierende Anwendung im Web.

Die Autoren zeigen Ihnen ausführlich, wie Sie mit Joomla! Ihre eigene Website erstellen mit allen Funktionalitäten, die Sie sich wünschen. Sie beginnen mit der Installation von Joomla! und einer Webserver-Umgebung unter Windows und Linux. Das Herzstück von Joomla! ist das Verwalten von Inhalten in Form von Beiträgen. Sie lernen, wie Sie diese anlegen, bearbeiten, verwalten und diese für eine geordnete Struktur in Bereiche und Kategorien einteilen. Damit sich Ihre User auf der Website zurechtfinden, erfahren Sie daraufhin, wie Sie Menüs anlegen und diese mit den Inhalten verknüpfen. Um User in verschiedene Gruppen mit unterschiedlichen Rechten einteilen zu können, lernen Sie die Benutzerverwaltung kennen. Und damit Sie das Aussehen Ihrer Website an Ihre eigenen Bedürfnisse anpassen können, wird erläutert, wie Sie ein eigenes Template erstellen, das auch in der Beispiel-Website verwendet wird.

Um noch mehr aus Joomla! herauszuholen, erläutern die Autoren darüber hinaus alle vorinstallierten Erweiterungen von Joomla! wie z.B. Umfragen, Banner oder News Feeds. Wenn Ihnen diese nicht reichen, können Sie auf Ihrer Website auch verschiedene Fremderweiterungen einsetzen wie beispielsweise einen Kalender, eine Bildergalerie, ein Forum oder einen Webshop. Alle erläuterten Erweiterungen finden Sie ebenfalls auf der CD. Und falls Sie Ideen für eigene Erweiterungen haben, zeigen Ihnen die Autoren zu guter Letzt die Grundlagen, die Sie benötigen, um eigene Erweiterungen zu programmieren. Zusammen mit der API-Referenz auf der CD und anhand der von den Autoren programmierten, dokumentierten und frei zur Verfügung stehenden Erweiterungen auf der Beispiel-Website sind Sie in der Lage, eigene Erweiterungen zu erstellen.

Probekapitel und Infos erhalten Sie unter:
www.it-fachportal.de/1619

ISBN 978-3-8266-1619-8